"이 책에서 짐 퀵은 당신의 잠재력을 드러낼 방법을 공유한다. 간단히 시작할 수 있는 두뇌 강화와 학습 습관으로 당신이 원하는 사람이 될 수 있도록 차근차근 안내한다."

_**BJ 포그** 스탠퍼드대학교 행동설계연구소 설립자, 《습관》 저자

"급격한 변화는 창의성, 빠른 학습, 범세계적 사고, 낙관주의를 증폭시키는 정신적 도구들을 요구한다. 이 책은 정신적 잠재력을 확장하고 한계를 넘어 발전하려는 사람들을 위한 필독서다."

_**피터 디아만디스** 엑스프라이즈재단·싱귤래리티대학교 공동 설립자, 《컨버전스 2030》 저자

"당신이 더 빨리 읽거나 더 많이 기억하거나 지금보다 더 나아질 수 없다고 생각한다면 이 책을 보라. 이 책은 당신의 마인드셋을 바꾸고 동기를 부여하며 불가능하다고 생각했던 일들을 달성하도록 도와줄 것이다."

_**데이브 아스프리** 방탄 커피 창시자, 《최강의 인생》 저자

"짐 퀵은 세계 최고의 기억력 트레이너다. 우리 마인드밸리에서 짐과 함께하는 프로그램은 올해 최고의 프로그램이었다. 약 1,000명에 가까운 학생들을 대상으로 한 연구는 하루 10분, 7일간의 수업만으로 독서 속도가 평균 170퍼센트나 증가했다는 사실을 보여주었다."

_**비셴 락히아니** 마인드밸리 창업자 겸 CEO, 《비범한 정신의 코드를 해킹하다》 저자

"스탠리재단의 문맹 퇴치와 교육을 지원해준 내 친구 짐 퀵에게 감사를 표하고 싶다. 우리 각자의 내면에는 슈퍼히어로가 있으며 퀵 러닝은 바로 그 슈퍼히어로의 초능력을 발휘하는 법을 알려준다."

_**스탠 리** 故 마블 명예회장

"영화 속 슈퍼히어로들과 일했던 내가 보기엔 사람들의 학습과 삶의 수준을 높이는 짐 퀵이야말로 세계 최고의 초능력자다. 이 책은 특출한 정신적 생산성과 성과를 얻고자 하는 모든 사람과 조직을 위한 책이다."

_**짐 지아노풀로스** 파라마운트 픽처스 회장 겸 CEO

"아들이 생명을 위협하는 외상성 뇌 손상을 입었을 때 나는 마인드셋의 중요함을 배웠다. 짐 퀵은 변화하는 세계에서 잘 살아가기 위해 꼭 필요한 마인드셋과 방법을 알려준다. 이 책은 우리가 살아가며 도저히 승산이 없어 보일 때도 무엇이든 가능하다는 것을 보여준다."

_**JJ 버진** 셀러브리티 전문 영양 및 피트니스 전문가

"내가 GE에서 일하는 동안 짐 퀵은 우리 경영진을 코치하고 여러 차례 강연하며 높은 평가를 받았다. 그는 조직을 끌어올릴 중요한 부서에 필요한 훈련과 도구를 제공하는 세계적 수준의 전문가다."

_**베스 콤스톡** 전 GE 최고마케팅책임자 겸 부회장,
《미래를 상상하라》Imagine It Forward 저자

"많은 저자가 놀라운 기술을 알려준다고 주장하지만 학습 방법의 학습만큼 강력하고 놀라운 기술은 없다. 이 책의 세 가지 주제인 동기, 마인드셋, 방법으로 무엇을 이룰 수 있는지 내 눈으로 직접 봤다. 이 책을 읽고 배운 대로 적용하라. 당신 스스로에게 놀랄 수도 있다."

_**에릭 슈렌버그** 《패스트 컴퍼니》·《Inc.》 CEO

"짐 퀵을 보면 그저 놀랍기만 하다. 나는 《뇌는 늙지 않는다》의 한 장을 그의 이야기로 채웠다. 뇌의 노화를 역전시키고 알츠하이머병을 예방할 전략 중 하나가 두뇌 운동이기에 그렇다. 그리고 무엇보다 짐과 그가 설계한 뇌 기능 최적화 프로그램을 신뢰하기 때문이다."

_**다니엘 에이멘** 임상신경과학자이자 정신과 전문의, 《공부하는 뇌》 저자

"짐 퀵은 뇌 건강, 기억력 향상, 기민한 정신 뒤에 숨은 과학적 원리를 알려주는 최고의

안내자다. 지적 잠재력과 학습 능력을 극대화하고 싶은 사람이라면 반드시 읽어야 할 책이다."

_**리사 모스코니** 웨일 코넬 의과대학교 알츠하이머병 예방 클리닉 부소장, 《브레인 푸드》 저자

"알츠하이머병 연구를 하면서 뇌를 사용하는 방법을 끊임없이 고안해내야 한다는 사실을 알게 됐다. 이 책은 학습 방법의 학습에 대한 계시다. 정신 능력을 자극하고 최상의 삶을 살아갈 새로운 가능성을 제시하고 있다."

_**루돌프 탄지** 하버드대학교 신경학과 교수

"천재로 만들어주는 알약은 없지만 최고의 뇌와 가장 밝은 미래를 열어주는 과정을 짐 퀵이 알려준다."

_**마크 하이먼** 클리블랜드 클리닉 기능의학 센터 전략 및 혁신단장

"전사들은 항상 준비하고 집중하며 확고부동하다. 짐 퀵은 당신이 뇌를 정복하고 산만함과 부정적인 생각에 대항하도록 돕는다. 그의 책은 정신의 무한한 확장을 위해 반드시 읽어야 할 책이다."

_**제라드 버틀러** 배우 겸 프로듀서

"짐 퀵은 뇌를 단련시키는 개인 트레이너다. 그가 집중력, 생산성, 정신적 성과의 향상에 도움이 되는 가속학습 전략을 우리 팀원들에게 지도해준 적이 있다. 나는 항상 승리했다는 마음으로 경기장에 나서야지, 그 반대로 하는 게 아니라고 믿었다. 이 책을 읽어라. 한계가 사라질 것이다."

_**알렉스 로드리게스** 전 야구 선수, 에이로드 코퍼레이션 CEO

"평생 지식을 추구해온 사람으로서 나는 짐 퀵이 이 책에서 가르친 것들을 모두 받아들이고 있다. 학습 방법을 학습하면 무엇이든 가능하며 짐 퀵은 그 방법을 보여주는 세계 최고의 전문가다."

_**퀸시 존스** 음악 프로듀서

"평소 신체뿐 아니라 두뇌 운동도 매우 강조하는 나는 짐 퀵의 전략이 매우 힘이 된다

는 사실을 알게 됐다. 이 책은 전혀 예상하지 못했던 놀라운 곳으로 당신을 데려다줄 것이다."

**노박 조코비치** 프로 테니스 선수

"짐 퀵의 입에서 나오는 한 마디, 한 마디가 놀랍다. 그는 사람들이 자각하지 못했던 능력을 발견하는 대단한 능력이 있다."

**톰 빌류** 임팩트 시어리 CEO, 퀘스트 뉴트리션 공동 창업자

"수면은 뇌 건강에 지대한 영향을 미친다. 기억력 훈련, 지속적 학습, 부정적인 생각 물리치기도 마찬가지다. 이 책은 지속적인 인지 건강을 위한 도구들을 제공하며 저자가 제시한 무한한 뇌 에너지 생성을 위한 10가지 권장 사항만으로도 이 책값만큼의 가치가 있다."

**마이클 브레우스** 임상심리학자이자 수면 전문가,《WHEN 시간의 심리학》 저자

"알츠하이머병을 연구하다 보면 뇌 손상을 방지하는 것뿐만 아니라 지속적인 학습과 도전의 중요성이 분명하게 드러난다. 짐 퀵은 뇌 건강 및 가속학습 분야의 전문가로서 클리블랜드 클리닉 루 루보 뇌건강 센터에서 직원, 간병인, 환자들에게 강연하고 좋은 피드백을 받았다."

**제프리 커밍스** 클리블랜드 클리닉 루 루보 뇌건강 센터 창립 이사

"서던캘리포니아대학교 수행과학연구소의 목표는 학생, 기업가, 조직이 응용과학을 통해 우수한 수준에 도달하도록 돕는 것이다. 우리 대학에서 주최한 짐 퀵의 워크숍은 가장 유익했고 높은 평가를 받았던 워크숍이었다. 짐의 가속학습 전략은 널리 검증된 것으로서 매우 효과적이다. 이 책은 정신 활동의 한계에 도전하고 싶은 누구에게나 필독서다."

**데이비드 벨라스코** 서던캘리포니아대학교 수행과학연구소 공동 설립자

"더 빠른 학습, 강한 정신력을 원한다면 짐 퀵이 답이다. 더 나은 뇌를 위해 이 책을 구매하라. 뇌를 구하라!"

**스티브 아오키** 뇌과학 연구를 위한 아오키재단 설립자

"어릴 적 우주여행을 꿈꿨던 나는 정말로 꿈을 이뤘고 이제 사람들, 특히 청소년들에게 큰 꿈을 꾸라고 말한다. 짐 퀵은 무한한 잠재력을 깨닫는 순간 아무것도 당신을 방해할 수 없다고 한다. 이 책은 당신을 더 똑똑하게 만들어줄 뿐 아니라 더 큰 꿈을 꾸게 해줄 것이다."

_아누셰흐 안사리 엑스프라이즈재단 CEO, 최초의 여성 민간 우주 탐험가

"우리 미 투 위는 사람들에게 세상을 바꿀 힘을 준다. 이 변화의 주체가 될 450만 명을 참여시키려면 집중과 절제, 빠른 사고가 필요하다. 짐 퀵의 리미트리스 모델은 우리가 정신을 업그레이드해서 어려운 문제를 더 잘 해결하고 더 큰 사회적 영향을 미치도록 도왔다."

_마크 킬버거 사회적기업 미 투 위 공동 설립자, 《위코노미》 저자

"짐 퀵은 세계 최고의 두뇌 트레이너다. 그는 이 책에서 정신력을 강화하고 더 빠르게 사고하고 전보다 더 똑똑해지는 변화의 길을 열어준다."

_트레이시 앤더슨 피트니스 트레이너

"내가 여성들이 돈 문제를 다룰 수 있도록 도왔다면 짐 퀵은 사람들이 스스로 학습할 수 있도록 돕는다. 우리의 정신은 부의 축적을 위한 가장 큰 자산이다. 이 책을 읽으면 더 똑똑해질 뿐만 아니라 불가능하다고 생각했던 것들을 달성할 것이다."

_니콜 래핀 CNN, CNBC, 블룸버그 TV 뉴스 앵커

"변혁은 변화를 위한 마음의 준비에서 시작된다. 이 책을 다 읽고 나면 아직 개발되지 않은, 당신 안의 잠재력을 믿게 될 것이다. 짐 퀵의 안내를 따른다면 새로운 차원의 성공을 이룰 수 있다."

_잭 캔필드 《영혼을 위한 닭고기 수프》 시리즈 공동 저자

"이 책은 의미 있는 변화를 일으키고자 하는 누구에게나 완벽한 동반자가 되어준다. 짐 퀵은 정신과 동기, 인생을 풀어나갈 방법을 보여준다."

_리사 니콜스 《마음근육》 저자

"돌파구를 찾을 때 우리는 회의론과 우리에게 깊이 뿌리박힌 관습적 사고를 직시해야 한다. 이 책은 진정한 천재성을 억누르고 있는 일곱 가지 학습에 관한 거짓말을 떨칠 방법을 알려준다. 이 책을 읽고 나면 당신의 뇌는 예전과 다를 것이다!"

_닉 오트너 《태핑 솔루션》 저자

"우리는 건강한 뇌의 연료로서 음식의 중요성을 잘 알고 있다. 인지 능력의 향상을 위한 활동 역시 중요하다. 짐 퀵은 이 책에서 천재 수준에 도달하게 해줄 마인드셋과 메타 학습법을 알려준다."

_맥스 루가비어 팟캐스트 〈지니어스 라이프〉 진행자, 《지니어스 라이프》 저자

"짐 퀵은 정신력과 집중력 향상의 전문가다. 이 책은 무엇을 추구하든 지속적인 결과를 얻게 해줄 것이다."

_마이크 브라이언 프로 테니스 선수

"예리한 정신과 기억력을 유지하는 것은 알츠하이머병 예방에 정말로 중요하다. 짐 퀵의 학습 도구와 기법들은 뇌의 가장 친한 친구들이다."

_마리아 슈라이버 우먼스 알츠하이머 무브먼트 설립자

"짐 퀵의 학습법, 기억법, 사고 방법은 매우 힘이 된다. 전 세계적으로 기록적인 양의 콘텐츠를 제작하려면 세부 사항에 극도로 주의해야 한다. 짐의 가르침 덕분에 우리 진행자들은 사고 수준과 기억량이 향상되고 성공을 위해 뇌 건강을 우선시하고 있다. 이 책은 필독서다!"

_마리아 메노우노스 배우

"가장 인기 있었던 내 팟캐스트 에피소드에서 짐 퀵이 설명했듯이 기억은 행복에 매우 중요하다. 이 책에서 그는 당신에게 미친 짓을 하라고 요구하겠지만 맹세컨대 그의 말을 따르면 하루하루를 정복하고 최고의 인생을 살 수 있다. 무엇보다도 당신이 충분히 그럴 수 있는 존재임을 깨달을 것이다."

_지니 마이 토크쇼 〈더 리얼〉 공동 진행자

"진정한 자아와 연결되면 마법 같은 일이 벌어진다. 나는 사람들이 동작과 춤을 통해 자신을 표현하도록 돕는다. 이 책에서 짐 퀵 역시 무엇이든 가능하다는 믿음의 보고를 활용하고 있다."

**줄리안 허프** 배우 겸 가수

"삶에서 최고의 성과를 내는 사람들은 모두 인내심이 있고 한결같으며 끈질기다. 짐 퀵의 책은 당신이 꿈을 이루도록 완전히 다른 마인드셋에 도달하게 해줄 것이다."

**데릭 허프** 배우 겸 안무가

"짐 퀵은 정신을 확장하고 내면의 천재성을 밝히는 능력이 있다. 내 노래 〈쓰이지 않은〉Unwritten의 가사처럼 당신의 인생은 당신의 이야기다. 이 책은 새로운 가능성을 지닌 당신의 이야기를 쓰게 해줄 것이다."

**나타샤 베딩필드** 가수 겸 작사가

"내가 숫자, 연산과 관련된 두려움을 극복하도록 사람들을 돕는 것처럼 짐 퀵은 사람들이 학습에 대해 갖고 있는 그릇된 신념을 극복하도록 돕는다. 이 책에는 모두가 의지할 수 있는 실용적이고 검증된 속독, 공부, 기억 방법이 담겨 있다!"

**스콧 플랜스버그** 인간 계산기 세계 기록 보유자, 《매스 매직》Math Magic 저자

"뇌를 돌보는 것은 건강과 웰빙에 필수다. 이 책은 모든 잠재력을 발휘할 수 있도록 정신을 훈련시키고 최적화할 힘을 준다."

**마이아 시부타니 · 알렉스 시부타니** 올림픽 피겨스케이팅 2관왕

"인생의 목표를 달성하는 것은 신체적이고 정신적인 경기다. 기술을 발전시키고 집중력을 향상하고 싶은가? 이 책을 읽어라. 짐 퀵은 바로 당신을 위한 코치다."

**안톤 오노** 전 쇼트트랙 선수

"《마지막 몰입》에서 우리는 인간의 타고난 재능에 관한 고무적인 탐구와 이를 최대한 활용할 수 있게 도와주는 획기적인 도구들을 만날 수 있다."

**켄 로빈슨** 교육자, 〈뉴욕타임스〉 선정 베스트셀러 저자

마지막 몰입 확장판
:나를 넘어서는 힘

Limitless Expanded Edition:
Upgrade Your Brain, Learn Anything Faster,
and Unlock Your Exceptional Life
by Jim Kwik
Originally published in 2020 and expanded edition in 2023
by Hay House Inc., Carlsbad, California, USA.

내 안의 잠재력을 200% 끌어올리는 마인드셋

마지막
몰입 확장판

: 나를 넘어서는 힘

짐 퀵 지음
김미정 옮김

LIMITLESS

비즈니스북스

옮긴이 **김미정**

서울대학교 사회교육과에서 학사 및 석사 학위를 받았고 미국 일리노이대학교에서 교육심리학 박사 과정을 수료했다. 10년 이상 영상번역가로 활동했으며 현재 바른번역에 소속되어 활동 중이다. 옮긴 책으로는 《그릿 GRIT》, 《톰 피터스 탁월한 기업의 조건》, 《누구와 함께 일할 것인가》, 《위대한 사상가 케빈 켈리의 현실적인 인생 조언》, 《직장으로 간 뇌 과학자》 등이 있다.

마지막 몰입 확장판
:나를 넘어서는 힘

1판 1쇄 발행   2021년 2월 23일
2판 1쇄 발행   2024년 3월 12일
2판 4쇄 발행   2024년 9월 23일

지은이 | 짐 퀵
옮긴이 | 김미정
발행인 | 홍영태
편집인 | 김미란
발행처 | (주)비즈니스북스
등 록 | 제2000-000225호(2000년 2월 28일)
주 소 | 03991 서울시 마포구 월드컵북로6길 3 이노베이스빌딩 7층
전 화 | (02)338-9449
팩 스 | (02)338-6543
대표메일 | bb@businessbooks.co.kr
홈페이지 | http://www.businessbooks.co.kr
블로그 | http://blog.naver.com/biz_books
페이스북 | thebizbooks
ISBN 979-11-6254-366-5   03190

비즈니스북스는 독자 여러분의 소중한 아이디어와 원고 투고를 기다리고 있습니다.
원고가 있으신 분은 ms1@businessbooks.co.kr로 간단한 개요와 취지, 연락처 등을 보내 주세요.

내 독자들과 학생들
그리고 능력의 한계가 없는 당신 안의 영웅에게
내게 내어준 시간과 신뢰에 감사하며
이 책을 바친다.

새로운 미래를 위한
더 강력한 추진력이 필요하다

《마지막 몰입》 초판은 2020년 4월에 출판되었다. 전 세계가 전례 없는 시험대로 내몰린 시기였다. 그런 혼란 속에서도 초판에 대한 반응은 상상 이상이었다. 〈뉴욕타임스〉 베스트셀러 목록에 올랐고 여러 언어로 번역되어 수많은 사람의 책장에 꽂혔다. 위기 속에서 전 세계 많은 사람이 이 책을 읽고 변화한 이야기를 들으며 위로를 받고 겸손해지기도 했다. 그중 경제적 어려움에도 불구하고 학업을 재개해 가족 중 최초로 대학 학위를 취득하고 불가능하다고 여겼던 직업에 도전한 제인의 이야기에 특히 큰 감명을 받았다. 그녀의 여정은 우리 모두에게 있는 놀라운 잠재력을 보여주는 강력한 증거다.

이 글을 쓰는 현재 독자들이 초판을 읽고 아마존과 굿리즈Goodreads에 올린 서평이 3만 3,000개가 넘는다. 그동안 독서의 변혁적 효과를 옹호하는 일을 해왔기에 나는 책이 얼마나 우리의 삶을 변화시킬 수 있는지 잘 알고 있다. 그럼에도 서평에 담긴 수많은 인상적인 이야기를 접하고는 말 그대로 압도당했다. 50세에 난생처음 배움에 대한 갈증을 끝없이 느꼈던 라이언, 집안에서 최초로 대학에 들어가 박사학위까지 취득한 물리학자 샌드라…. 샌드라는 이렇게 서평을 남겼다. "나는 살아오면서 여러 가지 목표를 달성했지만 자신감이 생긴 것은 불과 최근이다. 불가능하다고 생각했던 영역에서 나의 잠재력을 열어준 열쇠는《마지막 몰입》이었다."

그 후 몇 년 동안 세상이 재편되고 진화하기 시작하면서 몇 가지 변화가 우리의 삶, 특히 업무 영역에 확고히 자리 잡았다. 이러한 변화를 인식한 나는 '변화한 업무 환경을 극복하고 한계를 뛰어넘는 법'이라는 새로운 장을 추가했다. 이 장에서는 코로나19 이후 전부 원격 근무를 하든, 일부 원격 근무를 하든, 전통적인 사무실 근무를 재개하든 여기에 적응하면서 성장하기 위한 정신적 도구들을 제공한다.

건강 역시 팬데믹 기간에 새롭게 주목받았다. 이에 초판에서는 뇌에 좋은 음식을 다루었지만 확장판에서는 누트로픽nootropic(뇌 기능 개선제)과 인지 능력에 관한 최근의 획기적 연구 성과 등을 따로 자세히 다루었다.

이번 확장판에 추가한 가장 흥미로운 내용 중 하나는 혁신적인 뇌 유형 평가다. 학습 양식, 성격 유형, 뇌 기능에 관한 통찰을 결합한 이 새로운 장은 당신과 세상의 상호작용에 대한 포괄적인 이해를 제공할 것이다. 이 강력한 도구는 한계를 뛰어넘는 여정을 계획하는 데에 도움이 될 것이라고 확신한다.

이번 확장판에 추가된 또 다른 중요한 내용은 인공지능AI을 활용한 '인간지능'Human Intelligence, HI의 향상을 다룬 장이다. 빠르게 진화하는 세상에서 인공지능은 더 이상 공상과학소설이 아니라 현실이다. 이 장에서는 타고난 지능을 보강하기 위해 인공지능을 활용하는 방법을 안내해 디지털 시대에 뒤떨어지지 않을 추진력을 제공하고자 한다.

한편 초판을 읽고 적용한 결과, 변화가 나타나기 시작했다는 독자들의 감동적인 이야기들도 적절히 배치했다. 이 이야기들은 책에 깊이와 맥락을 더해주면서 한계를 뛰어넘는 여정이란 우리가 함께하는 여정임을 다시 한번 떠올리게 해줄 것이다.

개인적으로, 아버지가 되면서 내 자녀와 당신의 자녀 그리고 우리 모두를 위해 무한한 가능성으로 가득한 미래를 만들어가겠다는 다짐을 더 굳건히 하게 됐다. 그 미래는 우리가 진정한 잠재력을 펼치기 위해 힘을 합칠 수 있는 세상이다.

《마지막 몰입》 확장판은 추진력을 동력으로 활용하는 것을 목표로 한다. 팬데믹 이후 인공지능의 영향을 받는 세상 속 학습과 적응, 선도, 기여와 같은 영역에서 추진력을 유지하는 것은 시의적절할 뿐만 아니라 시대를 초월해서도 적합한 일이다. 이제 더 큰 의미와 무한한 추진력으로 가득한 여정을 시작해보자.

짐 퀵

인생의 성공을 가져올
강렬하고 놀라운 비밀

뇌는 우리가 받은 가장 소중한 선물이다. 뇌가 있어 우리는 배우고 생각하고 창조하고 사랑하고 기쁨을 경험한다. 또한 감정과 인생을 경험하는 능력, 지속적인 친밀감을 유지하는 능력도 배운다. 뇌가 있기에 우리는 혁신하고 성장하고 성취할 수 있다.

그러나 단 몇 가지 방법만으로 뇌를 더욱 강화하고 학습 능력을 크게 높일 수 있다는 사실을 아는 사람은 극소수다. 우리는 운동과 식이요법을 통해 심혈관계 건강을 개선할 수 있다는 사실은 알면서도 뇌의 능력 또한 크게 개선할 수 있고 더불어 삶도 크게 개선할 수 있다는 사실은 깨닫지 못한다.

불행히도 우리가 사는 세상은 뇌에 건강한 환경이 아니다. 그래서 이 책의 저자 짐 퀵은 우리 안에 잠재된 무한한 가능성을 열어줄 로드맵을 제시하기 전에 우리 뇌의 능력(이 능력은 사고하고 집중하고 학습하고 성장하는 것, 즉 완전히 인간다울 수 있는 뇌의 기능을 말한다)을 시험하는 네 가지 악당을 고발한다.

첫 번째 악당은 디지털 홍수digital deluge다. 시간은 한정되어 있고 기대는 턱없이 높은 세상에서 정보가 홍수처럼 밀려들며 압박감과 불안, 불면을 양산하고 있다. 산더미 같은 데이터와 급속한 변화에 묻힌 우리에겐 어느 정도 눈에 보이는 생산성과 성과 그리고 마음의 평화를 되찾아줄 전략과 도구가 절실하다.

두 번째는 디지털 주의 산만digital distraction이다. 디지털 기기가 선사하는 일시적인 쾌락에 빠진 우리는 깊이 있는 인간관계나 학습 및 작업에 필요한 주의력 지속 능력이 약화되고 있다. 최근 한 강연에서 옆에 앉아 있던 친구가 고작 몇 분 사이에 휴대전화를 여러 번 들었다 놓았다 하는 것을 봤다. 나는 그녀에게 휴대전화를 달라고 해서 스크린 타임 앱을 열어봤다. 그녀는 하루에 무려 1,000번 이상 휴대전화를 켜고 1,000번 이상 알림을 받고 있었다. 물론 문자메시지, 소셜 미디어 공지, 이메일, 뉴스 알림이 중요한 상황도 있다. 하지만 이는 우리의 주의를 분산시키고 지금 중요한 일에 집중하지 못하도록 우리를 길들인다.

세 번째는 디지털 치매digital dementia다. 기억은 근육과 같은 것으로 그동안 우리는 이 기억이라는 근육을 방치해왔다. 우리 손 안의 슈퍼컴퓨터는 뇌의 전기 자전거와도 같다. 전기 자전거는 타기 쉽고 재미 있지만 체력 단련 효과는 약하다. 치매 연구는 학습 능력이 향상될수록, 즉 두뇌 운동brainercise을 할수록 치매에 걸릴 위험이 낮아짐을 보여준다. 그런데 우리는 기억을 슈퍼컴퓨터에 '아웃소싱'해서 기억력을 감퇴시키고 있다.

마지막 악당은 디지털 추론digital deduction이다. 풍부한 정보를 너무나 손쉽게 이용할 수 있는 세상에서 우리는 지나치게 정보에 의존하며 비판적 사고와 추론의 많은 부분까지 기술에 맡기는 지경에 이르렀다. 온라인에 사람들이 내려놓은 결론이 너무 많아서 스스로 결론을 도출하는 능력을 포기하기 시작한 것이다. 아마 다른 사람에게는 우리 대신 생각하게 하지 않을 테지만 정보 기기에 그 권한을 넘겨주는 데는 너무 익숙해졌다.

이 네 가지 디지털 악당은 우리의 집중력과 학습력, 가장 중요하게는 제대로 된 사고력을 앗아가고 있다. 우리의 명료한 정신을 앗아가고 두뇌 피로, 주의 산만, 학습의 어려움, 불행을 초래한다. 우리 시대의 기술은 도움이 될 수도 해를 끼칠 수도 있지만 지금 우리 사회에서 기술을 활용하는 방식은 과부하, 기억력 손상, 주의력 분산, 의존성을 널리 확산시킨다. 그리고 이런 현상은 점점 심해지고 있다.

이 책은 이보다 시의적절할 수 없는 메시지를 던진다. 고도의 과학기술 시대에 태어난 당신에게 두뇌의 건강과 능력 개발보다 중요한 것은 없다. 21세기를 잘 살기 위해서는 온갖 데이터를 걸러내는 법을 배우고 정보가 넘쳐나는 산만한 세상을 헤쳐나가는 새로운 방법과 기술을 개발해야 한다. 원하는 것을 얻기 위해, 성공하기 위해 외부의 어떤 방해에도 흔들림 없이 몰입해 나아갈 수 있는 정신력이 필요하다. 그런 점에서 학습 능력 및 학습 속도와 용이성을 높이는 능력은 당신의 삶에 가장 필요한 능력이다. 신체 단련이 중요시되는 요즘처럼 뇌를 훈련하기에 좋은 때도 없다. 우리는 건강한 몸을 원하듯 유연하고, 강하고, 활력적이고, 건강한 뇌를 원한다. 바로 이것이 퀵이 하는 일이다. 그는 당신의 정신을 단련시키는 개인 트레이너다.

한계를 뛰어넘기 위한 강력한 해독제

위의 네 가지 디지털 악당은 우리가 직면한 한계의 전형적인 예시다. 퀵은 우리가 자신의 한계를 제거해나가는 과정에서 평범함을 넘어 비범한 삶으로 나아가는 비결을 발견할 수 있다고 말하면서 변화에 필요한 암호를 해독하는 리미트리스 모델Limitless Model을 제시한다. 만일 어떤 목표를 이루려고 고군분투하는 중이라면 먼저 '어디에 한계가 있는가?'를 질문해야 한다. 이것이 한계를 뛰어넘는 첫 번째 비결이다. 분명 당신은 마인드셋이나 동기, 방법의 한계를 경험하고 있을 것이다. 즉 개인적 결점이나 당신의 능력 부족으로 실패한 게 아니라는 뜻이다. 우리의 믿음과는 다르게 우리의 한계는 정해져 있지 않다. 우리는 언제라도 그 한계를 통제하고 극복할 수 있다.

만약 마인드셋이 욕망이나 목표와 부합하지 않는다면 결코 욕망을 실현하거나 목표를 이룰 수 없다. 따라서 당신의 제한된 신념과 이야기 그리고 가능성에 대해 깊이 간직하고 있는 믿음, 태도, 가정을 확인해야만 한다. 그런 믿음을 조사하고 파헤치고 삭제하는 것이 한계가 없는 마인드셋을 갖기 위한 첫걸음이다. 나는 어릴 적 어머니로부터 내가 무엇이든 할 수 있고 능력 있으며 최고가 될 것이라는 말을 들었다. 마음속 깊이 자리한 그 믿음 덕분에 꿈도 꾸지 못했던 성공을 거둘 수 있었다. 하지만 부모님의 불행한 결혼 생활과 이혼을 통해 사람과 사람 사이의 관계란 어렵고 고통의 소용돌이로 가득하다는 믿음 또한 갖고 있었다. 그 믿음을 걷어내고 결혼 생활에서 진정한 행복을 발견하기까지는 거의 50년이 걸렸다.

한계를 뛰어넘는 삶을 살 수 있는 두 번째 비결은 동기다. 쿽은 이 책에서 동기의 핵심 요소를 세 가지로 설명한다. 첫째는 목적, 즉 그것이 중요한 이유다. 예를 들면 나는 곱게 나이 들고 싶기 때문에 운동을 좋아하지 않아도 근력 운동을 열심히 해서 체력을 기르려고 노력한다. 즉 목적이 불편함보다 먼저다.

둘째는 자신이 원하는 것을 할 수 있는 능력이다. 능력을 발휘하려면 에너지가 필요하고 에너지는 에너지 관리를 필요로 한다. 가공하지 않은 음식의 섭취, 운동, 스트레스 관리, 양질의 수면, 의사소통 기술, 건강한 관계의 형성(해로운 관계의 정리를 포함해서) 등 인간 수행human performance과 관련된 지식은 목적을 달성하는 데 매우 중요하다.

셋째는 작은 성공이다. 과업은 성공을 맛보게 해줄 아주 간단하고 작은 것들이어야 한다. 하루 한 번 치실 사용하기, 책 한 페이지 읽기, 팔굽혀펴기 한 번 하기, 1분 명상하기 등 작은 성공들은 자신감을 부여하고 결국에는 더 큰 성공을 거두게 해준다.

한계를 뛰어넘게 해줄 마지막 비결은 올바른 방법을 쓰는 것이다. 사실 우리는 19세기와 20세기의 도구들로 21세기를 살아가고 있다.

퀵은 지금 우리에게 필요한 도구들, 우리가 원하는 것을 달성하게 해주는 다섯 가지 핵심 기술을 알려준다. 바로 집중, 학습, 기억력 향상, 속독, 비판적 사고다. 업그레이드된 이 학습 기술들은 마인드셋과 동기를 활성화해서 더 쉽고 효과적으로 꿈에 도달하게 해준다.

어제보다 더 나은 내가 되고 싶다면

퀵은 어릴 때 머리를 다쳐 주의력과 집중력, 학습 능력이 손상됐다. 한 둔감한 교사가 그에게 "뇌가 고장 난 아이"라고 말했고 퀵은 평생 그 상처를 치유하고 극복하며 학습 장애를 학습 초능력으로 바꿀 방법을 배워야 했다. 우리는 모두 어느 정도는 망가진 뇌로 고생한다. 이 책은 우리의 뇌를 치유하고 한계에 대한 잘못된 믿음을 재구성하며 삶을 업그레이드해줄 처방전이다. 학습 방법의 학습은 다른 모든 기술과 능력을 가능하게 해줄 궁극의 초능력으로서 이 책의 목표는 그 비결을 당신에게 알려주는 것이다.

한마디로 이 책은 학습 방법의 학습을 위한 로드맵을 제공한다. 우리는 대부분 필요한 도구를 습득하며 자라지 못했다. 퀵은 그런 우리를 위해 자신이 배운 모든 것을 이 책에서 아낌없이 공유한다. 그는 30년 동안 학생, 교사, 유명 인사, 건설 노동자, 정치인, 기업가, 과학자 등 각 계각층의 사람들과 함께 일했고 전 세계에서 가장 진보적인 교육 시스템과 협력해 교육자와 학생들에게 학습 방법의 학습 전략을 공유했다. 그의 방법은 정말로 효과가 있었고 우리 모두에게 유익한 것이었다.

우리를 천재로 만들어주는 약은 없어도 천재성의 경지에 도달하게 해줄 방법은 있다. 이 책은 바로 그 방법을 제시한다. 뇌의 업그레이드를 위해 더 빠르고 효과적인 학습 방법의 학습뿐만 아니라 새로운 뇌세포의 생성과 뇌세포 간의 연결을 증진시키는 영양, 운동, 명상, 수면 등 물리적 뇌를 치유하는 방법까지 알려준다. 이 한 권에 그 모든 방법이 자세하게 제시되어 있다. 만약 현재의 마인드셋과 동기, 방법이 꿈을 달성할 능력을 제한하고 있다면 이 책을 읽어라. 더 뛰어나고 명석한 뇌와 당신의 미래를 위한 사용자 설명서인 이 책을 읽고 나면 당신의 배움과 삶은 결코 예전과 같지 않을 것이다.

마크 하이먼
클리블랜드 클리닉 기능의학 센터 전략 및 혁신단장

누구나 한계를 넘어
슈퍼히어로가 될 수 있다

"무한한 상상력을 가진 어린 시절의 우리는 마법을 믿잖아요?
저는 제가 초능력이 있다고 생각했어요."

_미셸 판Michelle Phan

당신의 소원은 무엇인가? 만약 램프의 요정 지니가 딱 한 가지 소원만 들어주겠다고 한다면 무엇을 말하겠는가? 당연히 평생 소원 들어주기일 것이다!

자, 이제 내가 지니이고 당신에게 어떤 지식이나 기술, 배움과 관련된 소원 한 가지를 들어줄 수 있다고 상상해보자. 가장 배우고 싶은 한 가지는 무엇인가? 평생 소원 들어주기에 맞먹는 최고의 지식과 기술은 무엇일까?

바로 '학습 방법의 학습'이다. 더 영리하게, 더 빨리, 더 많이 배우는 법을 알면 모든 것에 이 방법을 쓸 수 있다. 마인드셋이나 동기부여를 하는 방법을 배울 수도 있고 언어, 수학, 음악, 운동, 마케팅을 배우는 데 활용할 수도 있다. 쓸 수 있는 범위는 무궁무진하다!

이 책에서 나는 그 소원을 들어주고자 한다. 그전에 먼저 당신을 정말로 높이 평가하며 존경한다는 말을 하고 싶다. 이 책을 사서 지금 읽고 있는 당신은 현재의 조건과 제약을 그냥 받아들이는 대부분의 사람보다 훨씬 앞서 있다. 인생에서 더 많은 것을 원할 뿐만 아니라 결과를 얻기 위해 기꺼이 노력하는 소수다. 다시 말해 당신은 기꺼이 모험에 나선 이 이야기의 주인공이다. 나는 우리 모두에게 가장 큰 모험은 자신의 잠재력을 최대한 드러내고 실현하며 다른 사람도 그렇게 하도록 고무하는 것이라고 믿는다.

당신의 초능력을 열어줄 '키메이커'를 잡아라

당신이 어떤 인생 여정을 거쳐 이 책을 접하게 됐는지는 알 길이 없지만 추측하건대 그 여정에서 타인이나 자신이 부여한 한계를 어느 정도는 받아들이며 살았을 것이다. 그래서 자신은 독서 속도가 빠르지 않다고, 생각이 남들보다 뛰어나지 않다고 여겼을 수도 있다. 또는 일을 완수하는 끈기나 목표에 도달하는 에너지가 부족하다고 여겼을 수도 있다. 그 밖에도 여러 한계를 스스로 지우며 살아왔을 것이다.

이 책은 바로 그 한계를 넘어서자고 말하는 책이다. 부모, 프로그래밍, 미디어, 마케팅이 하는 거짓말과 집단 최면이 만들어낸 가수면 상태를 끝내자고 말이다. 그들은 우리가 부족하며 한계가 있다고 말한다. 우리 스스로 존재하거나 실행하거나 소유하거나 창조하거나 공헌할 능력이 없다고 말한다.

스스로 한계가 있다는 믿음 때문에 당신은 그동안 꿈을 이루지 못했을 수도 있다. 적어도 지금까지는 그랬을 수 있다. 하지만 약속하건대 그런 믿음은 당신이라는 사람을 제약할 수 없다. 우리 안에는 엄청난 잠재력과 개발되지 않은 강인함, 지능, 집중력이 있다. 이런 초능력을 발현시킬 열쇠는 바로 자신을 제한하지 않는 것이다.

나는 25년이 넘게 다양한 연령대, 국적, 인종, 지위, 교육 수준의 사람들과 함께 일했다. 그러면서 어떤 배경을 가지고 있든, 어떤 도전에 직면했든 누구에게나 놀라운 잠재력이 있으며 이를 발휘하기만 하면 된다는 사실을 발견했다. 나이나 배경, 교육, 성별, 이력과 상관없이 모든 사람은 자신이 그럴 자격이 있고 가능하다고 믿는 이상으로 발전할 수 있다. 당신도 물론 그렇다. 이 책을 읽는 동안 당신은 스스로 한계가 있다는 믿음을 내던질 것이다.

영웅의 여정에 필요한 것은 선택뿐이다

나는 종종 슈퍼히어로와 초능력에 대해 이야기한다. 사실 나는 슈퍼히어로광이다. 어린 시절 뇌 손상으로 학습에 어려움을 겪으며 만화책과 영화에서 탈출구를 찾고 영감을 얻곤 했다. 내가 좋아했던 만화와 영화는 영웅의 여정이라는 공통점을 갖고 있었다. 〈오즈의 마법사〉, 〈스타워즈〉, 〈해리 포터〉, 〈먹고 기도하고 사랑하라〉, 〈헝거 게임〉, 〈록키〉, 〈반지의 제왕〉, 〈이상한 나라의 앨리스〉, 〈매트릭스〉 등 모든 모험물에는 조지프 캠벨Joseph Campbell이 말한 고전적인 플롯이 등장한다(비교신화학자 조지프 캠벨은 고대 문화에서 전설, 종교, 현대 문학 작품에 이르기까지 대부분의 영웅 신화는 비범한 능력을 지닌 영웅이 부름을 받고 모험에 나서고 고난을 겪고 조력자를 만나 위대한 업적을 이루는 서사 구조로 되어 있다고 했다 ─ 옮긴이).

당신이 가장 좋아하는 이야기 또는 내가 방금 언급한 영화나 책을 생각해보자. 모두 친숙하게 느껴지는 이야기 구조를 가지고 있다. 주인공은 해리 포터처럼 처음에는 평범한 세상에서 살고 있다가 어느 날 모험에 나서라는 부름을 받는다. 물론 주인공은 선택할 수 있다. 부름을 무시하고 아무런 변화도 없는 익숙한 세상에 머물거나 〈매트릭스〉의 네오가 빨간 알약을 먹는 것처럼 부름에 응하는 것이다.

부름에 응한 주인공은 모험을 시작하며 〈베스트 키드 2〉의 미야기 사범 같은 인도자 또는 멘토를 만나 장애물을 극복하고 새로운 힘과 기술로 자신의 능력을 업그레이드한다. 그리고 자신의 한계를 초월해 새로운 존재 방식을 배우며 시련에 맞선다. 그 후 캔자스로 돌아온 도로시처럼 평범한 세계로 돌아온 주인공은 모험에서 발견한 보물, 감정, 힘, 명확성, 지혜 등을 다른 사람들과 공유한다.

이런 영웅의 여정은 당신의 개인적 이야기에 힘과 목적을 부여하는 완벽한 구조다. 이 책의 슈퍼히어로로는 당신이다.

우리가 이 세상에서 보유하고 있는 유일한 그리고 무한한 자원은 바로 인간의 잠재력이다. 다른 자원들은 대부분 유한하지만 인간의 정신은 궁극의 초능력으로서 창의력, 상상력, 결단력, 사고·추론·학습 능력은 무제한이다. 그럼에도 가장 활용되지 않은 자원이라는 점은 놀랍기만 하다.

우리는 모두 자신의 이야기에서 영웅이 될 수 있고 당신의 잠재력 우물은 날마다 길어내도 절대로 마르지 않는다. 그러나 이런 식으로 인생에 접근하는 사람은 극히 드물다. 내가 이 책을 쓴 이유는 당신이 어디에 있든 당신을 그곳에 끌어 앉힌 한계에서 해방되어 전적으로 자유로워질 수 있음을 깨닫도록 도와주기 위해서다. 그것이 평범한 세계에서 비범한 세계로 이동하기 위한 유일한 '특별함'인지도 모른다.

이 책은 그 특별함을 제공하고자 한다. 당신은 이 책에서 스스로 한계라고 인지하고 있는 부분을 떨쳐버릴 방법들을 습득할 것이다. 뇌의 제약을 없앨 방법, 추진력의 제약을 없앨 방법도 배울 것이다. 기억과 몰입, 습관의 한계를 없앨 방법도 배운다. 이 책은 영웅의 여정을 시작한 당신의 멘토가 되어 당신의 정신과 동기, 학습 방법을 찾아나가게 해줄 것이다. 이 방법들을 터득하는 순간 당신의 한계는 사라진다.

자, 지금 문 앞에 선 당신은 문 뒤편에 무엇이 기다리고 있는지 알고 있다. 이제 그 문을 열고 나아가자.

제1부

왜 우리는 스스로 평범하다고 생각할까?

제4부

잠재력을 터뜨려 지금의 나를 넘어서라

께'일 때 배울 수 있는 것 | 감정을 잘 다루면 벌어지는 놀라운 마법 | 한계를 넘어 달리는 'DRIVE'의 힘 | 변화의 폭풍 속에 도약의 기회가 있다

"외부의 힘이 깬 알은 생명이 끝나지만
내부의 힘으로 껍질을 깬 알에서는 생명이 시작된다.
위대한 것은 항상 자신의 안에서 시작된다."
__짐 퀵

제1부

왜 우리는 스스로 평범하다고 생각할까?

제1장

슈퍼히어로 이전의 삶에서
깨닫지 못한 것들

"나는 정말 바보야."

"이해가 안 돼."

"너무 멍청해서 공부를 못 하겠어."

어릴 적 이 말들을 입에 달고 살았다. 나는 느리고 멍청하다고, 나중에 사람 구실을 하는 건 고사하고 글을 읽는 법조차 못 배울 거라고 되뇌지 않고 넘어간 날이 단 하루도 없었다. 영화 〈리미트리스〉처럼 내 뇌를 급속 충전시켜 단번에 똑똑하게 만들 수 있는 알약이 존재한다면 어떤 대가를 치르더라도 그 약을 먹었을 것이다.

나 혼자만 그렇게 생각한 건 아니었다. 나를 가르쳤던 선생님들에게 물어봤다면 내가 이런 책을 쓸 줄은 상상도 못 했다고 입을 모아 말했을 것이다. 그때는 책을 쓰는 건 고사하고 책을 읽기만 해도 깜짝 놀랐을 만큼 공부를 못했다.

사실은 유치원 때 겪은 사건 하나가 나의 인생을 완전히 바꿔놓았다. 어느 날 수업 도중에 창밖에서 사이렌 소리가 들려왔다. 선생님이 밖을 내다보고는 소방차가 보인다고 했고 우리는 모두 창문으로 달려갔다. 지금도 그렇지만 그때도 슈퍼히어로에 마음을 뺏겼던 나는 특히 흥분했다. 소방관은 내가 아는 세상에서 슈퍼히어로에 가장 근접한 존재였다.

그런데 문제가 하나 생겼다. 나는 창밖의 소방차를 볼 수 있을 만큼 키가 크지 않았다. 그때 한 아이가 의자를 끌고 와 올라서자 너도나도 따라 하기 시작했다. 나도 달려가 의자를 끌고 와서 창틀 아래에 설치된 철제 라디에이터 옆에 놓았다. 그러고선 의자에 올라가 소방관을 봤다! 정말 흥미로웠다. 불이나 그 어떤 재난에도 끄떡없을 듯한 제복을 입은 용감한 영웅들의 활약을 나는 입을 헤벌리고 바라보았다.

잠시 후 한 아이가 내가 올라선 의자의 아래를 움켜잡았다. 그 바람에 나는 균형을 잃고 넘어지면서 라디에이터에 머리를 세게 부딪쳤다. 머리에서 피가 나기 시작했다. 나는 급히 병원으로 옮겨져 상처를 치료받았다. 치료 후 의사들은 어머니에게 나의 뇌 손상이 경미한 수준이 아니라고 솔직하게 말했다.

어머니는 그 후로 내가 예전 같지 않았다고 했다. 활기차고 자신만만하고 호기심 많았던 아이가 눈에 띄게 움츠러들고 학습에 어려움을 겪었다. 주의가 몹시 산만해졌고 기억력도 엉망이었다. 그런 내게 학교생활은 커다란 시련이었다. 선생님들의 설명을 이해하지 못했지만 이해하는 척하는 법을 배웠고, 다른 아이들은 모두 읽기를 배웠지만 나는 글자를 해독할 수 없었다.

학창 시절, 수업 시간에 차례로 돌아가면서 큰 소리로 책을 읽었던 것을 기억하는가? 그 시간이 내게는 최악의 순간이었다. 초조하게 앉아 있다가 차례가 오면 일어나 책을 들여다보지만 한 단어도 이해가 되지 않았다(발표에 대한 주체할 수 없는 두려움은 그때부터 시작된 듯하다). 3년이 더 지나서야 겨우 글을 읽을 수 있게 되었지만 그 후로도 오랫동안 힘겨운 싸움은 계속되었다.

만화책에서 만나본 영웅들이 아니었다면 아마도 책 읽기를 배우지 못했을 것이다. 일반 책에는 주의를 집중할 수 없었지만 만화는 달랐다. 다른 사람이 읽어주기를 기다릴 수 없어 기를 쓰고 읽기를 배웠다. 밤늦도록 이불을 뒤집어쓴 채 손전등 불빛에 만화책을 읽어 내려갔다. 그리고 영웅들의 이야기에 열광했다. 그들은 그 어떤 역경도 극복할 수 있다는 희망을 심어주었다.

그중 가장 좋아했던 슈퍼히어로는 엑스맨이었다. 가장 강했기 때문이 아니라 남들과 다른 기이한 생김새로 오해를 받는 존재였기 때문이었다. 그들은 돌연변이로 사회에 적응하지 못했고 사람들은 그들을 이해하지 못하고 피했다. 초능력은 없었지만 나도 그랬다. 엑스맨도 따돌림을 당했고 나도 그랬다. 나는 그들의 세계에 속했다.

당시 우리 집은 뉴욕시 근교인 웨스트체스터 카운티에 있었는데 어느 날 밤 만화책에서 자비에 교수의 영재 학교가 우리 집 근처에 있다는 이야기를 읽고는 몹시 흥분했다. 아홉 살이었던 나는 그 이야기를 사실이라고 믿고서 주말이면 자전거로 동네를 돌며 자비에 학교를 찾곤 했다. 정말로 그곳을 찾겠다는 생각에 사로잡혀 있었다. 그 학교를 발견한다면 마침내 내게 어울리는 곳, 남들과 달라도 안전한 곳, 나의 초능력을 발견하고 개발할 수 있는 곳을 찾으리라고 생각했다.

나는 뇌가 고장 난 소년이었다

현실 세계에서의 삶은 그리 친절하지 않았다. 우리 집에 함께 살면서 나를 키우다시피 한 할머니가 중증 치매 증세를 보이기 시작했다. 사랑하는 사람이 정신과 기억을 잃어가는 모습을 지켜보는 심정은 말로 표현할 수 없다. 돌아가시는 날까지 할머니를 거듭거듭 잃어버리는 느낌이었다. 할머니는 내게 세상의 전부였다. 학습 장애와 더불어 할머니는 내가 뇌 건강과 훈련에 그토록 열정을 갖게 된 이유였다.

학교에서는 친구들뿐만 아니라 선생님까지도 나를 열등한 아이로 취급했다. 어느 날 내가 수업 내용을 하나도 이해하지 못하자 선생님이 답답한 나머지 "뇌가 고장 난 아이"라고 말했던 기억이 난다. 선생님이 나를 그렇게 보고 있었다니, 아마 다른 사람들도 마찬가지일 거라는 생각이 들어 크게 상처받았다.

누군가 또는 무언가에 꼬리표를 붙이면 그 누군가나 무언가의 한계도 정해진다. 따라서 어른으로서 말을 내뱉을 때는 매우 조심해야 한다. 그 말이 곧바로 아이의 내면의 소리가 되기 때문이다. 그 순간 내게도 그런 일이 일어났다. 그때부터 나는 무언가를 배우려고 끙끙대거나, 쪽지 시험 점수가 나쁘거나, 체육 시간에 팀에 뽑히지 못하거나, 다른 친구들보다 뒤처질 때마다 뇌가 고장 났기 때문이라고 자신에게 말하곤 했다.

어떻게 내가 남들처럼 잘할 수 있다고 기대하겠는가? 나는 고장 난 아이였다. 내 머리는 다른 사람들처럼 돌아가지 않았다. 친구들보다 훨씬 더 열심히 공부했을 때도 기울인 노력만큼 성적이 나온 적은 한 번도 없었다.

고집은 있어서 포기하지 않고 가까스로 다음 학년에는 올라갔지만 학교생활을 잘 해냈다고 할 수는 없었다. 학업이 우수했던 몇몇 친구들의 도움으로 수학은 어느 정도 했지만 영어, 읽기, 외국어, 음악 같은 과목은 엉망이었다. 그러다 고등학교 1학년 때 영어 과목에서 낙제할 위험에 처했다. 선생님은 어떻게 해야 내가 낙제를 면할 수 있을지 논의하기 위해 나와 부모님을 불렀고, 별도의 과제를 해오면 추가 점수를 주겠다고 제안했다. 과제는 레오나르도 다빈치와 알베르트 아인슈타인, 이 두 천재의 생애와 업적을 비교한 보고서를 쓰는 것이었다. 선생님은 보고서를 잘 작성해오면 낙제를 면하도록 점수를 주겠다고 했다.

엄청난 기회였다. 출발부터 힘들었던 고등학교 생활의 재설정 버튼이 될 것 같았다. 그래서 최고의 보고서를 쓰기 위해 모든 걸 쏟아붓기로 했다. 나는 방과 후 몇 시간씩 도서관에 가서 두 천재에 관한 정보를 찾았는데, 흥미롭게도 그 과정에서 아인슈타인이나 다빈치도 학습 장애로 어려움을 겪었으리라고 추측하는 글을 여럿 접하게 되었다.

몇 주간의 노력 끝에 드디어 최종 보고서를 타이핑했다. 내가 완성한 보고서가 너무 자랑스러워 문구점에서 바인딩까지 해왔다. 이 보고서는 내게 일종의 성명서였다. 내가 무엇을 할 수 있는지 세상에 알릴 방법이었다.

보고서를 제출하기로 한 날 아침, 책가방에 보고서를 넣으면서 선생님이 보일 반응을 떠올리며 신이 났다. 수업이 끝나면 제출할 계획이었기에 도저히 수업 내용에 집중할 수가 없었다. 노력하면서 앉아 있었지만 내가 보고서를 내밀었을 때 선생님이 지을 표정이 자꾸만 떠올랐다.

그런데 미처 대비하지 못한 커브볼이 들어왔다. 수업 시간 중간쯤 지났을 때 선생님은 일찍 수업을 끝내고는 깜짝 발표가 있다고 했다. 내가 추가 점수를 받기 위한 보고서를 작성했는데 지금 급우들 앞에서 발표하면 좋겠다고 했다.

학교에 다니는 내내 나는 수업 시간에 이름이 불리지 않기 위해 몸을 잔뜩 웅크리고 있었다. 뇌가 고장 난 학생이 내놓을 건 아무것도 없었다. 나는 수줍어하는 정도를 넘어 시선을 받는 것조차 싫어했고 사람들 앞에서 말하는 건 죽을 만큼 두려웠다. 과장이 아니라 그 순간 내 몸에 심장 모니터를 연결했다면 기계가 망가졌을지도 모른다. 숨조차 제대로 쉴 수 없었다. 반 친구들이 모두 나를 쳐다보는 앞에 서서 내가 조사한 내용을 발표하라니, 도저히 그럴 수 없었다. 그래서 내가 할 수 있는 유일한 선택을 했다.

"죄송합니다. 못 했습니다."

나는 더듬거리며 간신히 그 말만 뱉었다.

선생님은 좀 전에 내가 상상했던 것과는 너무나 다르게 몹시 실망스러운 표정을 지었다. 내 가슴은 찢어지는 듯했다. 하지만 끝내 선생님이 원하는 대로 할 수 없었다. 수업이 끝나고 모두가 교실에서 나간 후 쓰레기통에 보고서를 버렸다. 그나마 가지고 있던 자존심도 함께.

인생에 처음으로 쓴 버킷리스트

어쨌거나 온갖 어려움에도 불구하고 지방 대학에 입학할 수 있었다. 대학이야말로 새롭게 출발할 마지막 기회라고 생각했다. 가족에게 자랑스러운 사람이 되고 나도 성공할 수 있다는 것을 세상에, 더 중요하게는 나 자신에게 보여주겠다는 꿈을 꾸었다. 대학은 새로운 환경이었다. 교수들은 고등학교 교사들과 가르치는 방식이 달랐고 대학에는 나에 대한 선입견을 가진 사람도 없었다. 정말로 열심히 공부했다. 하지만 고등학교 때보다 더 나쁜 성적을 받고 말았다.

몇 개월 후 나는 현실을 직시하기 시작했다. 대학에서 더 이상 시간과 돈을 낭비할 이유가 없었다. 학교를 때려치우기로 마음먹고 친구에게 계획을 털어놓자 그는 주말에 자기 집에 같이 다녀온 후에 결정하자고 했다. 그는 내가 캠퍼스를 벗어나면 상황을 달리 볼 수도 있다고 생각한 듯했다.

우리가 도착하자 친구의 아버지는 저녁을 먹기 전에 집 주변을 구경시켜주었다. 그러면서 내게 학교생활은 어떠냐고 물었다. 당시 내가 받을 수 있는 최악의 질문을 받은 나는 상대방이 당혹스러워할 반응을 보이고 말았다. 울음을 터뜨리고 만 것이다. 눈물을 삼키려고 애쓰는 울음이 아니라 엉엉 소리 내어 울었다. 너무나 많은 감정을 억누르고 있던 마음의 댐이 별 뜻 없는 질문 하나에 무너지고 말았다.

'뇌가 고장 난 소년'의 이야기를 털어놓는 동안 친구 아버지는 귀를 기울여 들어주었다. 이야기가 끝나자 그는 내 눈을 바라보며 물었다.

"짐, 너는 학교에 왜 다니니? 넌 뭐가 되고 싶어? 하고 싶은 건 뭐야? 갖고 싶은 건 뭐니? 나누고 싶은 것은 뭐야?"

그 어느 질문에도 바로 대답할 수 없었다. 아무도 그런 질문을 한 적이 없었기 때문이다. 하지만 그 자리에서 대답해야만 할 것 같은 기분이 들었다. 그래서 입을 여는데 그가 내 말을 중단시키고는 주머니에서 수첩을 꺼내더니 두어 장 찢어 건네며 글로 적어보라고 했다.

그 후 몇 분 동안 버킷리스트를 작성했다. 작성을 마치고는 종이를 접어서 주머니에 넣으려고 하는데 친구 아버지가 내 손에 있던 종이를 가져갔다. 순간 깜짝 놀랐다. 내가 쓴 내용을 다른 사람, 그것도 전혀 모르는 사람이 읽으리라고는 생각하지 않았기 때문이다. 하지만 그는 불편해하는 내 앞에서 쪽지를 펴서 읽었다. 1~2분밖에 안 걸렸겠지만 그가 내 버킷리스트를 읽는 그 순간이 마치 몇 시간처럼 느껴졌다. 그는 목록을 다 읽고는 30센티미터가량 간격을 두고 왼손과 오른손의 검지를 들고 말했다.

"이만큼만 더 가면 이 모든 소망을 이루겠구나."

터무니없는 말처럼 들렸다. 나는 열 번을 죽었다가 깨어나도 버킷리스트를 달성할 수 없을 거라고 대꾸했다. 그런데 그는 양 검지의 간격을 그대로 유지한 채 내 머리 양쪽에 갖다 댔다. 두 손가락 사이의 간격은 나의 뇌를 의미하는 것이었다.

"그게 관건이란다. 따라오렴. 보여줄 게 있어."

우리는 집으로 들어갔고 그는 나를 어떤 방으로 데려갔다. 그런 방은 난생처음 봤는데, 바닥에서 천장까지 벽면 가득 책이 꽂혀 있었다. 당시 나는 책을 좋아하는 사람이 아니었다. 그래서인지 마치 뱀으로 가득한 방에 들어와 있는 것만 같았다. 그는 서가로 걸어가더니 뱀들을 꺼내 내게 건넸다. 제목을 보니 역사상 위인들의 전기와 《크게 생각할수록 크게 이룬다》, 《노먼 빈센트 필의 긍정적 사고방식》, 《성공의 비결》 같은 초기 자기계발서들이었다.

"짐, 이 책들을 일주일에 한 권씩 읽어보면 좋겠다."

지금까지 내가 한 말을 하나도 듣지 않은 걸까. 하지만 그 생각을 입 밖으로 내지는 않고 이렇게 대답했다.

"제가 할 수 있을지 모르겠네요. 아시다시피 전 책을 읽기가 쉽지 않고 학교 공부만으로도 할 일이 너무 많은걸요."

"짐, 학교가 네 공부를 방해하지 않도록 하렴."

그의 이 말은 나중에 알고 보니 마크 트웨인의 명언을 인용한 것이었다.

"이 책들을 읽으면 얼마나 도움이 될지 알지만 지키지 못할 약속을 하고 싶지는 않습니다."

내가 말하자 그는 잠시 가만히 있다가 주머니에서 내 버킷리스트를 꺼내 한 항목씩 소리 내어 읽었다. 내 꿈을 다른 사람의 목소리로 듣노라니 무언가 마음과 영혼을 울리는 듯했다. 사실 버킷리스트의 많은 항목이 가족에게 해주고 싶은 일들이었다. 부모님이 결코 자신을 위해 하지 않을 일들이었다. 그럴 형편이 되든 안 되든 말이다. 그 일들이

다른 사람의 입을 통해 세상에 나오자 불가능할 줄 알았던 변화가 일어났다. 내 동기와 목적은 강한 자극을 받았고 나는 그의 제안대로 해보겠다고 말했다. 사실은 그 힘든 일들을 어떻게 해낼지는 전혀 몰랐지만 말이다.

그동안 잘못된 질문을 해온 걸까?

주말이 지나고 나는 친구 아버지가 준 책들을 한 아름 안고 학교로 돌아왔다. 책상 위에는 이제 두 무더기의 책이 쌓였다. 한쪽은 강의를 듣는 동안 읽어야 할 책들이었고 다른 한쪽은 내가 읽기로 약속한 책들이었다. 얼마나 무리한 일을 약속한 건지 실감이 났다.

내게는 독서가 너무나도 힘든 일인데 어떻게 이 책들을 조금이라도 읽을 수 있을까? 수업에 필요한 책을 읽어내는 것만도 힘겨운데 어떻게 해야 할까? 어떻게 시간을 낼 수 있을까? 나는 식사도 하지 않고 잠도 자지 않고 운동도 하지 않고 텔레비전도 보지 않고 친구와 어울리지도 않았다. 대신 도서관에서 살다시피 했다. 그러던 어느 날 밤 탈진해 기절했고 계단에서 굴러떨어져 또 머리를 다쳤다.

이틀이 지나서야 병원에서 깨어났다. 나는 내가 죽은 줄 알았다. 아마 죽었으면 하고 바라는 마음도 조금은 있었을 것이다. 정말 인생 최악의 시간이었다. 몸은 몹시 야위어서 체중이 53킬로그램밖에 안 되었고 탈수가 너무 심해 링거를 꽂고 있었다. 그러나 비참함을 느끼면서도 속으로는 '분명 더 나은 방법이 있을 거야'라고 중얼거렸다. 그때 간호사가 아인슈타인의 사진이 인쇄된 머그잔에 차를 담아 들고 병실로 들어왔다. 고등학교 때 보고서 작성을 위해 열심히 조사하고 공부했던 바로 그 인물이었다. 그의 사진 옆에는 '문제를 발생시킨 사고 수준으로는 문제의 해결책을 찾을 수 없다'는 그의 명언이 적혀 있었다.

그 순간 내가 잘못된 질문을 하고 있었는지 모른다는 생각이 들었다. 나의 진짜 문제는 뭐였을까? 나는 학습 속도가 느린 사람임을 알면서도 그 문제에 대해 수년간 같은 생각만 해왔다. 그동안 배워온 대로 내 문제를 해결하려고 노력하고 있었다는 사실을 깨달았다. 그저 더 열심히만 하면 된다고 생각했다. 하지만 더 나은 학습 방법을 나 자신에게 가르칠 수 있다면 어떨까? 더 효율적이고 효과적이며 재미있기까지 한 방법으로 배울 수 있다면? 더 빠르게 학습할 방법을 배울 수 있다면?

그런 방법을 찾고야 말겠다고 나 자신과 약속했다. 그러면서 나의 마인드셋도 바뀌기 시작했다. 간호사에게 수강편람을 가져다달라고 부탁해서 한 페이지씩 훑어봤다. 몇백 페이지를 넘겨도 스페인어, 역사, 수학, 과학 등 특정 내용을 가르치는 강의들밖에 안 보였다. 학생들에게 공부하는 '방법'을 가르쳐주는 강의는 없었다.

지식은 힘이고 학습은 초능력이다

퇴원 후 '학습 방법의 학습'이라는 생각에 강한 흥미를 느껴 학업을 제쳐두고 멘토가 준 책들은 물론 성인학습이론, 다중지능이론, 뇌과학, 자기계발, 교육심리학, 속독 책들을 집중적으로 읽었다. 심지어 고대 기억술 책들까지 찾아보기도 했다. 인쇄기나 컴퓨터 같은 외부 저장 장치가 존재하기 이전 문화에서는 어떻게 지식을 전수했는지 알고 싶었다. 그렇게 '뇌는 어떻게 작동할까? 뇌를 제대로 작동시킬 수 있는 방법은 뭘까?'라는 질문에 매달렸다.

새로운 자기 주도 학습에 몰두한 지 두어 달 만에 머릿속 스위치가 반짝 하고 켜졌다. 우선 집중력이 향상됐다. 쉽게 주의가 산만해지지 않고 오래 집중하면서 새로운 개념들을 이해하기 시작했다. 몇 주 전에 공부했던 정보도 별 어려움 없이 기억할 수 있었다. 에너지와 호기심 수준도 달라졌다. 난생처음으로 정보를 읽고 이해할 수 있었고 시간도 예전의 몇 분의 일밖에 걸리지 않았다.

새로 발견한 능력에 이전에 느끼지 못했던 자신감이 생겼다. 일상생활도 변했다. 나는 명확해졌고 앞으로 나아가려면 무엇을 해야 할지 알았으며 지속적인 동기부여가 되면서 힘이 났다. 그와 함께 나의 마인드셋이 바뀌면서 '무엇이든 가능하다'는 믿음이 생기기 시작했다.

하지만 동시에 속도 상했다. 학교에서 이 중요한 메타 학습meta learning(학습자가 자신의 학습을 인지하고 점차 통제해나가는 일종의 메타 인지 현상으로 스스로 질문하고 문제를 해결하는 자기 주도 학습 ― 옮긴이)을 가르쳤다면 수년간의 자책과 고통은 피할 수 있었을 것이다. 선생님들은 그저 더 열심히 집중하고 공부하라고 끊임없이 말했다. 그러나 이는 집중하는 법 자체를 배운 적 없는 아이에게 우쿨렐레를 처음부터 끝까지 연주해보라는 말과 같다. 방법을 배운 적 없이는 하기가 매우 어렵다는 점에서 말이다.

그래서 나는 영웅의 여정을 따라가며 배운 이 보물과 교훈을 공유하기로 했다. 곧장 다른 학생들에게 이 방법들을 가르쳐주기 시작했다. 그리고 독서 속도와 이해력을 높이고자 했던 한 신입생을 가르치면서 전환점이 찾아왔다. 그녀는 열심히 배워서 30일 동안 30권의 책을 읽겠다는 목표를 달성했다(이 방법은 제14장에서 소개할 것이다). 나는 그녀가 왜 그런 목표를 세웠는지 궁금했다. 알고 보니 어머니가 말기 암 진단을 받았다. 그녀는 의학 서적을 공부해서 어머니의 병세를 호전시키겠다고 결심했던 것이다. 몇 개월 후 그녀는 기쁨의 눈물을 흘리며 어머니가 차도를 보인다고 전화로 알려왔다.

그때 나는 지식이 힘이라면 학습은 우리의 초능력임을 깨달았다. 우리의 학습 능력은 무한하다. 그 능력을 활용할 방법만 알면 된다. 한 여성의 삶이 어떻게 바뀌었는지 보면서 내 안의 목적의식이 깨어났고 무엇을 인생의 사명으로 삼아야 할지 알게 됐다. 사람들이 특별한 삶을 열어갈 수 있도록 뇌를 업그레이드하고 더 빨리 배울 수 있게 해주는 마인드셋, 동기, 방법을 가르치는 것이 나의 사명이었다.

그 후 20년이 넘는 세월 동안 학습 향상을 위한 실용적이고 입증된 방안들을 개발했다. 이제 나는 일주일에 한 권씩 책을 읽으며, 학습 장애아learning disabled로 분류된 어린이부터 뇌의 노화를 겪는 노인에 이르기까지 수많은 사람을 돕고 지원하는 일을 한다. 매년 청중 20만 명 이상을 대상으로 강연을 하고 스포츠 선수와 스타들의 두뇌 코칭을 하며 세계 유수의 기업과 대학에서 교육을 한다. 또한 195개국 학생들과 함께 대규모 온라인 가속학습accelerated learning(학습의 중추인 뇌의 속성을 이해함으로써 개개인에게 가장 잘 맞는 학습 방식을 찾아내고자 하는 이론—옮긴이) 플랫폼을 이끌며 팟캐스트 〈퀵 브레인〉Kwik Brain 을 진행한다. 이 팟캐스트는 수천만 명이 다운로드받았다.

이 책은 내가 지난 세월 배운 교훈과 조언들, 내 팟캐스트에 출연했던 많은 전문가의 지혜와 자료들로 채워져 있다. 이런 이야기를 하는 이유는 이 주제를 연구하고 가르치는 데 인생을 바친 내가 이 책 안에 담긴 내용, 더 중요하게는 당신 안에 무엇이 있는지 알고 있기 때문이다.

꿈에 그리던 슈퍼히어로 학교에 가다

내 이야기는 뜻밖의 행운으로 종결된다. 앞서도 언급했지만 나는 정기적으로 세계적 기업의 CEO와 임원들을 대상으로 두뇌 코칭을 한다. 몇 년 전 20세기폭스의 CEO이자 회장이었던 짐 지아노풀로스Jim Gianopulos가 임원들의 코칭을 해달라고 나를 초청했다. 나는 금요일 오전에 촬영소에 가서 임원들과 몇 시간을 보냈다. 그들은 내 메시지를 열린 마음으로 받아들였고 내 기법에 호응해주었다. 교육이 끝나고 짐이 내게 와서 말했다.

"정말 좋았습니다. 지금까지 했던 교육 중에서 가장 훌륭했어요."

물론 그 말을 듣고 기뻤다. 긍정적인 피드백을 좋아하지 않는 사람이 있을까? 촬영소를 둘러보던 중 연말에 개봉할 예정인 울버린의 영화 포스터에 시선이 갔다. 나는 포스터를 가리키며 짐에게 말했다.

"얼른 보고 싶네요. 제가 열렬한 팬이거든요."

"오, 슈퍼히어로를 좋아하나요?"

"물론이죠. 엑스맨은 제 인생에 아주 중요한 역할을 했거든요."

나는 어렸을 때 입은 뇌 손상과 만화책으로 읽는 법을 배웠던 이야기, 프로페서 X의 학교를 찾아다녔던 이야기까지 연달아서 했다. 짐이 미소를 지으며 말했다.

"다음 엑스맨 영화는 몬트리올에서 30일 동안 촬영할 거예요. 같이 촬영장에 가서 일주일을 보내는 게 어때요? 배우들도 당신에게 교육받고 싶어 할 거예요."

절대로 거절할 수 없는 제안이었다. 이제껏 촬영장에 가본 적이 없는 데다 그냥 촬영장이 아니라 엑스맨 촬영장이었으니 말이다.

다음 날 아침 우리는 '엑스 제트'라고 불리는 비행기를 탔다. 돌연변이로 출연하는 배우들 대부분이 함께 탑승했고 나는 제니퍼 로렌스와 할리 베리 사이에 앉게 됐다. 내 인생 최고의 날이었다.

비행기 안에서, 촬영장에서 나는 비범한 배우들과 제작진 몇 명에게 속독으로 대본을 읽는 법과 대사 암기 비법 몇 가지를 알려주었다. 그리고 무슨 일이 내 앞에 펼쳐졌을까? 난생처음 구경한 촬영 현장에 프로페서 X의 학교가 있었다! 어렸을 적 수없이 상상하고 찾으러 다닌 바로 그 장소였다. 꿈만 같은 순간이었다.

놀랍게도 이 이야기의 정점은 그게 아니다. 여행에서 돌아왔을 때 집에 소포가 와 있었다. 대형 평면TV 크기의 아주 커다란 소포였다. 포장지를 벗기자 커다란 사진 액자가 나왔다. 그 사진에는 짐의 메모가 붙어 있었다.

'당신의 초능력을 우리와 공유해줘서 정말 고마워요. 어릴 적 슈퍼히어로로 학교를 찾아다녔다고 했죠. 그래서 학급 사진을 보냅니다.'

사진 속에는 휴 잭맨, 제임스 맥어보이, 제니퍼 로렌스를 비롯해 엑스맨 전 출연진이 나와 함께 활짝 웃고 있었다.

이제 지금의 나는 잊어라

───────

unlimiting(언리미팅)

자신의 잠재력에 대한 부정확하고 제한적인 인식을 버리고 올바른 마인드셋, 동기, 방법으로 한계란 없다는 것을 수용하는 행위나 과정.

오랫동안 나는 내가 인지한 제약으로 자신을 규정하면서 살아왔다. 어렸을 때 끔찍한 부상을 당했다고 생각하고는 내 미래가 뻔하다고 확신했다. 하지만 몇몇 사람들의 도움으로 내가 인지한 제약이 실은 전혀 제약이 아니란 걸 알게 되었다. 단지 내가 극복해야 할 장애물 또는 탈학습unlearning해야 할 한계일 뿐이었다. 그리고 그렇게 했을 때 매일 배워서 될 수 있는 것, 할 수 있는 것이 무한해졌다.

한계를 뛰어넘는 것은 가속학습, 속독, 놀라운 기억력의 습득으로 끝나지 않는다. 당신은 그 모든 것과 그 이상을 해낼 방법들을 배우게 된다. 하지만 한계가 사라진다고 해서 완벽해지는 건 아니다. 당신이 현재 가능하다고 믿는 이상으로 발전한다는 의미다. 그동안 가족과 사회, 문화, 경험으로부터 한계를 배운 것처럼 그 한계를 탈학습할 수도 있다. 그런 한계는 일시적인 장애물일 뿐 극복하는 법을 얼마든지 배울 수 있다.

대부분의 사람은 현재의 현실에 맞춰 꿈을 제한하고 축소한다. 우리는 우리가 처한 상황, 우리가 받아들인 신념, 우리가 가는 길이 곧 현재의 우리이자 앞으로의 우리라고 확신한다. 하지만 다른 선택지가 있다. 지금까지 쌓아온 자신의 모습, 능력, 인생에 대한 신념에서 벗어나 마지막이라는 생각으로 자신의 내면을 깊게 들여다보자. 오랫동안 가지고 있던 마인드셋, 동기, 방법의 한계를 없애고 확장하여 잠재력을 마음껏 펼치는 삶을 만들어갈 수도 있다. 남들이 하지 않는 일을 한다면 남들이 할 수 없는 방식으로 살 수 있다. 이 책을 읽는 당신은 중요한 발걸음을 내디뎠다. 더 나은 방향으로 내디딘 한 걸음에 목적지가 완전히 바뀔 수 있음을 기억하라.

그런 발걸음을 내디딜 때는 지도, 즉 성공의 모델을 손에 넣는 것이 핵심이다. 이 무기를 지니면 극복하지 못할 시련이나 무찌르지 못할 용은 없다. 이것이 그 성공 모델, 리미트리스 모델이다.

마인드셋, 동기, 방법이 핵심이다

당신은 한계가 없는 존재로서 무엇이든 실행하고 소유하고 공유할 수 있다. 만약 당신이 잠재력을 최대로 발휘해 배우거나 생활하고 있지 않다면 지금의 현실과 원하는 현실 간에 차이가 있다면 그 이유는 다음 세 가지 한계 중 하나 이상에 갇혀 있기 때문이다. 이 한계는 제거하거나 교체해야 한다.

- **마인드셋의 한계**: 자신의 능력, 자격, 가능성, 즉 자기 자신에 대한 믿음이 약하다.
- **동기의 한계**: 생각을 행동으로 옮기는 추진력, 목적의식, 에너지가 부족하다.
- **방법의 한계**: 원하는 결과를 내기에 효과적이지 않은 방법을 배웠고 그에 따라 행동하고 있다.

이는 개인뿐 아니라 가족이나 조직에도 적용된다. 우리 모두는 자기만의 고유한 투쟁의 역사와 강점이 있다.

한 예로 데빈의 상황을 살펴보자. 성공한 부동산 중개인인 그는 겉으로 보기에 잘 지내는 것 같았다. 얼마 전에는 둘째 아이도 태어나 행복이 배가되는 듯했다. 하지만 팬데믹이 닥치고 혼자 있는 시간이 늘어나면서 데빈은 자신을 돌아보기 시작했다.

"제 인생에 뭔가 더 있을 거라는 생각이 자꾸 들면서 신경이 쓰이기 시작했습니다."

그는 이미 누리고 있는 '안전한 삶'을 더 큰 '열망'과 맞바꿀 생각을 하지 말라는 제한적 사고에 갇혀 있었음을 깨달았다. 또한 더 발전하고자 하는 욕구를 일상적인 활동으로 억누르면서 스스로 동기부여도 제한하고 있었다.

곰곰이 생각해보니 방법에도 한계가 있었다. 특히 그는 '리더들은 독서광'이라는 말을 수년간 들었지만 책을 읽고 만족스러웠던 적이 없어서 독서를 외면했다.

"학교 다니면서 읽었던 책들에 흥미를 느끼지 못했기 때문에 늘 독

● 리미트리스 모델

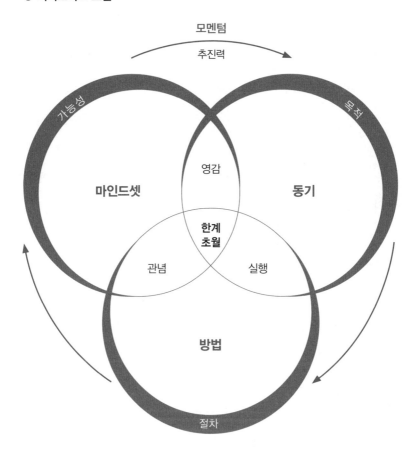

서를 등한시했어요. 어쨌든 책을 읽기 시작해도 한 권을 읽는 데 생각
보다 시간이 오래 걸려서 낙담하곤 했죠."

이제 시간의 여유가 생긴 그는 속독 강의를 듣기 시작했고 거기서
새로운 가능성을 찾았다.

"속독을 시작하자 이 나이에도 나 자신을 변화시키고 새로운 기술을 받아들일 능력이 아직 있다는 마음이 생겼어요. 어떤 사람이 되고 싶다는 비전만 갖지 말고 오늘 그런 사람이 되어야겠다 싶었죠. 스스로 그런 사람이라고 생각하기 시작하면 정말 그렇게 되니까요. 정체성은 무한한 거예요. 다음 단계에 도달하면 그다음 단계, 또 그다음 단계가 있죠."

이런 생각을 하다 보니 개인적 행복과 지역사회에서의 역할에 관한 생각까지 변했다.

"제 비전은 완전히 바뀌었습니다. 건강과 봉사에 더 집중하게 되었죠. 이제 저는 건강한 삶과 웰빙을 추구하는 것이 행복한 삶에 필수적이라고 생각합니다. 우리 사회의 가치관이 흐트러지고 사람들이 희망을 잃은 이 시기에 모두의 공동선을 추구하는 공동체의 일원이 된다는 것이 무엇을 의미하는지 떠올리려고 노력하죠. 저는 뇌를 다시 프로그래밍했고, 마음속으로 그리던 사람이 되어가고 있습니다. 지난 몇 년간 정말 많은 일이 일어났어요. 앞으로 제 앞에 펼쳐질 미래도 매우 기대됩니다. 삶이 명확해지고 목적과 의미가 생겼죠."

당신의 상황이 어떻든 간에 다행스러운 점은 당신만 그런 게 아니라는 점이다. 이제 그 한계를 뛰어넘는 마인드셋과 동기와 방법으로, 당신만의 방식으로 한계를 없애고 잠재력을 발휘하도록 하자.

- **마인드셋**(무엇): 우리가 어떤 사람인지, 세상이 어떻게 돌아가는지, 우리가 무엇을 할 수 있고 무엇이 가능한지에 대한 신념과 태도 또는 가정.

- **동기(왜)**: 행동을 취하는 목적. 특정 방식으로 행동하는 데 필요한 에너지.
- **방법(어떻게)**: 어떤 것을 달성하기 위한 구체적인 과정. 정돈되고 논리적이고 체계적인 지시.

앞서 살펴본 리미트리스 모델에 대해 한 가지 더 지적해둘 게 있다. 마인드셋과 동기가 겹쳐지는 부분에는 영감inspiration이 있다. 이는 영감을 얻었지만 어떤 방법을 써야 할지 또는 어디에 에너지를 쏟아부어야 할지 모르는 경우다. 동기와 방법이 겹쳐지는 부분에는 실행implementation이 있다. 이 경우는 적절한 마인드셋이 없어서 자신이 할 수 있다고 느끼는 것, 자격이 있고 가능하다고 믿는 것에 국한된 결과를 얻는다. 마인드셋과 방법이 겹쳐지는 부분에는 관념ideation이 있다. 자신의 야망을 불태울 에너지가 없어 야망이 마음속에만 머무는 경우다. 세 가지가 모두 겹쳐지는 경우는 한계가 없는limitless 상태다. 즉 마인드셋, 동기, 방법의 3박자가 통합되는 순간 한계를 초월해 원하는 것을 충분히 이룰 수 있는 단계에 이르게 되는 것이다.

이 책은 리미트리스 모델의 3요소와 그 모두를 하나로 묶어주는 네 번째 요소를 차례로 살펴보면서 실천 과제, 조사 결과, 정신적 도구, 인지과학과 수행 분야에서 이뤄진 최신 연구의 흥미로운 결과뿐만 아니라 과거의 지혜(예를 들면 인쇄기 같은 외부 기억 장치가 존재하기 이전 고대 문명에서 전해진 지식을 기억하는 방법)까지도 배울 것이다.

제2부에서는 우리 내면에 제한된 신념이 사라질 때 무엇이 가능해지는지 배운다. 이어서 제3부에서는 왜 목적의식이 동기와 에너지를

불러일으키는 힘이고 열쇠인지 알아본다. 제4부에서는 검증된 절차, 즉 자신이 원하고 마땅히 누려야 할 삶을 향해 나아가게 해주는 도구와 기법들을 어떻게 하면 가장 잘 배울 수 있는지 알려준다. 그리고 제5부에서는 한계 없는 추진력으로 멈출 수 없는 존재가 되는 열쇠를 찾을 수 있다. 추진력은 리미트리스 모델의 3요소인 마인드셋, 동기, 방법의 산물이다. 3요소 모두에 제한을 두지 않으면 한계 없는 추진력을 갖게 되고 리미트리스 모델을 무한히 활용할 수 있다. 마지막에는 제약이 없는 삶을 향해 나아가게 해줄 13일 플랜으로 마무리할 것이다.

이 책을 끝까지 읽고 나면 학업, 건강, 경력, 인간관계, 개인적 성장 등 자신에게 중요한 영역에서 무한한 능력을 가질 것이다. 이 책을 당신의 엑스맨 학교이자 교재로, 나를 프로페서 X로 생각해주길 바란다. 당신 안에 잠재된 무한한 가능성을 펼치기 위한 수업은 이제 시작됐다. 가장 좋은 소식은 당신의 타이밍이 이보다 좋을 수 없다는 것이다.

제2장

습관을 나쁘게 길들이는
디지털 빌런의 등장

모든 사람은 놀라운 초능력을 품고 있으며 이를 자각하기만 하면 된다. 날아다니거나 철갑 슈트를 만들거나 눈으로 레이저를 쏘는 능력을 말하는 게 아니다. 빠른 독서 능력, 갑옷 같은 기억력, 레이저 같은 집중력, 끝없는 창의력, 명료한 사고, 마음챙김mindfulness, 초연한 마음가짐 등의 실용적인 초능력 말이다. 우리는 모두 어느 면에서는 슈퍼히어로들이다.

모든 슈퍼히어로에게는 초능력도 있지만 최대의 적수, 즉 슈퍼빌런도 있다. 배트맨에게는 조커, 슈퍼맨에게는 렉스 루터 같은 존재 말이다. 우리가 마주치는 악당은 영화와는 다를지 몰라도 여전히 악한이며 슈퍼히어로인 당신이 저지하고 쳐부숴야 할 대상이다. 현대의 슈퍼빌런들은 우리의 앞을 가로막고 삶을 더 어렵게 만들어 잠재력을 발휘하지 못하도록 막는다. 그들은 우리에게서 생산성과 풍요로움, 긍정적 태도와 마음의 평화를 앗아간다. 그런 그들을 인지하고 물리치는 것은 전적으로 우리에게 달려 있다.

만약 슈퍼히어로가 등장하는 만화책이나 영화를 본 적이 있다면 이 슈퍼빌런이 의외의 장소에서 탄생한다는 점을 알 것이다. 〈다크 나이트〉에서 '투 페이스'Two-Face 라고 불리는 하비 덴트도 그렇다. 원래 그는 법을 수호하고 악당들을 감옥으로 보내는 검사이자 배트맨의 친구였다. 그러나 악의 무리에 복수를 하려다 얼굴에 흉터가 생기고 이때부터 분노와 적개심, 복수심에 사로잡혀 자신이 맞서 싸우는 존재와 비슷해진다. 희생자들의 미래로 도박을 하는 두 얼굴의 범죄자가 된 것이다. 그의 내면에 있던 선함은 뒤틀리고 사악한 목적에 이용된다.

마찬가지로 우리의 학습을 가로막는 4대 슈퍼빌런도 처음에는 무해했다. 지난 100년 동안 인류가 이룬 가장 위대한 발전의 산물이자 놀라운 기술을 기반으로 탄생했다. 기술은 진보와 한계 초월에 필수다. 사람들 사이를 연결해 관계를 맺고 새로운 것을 학습하게 해주는 등 모든 것을 가능하게 만들고 우리 삶을 편리하게 만든다. 그러나 그 기술은 개발자조차 지나치다고 생각할 만한 속도로 소비되고 있다. 오늘날 우리가 이용할 수 있는 기술들은 너무나 새로운 것이어서 어떻게 상호작용하고 어느 수준으로 통제해야 할지 알지 못한다.

점점 더 많은 사람이 과도한 기술 의존을 우려하고 있다. 이제 사람들은 우리 시대의 '네 기수'(요한계시록 제6장에서 종말을 가져올 네 가지 재앙인 정복, 전쟁, 기근, 죽음을 네 기수에 비유한 데서 가져온 표현이다—옮긴이)인 디지털 홍수, 디지털 주의 산만, 디지털 치매, 디지털 추론에서 벗어나길 원한다. 물론 정보의 과부하나 주의 산만, 건망증, 관성적 사고는 오래전부터 존재해왔다. 하지만 기술 발전의 가속화는 이런 상황을 증폭시킬 가능성이 매우 높다. 디지털 시대가 가져온 새로운 기술들이 어떻게 당신을 가로막고 방해하는지 살펴보도록 하자.

우리를 쉴 수 없게 만드는 정보의 홍수

매일 처리해야 할 일은 많은데 시간은 충분하지 않은가? 오늘날 우리는 자유롭게 정보에 접근할 수 있는 세상을 살고 있다. 지금과 같은 연결성의 시대에 어찌 보면 무지는 선택이다.

15세기와 비교하면 1400년대의 보통 사람들이 평생 흡수했을 데이터를 지금 우리는 단 하루에 소비한다. 얼마 전까지만 해도 정보는 입소문이나 신문, 마을 광장의 게시판을 통해 느리게 전파됐다. 그러나 이제는 정보가 너무 많아서 우리의 시간과 삶에 피해를 주는 지경에 이르렀다. 오늘날 우리는 1960년대에 비해 세 배나 많은 정보를 소비한다.[1] 2015년의 한 보고서의 설문조사에 따르면 이 조사에 응한 사람들은 하루에 8시간 동안 미디어를 소비한다고 답했다.

〈뉴욕타임스〉기술 전문 기자인 맷 릭텔Matt Richtel 은 NPR(미국공영방송)과의 인터뷰에서 20년 동안 마치 모든 기술이 좋은 것인 양 미화됐다며 이렇게 말했다. "과학계는 어떤 기술은 트윙키(미국인의 초코파이라고 할 수 있는, 크림이 잔뜩 들어간 작은 케이크—옮긴이)이고 어떤 기술은 방울양배추라는 생각을 받아들이고 있는 것 같습니다. 우리가 너무 많은 음식을 소비하는 것처럼 너무 많은 기술을 소비한다면 나쁜 영향을 끼칠 수 있습니다."[2]

휴식의 효과를 연구하던 캘리포니아대학교 샌프란시스코 캠퍼스의 연구자들은 쥐에게 새로운 경험을 제공한 후 쥐가 경험하는 도중과 이후의 뇌파를 측정했다. 그 결과 대부분의 상황에서 새로운 경험은 새로운 신경 활동과 새로운 뉴런의 생성을 가져왔다. 단 쥐가 휴식을 취할 때 그런 결과가 나왔다. 휴식이 있을 때 뉴런들은 기억의 관문에서 장기기억이 저장되는 뇌의 나머지 부분까지 연결됐고 쥐들은 경험을 학습의 기초가 되는 기억으로 기록할 수 있었다.[3]

그런데 휴식 시간이 없다면 어떻게 될까? 다른 생각을 하거나 지루할 틈을 잠시도 주지 않으면 기억력 저하, 의식 혼탁, 피로 같은 문제가 발생한다는 증거가 점점 늘어나고 있다. 상시 인터넷 접속과 검색이 실질적인 건강 문제를 초래한다는 연구들이 나타나기 시작한 것은 (디지털 홍수에 대한 우려가 지금보다는 미미했던) 1990년대 중반까지 거슬러 올라간다. '목숨과 맞바꾼 정보'Dying for Information라는 불길한 제목이 달린 로이터 통신의 한 조사 보고서는 이렇게 기술하고 있다.

"응답자 세 명 중 두 명이 정보 과부하가 동료와의 갈등 및 직무 만족도 하락과 관련이 있다고 했다. 42퍼센트는 이런 스트레스로 건강이 나빠졌다고 했고 61퍼센트는 정보 과부하로 사회 활동을 취소해야만 한다고 했으며 60퍼센트는 너무 피곤해서 여가 활동을 못 할 때가 많다고 했다." 보고서는 이렇게 덧붙인다. "사람들은 정보와 정보 채널의 맹공격에 이제는 정보를 관리하는 단순한 루틴조차 개발할 수 없게 되었다."[4]

설상가상으로 정보의 반감기도 감소하고 있다. 정보의 반감기란 어떤 정보가 다른 새로운 정보나 정확한 정보로 대체되기까지 걸리는 시간이다. 다시 말해 기껏 공부해봐야 얼마 안 가 낡고 쓸모없는 정보가 될 가능성이 높다. 강력한 증거를 바탕으로 하고 있어 당시에는 진실로 받아들여졌던 기사, 책, 다큐멘터리의 '사실'조차도 곧 새로운 연구 결과가 나오면 완전히 뒤바뀌고 만다.

개인에게 얼마나 많은 디지털 정보가 쇄도하는지는 여기서 이야기할 필요도 없다. 심지어 우리가 정보망을 벗어나려고 할 때도 디지털 정보는 어떻게든 우리를 찾아낸다. 이 책을 쓰는 동안 나는 모든 정보기기를 꺼두었다. 하지만 조사를 위해 인터넷에 접속하면 곧 컴퓨터 화면에 몇 가지 무작위 공지와 업데이트 알림이 뜨곤 했다. 물론 알림은 끄면 되지만 내가 하려는 이야기는 그만큼 우리가 디지털 정보에 둘러싸여 있다는 것이다.

학습 능력에 대해 다룬 제12장과 속독을 다룬 제14장에서는 이렇게 매일 처리해야 하는 디지털 정보의 홍수에 대응하고 따라잡고 앞서 나갈 실용적인 방법들을 알려줄 것이다.

 실천 포인트

잠시 짬을 내어 이번 주 일정에서 30분을 비워두자. 주변의 정보 기기와 디지털 환경에서 벗어나 정신을 맑게 하고 긴장을 풀고 창의성을 발휘하는 데 쓸 시간을 마련하라.

몰입할 에너지를 뺏는 멀티태스킹

모바일 기기가 나오기 전 우리는 온라인 접속을 끊을 때면 '곧 연락 드리겠습니다'라고 답하곤 했다. 그러나 이제는 그렇게 말하지 않는다. 온라인을 떠날 때가 없기 때문이다. 늘 전원이 켜져 있고 항상 접속 상태인 모바일 기기 때문에 우리는 친구나 가족과 대화를 오래 이어나가기 어렵고 일에 집중하는 데도 어려움을 겪는다. 하지만 우리 대부분이 하는 일과 생활은 디지털 접속 없이는 잠시도 유지하기 어렵다. 연락이 되지 않으면 손해를 볼 것이라는 두려움 때문에 늘 접속 상태를 유지한다.

더 큰 문제는 우리가 접속 상태를 즐기게 되었다는 점이다. 소셜 미디어에서 '좋아요'를 받거나 가족이나 친구들로부터 문자메시지를 받을 때마다 분비되는 도파민은 더 오래, 더 자주 온라인에 접속하게 한다. 그리고 그런 보상은 우리 뇌를 변화시킨다. 줄을 서서 기다리거나 버스나 약속을 기다릴 때 우리는 잠시나마 긴장을 풀고 쉴 수 있음에도 곧장 휴대전화를 꺼내 산만함의 근육을 훈련한다. 이처럼 마음이 느슨해지는 순간까지도 번쩍이는 자극으로 채운다면 그리고 이런 행위가 우리의 지속적인 존재 방식이 된다면 어떻게 될까?

항상 접속 상태를 유지하는 것은 안정감을 줄지는 몰라도 행복을 주지는 않는다. 브리티시컬럼비아대학교의 박사과정 학생인 라이언 드와이어Ryan Dwyer의 연구는 디지털 습관이 인간관계에 어떤 영향을 미치는지 보여준다. 그는 한 실험에서 300명 이상의 성인과 대학생들에게 식사하는 동안 휴대전화를 쉽게 집어 들 수 있게 탁자 위에 올려

놓거나 무음으로 바꾸고 통에 넣어두게 했다. 그런 후 유대감, 즐거움, 산만함, 지루함에 대한 느낌을 묻는 설문지를 작성하게 했다.

사람들은 식사 중에 휴대전화를 사용한 시간도 설문지에 자세히 밝혀야 했다. 휴대전화를 쉽게 쓸 수 있었던 사람들은 더 자주 휴대전화를 사용했고 더 산만함을 느꼈다고 답했다. 그들은 휴대전화를 통에 넣어둔 사람들보다 식사를 즐기지 못했다. 드와이어는 "현대 기술은 경이로울지는 몰라도 우리가 어떤 일에 집중하지 못하고 옆길로 새게 만든다. 또 친구나 가족과 함께하는 특별한 순간들을 앗아간다."라고 말했다.[5]

학습 방법을 배운 사람이 극소수이듯 끊임없이 들어오는 엄청난 양의 정보를 처리하고 걸러내는 방법을 아는 사람은 많지 않다. 최대한 많은 정보를 수용하기 위해 멀티태스킹을 해보지만 별로 도움이 되지 않는다. 신경과학자 대니얼 레비틴Daniel J. Levitin은 《정리하는 뇌》에서 이렇게 서술했다. "뇌가 한 가지 활동에서 다른 활동으로 주의를 돌리도록 요구받으면 전전두피질과 선조체에서 산소를 함유한 포도당을 태운다. 한 과업을 계속할 때와 같은 연료를 쓰는 것이다. 또한 멀티태스킹으로 신속한 주의 전환을 계속하다 보면 뇌의 연료가 금방 바닥나서 금세 지치고 정신이 혼미해진다. 말 그대로 뇌의 영양분을 고갈시킨 탓이다. 이는 인지 및 신체 활동의 저하로 이어진다."[6]

이런 현상은 사람들에게 얼마나 큰 영향을 미칠 수 있을까? 내 책의 독자인 에릭은 사람이 겉늙게 된다고 믿는다. 몇 년 전 그는 한동안 만나지 못했던 지인을 우연히 마주쳤는데 이런 말을 들었다. "이런, 자네도 나이를 먹었네." 에릭은 눈치 없는 지인의 말에 기분이 어땠는지는 말하지 않았지만 나중에 거울을 보고선 인정했다고 한다. "제가 봐도 흰머리가 늘고 피곤해 보였어요." 그가 생각해낸 원인은 건강하지 못한 하루의 시작이었다.

"스타트업에서 일할 때 아침에 눈을 뜨자마자 바로 휴대전화를 들고 업무에 돌입하곤 했습니다. 아침 첫 일과로 헬스장에 가도 트레이너가 운동을 시작하기를 기다리는 동안 휴대전화를 들여다보며 이메일에 답장을 보냈죠."

하루를 잘못 시작하고 있다는 사실을 인정한 에릭은 근본적인 변화를 시도했다. "이제는 일어난 지 4시간이 지난 다음에 이메일을 열어봅니다. 그리고 휴대전화에 감사한 일 같은 것은 써두지만 업무를 처리하지는 않습니다. 덕분에 나를 더 살피고 상황에 더 집중하는 것 같아요. 전에는 모든 일을 휙휙 지나쳤습니다. 퇴근하며 해가 지는 것도 감상하지 못하고 하루를 흘려보냈죠. 일과 다른 사람들의 요구에 빠져서 정작 저 자신은 돌보지 못했어요."

이후 그에게 일어난 변화는 엄청났다. "아마 지난 5년 또는 10년 동안보다 2020년 이후로 더 많이 성장했을 거예요. 여전히 제가 이뤄야 할 목표들이 있고 계속해서 노력하고 있지만 그 모두가 달성 가능하다고 봅니다."

이런 문제를 겪는 것은 성인만이 아니다. 기술의 가용성과 함께 온라인에서 소셜 미디어 활동을 열심히 해야 한다는 사회적 압력 때문에 많은 아동과 청소년도 디지털 주의 산만 현상을 경험하고 있다. 제11장에서는 학습과 임무 완수를 위해 집중력과 주의력을 향상시키는 열쇠에 대해 알아볼 것이다.

휴대전화의 알림 설정을 바꿔라. 주의를 산만하게 하는 불필요한 알림 소리를 모두 끄도록 하라. 지금 바로 그렇게 하라!

기억력을 갉아먹는 디지털 아웃소싱

누군가의 전화번호를 외웠던 게 언제였던가? 나는 동네 친구에게 전화하고 싶을 때 번호를 기억하고 있어야 했던 세대였다. 당신은 어려서 친하게 지냈던 친구 몇 명의 전화번호를 아직 외우고 있는가? 매일 통화하거나 문자를 주고받는 사람들의 전화번호는? 이젠 그 번호들을 기억할 필요가 없다. 휴대전화가 기억하고 있기 때문이다. 이는 200개나 되는 전화번호를 일일이 외워야 한다는 말이 아니다. 우리가 새로운 전화번호나 방금 나눈 대화, 잠재 고객의 이름이나 중요한 일을 기억하는 능력을 거의 잃어버렸다는 말이다.

신경과학자 만프레드 슈피처Manfred Spitzer는 '디지털 치매'라는 말로 디지털 기술의 남용이 어떻게 인지 능력의 감퇴를 초래하는지 설명한다. 그는 과도한 기술 의존으로 단기기억 경로가 퇴화되기 시작할 것이라고 주장한다. 이는 GPS만 생각해봐도 알 수 있다. 우리는 새로운 도시에 가서 얼마나 금방 GPS에 의존해 돌아다니는가? 그리고 새로운 도로의 지도가 머릿속에 그려지기까지 얼마나 걸리는가? 아마 젊었을 때보다 시간이 더 걸릴 것이다. 하지만 당신의 뇌가 그때만큼 원활히 작동하지 않아서가 아니다. GPS 같은 도구를 쓰면서 뇌에게 생각할 기회를 주지 않기 때문이다. 우리는 기술이 우리 대신 기억해주는 상황에 익숙해졌다.

이런 의존성은 장기기억도 손상시킨다. 버밍엄대학교의 마리아 윔버 Maria Wimber 박사는 BBC 방송에 출연해서 정보 검색에 의존하는 추세가 장기기억의 축적을 방해한다고 말했다. 윔버와 그녀의 연구팀은 영국, 프랑스, 독일, 이탈리아, 스페인, 벨기에, 네덜란드, 룩셈부르크의 성인 6,000명을 대상으로 기억 습관을 조사했다. 그 결과 응답자 3분의 1 이상이 정보의 검색을 위해 컴퓨터 앞에 앉는다는 사실을 발견했다. 그리고 참여자의 절반 이상은 스스로 답을 생각해내려 하지 않고 온라인 검색부터 했다.[7]

이것이 왜 문제일까? 이처럼 즉각적으로 얻어낸 정보는 쉽게 잊히기 때문이다. "우리 뇌는 회상을 할 때마다 기억을 강화하는 동시에 주의를 분산시키는 기억을 잊는다." 윔버 박사의 말이다. 외부 출처에 의존하지 않고 스스로 정보를 회상하도록 강제하는 것은 영구적인 기억을 형성하고 강화하는 방법이다. 그러나 우리 대부분은 기억해내려고 애쓰지 않고 무조건 정보를(아마 똑같은 정보까지) 검색하는 습관 때문에 기억력의 퇴화를 자초하고 있다.

그렇다면 기술에 의존하는 것이 정말 나쁠까? 많은 연구자는 그렇게 생각하지 않는다. 전화번호를 외우거나 간단한 계산을 하거나 전에 갔던 식당으로 가는 길을 찾는 등 사소한 일들을 아웃소싱하는 것은 더 중요한 과업을 처리할 뇌 공간을 남겨준다는 게 그들의 주장이다. 연구 결과에 따르면 우리의 뇌는 용량이 정해진 하드디스크 드라이브라기보다는 근육에 가깝다고 한다. 즉 뇌를 사용할수록 기능이 강화되고 더 많이 저장할 수 있다. 문제는 우리가 의식적으로 그런 선택을 하고 있는지, 아니면 무의식적인 습관에 따라 행동하고 있는지다.

우리는 너무 자주 뇌를 외부 기기에 아웃소싱하고, 외부 기기는 우리를 조금씩 멍청하게 만들고 있다. 우리의 뇌는 무한한 수준으로 진화할 수 있는 최강의 적응 기관이다. 그럼에도 우리는 뇌에 필요한 운동을 깜빡 잊어버릴 때가 많다. 계단을 이용하지 않고 편하게 엘리베이터를 탈 때 신체적 대가가 따르듯 게으른 정신의 근육에도 대가가 따른다. 사용하지 않으면 퇴화한다. 제13장에서는 이름과 말에서부터 언어에 이르기까지 무엇이든 빠르고 쉽게 기억할 수 있는 간단한 도구와 기법을 소개할 것이다.

 실천 포인트

잠시 기억 훈련을 해보자. 정기적으로 연락하는 사람의 전화번호를 떠올려보라. 기억나지 않으면 외우고 떠올리기를 반복하라.

무의식적인 클릭은 생각의 근육을 없앤다

"밀레니얼 세대가 클릭 한 번 또는 스와이프 한 번으로 모든 문제의 답을 얻는 디지털 퍼스트 digital-first 세계에서 질문이 생길 때마다 기술에 의존한다면 자신의 지식과 지능에 대한 인식에 혼란을 줄 수 있다. 그런 의존은 과도한 자신감 또는 잘못된 의사결정으로 이어질 수 있다." 영상 협업 플랫폼 뉴로우NewRow 의 설립자 로니 자롬Rony Zarom 의 주장이다.[8]

온갖 정보의 편재성은 온갖 의견의 편재성을 의미한다. 민감한 쟁점에 대해 어떤 생각을 가져야 하는지 알고 싶다면 온라인에 접속해 다른 사람의 의견을 종합하면 된다. 만약 어떤 사건이나 흐름을 알고 싶다면 잠시 온라인에서 검색만 해도 무수히 많은 분석이 쏟아져 나올 것이다. 이처럼 오늘날은 우리가 자신의 한계를 뛰어넘기 위해 필요한 비판적 사고와 문제 해결, 창의성의 결합체인 추론까지 자동화되고 있다.

물론 여기에도 어느 정도의 가치는 있다. 인터넷이 등장하기 이전에는 다른 사람의 의견을 아는 데 한계가 있었다. 이상적인 세계라면 어떤 주제에 대한 관점을 많이 아는 것이 자신의 의견을 형성하는 데 도움이 된다. 그러나 안타깝게도 지금의 현실 세계에서는 그런 식으로 진행되는 경우가 드물다. 그보다는 자신이 동조하는 소수의 정보원을 알아낸 다음 그 정보원을 통해 자신의 사고와 의견을 결정한다. 그러면서 비판적으로 사고하고 효과적으로 추론하는 생각의 근육은 위축된다.

이제는 기술이 우리 대신 추론하고 있다. 기술이 우리 대신 추론하고 있다면 문제 해결 능력의 상당 부분도 기술에 양도하는 것이다(문제 해결 능력은 대단히 중요하므로 이 책의 후반부에서 상세히 논의할 것이다).

심리학자 짐 테일러Jim Taylor 는 사고를 가리켜 "경험과 지식, 통찰을 바탕으로 숙고하고 추론하고 결론을 도출하는 능력으로 우리를 인간답게 만들고 우리가 소통하고 창조하고 건설하고 전진하고 문명화할 수 있게 해준다."라고 정의했다. 그리고 그는 이렇게 경고했다. "기술

은 아이들이 생각하는 다양한 방식에 유익할 수도, 해로울 수도 있다
는 연구가 증가하고 있다."[9]

UCLA 심리학 교수 패트리샤 막스 그린필드Patricia Marks Greenfield 는
10년 넘게 이 문제를 고찰해왔다. 그녀는 기술 의존이 교육에 미치는
영향에 대해 이렇게 설명했다.

"대학생이 강의 중에 노트북으로 인터넷에 접속한다면 학습에 어
떤 영향이 있을까? 일반적으로 강의 중에 노트북으로 인터넷과 도서
관 데이터베이스에 접속해 강의 주제를 상세히 탐색하도록 권장하는
언론정보학 강좌에서 이를 검증해봤다. 학생들의 절반은 노트북을 켜
는 것이 허용되었고 (무작위로 배정된) 절반은 노트북을 꺼두게 했다.
노트북 사용을 금지당한 학생들은 강의 후 쪽지 시험에서 노트북을 켠
학생들보다 훨씬 많은 내용을 기억해냈다."[10]

노트북을 끈 학생들은 강의 주제에 관해 인터넷에 올라온 남들의
생각들을 검색하는 대신 강의에 집중했기에 스스로 추론해야 할 때 더
많은 대답을 내놓았다. 그린필드의 또 다른 연구 분석에 따르면 화면
하단을 스크롤하지 않고 뉴스 프로그램을 시청한 학생들은 그렇지 않
은 학생들보다 앵커들이 토론한 내용을 훨씬 많이 기억했다.

극작가 리처드 포먼Richard Foreman 은 사고의 많은 부분을 인터넷에
의존하면서 우리의 자아가 변화하는 현상을 우려했다. "내가 자라온
서구의 문화적 전통에 따르면 대성당처럼 복잡하고 촘촘한 정신 구조
를 지닌 논리적인 고학력자, 즉 서구의 문화유산을 고유한 개성으로
소화해 전부 내면에 담은 남성 또는 여성이 이상형(나의 이상형)이었
다. 하지만 요즘 나는 (나 자신을 포함해) 우리 모두의 내부에서 정보 과

부하와 '즉시 이용 가능한' 기술의 압력으로 복잡한 정신 구조가 새로운 유형의 자기 진화로 대체되는 것을 목격하고 있다."[11]

10대로 접어들면서 부모와 다른 자신만의 생각과 의견을 처음으로 갖기 시작했을 때 어땠는지 혹시 기억하는가? 아마도 극도의 해방감과 함께 난생처음 진정한 자신을 느낀 경험이었을 것이다. 물론 그러면서 비판적 능력도 다듬어지고 이성적으로 삶을 살아가게 되었을 것이다.

그런데 왜 그런 해방감을 안겨준 능력을 정보 기기에 넘기려 하는가? 누군가가 자기 생각을 당신에게 강요하려 한다면 기분이 어떻겠는가? 가족이나 친구, 동료가 와서 "이건 생각할 것도 없어. 네 의견은 이런 거잖아."라고 말한다면 당신은 가능한 한 빨리 그 사람에게서 벗어나려 할 것이다. 그런데 우리는 인터넷에서 정보와 의견을 구함으로써 우리의 능력을 인터넷에 넘기려 하고 있다. 이와 관련해 제15장에서는 사고를 강화하고 어떤 주제나 문제에 대한 시야를 확장할 수 있는 강력한 도구들을 소개할 것이다.

지금까지 살펴본 네 가지 디지털 악당은 가장 격렬하게 맞서 싸워야 할 문제들이지만 이 외에도 주목할 만한 악당이 하나 더 있다. 내가 '디지털 우울'digital depression 이라고 이름 붙인 이 악당은 다른 사람들의 소셜 미디어 피드를 보며 자신과 비교할 때 생겨난다. 사실 나도 소셜 미디어를 이용하고 즐긴다. 특히 학생들, 팟캐스트 청취자들과 연락하고 가족과 친구들의 근황을 듣는 것을 좋아한다. 소셜 미디어의 오락 기능, 교육과 역량 강화 기능은 아주 높이 평가할 만한 것이다. 다만 습관적으로 무심코 들여다보는 게 아니라 의식적으로 활용하고 자신의 생산성과 마음의 평화를 앗아가지 않도록 조화롭게 사용하라고 충고하고 싶다.

제2부에서는 이렇게 남들보다 못한 느낌뿐만 아니라 인상이 나빠지거나 놓치는 게 있을지 모른다는 염려를 덜어줄 아이디어들을 소개한다. 그런 감정들도 개인의 성장과 배움을 방해하는 한계다. 제3부에서는 이런 습관들을 추가하거나 바꾸는 방법들을 소개할 것이다.

 실천 포인트

당신이 내려야 할 결정 중 한 가지를 생각해보자. 그런 다음 일정에서 시간을 빼서 디지털 기기를 사용하지 않고 그 결정을 내려보자.

문제의 해결은 의식하는 데서 시작된다

영웅의 이야기에서는 악당이 영웅을 필요로 하는 만큼 영웅도 악당을 필요로 한다. 시련과 경쟁자들의 방해는 영웅을 성장시키고 더 나은 사람으로 만들기 때문이다. 또한 악당의 힘과 세력은 영웅에게 필요한 힘과 세력을 정해준다. 힘이 미미한 악당이라면 쳐부술 것도 없고 영웅이 위대한 존재로 올라설 필요도 없다. 《인피니트 게임》을 쓴 사이먼 시넥Simon Sinek 은 내 팟캐스트 인터뷰에서 "호적수worthy rival 는 우리가 해결해야 하는 개인적 약점에 주목하게 해주는 존재이며 기회는 거기서 생긴다."고 말했다.

나는 사람들을 연결하고 교육하고 힘을 부여하고 생활을 편리하게 만드는 기술의 밝은 면을 사랑한다. 앞서 이야기한 내용은 기술의 잠재적 단점이며 기술이 우리 삶에 가져온 모든 유익함에 내재된 단면이다. 고대의 인류에게 불이 그랬듯이 기술은 역사의 흐름을 바꿔놓았다. 불은 음식을 요리할 수도, 집을 태울 수도 있으며 이는 불을 어떻게 사용하는가에 달려 있다. 마찬가지로 기술 자체는 좋지도 나쁘지도 않다. 우리가 이를 사용하는 방식을 통제해야 하며 그러지 않으면 거꾸로 기술에 이용당할 수 있다. 어떻게 관여하느냐는 전적으로 우리에게 달려 있다.

 실천 포인트

4대 디지털 악당 중 현재 당신의 성과와 생산성, 마음의 평화를 가장 방해하는 것은 무엇인가? 잠시 생각해보고 그 악당을 써보자. 문제의 해결은 의식적으로 인식하는 데서 시작된다.

제3장

'나는 할 수 없어'라는
생각의 함정

어쩌면 이 책을 읽고 있는 당신은 이런 생각을 하고 있을지도 모른다. '짐, 기술에 관한 당신의 이야기에 공감해요. 그것들 없이 살고 싶지는 않지만 나도 그 어느 때보다 과부하 상태예요. 산만하고 건망증도 심하죠.' 그렇다면 반가운 소식이 있다. 당신은 최상의 기술, 최고의 초능력을 가지고 태어났다!

당신의 뇌가 얼마나 특별한지 잠시 확인해보자. 일반적으로 뇌는 하루에 최대 7만 가지 생각을 하는데 이는 가장 빠른 경주용 자동차의 속도와도 같다. 또한 뇌는 지문처럼 당신만의 고유한 것이다. 이 우주에 존재하는 뇌 중에 정확히 똑같은 것은 없다. 뇌는 기존의 어떤 컴퓨터보다도 처리 속도가 월등히 빠르며 저장 용량은 사실상 무한하다. 설사 손상되더라도 여전히 비범한 능력을 발휘할 수 있으며 뇌의 절반만 있어도 우리는 인간으로서 온전히 기능할 수 있다.

뇌에 관한 놀라운 이야기도 아주 많다. 혼수상태에서 의사와 소통할 방법을 발전시킨 환자, 열두 살 때의 일까지 중요한 사건들을 날짜별로 기억할 수 있는 여성, 술집에서 싸우다가 넘어져 뇌진탕이 일어난 후 수학 천재가 된 게으름뱅이 등 이 중 어느 사례도 공상과학소설이나 슈퍼히어로 만화가 아니다. 당신의 두 귀 사이에 있는 놀라운 기관의 기능을 보여주는 실제 사례들이다.

우리는 그 기능의 많은 부분을 당연시한다. 평범한 사람이 그저 평범한 사람으로 자라면서 이루는 성과를 생각해보자. 한 살쯤이면 걸음마를 배운다. 걷는 데 얼마나 복잡한 신경 처리 및 생리적 과정이 요구되는지 고려하면 이는 결코 간단한 과업이 아니다. 1년쯤 후에는 단어와 언어를 사용해 의사소통하는 법을 배운다. 매일 수십 개의 새로운 단어와 그 의미를 배우는데 이는 학교에 들어가서도 계속된다. 그리고 의사소통하는 법을 배우는 동안 추론하고 계산하고 수많은 복잡한 개념들을 분석하는 법도 배운다. 그 모두가 책 한 페이지를 읽거나 수업에 한 번 참석하기도 전의 일이다!

다른 동물들과 인간을 구분 짓는 것 또한 뇌다. 우리는 날아다니지도 못하고 특별히 강하거나 빠르지도 않으며 몇몇 동물들처럼 나무를 타는 재주도 없고 물속에서 숨을 쉬지도 못한다. 대부분의 신체적 기능에서 우리는 평균일 뿐이다. 그러나 뇌 덕택에 우리는 지구에서 압도적으로 우세한 종이 되었다. 우리는 놀라운 정신 능력을 활용해서 물고기처럼 심해를 탐험하고, 코끼리처럼 수 톤의 물체를 들어 옮기고, 심지어 새처럼 날아다닐 방법을 고안했다. 그렇다. 인간의 뇌는 굉장한 선물이다.

뇌는 너무나 복잡해서 우리는 사실 뇌의 작용보다는 광활한 우주에 대해 더 많이 알고 있다. 인류의 역사를 통틀어 알게 된 것보다 지난 10년간 뇌에 대해 알게 된 것들이 더 많으며 아마 이 책의 편집이 끝나고 판매될 때까지 더 많이 알게 될 것이다. 뇌에 대한 우리의 이해는 계속 진화하고 있다. 지금까지 뇌에 관해 알려진 것들은 앞으로 알게 될 것들의 극히 일부에 불과하지만 실은 지금까지 알아낸 것만 해도 엄청나다. 이 무한한 뇌를 좀 더 자세히 알아보자.

뇌는 중추신경계Central Nervous System, CNS의 일부로서 모든 정보와 그 처리, 자극의 왕래를 지시하는 관제 센터 역할을 한다. 뇌는 지방과 물로 이뤄져 있고 무게는 1.4킬로그램 정도 되며 뇌간brain stem, 소뇌cerebellum, 대뇌피질cerebral cortex, 세 부분으로 나뉜다. 소뇌와 대뇌피질은 밀랍 같은 외양 때문에 '밀랍'을 뜻하는 라틴어 'cere'로 시작한다.[1]

뇌간은 호흡, 규칙적인 심장 박동의 유지, 식욕, 성욕, 투쟁-도피 반응 등 생존에 필요한 기본적인 기능을 조절한다. 척추의 위쪽, 두개골의 아래쪽에 자리 잡고 있으며 뇌 깊숙이 묻혀 있다. 뇌 뒤쪽에 있는 소뇌는 동작의 조정과 협응을 담당하는데 최근에는 의사결정에 관여한다는 증거도 늘어나고 있다. 대뇌피질은 뇌에서 가장 큰 부분으로 복잡한 사고, 단기기억, 감각 자극을 대부분 처리한다. 후두엽, 측두엽, 전두엽으로 구성되어 있으며 그중 전두엽은 대부분의 사고와 논리, 창의성을 담당한다.

뇌는 두 개의 반구로 분리되어 있다. 좌우 반구를 연결해주는 뇌량corpus callosum은 뇌엽 간 메시지가 오가는 전화선 뭉치 같은 역할을 한다. 지금 당신이 이 단어들을 읽으며 이 페이지의 정보들을 소화하는 동안 당신의 머릿속에서는 뇌세포라고도 불리는 뉴런 약 860억 개가 발화하고 함께 작동한다.[2] 이 신경 신호들은 방출된 후 신경전달물질을 통해 수신되고 그런 다음 다른 신경전달물질을 통해 메시지가 전달되거나 전달이 중지된다.

과거에는 청소년기 후반이 되면 뇌가 신경학적 정점에 도달해 그 후로는 변화가 전혀 없이 기능이 저하될 뿐이라고 생각했다. 그러나 지금은 뇌의 한 특성으로 신경가소성neuroplasticity을 꼽는다. 즉 뇌는 행동과 환경에 따라 형성되고 변화할 수 있다. 우리의 뇌는 주변 환경과 우리의 요구에 맞춰 지금도 변화하고 있다.

뇌는 유전자와 환경의 영향을 받기 때문에 우리는 각자 고유한 뇌를 갖고 있다. 마치 눈송이처럼 그 어떤 것도 같은 것이 없다. 각 뇌는 소유자의 요구에 순응한다. 빈곤, 식량 부족, 안전 부재 등 스트레스 요인으로 가득한 환경에서 성장한 사람을 생각해보자. 그의 뇌 구조는 편안하고 풍족하며 돌봄이 충분한 환경에서 자란 사람과는 아주 다를 것이다. 하지만 둘 중 어느 환경이 더 낫고, 더 뛰어난 뇌를 만들어준다고 속단해서는 안 된다.

앞서 말했듯이 뇌는 조형이 가능하다. 즉 누구나 언제든 뇌가 기능하는 방식을 바꿀 수 있다. 스트레스가 심하고 자원이 부족한 환경에서 성장한 개인은 뇌의 잠재력을 최대한 발휘하지 못하리라고 생각하기 쉽지만, 열악한 환경이기에 발전시킬 수밖에 없었던 마인드셋 덕분에 새로운 차원의 성공을 거둔 사례가 너무나 많다. 많은 사람이 힘들었던 성장 과정을 극복하고 성공한 것을 보면 힘겨운 어린 시절이나 어려운 가정환경은 회복력, 즉 성공으로 이끄는 아주 중요한 힘을 길러주는지도 모른다.

회복력은 여러 형태로 나타난다. 내 동영상을 보고 동기를 얻은 산비의 경우 충격적인 사고에 대응하면서 회복력이 생겼다. "콘크리트 바닥에서 딸과 축구를 하다 발을 헛디뎌 나뒹굴었어요. 끔찍한 사고였죠. 치료를 끝내고 퇴원했지만 제 삶은 엉망이 됐습니다. 두통에 시달렸고 불안과 우울증이 심각했죠. 사사건건 화가 나고 속상했어요. 저는 문제가 있으면 책을 읽고 배우고 뭔가 조치를 취하는 그런 사람이에요. 하지만 뇌가 문제다 보니 해결하기가 힘들더군요. 1년 반 정도 잠도 잘 못 자고 살도 많이 쪘어요. 제 뇌를 되찾고 싶었죠."

산비는 유튜브에서 내 동영상 중 하나를 발견하고는 새로운 방식으로 자신의 문제를 해결해야겠다는 자극을 받았다.

"새로운 운동 루틴을 세웠고 두뇌를 강화해주는 음식들로 식사하기 시작했어요. 최적의 두뇌 건강을 위한 10가지 비결의 중요성을 깨달았죠. 수면 위생을 개선하고 규칙적으로 책을 읽었어요. ABRA(부정적인 자기 대화 습관을 인정Acknowledge, 호흡Breathe, 방출Release, 조정Align하며 긍정적으로 바꾸는 기법—옮긴이)로 자기 대화를 긍정적으로 바꿨고, 미루는 버릇을 고치는 기술을 배우고, 아침 루틴을 반드시 지키고, 제 꿈들에 주목했죠."

이런 노력이 결실을 거두기 시작하면서 산비는 정상으로 돌아왔지만 "하지만 그걸로 만족스럽지 않았어요."라고 말했다. 그녀는 제시카

오트너Jessica Ortner의 EFT 기법Emotional Freedom Techniques(동양의 경락 이론을 바탕으로 한 심리학 치료법으로 신체의 특정 지점을 두드려 신경 체계를 안정시키는 기법—옮긴이)에 대해 듣고는 태핑을 실천하기 시작했다. 그러다 여러 최면요법 강좌까지 수강하게 됐다. 결국 산비는 뇌를 되찾았고 그 후 커리어에도 극적인 변화가 나타났다.

"15년 이상 기업 전문 변호사로 일했는데 이제 제 회사를 설립하기로 했어요. 고객들이 EFT 태핑과 최면요법으로 잠재의식을 활용해 삶의 변화를 이루도록 도와주는 회사죠."

해내겠다는 욕망은 반드시 나를 바꾼다

런던의 택시 운전사들은 어떻게 그 모든 길을 외울까? 유니버시티 칼리지 런던의 뇌신경학자 엘리너 매과이어Eleanor Maguire는 런던 택시 운전사들의 뇌에 어떻게 그처럼 방대한 정보가 담길 수 있는지 궁금했다. 런던에서 택시 운전사 면허를 따려는 지원자들은 도시의 특정 구역, 즉 채링크로스 역에서 반경 10킬로미터를 모페드(엔진이 장착된 자전거처럼 생긴 초경량 오토바이—옮긴이)를 타고 돌아다니면서 명소 수천 곳과 미로 같은 거리 2만 5,000개를 외운다. 이렇게 치열하게 공부하고도 지원자의 약 50퍼센트만 면허 시험에 합격한다.

매과이어는 면허 취득에 성공한 사람들의 해마가 평균보다 크리라고 생각했다. 그녀와 동료들이 발견한 바에 따르면 실제로 런던의 택시 운전사들은 나이, 교육, 지능이 비슷한 다른 직업의 사람들보다 후

위 해마posterior hippocampus의 회백질이 더 많았다. 다시 말해 택시 운전사들은 동년배보다 기억 중추가 더 컸다. 마치 뇌가 런던의 도로 주행을 위한 인지적 요구를 수용하기 위해 확장된 것처럼 택시를 운전한 기간이 길수록 해마가 더 컸다.[3]

런던의 택시 운전사 연구는 뇌의 신경가소성, 즉 뇌가 학습과 새로운 경험을 통해 자체적으로 재조직되고 변형되는 특성을 확실하게 보여주는 사례다. 택시 운전사들의 뇌는 도시의 새로운 길을 끊임없이 배워야 했으므로 계속해서 새로운 신경 경로를 만들어내야만 했다. 이런 신경 경로들은 뇌의 구조와 크기를 변화시켰고 이는 뇌의 활동에 한계가 없음을 보여주는 증거였다.

'뇌가소성'이라고도 불리는 신경가소성은 우리가 새로운 뭔가를 배울 때마다 뇌에 새로운 시냅스 연결이 생기는 것을 말한다. 그리고 그럴 때마다 뇌는 물리적으로 변화한다. 즉 새로운 수준의 사고를 반영하도록 하드웨어를 업그레이드한다. 신경가소성은 뉴런이 성장하고 다른 뇌 영역의 뉴런들과 연결하는 능력이다. 새롭게 뉴런이 연결될 수도 있고 기존의 연결이 강화되거나 약화되기도 한다.[4]

뇌는 유연하다. 경험하고 새로운 것을 배우고 적응하는 동안 새로운 신경 경로를 형성함으로써 서서히 뇌의 구조와 조직을 변화시키는 놀라운 능력을 갖고 있다. 신경가소성은 어째서 무엇이든 가능한지 설명해준다. 연구자들은 복잡한 뉴런 연결망이 재배열되어 새로운 연결망을 형성하는 점을 들어 모든 뇌가 유연하다고 주장한다.

이런 유연성은 뇌의 상실된 기능을 보완하기도 한다. 뇌의 한쪽 반구가 다른 쪽 반구의 기능을 배우는 것이 그런 경우다. 그래서 뇌졸중을 잃은 후에도 뇌 기능이 재건되고 회복될 수 있으며, 일을 미루거나 부정적인 생각을 많이 하거나 정크푸드를 끊지 못하는 사람들도 습관을 고치고 삶을 완전히 바꿀 수 있다.

학습이 새로운 신경세포의 연결을 만들어낸다면 기억은 이 연결을 관리하고 유지하는 것이다. 만일 기억력 문제로 고심하거나 기억 장애가 있다면 뉴런 간 단절이 발생했을 가능성이 크다. 학습 과정에서 뭔가가 기억나지 않을 때는 새로 배운 내용과 이미 아는 내용 그리고 생활 속에서 그것을 사용할 방법을 연결 짓지 못하는 것이다.

예를 들어 학습하는 내용이 그 순간에는 가치가 있지만 다시는 사용할 것 같지 않다면 기억이 형성되지 않는다. 마찬가지로 학습을 하지만 그 내용이 왜 중요한지, 자신의 생활이나 일에 어떻게 적용되는지 등의 고차적인 추론을 하지 않으면 뇌는 그 정보를 간직하지 못할 가능성이 크다.

망각은 아주 정상적인 현상이다. 우리는 인간이지 로봇이 아니기 때문이다. 그럼에도 '나는 기억력이 나빠' 또는 '나는 이걸 기억할 만큼 똑똑하지 않아' 같은 태도로 망각에 대응한다면 학습과 성장 능력에 부정적인 영향을 미친다. 다시 말해 망각에 대한 믿음이 망각보다 훨씬 큰 문제가 될 수 있다. 이런 식의 자기 대화는 실수를 인정하고 정보를 다시 습득하기보다 그릇된 신념을 강화할 뿐이다.

요컨대 뇌가소성은 자신의 욕구에 맞게 뇌를 만들 수 있음을 의미한다. 뇌가 어떻게 정보를 받아들이고 부호화하고 처리하고 통합하는지 안다면 기억도 훈련할 수 있다. 즉 환경이나 음식, 운동 같은 몇 가지 간단한 변화로 뇌의 기능 방식을 극적으로 바꿀 수 있다. 에너지 비법에 대해서는 제8장에서 자세히 소개할 것이다. 뇌가소성은 당신의 학습 또는 삶이 정해져 있지 않다고 말한다. 뇌를 최적화하고 재구성한다면 당신은 무엇이든 될 수 있으며 무엇이든 할 수 있다. 올바른 마인드셋과 동기, 방법을 적용하고 조절할 때 한계는 없어진다.

우리의 기분과 행동을 좌우하는 숨은 힘

뇌의 어마어마한 능력을 알게 된 사람들은 자신의 가치를 완전히 새롭게 보게 됐다고, 자존감이 하룻밤 사이에 커졌다고 말한다. 그런데 좋은 소식이 또 있다. 이 뇌가 하나가 아니라는 것이다. 두 번째 뇌는 바로 소화관이다. 당신은 직감 또는 본능적 느낌gut feeling을 경험한 적이 있는가? 그냥 알았던 순간이 있었는가? 직감에 따라 결정을 내리거나 왠지 싸늘한 느낌이 들었는데 그 이유가 궁금했던 적이 있는가? 소화관 내벽에 숨겨진 이 '내장 속 뇌'는 소화와 기분, 건강, 심지어 사고방식의 관계에 대해 의학계의 대변혁을 일으키고 있다.

과학자들은 이 작은 뇌를 장신경계Enteric Nervous System, ENS라고 부른다. 사실 그리 작지도 않다. 장신경계는 식도에서 직장까지 소화관 내벽의 얇은 두 층에 분포하는 1억 개 이상의 신경세포들을 말한다. 이 뇌-장 축brain-gut axis은 뇌-장 연결brain-gut connection이라고도 불리는데 이것이 우리의 뇌와 기분, 행동에 미치는 영향에 관한 과학적 이해는 이제 시작 단계다.

지난 10년 동안 과학자들은 소화관이 뇌의 기능에 대단히 큰 영향을 미친다는 사실을 알아냈다. 이는 마치 나무가 기능하는 방식과도 같다. 땅속의 뿌리는 다른 식물들과 소통할 뿐만 아니라 토양에서 필수영양소와 물을 끌어 올린다. 그리고 그 영양분을 몸통으로 끌어 올려 줄기를 보강하거나 새로 만들고 매년 봄 새로운 잎을 틔우는 데 필요한 영양소를 제공한다.

마찬가지로 우리가 섭취하는 영양소는 장을 통해 흡수된다. 뇌에 연료를 공급하려면 그 영양소들이 필요하다. 뇌의 무게는 총 체중의 극히 일부에 불과하지만 우리가 섭취하는 에너지의 20퍼센트를 사용하므로 영양소는 일상적인 뇌 기능에 큰 영향을 미친다.

장신경계와 중추신경계는 태아 때부터 같은 조직에서 발달하며 미주신경을 통해 계속해서 연결되어 있다. 여러 면에서 두 신경계는 서로 흡사한 구조로 되어 있으며 세로토닌, 도파민, 아세틸콜린을 비롯해 많은 신경전달물질이 똑같이 사용된다.

과거에는 중추신경계와 마찬가지로 우리 각자가 특정한 개수의 장신경계 세포를 갖고 태어나며, 죽을 때까지 그 수에 변화가 없다고 믿었다. 하지만 이제는 뇌처럼 장신경계도 성인기에 새로운 뉴런을 생성하고 손상되면 보수도 한다는 사실이 알려졌다.[5] 또한 소화관은 뉴런뿐만 아니라 박테리아 군집인 마이크로바이옴microbiome으로 구성되어 있는데 뇌와 마찬가지로 우리 각자는 고유한 마이크로바이옴을 가지고 있다.

이 신경세포들은 놀랄 만큼 뇌와 유사한 경로를 통해 작동한다. 2010년 듀크대학교 신경과학자 디에고 보호르케즈Diego Bohórquez 는 소화관의 장내분비세포enteroendocrine cell 에 발 모양의 돌출부가 있고

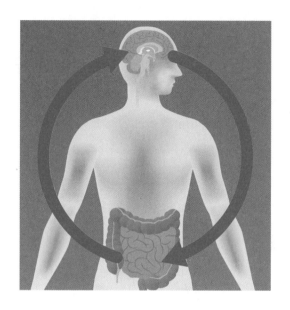

이 기관이 뉴런 간 소통에 사용되는 시냅스와 닮았다는 사실을 발견했다. 이에 보호르케즈는 이 세포들이 뉴런과 유사한 방식으로 신호를 보내 뇌와 대화할 수 있는지 궁금해졌다. 만약 그렇다면 소화관과 뇌 간을 연결하는 미주신경을 사용할 것이라는 게 그의 가설이었다.[6] 추가 실험 끝에 그는 장내분비세포들이 미주신경을 사용해 메시지를 받아서 뇌로 보내며 이 방식이 혈류를 통한 전달 방식보다 빠르다는 사실을 발견했다.

뇌와 장이 당신의 멘탈을 결정한다

뇌-장 연결은 아직 연구 중이지만 뇌와 장은 매우 유사한 방식으로 기능하고 함께 작동하는 것으로 보인다. 이 두 번째 뇌는 첫 번째 뇌와 더불어 우리의 정신 상태를 어느 정도 결정한다. 뭔가 옳지 않다고 직감하거나, 반대로 육감에 따라야 한다 싶을 때 불합리한 판단으로만 치부하면 안 되는 이유가 이 때문이다. 장이 고유한 방법으로 사건을 해석하고 뇌에 신호를 보내는 것이기 때문이다.

또 장에 저급한 음식을 넣으면 뇌에 저급한 연료를 공급하는 것이라고 봐도 좋다. 지금 당신의 소화관은 방금 먹은 음식을 소화하여 뇌에 연료를 보내고 있다. 동시에 뇌는 손끝에 닿는 책장(만일 전자책을 선호한다면 단말기)의 느낌을 받아들이고, 등을 받쳐주는 의자의 안락함을 감지하고, 주변이 안전한지 확인하기 위해 환경을 계속 관찰한다. 다른 뇌 영역에서는 커피나 향수, 책장 같은 환경의 냄새를 맡는다. 또 다른 뇌 영역에서는 이 책에 찍힌 단어-기호를 읽어들여 의미로 변환한 다음 단기기억으로 처리하고 저장했다가 (잠시 후에 살펴볼 적절한 조건에서) 장기기억으로 보낼 것이다.

이 모두가 당신의 뇌가 지닌 궁극의 초능력이다. 당신은 그런 초능력을 연마하여 더 키울 수도 있고 혹은 불안정하게 내버려두어 퇴화시킬 수도 있다. 자신의 초능력을 어떤 환경에 두느냐는 당신의 결정에 달려 있다. 인생의 사명을 뒷받침해줄 환경을 선택할 것인가, 아니면 위대한 꿈에서 멀어지게 하는 환경을 선택할 것인가?

스스로 배우고 가르치는 시대가 온다

이런 엄청난 정신력이 있음에도 우리가 고전하는 이유는 무엇일까? 정말로 뇌가 그렇게 대단하다면 왜 정보의 과부하와 주의 산만, 건망증, 무능감이 생기는 걸까? 이처럼 커다란 잠재력에도 불구하고 왜 어떤 날에는 간단한 이름도 기억하지 못하며 고정관념에서 벗어나기는 그렇게 어려운 걸까? 답은 간단하다. 너무 명백해서 간과됐을 수 있는 이유 때문이다. 바로 우리가 '방법'을 배우지 못했기 때문이다.

누군가에게 한 가지 생각을 알려주면 그 사람의 하루가 풍요로워지지만 학습 방법을 가르쳐주면 평생이 풍요로워질 수 있다. 학교는 학습하기에 아주 좋은 곳이다. 우리는 학교에서 무엇을 배우고 무엇을 생각하고 무엇을 기억할지 배운다. 그러나 어떻게 배우고 어떻게 생각하고 어떻게 기억해야 하는지 알려주는 수업은 거의 없다.

켄 로빈슨 경Sir Ken Robinson은 그의 베스트셀러 《학교혁명》에서 이렇게 말한다. "오늘날 전 세계의 교육 제도가 개혁되고 있다. 그러나 그중 많은 개혁이 실제로 사람들이 어떻게 배우고 훌륭한 학교들은 어떻게 운영되는지 제대로 이해하지 못하는 정치인 및 민간 관계자의 주도로 이뤄지고 있다. 결과적으로 교육 제도는 수많은 젊은이의 미래를 망치고 있다. 좋든 싫든 당신도, 당신이 아는 사람도 조만간 그 영향을 받을 것이다."[7]

당신도, 당신과 가까운 사람들도 이미 그 영향을 받았을 것이다. 내 상황이 이례적이기는 했지만 교육 제도에 대한 나의 경험은 복잡했다. 하지만 유치원에서 그렇게 다치지 않았더라도 아마 나는 학교에서 이상적인 수준에 못 미치는 교육을 받았을 것이다. 세계 어느 곳에도 학습 방법을 교육과정에 포함시키는 학교는 거의 없기 때문이다.

학교는 우리를 정보로 채운다. 위대한 문학 작품과 문명의 진로를 바꾼 인물들을 알려주며 이를 우리가 그대로 반복할 수 있는지 확인하기 위해 시험을 본다. 그러나 그 모든 것의 바탕이 되는 방법, 스스로 공부하고 정신을 풍요롭게 하고 새로운 개념을 발견하고 일상생활의 기본이 되는 내용을 흡수하는 방법을 가르쳐주지는 않는다.

우리가 생계를 유지하는 방법이 빠르게, 전면적으로 바뀌고 있다는 문제도 있다. 자동화와 인공지능은 미래의 직업에 영향을 미치고 있으며 이는 이미 로봇으로 대체되고 있는 노동자와 공장만의 이야기가 아니다. 사무직 역시 불안정한 긱 경제gig economy(기업들이 정규직보다는 필요에 따라 계약직 또는 임시직으로 사람들을 고용하는 경제 방식—옮긴이)로 전환해야 하는 상황이다. 5년 전만 해도 상상할 수 없었던 일자리가 갑자기 주목받는가 하면, 앞으로 몇 년 사이에 당신의 직장에 영향을 미칠 일자리들이 바로 이 순간에도 등장하고 있다.

이 모든 것은 한 방향을 가리키고 있다. 바로 우리 각자가 자신의 학습을 책임져야 한다는 것이다. 학교가 학습할 내용만 말해주고 학습 방법은 알려주지 않는다면 나머지는 우리 스스로 해야 한다. 디지털 과부하가 우리 뇌를 장악하려고 위협한다면 학습에 관한 지식을 동원해 기본 원칙을 재설정할 필요가 있다. 일과 직장 환경이 너무 빠르게 진화하고 있어서 미래를 예측할 수 없다면 학습을 완전히 통제해야만 확실히 대비할 수 있다.

천재가 남긴 단서에 성공의 답이 있다

다음은 가치와 관련해 자주 인용되는 이야기다. 어느 날 갑자기 발전소의 가동이 전면 중단되어 모든 기계가 오프라인 상태가 된다. 발전소에는 무거운 정적만 흐른다. 직원들은 미친 듯이 복구에 매달리지만 몇 시간이 지나도 문제의 원인을 밝혀내지 못한다. 절박해진 소장이 그 지역 최고 기술자를 수소문해서 부른다.

기술자가 도착해 발전소를 둘러본다. 그는 수많은 기둥 사이의 배전함들을 지나치더니 그중 하나를 열고 안에 있는 다양한 나사와 전선을 본다. 그런 다음 나사 하나를 돌리자 마치 마법처럼 모든 기계가 다시 작동하기 시작하고 발전소가 다시 살아난다.

소장은 기술자에게 감사를 표하고 얼마를 지불하면 되느냐고 묻는다. 그러자 기술자가 "1만 달러요."라고 대답한다. 소장은 경악한다. "무슨 소리요! 여기 온 지 겨우 몇 분밖에 안 되었고 나사 하나 돌렸을 뿐이잖소. 그건 아무나 할 수 있소. 항목별 청구서를 써주시오."

기술자는 주머니에서 메모지를 꺼내 잠시 끼적이더니 소장에게 청구서를 건넨다. 소장은 청구서를 읽고는 즉시 돈을 지불한다. 청구서에는 이렇게 쓰여 있었다.

'나사 조이기: 1달러. 조여야 할 나사의 파악: 9,999달러.'

이 이야기는 두 가지 교훈을 담고 있다. 첫째, 나사 하나로 발전소를 다시 가동시킨 기술자처럼 한계를 뛰어넘는 사고는 당신과 사람들에게 커다란 부가가치를 제공한다. 오늘날 우리는 지적 능력이 신체적 힘보다 중요한 전문가 경제에 진입했다. 이제 부를 창출하는 가장 큰 자산은 두 귀 사이에 있는 뇌다. 지식의 적용은 단순히 힘이 아니라 수익이 된다. 따라서 생각하고 문제를 해결하고 올바른 결정을 내리고 창조하고 혁신하고 상상하는 능력은 부가가치를 만들어내는 방법이며 학습하는 속도가 빠를수록 수익을 더 빨리 낼 수 있다.

여기서 두 번째 교훈으로 넘어간다. 상황을 완전히 바꿔놓은 것은 나사 하나였다. 그동안 나는 대단한 인물들의 멘토링과 코칭을 해오면서 굳이 천재가 되지 않아도 천재가 남긴 단서들을 살펴보면 된다는 사실을 알게 됐다. 우수한 정신 능력을 발휘하는 이들은 상황을 완전히 뒤집고 다른 모든 것까지 작동시키는 '나사'를 찾아내 거기에 집중한다. 그래서 나는 당신의 노력이 최대의 성과와 보상을 얻을 수 있도록 그동안 발견하고 개발한 행동, 도구, 전략들을 알려주고자 한다.

세계는 그 어느 때보다 많은 도전 과제를 안고 있으며 이런 과제들은 계속해서 증가하는 추세다. 그와 동시에 세밀하게 조정된 뇌가 있다면 얻을 수 있는 것이 그 어느 때보다 많은 시대다. 우리는 어떤 도전에도 맞설 수 있는 충분한 잠재력을 지니고 있다. 하지만 그러려면 먼저 학습을 통제해야 한다. 오늘날 현실적 요구를 따라잡으려면 초인적인 능력이 필요할지 모른다. 그러나 이미 당신에게는 숨겨진 초능력, 뇌가 있다. 손에서 거미줄을 쏠 수는 없을지 몰라도 그보다 훨씬 훌륭한 신경망을 머릿속에 갖고 있다. 이 신경망이라는 초능력 발전소는 당신이 받은 가장 큰 선물이자 장점이다. 그저 휴대전화를 업그레이드하듯 뇌를 업그레이드하기만 하면 된다. 그렇다면 뇌에는 새로운 소프트웨어를 어떻게 설치할까? 내가 가장 좋아하는 방법 한 가지는 당신이 지금 하고 있는 것이다. 바로 독서다.

짧은 시간 안에
원하는 것을 얻는 법

시간은 아마 당신에게도 가장 큰 자산일 것이다. 그리고 결코 되돌릴
수 없는 자산이기도 하다. 나는 당신의 두뇌 코치로서 당신이 최대의
결과와 이익을 거두기를 바라므로 이 책을 최대한 활용할 방법을 몇
가지 추천해주려 한다. 이 방법은 당신이 읽거나 배우고 싶은 어떤 것
에도 적용할 수 있는데, 먼저 질문 한 가지를 하겠다. 당신은 뭔가를
겨우 읽고 나서 바로 다음 날 잊었던 적이 있는가?

　당신만 그런 게 아니다. 심리학자들은 이를 망각 곡선forgetting curve
으로 설명한다. 망각 곡선은 정보가 처음 학습된 후에 잊히는 속도를
설명해주는 공식이다. 연구에 따르면 인간은 한 시간 이내에 학습한

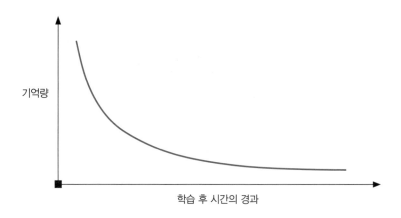

기억량

학습 후 시간의 경과

내용의 50퍼센트를 잊어버리고 24시간 이내에 평균 70퍼센트를 잊어버린다고 한다.[1]

이 장에서는 망각 곡선을 비켜 가는 데 도움이 될 몇 가지 방법을 소개할 것이다. 학습과 파지retention(어떤 현상을 기억하고 회상하기 용이하도록 행하는 행위—옮긴이)를 가속화할 수 있는 고급 전략들은 나중에 공부, 속독, 기억력 향상을 다룰 때 소개하겠다.

연구에 따르면 우리의 집중력은 10~40분 사이에 자연스럽게 떨어진다. 주어진 일에 그 이상의 시간을 할애하면 주의력이 흩어지기 시작하므로 시간 투자에 대한 수익률이 감소한다. 그래서 나는 포모도로 기법Pomodoro Technique을 제안한다. 이는 한 가지 과업을 수행할 때 25분간 일한 후 5분간 휴식하는 것이 작업에 최적이라는 생각을 바탕으로 1980년대 후반 프란체스코 시릴로Francesco Cirillo가 개발한 생산성 향상 기법이다.[2] 25분의 작업 시간 각각은 '포모도로'Pomodoro라고 불린다. 이 책을 읽을 때도 1포모도로 동안 읽고 5분간 뇌에 휴식을 주는 식으로 읽기를 권한다.

포모도로 기법이 학습에 효과가 있는 이유는 기억과 관련이 있다. 구체적으로는 초두 효과effect of primacy 와 최신 효과effect of recency 덕분이다. 초두 효과는 학습 시간, 수업, 발표 그리고 사회적 상호작용 초반에 습득한 내용을 더 잘 기억하는 현상을 말한다. 파티에 가서 낯선 사람을 30명 이상 만났다면 그중 처음에 만난 몇 사람만 기억나는 현상을 예로 들 수 있다. 이는 내 방법으로 이름을 기억하도록 훈련을 받지 않은 경우다(그 방법은 이 책 후반부에서 설명하도록 하겠다).

최신 효과는 마지막에 학습한 내용이 더 잘 기억되는 현상을 말한다. 아마 우리는 파티에서 마지막으로 만났던 몇 사람의 이름도 기억할 것이다. 또 우리는 시험공부를 미루다가 시험 전날 벼락치기를 하느라 쉬는 시간도 없이 최대한 많은 내용을 암기하려고 했던 적이 있을 것이다. 초두 효과와 최신 효과는 벼락치기가 효과가 없는 이유를 말해준다. 그러나 중간에 종종 휴식을 취해주면 공부 시간의 시작과 끝, 즉 초두 효과와 최신 효과가 더 많이 나타나므로 훨씬 많이 기억할 수 있다.

두 시간 동안 한자리에서 쉬지 않고 책을 읽는다면 처음 20분 동안 읽었던 내용은 기억이 나지만 30분 정도부터 기억이 떨어지다가 끝에 읽었던 내용이 다시 기억날 것이다. 중간 시간은 읽은 내용을 소화하거나 생각할 틈이 없어서 학습의 사각지대가 된다. 따라서 이 책도 한 번에 25분간 읽고 내용을 최대한 흡수하도록 하라. 그러나 여전히 벼

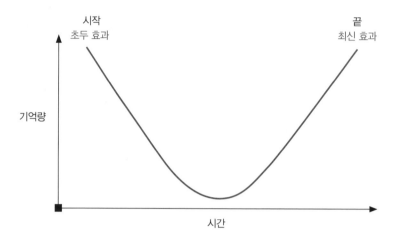

락치기를 하고 싶은가? 곧 중간 부분을 기억하는 데 유용한 방법도 소개할 것이다.

당신은 이 책을 읽는 것 자체만으로 당신이 더 똑똑해질 거라고 믿었는가? 장담하건대 이는 사실이다. 이 책에서 소개한 도구와 방법으로 당신은 더 똑똑해질 것이다. 이 책을 읽으며 당신은 머릿속에 그림이 그려지고 이미 알고 있는 내용과 배우고 있는 내용이 연결된다. 그런 다음 이런 지식으로 현재 삶이 어떻게 변화할지, 지식을 어떻게 사용할지 상상한다. 이런 과정은 당신의 뇌가소성을 촉진시킨다.

19세기 의학자 올리버 웬델 홈스Oliver Wendell Holmes는 "인간의 정신은 이따금 새로운 생각이나 감각을 통해 확장되며, 그렇게 되면 결코 예전 수준으로 되돌아가지 않는다."[3]라고 말했다. 당신도 이 책을 읽으며 생각의 범위가 넓어지고 그 생각은 결코 예전과 같지 않을 것이다.

지금 타이머를 25분으로 설정하고 그 시간 동안 내용에 집중하며 이 책을 읽어보자. 타이머가 울리면 읽던 부분을 표시하고 책을 덮는다. 그런 다음 25분간 배운 내용을 적어보자.

무엇이든 쉽고 빠르게 배우는 FASTER 기법

이제 무엇이든 빠르게 배울 수 있는 간단한 방법을 소개하고자 한다. 내가 'FASTER'(패스터)라고 부르는 기법으로 지금부터 책을 읽을 때는 이 방법을 사용해보자. FASTER는 Forget, Act, State, Teach, Enter, Review의 첫 글자를 딴 것이다.

Forget : 학습할 내용 외의 것들은 잊어라

오직 학습에만 집중하는 비결은 주의를 산만하게 만드는 것들을 일시적으로 제거하거나 머릿속에서 잊는 것이다. 잊어야 할 것은 다음 세 가지다.

첫째, 이미 아는 것들이다. 새로운 내용을 배울 때 우리는 그 주제를 실제보다 많이 알고 있다고 가정하는 경향이 있다. 그러나 이런 생각은 새로운 정보를 흡수하는 것을 방해한다. 아이들이 빨리 배우는 이유 중 하나는 마치 흰 도화지, 비어 있는 그릇과 같기 때문이다. 아이들은 자신이 모른다는 것을 알고 있다. 그런 반면에 자신이 20년 경력자라고 내세우는 사람 중에는 1년 경력을 20회 반복하고 있는 이들도 있다. 현재의 제한적 인식을 뛰어넘어 학습하려면 이미 알고 있는 것들이나 알고 있다는 생각을 보류하고 선禪 철학에서 말하는 '초심자의 마음'으로 접근해야 한다. 우리의 정신은 열려 있을 때만 작동한다는 점에서 낙하산과도 같다는 사실을 기억하라.

둘째, 긴급하거나 중요하지 않은 것이다. 일반적인 믿음과 달리 뇌는 멀티태스킹을 하지 않는다(이에 대해서는 나중에 설명할 것이다). 완전히 몰입하지 않는다면 주의력이 분산돼 학습하기 어렵다.

셋째, 자신의 한계다. 기억력이 좋지 않다거나 학습 속도가 느리다는 등 당신이 자신에 대해 믿고 있는 선입견을 잊어라. 가능한 것들에 대한 당신의 믿음을 일시 정지시켜라. 어려운 일 같겠지만 당신이 할 수 있는 일에 대해 열린 마음을 가져라. 어쨌거나 이 책을 읽고 있는 걸 보면 마음속 깊은 곳에서는 당신이 현재의 모습 이상의 삶을 살 거라는 믿음이 있는 게 틀림없다. 자기 대화가 계속 긍정적일 수 있게 최선을 다하도록 하라. 기억하라. 자신의 한계를 자꾸 생각하면 한계는 유지될 것이다. 그러나 당신의 능력은 정해져 있지 않으며 무엇이든 배울 수 있다.

실천 포인트

이 책을 읽는 동안 생각이 다른 곳으로(중요하지만 긴급하지는 않은 것들로) 흐를 수 있겠지만 딴생각을 하지 않으려고 노력하지 마라. 생각하지 않으려고 하면 계속 생각날 뿐이다. 대신 수첩을 옆에 두고 딴생각이나 아이디어가 떠오르면 적어두자. 그런 다음 하던 일을 끝낸 후에 처리하기로 하면 그때까지는 딴생각에서 벗어날 수 있다.

Act: 능동적으로 행동하라

기존의 교육은 학습을 수동적인 경험으로 만들었다. 우리는 수업 시간에 조용히 앉아서 선생님이 알려주는 정보를 무조건 소비해야 했다. 그러나 교육은 스포츠 관람이 아니다. 인간의 뇌는 정보를 소비할 때는 정보를 창출할 때만큼 학습하지 못한다. 그러면 어떻게 더 능동적으로 학습할 수 있을까?

메모를 하라. 이 책에 소개된 실천 포인트의 활동들을 모두 해보라. 핵심 아이디어에 형광펜으로 밑줄을 긋는 것도 추천한다. 물론 어둠 속에서 책이 빛날 만큼 너무 많은 밑줄을 긋지는 마라. 전부 중요하다고 생각하면 아무것도 중요하지 않게 된다. 그러나 아무것도 하지 않을 때보다 한 가지라도 더 할 때 그리고 능동적으로 행동할 때 더 잘, 더 빨리, 더 많이 배우는 건 확실하다.

 실천 포인트

더 능동적으로 이 책을 읽으려면 어떻게 해야 할까? 한 가지만 적어보자.

State: 상태를 확인하라

모든 학습은 학습자의 상태에 따라 달라진다. 상태는 현재 감정의 스냅 사진과 같아서 생각(심리)과 신체적 상태(생리)의 영향을 많이 받는다. 이렇게 생긴 감정 또는 감정의 부족은 학습 과정, 궁극적으로는 결과에 영향을 미친다.

가령 사실 정보에 감정이 결부되면 그 정보가 다른 정보보다 훨씬 더 기억에 남는다. 어린 시절을 회상하게 해주는 노래나 향기, 음식 같은 경우가 그런 예다. 이렇게 정보에 감정이 추가되면 장기기억을 형성하는 데 도움이 된다. 그 반대도 마찬가지다. 당신이 학창 시절에 느꼈던 주된 감정 상태는 무엇이었는가? 내가 강연에서 사람들에게 이 질문을 하면 대부분이 "지루함이요!"라고 외친다. 아마 당신도 공감할 것이다.

학창 시절 감정 에너지가 낮았다면 화학 시간에 배운 주기율표는 당연히 잊어버릴 수밖에 없다. 그러나 마음과 몸 상태를 통제하면 학습 경험을 지루함에서 흥분, 호기심, 심지어 즐거움으로 바꿀 수 있다. 학습 환경에서 몸을 움직이는 방식을 바꾸거나 공부를 시작하기 전에 다른 기분을 자극해보는 것도 한 방법이다. 자세나 호흡의 깊이를 바꿔보자. 학습을 앞두고 활기차고 신난다면 그런 자세로 앉거나 서자.

배우려는 내용에서 무엇을 얻고 새로운 지식으로 무엇을 할 것인지 기대하라. 기억하라. 모든 학습은 상태에 따라 달라진다. 의식적으로 기쁘고 즐겁고 호기심 가득한 상태를 유지하라.

⚛ **실천 포인트**

지금 당신은 얼마나 동기부여가 되어 있는가? 활력이 넘치고 집중하고 있는가? 1부터 10까지의 척도로 현재 상태를 평가해보자. 그리고 수치를 높이기 위해 지금 당장 무엇을 할 수 있는지 한 가지만 써보라.

Teach : 배운 것을 가르쳐보라

당신의 학습곡선learning curve(학습 시간이나 시행 횟수에 따른 학습 효과의 변화를 도식화한 것으로 초기에는 효과가 크지 않다가 점점 높아지는 시기를 거쳐 정체를 보이는 것이 전형적 패턴이다―옮긴이)을 극적으로 단축하고 싶은가? 그렇다면 다른 사람에게 그 정보를 가르치겠다는 생각으로 배워야 한다.

자신이 배운 내용을 알려줘야 한다고 생각하면 말로 설명할 수 있을 정도로 그 주제를 공부할 것이다. 그리고 좀 더 주의를 기울여 공부하고 필기도 더 꼼꼼히 하게 된다. 심지어 더 나은 질문을 던져가며 공부한다. 그렇게 더 깊이 있게 학습한 후 다른 사람을 가르치며 또 한 번 학습하게 되므로 두 번 학습하게 된다.

학습이 항상 단독 활동인 것은 아니며 사회적 활동이 될 수도 있다. 가령 이 책을 다른 사람에게 권하며 함께 배워보자고 할 수 있다. 친구에게도 이 책을 한 권 사주고 매주 만나서 이 책의 아이디어와 개념들을 주제로 토론하는 독서 모임을 시작한다면 좋을 것이다. 친구와 함께 읽고 대화하면 학습이 더 즐거워질 뿐 아니라 서로 책임감을 느끼며 더 열심히 공부하고 연구할 수 있다.

실천 포인트

서로 책임감을 느끼며 이 책을 함께 읽을 친구를 찾아보자. 그 사람(들)의 이름을 적어보자.

....

Enter: 일정표에 기입하라

개인적 성과를 높일 수 있는 가장 간단하고 강력한 도구는 무엇일까? 일정표다. 우리는 업무 회의, 학부모 회의, 치과 예약, 동물병원 예약 등 중요한 일들을 일정표에 적어둔다. 그런데 많은 사람이 일정으로 적어두지 않는 일이 있다. 바로 개인적 성장과 발전이다. 일정에 없다면 해낼 가능성도 적다. 몸과 뇌를 단련하기를 잊고 그날 하루를 보내기가 너무 쉽기 때문이다.

실천 포인트 ────────────────────────

일정표를 꺼내 앞으로 일주일 동안 이 책을 읽겠다고 써두자. 그리고 이 일정의 제목으로 '한계가 없는 나', '잠재력에 몰입하는 시간', '짐 퀵과의 대화' 또는 이 일정을 꼭 지킬 만한 자극적인 이름을 붙여보자.

- -

Review: 복습하라

망각 곡선의 영향을 줄일 가장 좋은 방법 중 하나는 학습한 내용을 일정 간격을 두고 반복해서 회상해보는 것이다. 간격을 두고 몇 차례 복습하면 정보를 더 잘 기억할 수 있고 뇌의 기억 능력이 향상된다. 이 원리를 활용하려면 읽기 전에 앞서 배운 내용을 적극적으로 회상해보는 시간을 몇 분이라도 갖도록 하라. 그러면 뇌가 복습한 내용을 더 중요하게 여기고 앞으로 나올 내용을 받아들일 준비를 할 것이다.

나를 넘어서겠다는 결심이 들었다면

프랑스 철학자 장 폴 사르트르는 "인생은 B와 D 사이의 선택"이라고 했다. 출생Birth과 죽음Death 사이에서 우리가 내린 선택들이 곧 인생이 된다는 뜻이다. 이 단순하고도 심오한 진술은 앞으로 우리가 떠나려는 여정과 관련이 있다. 한계가 없고 무엇이든 가능한 삶은 선택이며 그 선택은 전적으로 당신의 몫이다. 물론 이 힘을 포기하겠다는 선택을 할 수도 있지만 장벽 없는 삶을 살 수 있다는 것을 알게 됐는데 왜 그러겠는가? 하지만 선택은 당신이 하는 것이며 이 선택을 할 때는 바로 지금이다.

그래서 나는 당신이 결심하고 노력했으면 한다. 사람들 대부분이 해야 하는 일을 하는 데 관심이 있지만 이를 약속이 아니라 선호의 문제라고 생각하고 실천하지는 않기 때문이다. 마음속에서 우러난 결심, 스스로 하는 약속은 엄청난 힘을 갖고 있다. 이 책을 끝까지 읽겠다는 당신의 다짐을 글로 적어두자. 글로 적어두면 약속한 대로 할 가능성이 커진다.

이 장의 끝(109쪽)에 이 책을 끝까지 읽고 배운 것을 실천하겠다는 다짐을 글로 정리한 서약서 양식이 있다. 서약서 양식에 서명하고 그 내용대로 실천해보자. 직접 서약서를 작성한 다음 사진으로 찍어 소셜 미디어에 올리면 더욱 좋다. 이런 공개적 결의는 책임감을 유지하는 데 도움이 될 것이다. 소셜 미디어에 올릴 때 @JimKwik이나 #LimitlessBook을 태그하면 열심히 당신을 응원하도록 하겠다.

원하는 것에 몰입하고 싶다면 질문하라

책의 한 페이지를 다 읽었는데 방금 읽은 내용이 기억나지 않았던 적이 있는가? 그 페이지를 다시 읽고도 또 잊어버린 경험이 있을 것이다. 당신이 이 책을 읽는 동안은 그런 경험을 하지 않았으면 한다. 그런데 왜 그런 일이 일어날까? 정답은 올바른 질문을 하지 않아서다. 사실 질문이 곧 답이다.

당신의 감각은 주변 세계에서 1초에 최대 1,100만 비트의 정보를 모은다. 그 모든 정보를 한꺼번에 해석하고 해독하려 한다면 뇌가 감당할 수 없을 것이다. 뇌가 본래 삭제 장치인 이유다. 사실 우리의 뇌는 정보를 차단하도록 설계됐으며 의식은 보통 초당 50비트의 정보만 처리한다.

어떤 정보를 걸러내는가는 망상활성계Reticular Activating System, RAS에

서 결정한다. RAS는 수면과 행동 수정을 포함해 여러 기능을 담당한다. 또한 습관화habituation 과정을 통해 뇌가 무의미하고 반복적인 자극을 무시하고 다른 입력 자극은 민감하게 수용하는 정보의 문지기 역할도 한다.

RAS를 통과하는 방법 중 하나는 스스로 질문하는 것이다. 질문은 각자 담당하는 뇌 영역에 무엇이 중요한 정보인지 알려준다.

내 여동생의 생일을 예로 들어보자. 몇 년 전 여동생은 퍼그 강아지 엽서와 사진, 이메일을 계속 보내왔다. 불쌍해 보이는 표정에 눈이 툭 튀어나온 퍼그는 매우 온순해서 발레리나 옷을 입혀도 신경 쓰지 않을 견종이다. 그런데 왜 여동생은 계속 퍼그 사진을 보낸 걸까? 곧 얼마 후가 동생의 생일이라는 사실이 기억났다. 동생은 퍼그를 기르고 싶어서 내게 힌트를 주고 있었던 것이다.

그날 늦게 건강식품 가게에서 계산하려고 기다리면서 다른 계산대를 건너다봤다. 놀랍게도 퍼그를 어깨 위로 안고 있는 여성이 보였다. '와, 저런 광경은 정말 오랜만에 보네. 저런 모습을 볼 가능성은 얼마나 될까?'라는 생각이 들었다. 다음 날 동네 주변을 달리고 있는데 퍼그 여섯 마리를 산책시키고 있는 사람을 봤다.

대체 이 퍼그들은 어디서 왔을까? 그냥 마법처럼 나타났을까? 물론 아니다. 퍼그들은 늘 거기에 있었다. 다만 전에는 주의를 기울인 적이 없었던 것이다. 동생 덕분에 퍼그가 내 의식으로 들어온 순간부터 사방에서 보이기 시작했다. 당신도 이런 경험이 있는가? 이렇게 마법처럼 사방에서 나타나기 시작한 건 특정 브랜드의 옷이나 자동차일 수도 있다.

방송인 지니 마이Jeannie Mai와의 인터뷰에서 나는 이런 효과를 소셜 미디어 플랫폼이 과거에 관심을 보인 콘텐츠를 토대로 게시물을 보여주는 방식에 비유했다. 당신이 방문한 사이트는 당신이 이전에 클릭하거나 '좋아요'를 누르거나 시청한 것들을 통해 당신의 관심사를 파악하고 관련 페이지를 추천한다. RAS(망상활성계)는 그런 사이트의 알고리즘과 같다. RAS는 당신이 관심을 표현한 것을 더 보여주고 관심을 두지 않은 것은 감춘다.

그렇기 때문에 우리가 원하는 답이 있음에도 적절한 질문을 하지 않아 주목하지 못하는 경우가 자주 생긴다. 사실 우리는 적절한 질문이 아니라 쓸모없는 질문, 더 나쁘게는 힘이 빠지는 질문을 한다. 왜 나는 똑똑하지 못할까? 왜 나는 부족할까? 왜 나는 살을 빼지 못할까? 왜 나는 인연을 찾지 못할까? 우리는 그런 부정적인 질문들을 하고 그 질문들은 그에 상응하는 증거를 답으로 제공한다. 인간의 정신은 세상을 이해하기 위해 항상 일반화를 추구하며 우리의 신념을 확증해줄 증거는 여기저기에, 어디에나 있다.

사고란 질문을 하고 그 질문에 답해가며 추리하는 과정이다. 이 말에 어쩌면 당신은 '그게 사실일까?' 할지도 모르겠다. 그러나 지금도 당신은 질문했다. 우리는 하루에 수만 가지의 생각을 하지만 다른 질문들보다 더 자주 하는 한두 가지 지배적인 질문이 있다. 이 질문들은 주의력을 특정 방향으로 집중시키며 우리의 감정, 나아가 삶의 방식을 정해주기도 한다.

머릿속으로 실험을 하나 해보자. '사람들이 나를 좋아하게 하려면 어떻게 해야 할까?'라는 질문을 자주 하는 사람을 상상해보자. 그의 나이나 경력, 생김새는 모르지만 당신은 생각보다 그에 대해 많이 알고 있다. 아마도 그는 사람들의 비위를 맞추고 자신의 욕구를 간접적으로 표현하며 웬만해서는 자신의 기분이나 생각을 잘 밝히지 않는 사람일 것이다. 어떻게 하면 사람들이 자신을 좋아하게 할 수 있는지 끊임없이 묻는 사람들은 자기도 모르게 사람들에게 자신을 맞추기 때문에 '참 자기'real self가 될 수 없다. 이처럼 그저 자주 하는 질문 한 가지만 알 뿐인데 그 사람에 대한 이런 정보까지 추측할 수 있다. 그렇다면 당신의 지배적 질문은 무엇인가?

당신의 머릿속을 꽉 채운 질문은 무엇인가

뇌가 망가졌다고 느꼈을 때 나는 슈퍼히어로 영화, 만화책, 던전 앤드래곤 게임으로 도피했다. 환상의 세계는 고통을 잊게 해주었다. 수많은 영웅의 초능력 중에서도 투명 인간이 되는 초능력이 내게 꼭 어울린다고 느꼈고 '어떻게 하면 사람들의 눈에 띄지 않을까?'가 나의 지배적 질문이 되었다. 그리고 나는 눈에 띄지 않게 다른 사람들을 지켜보면서 그들의 삶은 어떤지 궁금해했다. 왜 이 사람은 이렇게 인기가 많고 저 사람은 저렇게 행복한지, 무엇 때문에 저 사람은 저렇게 똑똑한지 궁금했다.

나는 늘 고통스러웠으므로 사람들을 지켜보며 주변 세상에서 배워나갔다. 그러는 동안 나의 지배적 질문은 '어떻게 하면 이 상황이 나아질까?'로 바뀌었다. '내 정신은 어떻게 작동할까? 나는 이 정신을 어떻게 사용할 수 있을까?' 새로운 질문들을 할수록 더 많은 답을 얻었다. 이 책은 내가 20년간 그런 질문들을 해온 결과물이라고도 할 수 있다.

배우 윌 스미스는 퀸시 존스의 80번째 생일 파티에서 처음 만났다. 그는 나의 뇌 손상에 대해 듣고는 〈게임 체인저〉 시사회에 나를 초대했다. 미식축구가 뇌 손상을 가져올 수 있다는 우려가 담긴 영화였다(뇌를 보호하는 일에 대해서는 뒤에서 다룰 것이다). 또한 그는 내게 일주일 동안 토론토 촬영장에서 함께 시간을 보내자고 했다. 당시 그는 슈퍼히어로 영화를 찍고 있었기에 내가 그 말을 듣고 얼마나 기뻤는지는 상상에 맡기도록 하겠다.

한겨울에 출연진과 제작진이 매일 저녁 6시부터 새벽 6시까지 야외에서 촬영하는 모습은 매우 인상적이었다. 할리우드의 모든 것이 화려하지만은 않았다. 기껏 서둘러 가도 세트장에서 기다리기 일쑤였다. 촬영이 비는 시간에 스미스와 나는 그의 지배적 질문 몇 가지를 찾아냈다. 그중 하나는 '어떻게 하면 이 순간을 더 마법처럼 만들 수 있을까?'였다.

스미스가 다음 장면 촬영에 들어가기를 기다리는 동안 그의 가족과 친구들은 텐트에 옹기종기 모여서 다른 배우들의 연기를 지켜봤다. 모두가 춥고 피곤할 새벽 3시, 우리는 그의 지배적 질문이 실현되는 것을 목격했다. 그는 쉬지 않고 모두에게 핫초코를 가져다주고 농담을 해서 우리를 웃기는 등 적극적으로 손님을 대접했다. 그는 정말로 그 순간을 더 즐겁게 만들었다. 그의 지배적 질문은 그의 행동과 집중력에 영향을 미쳤고 그 결과 모든 사람의 경험이 완전히 달라졌다.

당신의 지배적 질문은 무엇인가? 여기에 적어보자.

올바른 질문은 지식을 힘으로 바꾼다

질문은 주의를 집중하게 해주기 때문에 인생의 모든 것, 심지어 독해력에도 영향을 미친다. 일반적으로 사람들은 책을 읽으며 질문을 충분히 하지 않아서 집중과 이해, 기억의 정도가 떨어진다. 책을 읽기 전에 올바른 질문으로 마음의 준비를 하면 내가 길 곳곳에서 퍼그를 봤듯이 답을 곳곳에서 볼 수 있다. 그래서 이 책에서는 구체적인 핵심 질문들을 중간중간 던질 것이다.

우선 우리가 함께하는 여정에서 던져야 할 세 가지 지배적 질문을 알아보자. 이 질문들은 당신이 배운 것을 행동으로 옮겨 지식을 힘으로 바꾸도록 도와줄 것이다.

- 배운 것을 어떻게 활용할 수 있는가?
- 왜 이것을 활용해야만 하는가?
- 언제 이것을 활용할 것인가?

수동적으로 읽지 말고 이 질문들을 생각하며 이 책의 지식을 받아들이도록 하라. 질문이 곧 답임을 기억하라. 지금부터 모든 장의 첫머리에는 집중할 내용을 알려주기 위해 마련한 질문들이 있을 것이다. 각 장을 읽기 전에 그 질문들을 검토하라. 그러면 그 장에 나올 내용을 이해하고 기억할 준비가 된 상태로 읽게 된다.

더불어 책 곳곳에 전략적으로 배치된 실천 포인트 활동도 해보자. 이는 학습과 생활에서 즉각 실행으로 옮기게 해주는 구체적인 활동들이다. 대부분이 1~2분에 끝낼 수 있는 것들이다. 그리고 각 장을 연습문제로 마무리해서 다음 장으로 넘어가기 전에 활동을 직접 해볼 수 있도록 했다.

신경가소성의 효과를 기억하라. 질문에 답하고 새로운 활동을 할 때마다 뇌의 신경회로가 다시 연결된다.

 실천 포인트

배운 것을 어떻게 활용할 수 있는가? 왜 이것을 활용해야 하는가? 언제 이것을 활용할 것인가? 이 세 가지는 마법의 질문이다. 이 질문들은 이 책에서 얻은 지식과 당신의 이성, 감정, 행동을 통합시킬 것이다. 질문들을 깊이 새기고 책상 위나 휴대폰 등 언제나 볼 수 있는 곳에 적어두자.

서약서

나, _____은(는) 이 책을 다 읽을 때까지 10~25분 단위로 나눠 읽을 것을 약속한다.

나는 사전 지식이나 나의 한계에 대한 생각을 잊고 책을 읽는 데 집중할 것을 약속한다.

나는 그 과정에서 능동적일 것을 약속한다. 책에서 제안하는 실천 포인트를 모두 실천해보고 메모하고 밑줄을 긋고 질문을 하면서 책을 읽을 것이다.

나는 책을 읽는 동안 나의 상태를 관리하고 에너지 수준을 정기적으로 확인하고 필요에 따라 동기 수준을 적극적으로 조절할 것을 약속한다.

나는 내가 배운 것들을 다른 사람에게도 전해서 우리 모두에게 유익한 일이 되도록 할 것을 약속한다.

나는 독서 시간을 일정표에 넣을 것을 약속한다.

나는 새로운 내용으로 넘어가기 전에 배운 내용을 복습할 것을 약속한다.

나는 위의 조항을 지키지 못하더라도 자책하지 않을 것을 약속한다. 대신 다시 그 조항을 지키기 위해 최선을 다할 것이다.

이제 나는 나의 무한한 가능성에 도전할 준비가 됐다!

날짜 _____   서명 _____

"모든 사람이 천재다.
그러나 물고기를 나무에 오르는 능력으로 판단한다면
그 물고기는 평생 자신이 멍청하다는 믿음을 안고 살아갈 것이다."
＿알베르트 아인슈타인

제2부

낡은 마인드를
완전히 리셋하라

● 리미트리스 모델: 마인드셋

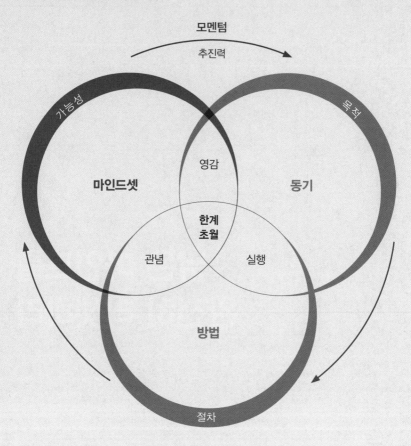

마인드셋 mindset
우리가 누구인지, 세상이 어떻게 작동하는지, 우리가 무엇을 할 능력과 자격이 있는지,
무엇이 가능한지에 대해 우리가 만들어내고 깊이 간직하고 있는 믿음, 태도, 가정들.

리미트리스 모델의 3요소 중 첫 번째는 마인드셋이다. 이는 상황에 대한 한 개인의 반응과 해석을 결정하는 정신 자세나 성향을 말한다. 마인드셋은 우리 자신과 주변 세계에 대한 신념과 가정, 태도로 구성된다. 사실 우리의 모든 행동을 주도하는 것은 신념이므로 우리가 학습하는 방법을 다루기 전에 가능성의 범위에 대한 우리의 기본 믿음부터 다뤄야 한다.

우리는 자신이 무엇을 성취할 수 있는지 이미 정해진 마인드셋을 가지고 태어나지는 않는다. 사람들과 함께 살면서 경험하는 문화로부터 제한되고 고정된 사고방식을 배운다.

말뚝에 묶인 새끼 코끼리를 생각해보자. 새끼 코끼리는 말뚝을 뽑을 힘이 없어서 아무리 애써봐야 소용없음을 깨닫고 점차 노력을 멈춘다. 그 후 코끼리는 몸집이 커지면서 말뚝을 뽑아버리고도 남을 힘과 능력이 생기지만 새끼 때 배운 사실 때문에 밧줄과 얇은 쇠말뚝에 그대로 묶여 있다. 심리학에서는 이를 '학습된 무력감'learned helplessness이라고 부른다.

우리 대부분은 바로 이 코끼리처럼 행동한다. 자신이 무엇을 할 수 있는지 한번 경험하고 느낀 뒤에는 자신의 잠재력에 대한 믿음이 고정된다. 그러나 무력감이 학습되듯이 한계도 얼마든지 벗어날 수 있다. 제2부에서는 우리의 잠재력에 대한 일곱 가지 거짓말과 이를 새로운 신념으로 대체하는 방법을 알아볼 것이다.

여기서 나는 의도적으로 '거짓말'LIE이란 단어를 썼다. LIE는 '마음 속 제한적 신념'Limited Idea Entertained의 약자다. 만약 당신이 사람들 대부분과 같다면 정말로 자신의 가능성을 알지 못하고 그보다 한참 못한 존재로 자신을 규정하고 있을 것이다. 당신은 이런 생각에 에너지를 쓰고 마음속 한구석을 내주지만 이는 그저 신념 체계Belief System, BS일 뿐이다. 이제 이 거짓말들이 어디에서 왔고 어떻게 당신을 구속하고 있으며 어떻게 대처할 수 있는지 설명할 것이다. 그러니 계속 이렇게 질문하도록 하라. '내가 알고 있는 한계들 중 LIE와 BS는 얼마나 될까?' 아마도 그 답에 깜짝 놀랄 것이며 이로써 당신은 거짓말에서 해방될 것이다.

내 인생에서 가장 소중한 관계 중 하나는 스탠 리(1960~1970년대에 스파이더맨, 헐크, 아이언맨 등 마블 코믹스의 슈퍼히어로들을 탄생시킨 미국의 만화가이자 영화 제작자─옮긴이)와의 관계다. 앞서도 언급했지만 스탠 리의 마블 작품은 내가 어렸을 때 인생의 가장 큰 난관을 이겨내도록 도와주었고 지금도 계속해서 영감의 원천이 되고 있다. 스탠과의 대화는 항상 흥미로웠고 새로운 가르침을 얻곤 했다.

언젠가 함께 차를 타고 저녁 식사를 하러 가던 중에도 그런 대화를 나눴다. 정장 차림에 스파이더맨 넥타이를 맨 스탠은 눈부시게 멋있었고 그 모습에 고무된 나는 항상 묻고 싶었던 질문을 했다.

"스탠, 당신은 그동안 어벤져스나 엑스맨 같은 멋진 캐릭터를 아주 많이 만들어냈는데 그중 어느 캐릭터가 가장 마음에 드나요?"

그는 1초도 주저하지 않고 대답했다.

"아이언맨이요. 당신은요?"

"스파이더맨 같아요."

나는 그의 넥타이를 가리키며 말했다. 스탠은 고개를 끄덕이며 말했다.

"위대한 능력에는 큰 책임이 따르죠."

"정말 그래요, 스탠. 그 반대도 사실이고요. 큰 책임을 맡으면 막강한 힘이 생기죠."

그가 내 말을 마음에 들어 하는 듯해서 나는 무척이나 기뻤다. 그런데 그런 식으로 표현해본 적이 없었을 뿐 그 순간 내가 마인드셋의 핵심 원리 중 하나를 말했다는 생각이 들었다. '어떤 일을 책임질 때 우리는 상황을 개선할 수 있는 큰 힘을 갖게 된다.'

이것이 바로 한계가 없는 마인드셋이다. 배경과 환경이 현재의 우리 모습에 영향을 미쳤을 수 있지만 미래의 우리 모습은 스스로 책임져야 한다. 무엇을 가정하고 어떤 태도를 지니는가는 자신의 책임임을 이해해야 한다는 말이다. 그리고 모든 잠재력을 자신이 다룰 수 있다는 사실을 받아들일 때 그 힘은 극적으로 커진다. 그러니 세상의 슈퍼히어로들이여, 이제 한계를 뛰어넘는 마인드셋을 갖도록 하자. 스탠이 말했듯이 "엑셀시오르(높이, 더 높이)!"

제5장

자신에 대한
잘못된 편견을 없애라

왜 신념은 삶에 큰 영향을 미치는가?
왜 제한적 신념은 목표에서 멀어지게 하는가?
제한적 신념은 어떻게 거부하는가?

잠시 극장에서 팝콘을 들고 영화를 보고 있다고 해보자. 스크린에서 이런 장면이 나오고 있다. 슈퍼빌런이 지지대를 들이받아 다리 전체가 무너지려 한다. 다리가 삐걱거리며 흔들거리는 이때 우리의 슈퍼히어로가 위기 상황을 알고는 현장으로 출동한다. 재앙을 막고 수백 명의 목숨을 구할 수 있는 능력을 가진 사람은 오직 그녀뿐이다.

10초 후면 슈퍼히어로는 다리에 도착한다. 그러나 다리에 가까워질수록 머릿속에서 초등학교 때 공중제비를 돌다 얼굴을 처박았던 때를 상기시키는 목소리가 들린다. 뒤이어 그녀에게 장래 목표를 낮추는 게 좋다고 했던 아버지의 말도 들린다. 다리가 시야에 들어오는데 또 다른 환영이 떠오른다. 그녀의 과대망상을 비웃었던 가장 친했던 친구의 얼굴이다.

장면이 바뀌어 다리에서 부서져 나온 파편들이 강으로 떨어지고 삐거거리는 소리가 점점 커진다. 수십 명의 비명이 사방에 울려 퍼진다. 그런데 우리의 슈퍼히어로는 두 손에 얼굴을 파묻고 도로변에 앉아 자기연민에 빠져 있다. 잠깐…, 뭐라고? 슈퍼히어로 영화에 이런 장면은 없다.

여기에는 몇 가지 이유가 있다. 그중 하나는 만일 그러면 끔찍한 이야기가 되기 때문이다. 다른 하나는 과거의 어둠이나 현재 직면한 도덕적 갈등과 상관없이 제한된 신념에 굴복해서는 진정한 슈퍼히어로가 될 수 없기 때문이다. 슈퍼맨은 컨디션이 좋으면 높은 빌딩 혹은 최소 몇 층짜리 건물은 뛰어넘을 수 있겠다고 생각하지 않는다. 아이언맨은 '나는 본래 실수가 잦으니까 어쩌면 최악의 순간에 아이언맨 슈트가 작동하지 않을 수 있다'는 생각을 하지 않는다. 초능력을 지닌 이들이 잠시라도 자신의 한계를 의식했다가는 일을 망칠 것이다.

그런데 당신에게도 초능력이 있다. 어떻게 하면 이를 알 수 있을까? 마인드셋이 출발점이다.

우리의 뇌는 생각보다 똑똑하다

아홉 살이었는지 열 살이었는지 나이는 잘 기억나지 않지만 가족 모임이 있던 날이었다. 20명이 넘는 우리 일행은 큰 식당의 거대한 테이블에 둘러앉았다. 토요일 밤이라 식당은 손님으로 꽉 찼고 종업원들은 분주히 테이블 사이를 오갔다.

모두 자리에 앉은 지 몇 분이 지나고 종업원이 주문을 받으러 왔다. 늘 그렇지만 주문은 오래 걸렸다. 내 차례가 되었고, 종업원이 원하는 식사와 음료수를 물었다. 그때서야 나는 그녀가 주문을 받아 적지 않고 있다는 사실을 알아차렸다. 순간 강한 호기심이 일었다. 우리 일행이 25명가량 되는 데다 그녀는 다른 테이블의 주문도 받고 온 상태였다. 그런데 어떻게 우리가 주문한 내용을 모두 기억할 수 있을까?

식사를 주문하고 나서 그녀가 다른 사람의 주문을 받는 모습을 주의 깊게 지켜봤다. 내가 주문한 것과 조금이라도 비슷한 식사가 나올까? 어린 나이였음에도 궁금했던 건 그 많은 주문을 다 외우는 것은 범상치 않은 일이었기 때문이다. 나는 주문한 음식은 다 나올지 몰라도 엉뚱한 사람 앞에 놓여서 결국은 우리가 알아서 바꿔야 할 거라고 예상했다.

먼저 음료가 나왔고 모두가 자신이 주문한 음료를 받았다. 심지어 얼음 없이 콜라를 달라던 사촌도, 레몬 한 조각과 라임 한 조각, 체리 두 개를 넣어달라던 다른 사촌도 정확히 주문한 대로 음료를 받았다. '오, 상당히 훌륭한데. 하지만 아직 나올 게 많으니까 두고 봐야지.' 몇 분 후 샐러드가 나왔다. 이번에도 완벽했다. 드레싱을 옆에 따로 달라던 사람도, 뿌려달라던 사람도 모두 요청했던 대로 나왔다. 나의 의심이 시험받고 있었다. 그리고 메인 요리가 나왔다. 매우 복잡한 요청도 있었지만 단 하나의 실수도 없었다. 모든 음식이 우리가 원하는 대로 조리되어 나왔고 곁들임 요리도 제대로 나왔다.

나는 그제야 식사하기 시작했다. 그러면서 그 종업원이 얼마나 대단한 일을 해냈는지 계속 생각했다. 당시 나는 겨우 책을 읽기 시작했고 뇌 손상으로 학습에 온갖 어려움을 겪고 있었다. 그런데 인간의 뇌가 상상했던 것보다 대단한 능력이 있음을 목격한 것이다.

그 종업원은 마치 로저 배니스터 같았다. 배니스터는 1950년대에 활동했던 육상 스타다. 그가 선수 생활을 하던 초창기에는 육상 선수가 1마일(약 1.6킬로미터)을 4분 이내에 달리는 건 불가능하다고 여겨졌다. 혹시라도 그 기록을 달성하려다간 신체적으로 문제가 생긴다고도 했다. 그러나 1954년 5월 6일 배니스터는 1마일을 3분 59.4초에 주파해 4분 장벽을 무너뜨렸다. 더 흥미로운 사실은 그로부터 두 달도 채 지나지 않아 그의 기록이 깨졌고 곧 그 기록도 깨졌다는 점이다. 그후로도 기록은 계속 단축되고 있다.

배니스터의 업적은 4분 장벽이 사실상 전혀 장벽이 아님을 보여준 것이었다. 그 종업원도 그랬다. 그녀는 내가 그동안 나의 능력을 실제보다 훨씬 저평가했음을 알게 해주었다. 그동안 뇌 손상으로 학습에 어려움을 겪었지만 그날 저녁 식사 때부터 나는 가능성에 대한 모델, 리미트리스 모델을 생각하게 되었다. 그녀는 절대 가능하지 않다고 생각했던 일을 내 앞에서 보여주었다. 그녀가 누군지는 모르지만 나 자신의 한계에 대한 인식을 영원히 바꿔주었으므로 영원히 감사해할 것이다. 그녀는 내 마인드셋을 바꿔주었다. 그녀가 그처럼 큰 성과를 낼 수 있는데 나도 그러지 말란 법이 없었다. 방법을 찾아야 했다.

학습 방법의 학습에 자리한 기본 개념은 한계의 초월limitless이다. 무엇보다 당신이 지닌 한계를 없애는 비결은 잘못된 가정에서 벗어나는 것이다. 우리는 스스로 할 수 없다고 확신한 까닭에 뭔가를 달성하지 못할 때가 아주 많다.

다시 로저 배니스터의 이야기로 돌아가자. 1954년 5월 6일 이전만 해도 사람들은 1마일을 4분 이하로 주파하는 것이 인간의 능력 범위를 벗어나는 것이라고 확신했다. 그러나 배니스터가 기록을 깬 지 46일 후 다른 선수가 그의 기록을 깼고 그 뒤로도 기록을 경신한 선수는 1,400명이나 됐다. 4분 이내에 1마일 완주는 여전히 놀라운 업적이지만 불가능한 업적은 아니다. 일단 장벽이 깨지자 많은 사람이 기록을 경신했다. 그렇다면 가능성에 대한 이런 잘못된 믿음은 어떻게 깨뜨릴 수 있을까?

'나는 여기까지야'라는 생각에 자꾸 지는 이유

제한적 신념은 부정적인 자기 대화, 즉 자신이 잘하고 있는 것들보다 자신이 할 수 없다고 확신하는 것에 초점을 맞춘 내면의 대화에서 자주 드러난다. 그 목소리가 당신이 달성할 수 없는 일이라고 설득하는 바람에 자주 뭔가를 시도하거나 꿈을 좇기를 멈추는가? 만약 이 말이 당신의 이야기처럼 들린다면 당신 혼자만 그런 것은 아니라는 걸 말해주고 싶다. 물론 그래서는 안 된다는 점도.

신념 변화 전문가인 셸리 레프코Shelly Lefkoe는 "우리는 삶이 고달플지 쉬울지, 돈이 부족할지 풍족할지, 우리가 중요한 존재일지 아닐지 모르는 채 이 세상에 태어납니다. 우리는 모든 것을 아는 두 사람, 부모를 바라봅니다."라고 내 팟캐스트 인터뷰에서 말했다.[1] 부모는 우리의 첫 스승이다. 아동기를 벗어날 무렵이면 우리는 그럴 의도는 없었을지라도 그들이 무의식적으로 심어준 제한적인 믿음을 갖게 된다.

제한적 신념은 평소 아주 잘하는 일을 하고 있을 때도 중간에 멈추게 할 수 있다. 보통은 쉽게 하던 일, 가령 메모나 간단한 계산을 해야 하는데 갑자기 그 일을 못 하겠다는 생각이 들 정도로 압박감을 느꼈던 경험이 있는가? 그때 당신을 방해한 것이 제한적 신념이다. 평소라면 아무 문제 없이 해냈을 텐데 내면의 목소리가 당신을 혼란스럽게 한 것이다.

이제 그 상황을 인생의 한 부분으로 확장해보자. 직업적 성취 또는 친구를 사귀는 능력도 마찬가지다. 만약 제한적 신념에 장악당하고 있다면 당신은 계속 저조한 성과 또는 협소한 인간관계를 보며 왜 이렇게 나아가지 못하는지 의아해하고 있거나 자신은 그럴 자격이 없다고 확신하고 있을 수 있다.

나와 함께 퀵 러닝을 설립한 알렉시스는 원인은 달랐지만 나처럼 어려서 학습에 어려움을 겪었다. 그녀는 한국에서 힘들게 장사를 했던 부모에게서 태어났다. 그들은 돈이 많지 않았지만 생계를 위해 열심히 일했다. 4인 가족이 방 한 칸짜리 지하 셋방에서 살았는데 부모가 두 번째 사업에 실패한 후 7년 전 신청했던 비자가 승인되었다는 편지를 받았다. 절망에 내몰렸던 그녀의 가족은 이것이 기회라고 생각하며 2,000달러 상당의 돈을 빌려 미국으로 왔다.

알렉시스는 영어를 하나도 모르는 상태로 미국에 도착했다. 그녀는 사람들이 무슨 말을 하는지 몰랐고 문화 규범도 너무나 달랐다. 부모도 영어를 못했기 때문에 그녀의 가족 모두 이 새로운 세계를 이해하기 위해 고군분투해야 했다. 알렉시스는 집 근처의 학교에 들어갔다. 수줍음이 많고 내성적인 데다 영어도 못했기 때문에 그녀는 점심시간에 화장실에 들어가 점심을 먹었다.

그녀가 영어를 이해할 수 있기까지는 6년이 걸렸다. 그런데 학생들과 교사들 모두 왜 그렇게 오랫동안 그녀가 고전하는지 이해하지 못했다. 반 친구들은 그녀가 지진아라며 놀렸다. "애, 뭐니?" "너 바보니?" "이상한 애야." 그녀가 어렸을 때 자주 듣던 말이다. 체육 시간에도 그녀는 운동장 벤치에 앉아 '다음 시간에는 체육복을 가져오겠습니다'라는 문장을 반복해서 써야 했다. 그러나 자신이 무엇을 쓰고 있는지 알지 못했고 체육복으로 갈아입어야 한다고 알려주는 사람도 없었다.

20대 초반이 되어서도 알렉시스는 책 한 권을 다 읽기가 힘들었다. 그녀는 뭔가를 배우려 할 때마다 내면의 목소리와 싸워야 했다. 바로 그녀의 능력을 끊임없이 비판하고 의심하는 목소리였다. 그렇지만 의문을 제기하는 작은 목소리도 있었다. 내면의 뭔가가 자신이 멍청하다는 생각을 받아들이려 하지 않았다. 부모님이 그녀를 위해 열심히 일하는데 실망시킬 순 없었다. 특별한 일을 하며 살기에는 자신이 부족하다고 느끼는 순간도 있었지만 지금보다 더 나은 삶이 있을 거라고 확신하는 순간도 있었다.

만일 그녀가 외부의 목소리를 그녀의 현실로 받아들였다면 인생도 거기서 멈췄을 것이다. 그러나 그녀는 다른 사람들을 관찰하고 그들에게서 배움으로써 답을 찾았다. 남들은 성공과 행복을 찾기 위해 무엇을 하고 있는지 궁금했다. 순전히 행운과 특출한 재능 덕인지, 아니면 그 뒤에 무슨 방법이 있는지 알고 싶었다. 그렇게 성공하는 법을 탐구하는 중에 내 초창기 수업 중 하나를 듣게 됐다. 그녀는 여기서 무엇을 배울지 확신할 수 없었지만 자신이 뭔가 다른 것을 원한다는 사실은 알고 있었다.

첫째 날, 우리는 기억을 다뤘다. 여덟 시간에 걸친 강도 높은 훈련이었지만 수업을 끝낸 알렉시스는 생기가 넘쳤고 그날 배운 내용에 몹시 흥분했다. '내 뇌를 또 어떻게 쓸 수 있을까?' 그녀는 궁금했다. 난생처음 자신이 느리다고 생각되지 않았고 뭔가를 배우는 것이 기쁘고 흥미진진했다.

둘째 날, 우리는 속독을 다뤘다. 그녀가 예전에 겪었던 어려움 때문에 처음에는 이 수업이 잘 되지 않았다. 그러나 똑똑한 독서 습관을 익히고 속독 훈련까지 끝냈을 때 그녀의 머릿속에 전구가 켜졌다. 갑자기 독서의 잠재력이 보이고 재미까지 알게 되었다. 그녀는 자신이 너무 느리거나 멍청해서 이해하지 못했던 게 아니라는 사실을 깨달았다. 단지 뇌를 어떻게 사용해야 하는지 배운 적이 없었을 뿐이다. 이렇게 학습의 효력을 경험하는 동안 수년간 이어져온 부정적 자기 대화와 제한적 신념은 그녀의 마음 뒤편으로 밀려났다.

속독 수업 후 알렉시스는 처음으로 책 한 권을 다 읽었다. 얼마나 많은 내용을 이해하고 기억하는지, 그 경험이 얼마나 좋았는지 깨닫고는 깜짝 놀랐다. 이는 그녀의 인생에서 커다란 전환점이었다. '원래 그런 것'이라고 믿었던 제한적 마인드셋에서 벗어나 목표에 도달하기 위해 마음을 고쳐먹을 수 있음을 안 것이다. 그녀는 처음으로 자신을 믿게 되었고 앞으로 무엇이 가능할지 상상하기 시작했다.

이제 알렉시스는 새로운 것을 배우기를 주저하지 않는다. 모르는 게 있더라도 자신이 부족하다고 생각하지 않는다. 답을 찾아 나서고 얻은 것들을 응용한다. 또한 자신이 경험했던 놀라운 변화를 전 세계 사람들과 공유한다.

얀 브루스Jan Bruce, 앤드루 샤테Andrew Shatté, 애덤 펄만Adam Perlman의 저서 《미퀼리브리엄》Mequilibrium을 보면 제한적 신념은 대부분 무의식의 수면 아래 놓여 있다. 때문에 빙산에 비유되기도 하는 이 제한된 신념은 "뿌리 깊고 강력하며 감정을 부채질한다. 빙산이 견고할수록 삶에 더 큰 피해를 입힌다. (…) 일정에 혼란을 일으키고, 다이어트를 유지하지 못하게 방해하고, 기회를 잡지 못하게 한다." 그러나 빙산은 녹을 수 있다. "만약 우리가 빙산을 통제한다면 우리의 감정과 삶에 엄청난 통제력을 갖게 된다. 빙산이 녹으면 그것이 일으키는 하류의 문제들도 전부 쓸려 내려간다."[2]

에모리 의과대학교의 제니스 빌하우어Jennice Vilhauer 박사는 내면의 비평가, 즉 "당신을 판단하고 의심하고 경시하며 당신이 부족하다고 끊임없이 이야기하는 머릿속의 목소리"와 대면하라고 말한다. "이는 당신에게 상처를 주는 부정적인 말들이다. '나는 정말 바보야', '나는 엉터리야', '나는 제대로 하는 일이 없어', '나는 절대 성공하지 못할 거야' 등 다른 사람에게는 꿈에라도 하지 못할 말들이다."

또한 그녀는 이렇게 덧붙인다. "내면의 비평가는 무해하지 않다. 당신을 억제하고 제한하며 진정으로 살고 싶은 삶을 살지 못하게 막는다. 마음의 평화와 정서적 안녕을 앗아갈 뿐 아니라 오랫동안 방치하면 우울증이나 불안 같은 심각한 정신 건강 문제로 이어질 수도 있다."[3]

● 빙산으로 본 제한적 신념

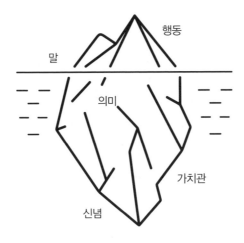

앞서 사람들을 구출하는 데 실패한 슈퍼히어로 이야기로 다시 돌아가자. 그녀는 사람들을 구조하려는 동기가 확실하게 있었다. 그리고 구조 방법도 확실하게 알고 있었다. 그러나 마인드셋이 없었다. 내면의 비평가가 그녀에게 역부족이라고 말하자 그녀는 풀이 죽어 방관하고 말았다.

이 이야기는 한 슈퍼히어로가 기회를 날린 에피소드다. 그녀는 머릿속 목소리를 지울 수 없어 결정적 순간에 주저앉았다. 그러나 여기에는 매우 중요한 사실이 하나 더 있다. 그녀는 성공할 수 있는 모든 것을 이미 가지고 있었다. 만일 자신을 억누르는 그릇된 신념을 극복할 수만 있었다면 그녀의 비범한 재능은 빛을 발했을 것이다. 그만큼 제한적 신념을 극복하는 것이 중요하다.

누구에게나 천재성은 있다

천재 하면 누가 가장 먼저 떠오르는가? 우선 아인슈타인과 셰익스피어가 명단에 오를 것이다. 스티븐 호킹이나 빌 게이츠, 마리 퀴리, 루스 베이더 긴즈버그Ruth Bader Ginsburg(미국 역사상 두 번째 대법관이 된 여성—옮긴이)가 떠오를 수도 있다. 많은 사람의 머리에 이들의 이름이 떠오르는 이유는 모두 천재성과 동일시되는 유형의 지능이 뛰어났기 때문이다. 당신이 떠올린 천재의 명단에 르브론 제임스가 있는가? 비욘세는 어떤가? 오프라 윈프리는? 혹은 당신은?

나중에 말한 인물들의 이름이 명단에 포함되지 않았더라도 놀랄 것 없다. 우리는 천재성을 지능의 특정 측정치인 IQ와 동일시하는 경향이 있다. 아무리 다른 능력이 뛰어나도 IQ가 높지 않으면 천재라고 여기지 않는다.

당신도 이렇게 생각했는가? 당신 혼자만 그런 것은 아니다. 사람들 대부분이 천재성을 이런 식으로 정의한다. 그러나 여기에는 두 가지 문제가 있다. 하나는 다양한 사람들의 천재성을 알아보지 못하게 방해한다는 점이다. 다른 하나는 당신 안의 천재성을 알아보지 못하게 방해한다는 점이다.

천재에는 여러 유형이 있다. 몇 가지 유형이 있는지는 전문가마다 의견이 다르지만 다음 네 가지 형태 중 하나로 드러난다는 점에는 대체로 동의한다. 수천 년 동안 이어져온 천재를 바라보는 시각은 다음과 같다.

- **발전기형 천재**dynamo genius : 창의성과 아이디어로 천재성이 드러나는 이들로 천재를 생각할 때 일반적으로 떠올리는 유형이다. 셰익스피어는 인간에 대해 아주 많은 것을 말해주는 이야기를 지어내는 발전기형 천재였다. 갈릴레오는 하늘을 올려다보면서 다른 사람들은 보지 못하는 것들을 볼 수 있었다.

- **불꽃형 천재**blaze genius : 다른 사람들과의 상호작용을 통해 천재성이 분명해지는 이들이다. 다양한 사람들의 마음, 정신, 영혼과 소통하는 비범한 능력을 가진 오프라 윈프리, 전 세계 사람들의 공감을 얻는 이야기를 할 줄 아는 말랄라 유사프자이Malala Yousafzai가 있다. 불꽃형 천재는 대체로 소통의 달인이다.

- **템포의 천재**tempo genius : 큰 그림을 보고 자신의 길을 견지하는 능력으로 천재성이 표현되는 이들이다. 넬슨 만델라는 엄청난 역경 속에서도 비전을 볼 수 있는 지혜를 가졌으며, 테레사 수녀는 암흑 같은 시기에도 사람들이 더 나은 상황을 상상할 수 있게 해주었다. 템포의 천재들은 주변 사람 대부분이 생각하지 못하는 장기적 조망을 하는 경향이 있다.

- **강철형 천재**steel genius : 사소한 일까지 열심이며 남들은 놓치거나 떠올리지 못하는 세세한 부분을 챙기는 데 뛰어난 이들이다. 세르게이 브린Sergey Brin은 대량의 데이터가 가진 잠재력을 보고 구글을 공동 창업하는 천재성을 발휘했다.《머니볼》에 등장하는 빌리 빈Billy Beane과 그의 직원들은 천재적인 데이터 처리를 통해 야구를 재정의했다. 강철형 천재들은 모든 정보를 확보하고 싶어 하며 대다수가 놓친 정보로 그들의 비전을 세운다.

당신의 천재성은 아마도 두 가지 이상의 조합일 가능성이 매우 높다. 오직 데이터 처리에만 능통하거나 공감에만 능숙한 사람은 별로 없다. 그러나 여기서 중요한 사실은 천재성이 우수한 학업 성적이나 주기율표를 외우는 능력 이상을 의미하며 당신 안에도 천재성이 있다는 것이다.

당신 안에 천재성이 있다는 말에 놀랐다면 이전 장들로 돌아가 다시 읽어보라. 자신의 한계를 초월하는 것은 타고난 천재성을 발산하는 일이다. 어쩌면 당신은 셰익스피어 같은 발전기형 천재나 오프라 윈프리 같은 불꽃형 천재는 아닐지 모른다. 그러나 당신 안에는 발휘되기를 기다리는 천재성의 조합이 분명히 있다. 그것을 발견하고 풀어주는 게 관건이다.

긍정적인 사람이 더 건강한 이유

좀 더 긍정적인 마인드셋으로 전환하는 방법을 소개하기 전에 먼저 긍정적인 사고가 얼마나 중요한지 이야기해보자. 일단 긍정적인 사고는 신체적 건강을 이끈다. 존스홉킨스 의과대학교의 리사 야넥Lisa

Yanek 박사가 연구한 바에 따르면 "긍정적인 사람들은 부정적인 사람들보다 심장마비나 다른 관상동맥 질환을 앓을 가능성이 13퍼센트 낮다."[4] 미국 최고의 종합병원으로 꼽히는 메이요 클리닉은 이렇게 보고한다. "긍정적인 사고는 효과적인 스트레스 관리의 핵심이다. 그리고 효과적인 스트레스 관리는 많은 건강상 이점과 관련이 있다." 이들이 지적한 건강상 이점들은 다음과 같다.[5]

- 수명 증가
- 우울증 발병률 감소
- 고통 수준의 경감
- 일반 감기에 대한 저항력 증가
- 심리적·신체적 웰빙 향상
- 심혈관 건강 개선 및 심혈관 질환에 따른 사망 위험 감소
- 힘들고 스트레스가 심한 시기의 대처 기술 향상

나를 가두는 잘못된 신념에서 벗어나기

사람들이 제한적 신념에서 벗어나도록 도울 때 유용하게 썼던 비유가 있다. 바로 온도계 비유다. 나는 제한적 신념과 한계를 뛰어넘는 마인드셋의 차이는 온도계와 온도조절기의 차이와 같다고 말한다. 온도계에는 환경에 반응하는 한 가지 기능, 즉 기온을 읽는 기능만 있을 뿐 더 이상의 기능은 없다. 제한적 신념도 이와 유사하다. 사람들은 환경

에서 비롯된 제약을 감지해 읽을 뿐 그 이상의 반응이나 다양한 방식으로 살아가려고 하지 않는다.

반면에 온도조절기는 환경을 측정하고 환경이 그 측정치에 반응하게 만든다. 즉 방 안이 너무 춥거나 덥다고 인식하면 설정된 적정 온도로 환경을 바꾼다. 온도조절기와 마찬가지로 무한한 마인드셋은 자신에게 제약을 가하려는 외부적 또는 내부적 시도와 마주치면 이를 거부하고 자신의 목표에 부합하는 환경을 조성한다.

그렇다면 어떻게 제한적 신념을 최소화하고 슈퍼히어로의 마인드셋을 개발할 수 있을까? 열쇠는 다음 세 가지다.

첫 번째 열쇠: 제한적 신념에 이름을 붙여라

제한적 신념의 예를 몇 가지 들었지만 그런 신념은 다양한 곳에서 나올 수 있다(잠시 후 많은 사람이 가지고 있는 학습에 대한 제한적 신념 일곱 가지를 살펴볼 것이다). 이는 당신의 재능, 성격, 인간관계, 교육 그리고 자신이 원하는 대로 될 수 없다는 내적 속삭임을 유발하는 그 어떤 것과도 관련이 있을 수 있다. 당신의 인생에 큰 영향을 주지 않을 것 같더라도 지금 이 순간부터 자기 자신에게 무능력하다고 말할 때마다 주의를 기울이도록 하라.

예를 들면 당신은 '난 농담에 서툴러'라고 말할 수도 있다. 개인적으로 농담을 잘하고 싶어 하지 않는다면 이 말이 그다지 큰 문제는 아니다. 하지만 '난 함께 있으면 즐겁고 재미있는 사람이 아니야'로 비약될 수도 있다. 이런 자기 대화는 당신이 중요한 사회적 상황에 있을 때나 여러 사람 앞에서 말해야 할 때 압박감을 가중시킬 수 있다. 그러니 스스로 '난 못 해', '난 아냐', '난 안 해' 같은 말을 하고 있을 때마다 귀를 기울여보자. 특정한 상황이었다거나 자신을 규정하는 데 중요해 보이지 않아도 당신의 삶에 대한 전반적인 생각에 영향을 미치는 메시지를 자신에게 보내고 있기 때문이다.

동시에 이런 자기 대화의 근원을 밝히기 위해 노력하라. 제한적 신념은 흔히 아동기부터 시작된다. 그렇다고 해서 가족이 유일한 근원은 아니다. 어릴 적 사회 환경은 어릴 적 받은 교육처럼 제한적 신념을 유발할 수 있다. 어려서 처음으로 몇 번 시도했을 때 잘 안 됐던 일이 제한적 신념으로 자리 잡기도 한다.

제한적 신념이 자기 자신을 어떻게 저지하고 있는지 깨닫고 그 근원을 추적하다 보면 거기서 완전히 벗어날 수 있다. 일단 자기 안의 목소리가 제한적 신념임을 인지하고 나면 그것이 자신에 관한 '사실'이 아니라 '의견'임을 깨닫기 때문이다. 그리고 그 의견들이 틀렸을 가능성이 매우 크기 때문이다.

자신이 할 수 없는 일에 초점을 맞추고 있는 머릿속 목소리를 파악하면 되받아치도록 하라. '나는 항상 이런 일을 망쳐놓지'라는 생각이 들 때 '과거에 이런 일을 잘하지 못했다고 해서 지금 잘할 수 없다는 뜻은 아니지. 그런 의견은 접어둬'라고 반박하도록 하라.

두 번째 열쇠: 사실을 확인하라

제한적 신념의 횡포 중 하나는 명백히 틀린 믿음일 경우가 아주 많다는 것이다. 당신은 정말로 사람들 앞에서 말하는 게 서툰가? 정말로 그룹을 잘 이끌지 못하는가? 정말로 어느 자리에서건 가장 재미없는 사람인가? 그것을 뒷받침하는 증거가 무엇인가? 실제로 이런 상황에 몇 번이나 처했고 그 결과는 어땠는가?

제한적 믿음은 감정이 너무 많이 작용한다는 것이 가장 큰 문제다. 그렇기 때문에 합리적 자아와 싸워 대체로 이기곤 한다. 하지만 이런 자기 대화 가운데 현실에 근거한 것은 얼마나 될까? 흔히들 두려움을 느끼는, 대중 앞에서 연설한 경험을 생각해보자. 이런 상황에서 당신의 기분이 어땠는지에 초점을 맞추기보단 상황이 어떻게 흘러갔는지를 생각해보라. 단상에서 청중의 야유를 받았는가? 연설 후에 사람들이 당신의 연설이 형편없었다고 말했는가? 다음 날 상사가 당신에게 말을 하지 않아도 되는 직업을 고려해보는 게 좋겠다고 했는가?

그런 일들은 일어나지 않았을 것이다. 청중은 당신의 이야기에 공감했을 것이다. 전문적인 내용이었다면 아마 메모도 했을 것이다. 그리고 당신이 뭔가를 가르쳐주었을 게 거의 확실하다. 물론 이것이 다음에는 테드TED 강연을 해야 한다는 의미는 아니다. 하지만 당신 머릿속의 목소리가 속삭이는 것보다는 훨씬 더 잘하고 있다는 의미임은 확실하다. 즉 당신은 사람들에게 정보를 잘 전달하는 사람이다.

그렇다면 다음과 같이 질문해봐야 한다. 자기 대화가 끼어든 탓에 얼마나 많은 성과가 무시되고 저조한 상태를 보인 걸까? 이는 많은 사람에게 현실적인 문제다. 사람들은 자신 없는 일을 하는 동안 내면의 비평가 때문에 너무 산만해져서 집중할 수 없고, 따라서 그 일을 잘 해내지 못한다. 이것이 바로 제한적 신념을 무시하고 침묵시키는 법을 배우는 것이 중요한 이유 중 하나다. 제한적 신념을 잘 제압할수록 중요한 과제를 해결하는 동안 산만함을 더 잘 억제할 수 있다.

그러므로 제한적 신념 뒤에 숨겨진 사실을 검토할 때는 당신이 그 분야에 정말로 한계가 있음을 입증해줄 증거가 실제로 있는지, 그 증거마저 머릿속의 소음에 의해 오염된 것은 아닌지, 두 가지를 반드시 고려해야 한다.

세 번째 열쇠: 새로운 신념으로 대체하라

제한적 신념에 이름을 붙이고 그 실체를 주의 깊게 검토했으니 이제 가장 중요한 단계를 시행할 차례다. 지금까지 받아들였던 LIE(마음속 제한적 신념)가 아닌 '참'이면서 당신이 추구하는 성공을 위한 새로운 믿음을 만들어내야 한다.

자세한 설명은 다음 장에서 하기로 하고 지금은 간략하게 살펴보도록 하자. 예를 들어 당신은 인생에서 가장 중요한 순간마다 기대에 못 미친다는 생각을 한다고 하자. 당신은 그것이 제한적 신념임을 확인하고 사실 검토에 들어간다. 그 결과 압박감에 사로잡힌 순간 종종 긴장감에 굴복하기는 했지만 그랬을 때도 결과가 처참했던 적은 거의 없으며 오히려 위기 상황에서 성공했던 때가 몇 번 있었음을 깨닫는다. 사실 가만히 생각해보니 비틀거렸던 때보다 성공했던 때가 더 많다.

그렇다면 이제 새로운 신념을 만들어내야 할 때다. 이때 새로운 신념은 가장 중요한 순간에 아무도 100퍼센트 승리할 수 없고, 몇 번이나 극도의 압박감 속에서 최선을 다했던 자신을 자랑스러워해야 한다는 것이다. 과거의 믿음을 대체할 이 새로운 믿음은 전적으로 사실이며, 다음에 당신에게 위기가 닥칠 때 훨씬 건강한 마인드셋을 갖게 해준다.

여기서 사용할 수 있는 도구가 하나 더 있다. 여러 해 동안 많은 전문가와 대화를 나눠봤지만 대화의 결론은 비슷했다. 내면의 목소리가 진정한 자기 목소리라고 믿는다면 결국은 그 목소리에 끌려갈 것이라는 점이다. 우리는 대부분 "내가 나를 아는데…" 같은 말까지 사용하며 제한적 신념을 표방한다. 하지만 만약 내면의 비평가에게 별도의 페르소나(진정한 자신과는 다른)를 만들어줄 수 있다면 그 비평가를 쉽게 침묵시킬 수 있다.

이 방법은 매우 도움이 되는 동시에 재미도 있다. 당신 안에 있는 비평가에게 황당한 이름과 아주 별난 신체적 속성을 부여해보자. 만화 같고 B급 영화도 안 되는 캐릭터로 만들고 부정적인 성향을 비웃어주는 것이다. 그 캐릭터가 머리에 떠오를 때마다 짜증스럽다는 듯 눈을 굴려보자. 이 내면의 목소리를 실제 자신과 더 잘 구별할수록 제한적 신념이 자신을 가로막지 못하게 잘 막을 수 있다.

내 안의 비평가를 침묵시키는 법

제한적 신념을 정복할 방법을 알았으니 이제는 긍정적인 마인드셋으로 한계의 초월을 향해 나아가자. 대담한 계획처럼 들릴 수도 있겠지만 마인드셋과 성취 간의 연관성을 뒷받침해주는 증거는 많다.

《아주 작은 습관의 힘》의 저자 제임스 클리어James Clear는 노스캐롤라이나대학교의 긍정심리학 연구자 바버라 프레드릭슨Barbara Fredrickson 박사의 연구를 인용했다. 그는 숲에서 호랑이와 마주치는 사건을 예로 들어 부정적인 감정이 우리에게 어떤 영향을 미치는지 설명했다. "연구자들은 부정적인 감정이 특정 행동을 하도록 뇌를 프로그래밍한다는 사실을 오래전부터 알고 있다. 예를 들어 호랑이가 앞에서 지나가면 당신은 무조건 달린다. 나머지는 아무것도 중요하지 않다. 당신은 호랑이와 호랑이가 만들어내는 공포 그리고 호랑이로부터 달아날 방법에만 집중한다."[6]

클리어가 말하고자 하는 요지는 부정적인 감정이 우리가 할 수 있는 일의 범위를 좁힌다는 것이다. 호랑이, 즉 부정적인 감정의 원인으로부터 달아날 생각뿐 다른 것은 전혀 중요하지 않게 된다. 만약 제한적 신념 같은 부정적인 감정이 우리를 통제하게 내버려둔다면 우리는 종종 생존 모드가 되면서 할 수 있는 일의 범위가 줄어들 수밖에 없다.

프레드릭슨 박사의 실험에 따르면 긍정적인 마인드셋은 정반대의 결과를 가져온다. 그녀는 실험 참여자들을 다섯 집단으로 나누고 각각 다른 영화 장면을 보여주었다. 첫 번째 집단에게는 기쁨을 자아내는 영상을 보여주었다. 그리고 두 번째 집단에게는 만족감을 자아내는 영상을 보여주었다. 세 번째 집단에게는 공포를 불러일으키는 영상을, 네 번째 집단에게는 분노를 불러일으키는 영상을 보여주었다. 다섯 번째 집단은 통제집단이었다.

영상을 보여준 후 참여자들에게 방금 본 장면과 비슷한 상황을 상상하고 이런 상황에 어떻게 반응했을지 이야기해보라고 했다. 그런 다음 '나는 …하고 싶다'라는 문항을 20개 작성하도록 했다. 공포와 분노를 경험한 참여자들은 가장 적은 답변을 썼고, 기쁨과 만족을 경험한 이들은 통제집단보다 훨씬 많은 수의 답변을 썼다. 이 실험 결과를 인용하면서 제임스 클리어는 "기쁨, 만족, 사랑과 같은 긍정적인 감정을 경험할 때 삶에서 더 많은 가능성을 보게 된다."고 말했다.[7]

주목해야 할 사실은 긍정적인 마인드셋의 이점은 긍정적인 감정을 경험하는 것 이상이라는 점이다. 클리어는 다음과 같은 예를 들었다.

밖에서 마음껏 뛰어다니고 나무에 매달리며 친구들과 노는 아이는 운동 능력(신체 기술), 다른 사람들과 놀고 팀과 소통하는 능력(사회적 기술), 주변 세상을 탐구하고 조사하는 능력(창의적 기술)을 발달시킨다. 이렇듯 놀이와 즐거움이란 긍정적 감정은 아이가 일상생활에 유용하고 가치 있는 기술을 기르도록 자극한다. (…) 탐구와 새로운 기술의 생성을 촉진했던 행복은 끝난 지 오래지만 기술 자체는 계속 남아 있다.[8]

바버라 프레드릭슨은 긍정적인 정서가 가능성에 대한 의식을 확장하고 마음을 열게 하며, 이는 삶의 다른 영역에서 가치를 제공할 새로운 기술과 자원을 구축할 수 있게 한다고 하면서 이를 확장 및 구축 이론broaden and build theory이라고 부르고 이렇게 설명했다.

이 이론은 여기서 검토한 연구와 함께 긍정적인 감정이 사람들의 주의와 사고를 넓히고 부정적인 정서적 각성의 잔류물을 없애며, 심리적 회복력을 촉진하고 중요한 개인적 자원을 구축하며 미래의 웰빙이 상승세를 타게 하고 인간으로서의 번영의 씨앗을 뿌리게 한다는 것을 시사한다. 이 이론은 자신 및 주변 사람들의 삶 안에 긍정적인 감정을 길러야만 한다는 중요한 규범적 메시지 또한 담고 있다. 그렇게 할 때 순간적으로 기분이 좋아지기 때문만이 아니라 더 나은 사람으로 변화시키고 번영과 건강한 장수의 길로 인도하기 때문이다.[9]

내면의 비평가를 침묵시킴으로써 구축된 새로운 마인드셋은 가능성의 세계를 제시한다. 긍정적인 감정이 솟구칠 때 우리는 이전에는 전혀 알아채지 못했을 기회들을 보고 붙잡는다. 그리고 강한 의욕과 올바른 방법으로 사실상 한계가 사라지는 길을 가게 된다.

제한적 신념은 가장 나쁜 습관이다

더 빠른 학습을 위해서는 좁게 규정해왔던 자신의 가능성에 대한 믿음을 초월해야 한다. 다음 장에서는 사람들을 방해하는 가장 일반적인 제한적 신념인, 학습에 관한 일곱 가지 거짓말을 살펴볼 것이다. 수십 년간 학습 방법을 가르치면서 정말로 이런 믿음을 고수하는 학생들과 고객들을 봐왔다. 이런 신념은 당신 앞에 놓인 유일한 진짜 장벽이다. 스스로 불가능하다고 믿으면 결코 속독법을 배울 수 없다. 자신이 기억력이 나쁘다고 말하면 효율적인 암기법을 배울 수 없다. 이런 최면 상태에서 벗어나야지만 다른 모든 것이 제자리를 찾는다. 이 거짓말들을 극복함으로써 그동안 당신의 한계를 없애지 못하게 막고 있던 핵심 장애물을 넘어서보자.

다음 장으로 넘어가기 전에 실천할 활동들은 다음과 같다.

- 누군가의 성취를 보고 깊은 인상을 받았던 때를 생각해보라. 이제 거기서 어떤 개인적인 영감을 얻을 수 있는지 생각해보라.
- 내면의 비평가를 다시 떠올려보라. 머릿속 이 목소리의 속성을 바꿔 믿음이 덜 가도록 하라.
- 한 가지 제한적 믿음을 지금 바로 없애보자. 당신은 할 수 없다고 자주, 정기적으로 말하는 일이 무엇인가? 그 믿음이 사실이 아님을 보여주는 증거를 찾아보라.

제6장

나의 잠재력을 가두는
일곱 가지 거짓말

스스로 가장 많이 말하는 제한적 신념은 무엇인가?
자신을 약하게 만드는 이런 사고를 어떻게 극복할 수 있는가?
어떻게 제한적 신념을 긍정적 신념으로 바꿀 수 있는가?

당신은 거짓말을 듣고 있다. 그것도 끊임없이, 때로는 자기 자신에게서
도 거짓말을 듣는다. 우리는 자신의 한계에 대한 잘못된 정보에 수없이
노출되고 있고 너무 자주 이런 정보를 접하는 나머지 믿지 않을 수가
없다. 문제는 이 메시지들이 우리가 잠재력을 발휘하는 것을 방해한다
는 점이다. 이와 같은 LIE(마음속 제한적 신념)는 우리를 방해하거나 우
리가 원하지 않는 방향으로 우리를 이끌 수 있다. 여기서는 그 일곱 가
지 거짓말을 밝히고 이를 더 나은 믿음으로 바꾸는 방법을 알아보고자
한다.

거짓말 1) 지능은 타고나는 것이다

————

겉으로 보기에 레이는 꽤 긍정적인 편이었다. 그녀는 자기 사업을 하고 소셜 네트워크 활동도 왕성했으며 우리 대부분은 꿈도 꾸지 못할 대단한 생각을 하는 사람들과 어울리기를 좋아했다. 그러나 딸을 낳고서는 자신이 생각했던 만큼 긍정적이지 않다는 사실을 깨달았다. 이런 일들이 그렇듯 아주 미묘하게 다른 유형의 마인드셋이 나타나기 시작한 것이다.

우선 어린 딸의 행동에 대한 그녀의 반응부터 그랬다. 레이는 자신이 딸의 행동 방식에 영향을 미칠 수 있다고 믿지 않고 '원래 그런 아이'라고 생각하는 경향을 보였다. 남편이 딸에게 새로운 것을 가르치려 하면 레이는 딸이 따라 하지 못하면 실망할 거라는 생각부터 드는지 묘한 불편함을 느꼈다. 그녀는 '딸이 그걸 배우기에는 너무 어리다'고 계속 생각하는 자신을 발견했다.

어느 날 남편이 그녀에게 물었다. "우리 딸이 못 배울 것 같아? 지금 수준에서 전혀 발전이 없을 것 같은 거야?" 물론 그렇지 않았다. 그녀는 딸을 사랑했다. 딸은 똑똑하고 호기심도 많고 날마다 새로운 것을 배우고 있었다. 분명 남편의 질문과는 반대였다. 그런데도 레이는 내면 깊은 곳에서 '아니, 그게 그 아이 모습이야'라고 속삭이는 목소리를 들었다. 그녀는 딸의 지능에 대한 고정된 마인드셋과 씨름하고 있었던 것이다.

이런 신념은 매우 미묘하다. 우리는 대부분 자신의 한계나 남들이 가지고 있다고 믿는 한계를 의식적으로 생각하며 살지 않는다. 그러나 우리의 행복에 깊은 영향을 미치는 곳, 즉 직장, 가정생활, 자녀와의 관계에서 이런 신념이 슬그머니 나온다. 문제는 우리가 개선할 수 없다고 믿는다면 실제로 개선할 수 없다는 점이다. 애초에 달성할 수 있다는 믿음이 없을 때 뭔가를 달성하기란 극히 어렵다.

스탠퍼드대학교의 심리학 교수 캐럴 드웩Carol Dweck은 고정형 마인드셋과 성장형 마인드셋의 차이를 다음과 같이 설명한다.

고정형 마인드셋을 지닌 학생들은 자신의 기본 능력, 지능, 재능은 그냥 정해진 특성이라고 믿는다. 그들은 일정량의 특성을 보유하고 있고 바뀌지 않는다고 생각하므로 항상 똑똑해 보이고 절대 멍청해 보이지 않는 것이 그들의 목표가 된다. 반면에 성장형 마인드셋을 지닌 학생들은 자신의 재능과 능력이 노력과 좋은 가르침, 끈기를 통해 발전할 수 있음을 안다. 물론 모든 사람이 똑같다거나 누구나 아인슈타인이 될 수 있다고 생각하지는 않지만 노력하면 더 똑똑해질 수 있다고 믿는다.[1]

레이처럼 우리 역시 자신이 고정형 마인드셋을 가졌는지 혹은 성장형 마인드셋을 가졌는지 일부러 생각하지는 않는다. 대부분은 의식도 못 한 채 자신의 가족과 똑같은 방식으로 계속 사고해왔다. 이렇게나 미묘한 만큼 둘 중 어느 마인드셋을 선택하느냐는 삶에 접근하는 방식에 깊은 영향을 미친다. 고정형 마인드셋으로 보면 상황은 원래 그런 것이며 우리는 이를 바꿀 힘이 없다. 성장형 마인드셋으로 보면 우리는 무엇이든 개선할 능력이 있다.

레이가 아주 미세한 정도라도 딸이 개선되거나 성장할 수 없다고 생각한다면 딸을 가르치는 대신 무엇을 할까? 아마 달래거나 타임아웃 주기, 주의를 딴 데로 돌리기 등 몇 가지가 있을 것이다. 이 모든 방법은 그 순간의 스트레스를 완화시키는 효과는 있지만 아이의 성장에 도움을 주지는 않는다.

마찬가지로 성인인 우리가 학습할 능력이 없다고 믿는다면 우리가 알고자 하거나 알아야 할 것들을 배우는 대신 무엇을 하게 될까? 아마도 배울 필요가 없다고 말하거나 핑계를 대거나 다른 사람 또는 상황을 탓하고 나서 기분이 좋아질 일로 주의를 돌릴 것이다.

이 제한적 신념은 당신이 기억하지 못하는 요인이나 어린 시절에 기원을 두고 있을 것이다. 그리고 이는 지능에 대한 당신의 시각과 학습 능력에 깊은 영향을 미친다. 1900년대 초 어떤 학생들이 학교에서 어려움을 겪을지 예측하기 위해 지능지수와 지능검사가 고안되었다. 프랑스의 심리학자 알프레드 비네Alfred Binet와 그의 제자 테오도르 시몽Theodore Simon을 비롯한 과학자들은 프랑스 정부의 의뢰로 지능을 측정하는 검사지를 최초로 고안했다.[2] 그들은 피검자의 나이를 고려한 검사지를 고안해냈으며 이것이 다른 언어와 문화로도 쉽게 번역될 수 있다는 사실로 찬사를 받았다.[3]

100여 년이 지난 지금도 이런 지능검사들이 정말로 지식과 정보를 습득하고 체화하는 지능을 정확히 측정할 수 있는지는 여전히 논쟁거리다. 흥미롭게도 비네 본인은 자신의 검사지가 창의성이나 정서 지능을 측정하지 못한다는 이유로 검사지가 사용되는 방식에 불만을 가졌다.[4] 게다가 우리는 대부분 지능지수에 과도한 비중을 두는 게 사실이다. 흔히 IQ가 지능을 반영하는 고정 지수라고 생각하는 경향이 있지만 이는 사실이 아니다.

IQ 검사는 타고난 지능이 아니라 현재의 학업 능력을 측정하는 방법이다.[5] 오늘날까지도 IQ 검사는 창의성이나 실용 지능practical intelligence은 물론 정서 지능도 측정하지 못한다.[6] 그런데 이 세 가지 모두 직장에서나 생활에서나 점점 더 중요해지고 있다. 지능지수와 배우는 능력은 다르다는 사실을 기억해야 한다. 아일랜드 국립대학교의 브라이언 로슈Bryan Roche는 "IQ가 평생 변하지 않는다고 주장하는 사람들은 사실 비교적 안정적인 IQ 검사 점수를 말하는 것이지 계속 높아지는 지적 능력 수준을 말하는 게 아니다."라고 지적했다.[7]

데이비드 셴크David Shenk는 《우리 안의 천재성》에서 이 생각을 더 발전시켰다. 그는 모든 사람이 천재적 능력, 적어도 탁월해질 잠재력을 가지고 있다고 주장한다. 하지만 우리는 천재거나 아니거나 재능이 있거나 없거나 둘 중 하나라고 믿는다. 그런 이유는 우리 자신의 삶을 통제할 책임에서 벗어나게 해주기 때문이다. "타고난 재능과 한계에 대한 믿음은 마음을 훨씬 가볍게 해준다. 당신이 훌륭한 오페라 가수가 아닌 이유는 그럴 능력이 없고 그냥 그렇게 태어났을 뿐인 게 되니 말이다. 재능이 타고나는 것이라는 생각은 세상을 감당하기 쉽게, 더 편안하게 만든다. 기대에 대한 부담을 덜어준다."[8]

하지만 지능은 변하기 쉬울 뿐 아니라 성장형 마인드셋을 기르는 능력에 좌우된다. 지금부터 자신의 태도를 살펴보자. 자신이 말하는 방식을 들어보자. 고정형 마인드셋은 보통 말에서 드러난다. 어쩌면 당신은 '나는 책을 잘 못 읽어'라고 스스로에게 말하고 있을지도 모른다. 이런 진술은 스스로 독서 능력이 나아질 수 없다고 믿고 있음을 반영한다. 이제는 '이건 내가 아직은 잘 못해'라고 말해보라. 당신이 개선하고 싶은 모든 일에 이런 말의 변화를 시도해보자.

지능지수가 당신의 미래를 결정하지 않는다. 무엇을 배우고 달성할 수 있는지도 결정하지 않는다. 당신의 교육과 미래를 당신 손안으로 가져오도록 하라.

- **진실**: 지능지수는 당신이 얼마나 똑똑한지가 아니라 어떻게 똑똑한지 알려준다. 지능에는 여러 종류가 있는데 이에 대해서는 나중에 자세히 설명할 것이다. 지능은 태도와 행동의 조합이며 상황에 따라 달라진다.
- **새로운 신념**: 지능은 유동적이다.

(거짓말 2) 우리는 뇌의 10퍼센트만 쓴다

우리가 뇌의 10퍼센트만 사용한다는 말을 들어본 적 있을 것이다. 아마 교실에서 처음으로 들었거나 친구에게서 들었거나 다큐멘터리, TV 쇼, 영화에서 들은 사람도 있을 것이다. 이 이야기는 '쓰지 않는 나머지 뇌도 활용할 수 있다면 무엇을 할 수 있을까?'라는 가능성에 대한 갈망을 표현할 때 주로 사용되곤 한다.

이 이야기의 출처는 여럿 제시됐지만 여론 형성이 흔히 그렇듯이 여러 사건을 기반으로 했을 가능성이 크다. 어떤 사람들은 철학자 윌리엄 제임스William James의 《인간의 에너지》The Energies of Men에 나온 "우리는 정신적·신체적 가용 자원의 일부분만 사용하고 있다."라는 문장이 그 출처라고 말한다.[9] 1800년대 후반 뇌와 신경계의 작용 및 공동 작용을 발견해서 유명해진 프랑스의 생리학자 피에르 플루랑스Pierre Flourens의 저작이 출처라고 하는 이들도 있다.

또한 1920년대 칼 래슐리Karl Lashley 박사의 연구와 관련이 있을 수도 있다. 래슐리는 쥐에게서 고도의 인지 처리를 담당하는 뇌 영역인 대뇌피질 일부를 제거했을 때 쥐가 여전히 몇몇 과제를 다시 배울 수 있음을 발견했다. 이에 따라 그는 뇌의 모든 부분이 다 사용되는 것은 아니라는 잘못된 가설을 세우게 되었다.[10]

어떤 이들은 초기 PET(양전자단층촬영)와 fMRI(기능적자기공명영상)로 촬영한 뇌신경영상을 탓하기도 한다. 당시에는 의사가 뇌신경영상에서 밝게 빛나는 부분을 가리키며 '뭔가를 집어 들 때 뇌의 모습'이라고 간단히 설명하고는 했다. 보통 뇌의 어느 한 부분만 활성화된 듯한 이 영상들 때문에 사람들이 뇌의 일부만 사용된다고 결론을 내렸다는 것이다.[11]

이런 가정은 지난 100년 동안 수많은 광고와 영화에서 계속되었다. 2011년 영화 〈리미트리스〉로 각색, 제작된 원작 소설 《리미트리스》(원서명은 '어두운 영역'The Dark Fields 이다 — 옮긴이)에서는 우리가 뇌 기능의 20퍼센트를 사용한다고 말한다. 2014년에 나온 영화 〈루시〉는 우리가 뇌의 10퍼센트를 사용한다고 주장한다. 또 자료 조사와 사실 및 통계학의 활용으로 유명한 영국의 TV 드라마 〈블랙 미러〉의 한 에피소드에서는 "많이 쓰는 날에도 우리는 뇌 용량의 40퍼센트만 사용한다."

라는 말로 이 통념을 선전했다. 그러나 두말할 필요도 없이 이 통념은 사실이 아니다.

NPR의 한 짧은 프로그램에서 진행자는 영화 〈루시〉에서 모건 프리먼이 인상적인 저음으로 가상의 시나리오를 제기하는 장면을 들려준다. "우리 뇌를 100퍼센트 활용할 방법이 있다면 어떨까요? 그럼 우리는 무엇을 할 수 있을까요?" 그리고 프로그램에 출연한 신경과학자 데이비드 이글먼David Eagleman이 이 질문에 답한다. "우리는 정확히 지금처럼 할 수 있을 겁니다. 즉 뇌를 100퍼센트 사용하겠죠."[12]

이를 뒷받침하는 증거는 여기 모두 나열할 수 없을 정도로 많다. 여기서는 캐나다 브리티시컬럼비아주에 있는 사이먼프레이저대학교의 심리학 교수 배리 바이어스타인Barry Beyerstein이 정리한 과학적 연구 결과들만 살펴보고 넘어가도록 하자.[13]

- 손상된 뇌를 연구한 결과에 따르면 이전의 이론들과 달리 손상된 후에도 능력이 상실되지 않는 뇌 영역은 단 하나도 없었다. 뇌 스캔은 어떤 활동을 하든 모든 뇌 영역이 활성화되는 것을 보여주었다. 우리가 잠을 자는 동안에도 모든 뇌 영역은 활동하고 있는 것으로 나타난다.
- 뇌는 에너지를 많이 소모한다. 뇌는 무게가 체중의 2퍼센트에 불과하지만 20퍼센트의 에너지를 소비하며 이는 어떤 장기보다 많다. 만일 40퍼센트 이하만 활동한다면 그런 엄청난 양의 에너지가 필요하지는 않을 것이다.
- 과학자들은 어떤 기능의 수행에도 여러 뇌 영역들이 함께 작용한

다는 사실 또한 알아냈다. 수십 년 동안 뇌 지도를 광범위하게 작성해온 그들은 아무런 기능을 담당하지 않는 뇌 영역은 없다고 결론지었다.

- 뇌에는 시냅스 가지치기synaptic pruning라는 과정이 있다. 이는 뇌의 상당 부분을 사용하지 않으면 그만큼 퇴화되는 영역이 많다는 걸 예상하게 한다(그러나 뇌 질환에 걸리지 않는 한 퇴화는 일어나지 않는다).[14]

요컨대 우리가 뇌의 10퍼센트만 사용한다는 통념은 사실이 아니다. 볼티모어에 있는 존스홉킨스 의과대학교의 신경학자 배리 고든Barry Gordon은 《사이언티픽 아메리칸》Scientific American 인터뷰에서 이 통념이 "실소가 나올 정도로 잘못된 생각"이라고 말했다.[15]

- **진실**: 여기서 알아두어야 할 사실은 당신은 지금 뇌의 모든 능력을 활용하고 있다는 점이다. 영화와 TV 프로그램에서 묘사하는 유토피아는 이미 가능하다. 누구나 뇌를 전부 사용한다. 하지만 다른 사람들보다 뇌를 잘 사용하는 사람들은 있다. 사람들 대부분이 신체의 100퍼센트를 사용하지만 어떤 이는 남들보다 더 빠르고 강하고 활력이 넘치는 몸을 갖고 있듯이 말이다. 그 비결은 최대한 효율적으로 뇌를 사용하는 법을 배우는 것이다. 이 책을 끝까지 읽으면 당신도 그렇게 할 수 있다.
- **새로운 신념**: 나는 뇌 전부를 최고로 잘 사용하는 방법을 배울 것이다.

거짓말 3 실수가 곧 실패다

아인슈타인 하면 우리는 우리 대다수가 결코 달성하지 못할 명석함과 지적 업적을 떠올리곤 한다. 그도 그럴 것이 그는 우리 시대의 다른 어떤 과학자보다 과학 일반, 특히 물리학 분야에 커다란 공헌을 했기 때문이다. 가장 중요한 현대의 기술 몇 가지는 그의 연구가 있었기에 가능했다.

그래서 아인슈타인은 실수를 거의 하지 않았다고 여겨지기 쉽다. 하지만 그렇지 않다. 그는 발달이 느린 아이였으며 평균 이하의 학생이었다.[16] 어려서부터 그의 사고와 학습 방식은 반 친구들과 달랐던 게 분명하다. 그는 복잡한 수학 문제들은 풀기 좋아했지만 쉬운 문제들은 그리 잘 풀지 못했다.[17]

연구 경력이 쌓인 후로도 아인슈타인의 중요한 연구에서는 간단한 계산상 실수가 발견되고는 했다. 상대성 이론의 각 버전에서 범한 중요한 일곱 가지 실수, 실험과 관련된 시계 동기화 절차에서의 실수, 액체의 점도를 결정하기 위한 수학과 물리학 계산에서 드러난 여러 차례의 실수를 비롯해 그는 수많은 실수를 범했다.[18]

그렇다면 아인슈타인은 실패자인 걸까? 당연히 그렇지 않다. 더 중요한 사실은 그가 실수 때문에 연구를 멈추지 않았다는 점이다. 그는 실험을 계속해서 과학에 크게 이바지했다. "한 번도 실수한 적이 없는 사람은 새로운 시도를 한 적이 없는 사람이다."라는 그의 말은 아주 유명하다. 세상 어느 누구도 그의 실수를 기억하지 않는다. 그의 성공만 기억한다.

우리는 왜 그렇게 실수를 두려워할까? 어쩌면 이 두려움은 누군가 우리에게 심은 것일 수 있다. 학창 시절에 우리는 실수나 실패를 하면 혹독한 비판을 받았고 시험에서는 몇 개의 실수를 했느냐에 따라 합격과 불합격이 정해졌다. 수업 시간에 호명됐을 때 잘못된 대답을 하면 너무 무안해져서 다시는 손을 들 수 없었다. 유감스럽게도 실수가 학습의 도구로 활용되는 경우는 많지 않았다. 실수는 개인의 능력을 측정하는 방법으로 간주됐으며 너무 많은 실수를 저지르면 시험이나 과목에서 낙제했다.

이제는 이런 상황과 인식을 근본적으로 바꿀 필요가 있다. 너무 많은 사람이 실수에 대한 두려움 때문에 자기 능력을 제대로 발휘하지 못한다. 실수를 실패의 증거로 보는 대신 자신이 노력하고 있다는 증거로 삼도록 하라.

GE의 전 부회장 베스 콤스톡Beth Comstock과 경영진은 투자했던 신제품을 폐기해야 했을 때 이 교훈을 배웠다.《미래를 상상하라》Imagine It Forward의 저자이기도 한 콤스톡은 기업과 기업 내부의 사람들이 빠르게 적응하고 변화해야 한다는 요구가 커지고 있다고 이야기한다.[19] 그녀는 그녀와 경영진이 어떻게 해서 실수를 중요한 교훈으로 삼아 혁신 제품의 개발을 이끌었는지 회고했다.[20] 그들은 실수를 곱씹지 않고 거기서 배운 점이 무엇인지 자문했다.

- **진실**: 실수는 실패가 아니다. 실수는 새로운 뭔가를 시도하고 있다는 표시다. 당신은 완벽해야 한다고 생각할지 모르지만 인생에서 중요한 것은 남들과의 비교가 아니다. 어제의 자신과 오늘의

자신을 비교해야 한다. 실수로부터 배울 때 당신은 이전보다 나아질 것이다.

당신과 당신의 실수를 동일시하지도 마라. 실수는 당신이란 사람에 대해 어떤 의미도 갖지 않는다. 실수하고 나서 자신이 쓸모없는 존재라는 비약적 결론을 내리기 쉽지만 그저 실수일 뿐이라는 걸 기억하라. 실수가 당신을 만드는 게 아니다. 실수를 발밑에 놓고 다음 단계로 올라가는 디딤돌로 삼도록 하라. 어떻게 실수하느냐가 아니라 어떻게 실수에 대처하느냐가 우리를 규정한다.

• **새로운 신념**: 실패 같은 것은 없다. 배움의 실패가 있을 뿐이다.

거짓말 4) 아는 것이 힘이다

우리 모두 '아는 것이 힘'이라는 말을 알고 있다. 대개는 배워야 하는 이유로 많이 거론되는데 마치 지식만 있으면 힘이 생길 것처럼 말한다. 또한 반대 의도로 이 말이 사용되기도 한다. 예를 들어 협상에서 상대편에게는 중요한 정보나 지식을 알려주지 말아야 할 이유로 이 말을 사용하기도 한다.

흔히 프랜시스 베이컨 경이 이 말을 했다고 알고 있지만 젊어서 베이컨의 비서 노릇을 했던 토머스 홉스가 1651년 《리바이어던》에서 'scientia potentia est'(지식이 힘이다)라고 쓴 것이 글로는 최초였다. 그 후 홉스는 1655년 《물체론》에서 그 아이디어를 더 상세히 설명했다. 유감스럽게도 홉스의 원래 취지는 세월이 흐르면서 잘렸지만 원전에서 그는 이렇게 말했다. "지식의 목적은 권력이다. 그리고 이론의 용도는 문제의 구성에 있다. 마지막으로 모든 추론의 목적은 어떤 행동의 수행이나 해야 할 일에 있다."[21]

다시 말해 지식은 중요하기는 하지만 지식이 힘을 가지려면 '어떤 행동의 수행'이 필요하다는 것이다. 이것이 현재 우리 문화의 문제점이다. 매일 정보는 쇄도하고 있다. 인류 역사상 그 어느 때보다 접할 수 있는 지식이 많지만 많아도 너무 많은 탓에 오히려 행동하기는 더욱 어려워지고 있다.

과거에 나는 아는 것이 힘이라는 말을 믿었다. '뇌가 고장 난 아이'였을 때 다른 친구들처럼 배울 수 있기만을 바랐다. 하지만 일단 그렇게 할 수 있게 되자 지식의 소유가 주변 사람들과 나를 차별화하지 않는다는 사실을 깨달았다. 지식을 어떻게 사용하는가가 차별화를 가져온다.

- **진실**: 아는 것이 힘은 아니다. 힘이 될 가능성이 있을 뿐이다. 이 책을 읽고 그 내용을 전부 배울 수 있지만 그 지식을 수용하고 활용하지 않는다면 쓸모가 없다. 지식을 행동으로 옮기지 않는 한 세상의 모든 책, 팟캐스트, 세미나, 온라인 프로그램, 소셜 미디어 게시물은 무용지물이다.

  무엇을 배웠는지 이야기하기는 쉽다. 하지만 무엇을 배웠는지 이야기할 게 아니라 배운 대로 행동하라. 실천이 말보다 낫다. 약속하지 말고 증명하라. 결과가 당신이 배운 것을 말해준다.
- **새로운 신념**: 지식×행동=힘

새로운 것은 쉽게 배울 수 없다

배움이라는 단어를 들으면 우리는 대개 학교를 떠올린다. 그런데 학교에 대한 즐거운 추억이 있는 사람은 극소수다. 공부를 잘했더라도 학교는 보통 청소년기의 성장통과 관련이 있는 곳, 처음으로 연애 감정을 느꼈던(그리고 아마도 거부당했던) 곳, 끝없는 지루함을 경험했던 곳이다. 학교에서 고전했던 이들은 수치심과 의심 그리고 자신이 너무 멍청해서 아무것도 배울 수 없다는 느낌까지 갖고 있다. 그러니 배움을 생각할 때 어려움과 갈등이 먼저 떠오르는 게 당연하다.

미국의 분자생물학자 캐럴 그라이더Carol Greider는 나이가 들면서 염색체의 말단 영역인 텔로미어telomere가 어떻게 변하는지 발견한 공로로 2009년 노벨상을 수상했다. 이 연구로 암의 이해와 치료에 엄청난 가능성이 열렸다.[22] 그라이더는 블룸버그 석좌교수이자 대니얼 네이션스 기금 교수로 존스홉킨스대학교의 분자생물학 및 유전학 학과장을 맡고 있다.

이런 화려한 경력을 지녔으니 그녀에겐 학업이 쉬웠으리라고 생각할 수 있지만 그렇지 않았다.

"초등학교 때 맞춤법도 잘 모르고 단어를 읽지 못해서 보충 지도를 받아야 했죠. 개별 지도 교사가 저를 다른 교실로 데려갔던 기억이 납니다. 당연히 제가 다른 아이들보다 못하다고 느꼈죠."[23]

그녀는 난독증이었던 것으로 밝혀졌는데 이는 언어를 처리하는 뇌 영역에 문제가 있는 학습 장애다. 난독증을 앓는 사람들은 대개 언어음speech sound을 식별하고 이를 문자와 단어로 잘 연관 짓지 못해서 독서나 말하기에 어려움을 겪는다.[24] 그라이더는 자신이 멍청하다고 느꼈지만 결코 포기하지 않았다.

> 나는 이를 보완할 방법을 계속 생각했다. 단어 맞춤법을 자꾸 틀려서 암기를 잘하는 법을 배웠다. 그래서 나중에 암기 과목인 화학이나 해부학을 들었을 때는 좋은 성적을 받았다. 지금 나의 직업도 결코 계획한 게 아니었다. 나는 그렇게 차안대(말이 옆이나 뒤를 보지 못하도록 씌우는 안대―옮긴이)를 쓰고 수많은 장애물을 헤쳐나갔다. 이는 내가 일찌감치 적응해야만 했던 기술이었다.[25]

처음에는 학교생활이 힘들었지만 학습 장애를 보완할 다른 방법을 찾아낸 그녀는 그런 적응력 덕에 어려움을 해결할 수 있었을 뿐 아니라 암에 대한 우리의 시각을 바꿀 수 있는 연구에 기여했다. 결국 중요한 것은 얼마나 똑똑한지가 아니라 어떻게 똑똑한지다. 그라이더는 학습 장애를 해결하는 방법을 터득하면서 오늘날 세계에 커다란 영향을 미치는 인물이 되었다.

배움이 항상 쉽지는 않지만 노력은 보상받는다. 사실 학습은 적어도 약간은 불편해야만 한다. 그렇지 않으면 이미 아는 걸 강화하는 중일 것이다. 무딘 칼날로 나무를 자르려고 해본 적이 있는가? 그렇다면 그런 도구로는 필요 이상의 시간과 에너지가 든다는 사실을 알 것이다. 마찬가지로 동기가 부족하거나 방법이 부적절하면 속도가 떨어지고 너무 어려운 학습처럼 느껴진다. 이 문제를 다루는 법에 대해서는 나중에 소개하겠다.

열쇠는 작고 간단한 단계를 하나씩 밟아가는 것이다. 석공을 생각해보자. 석공은 한자리에 앉아 커다란 돌덩어리를 한없이 망치로 쪼아대지만 돌덩어리가 부서지거나 팬 곳은 여기저기 조금밖에 없다. 그러다 한순간에 돌이 갈라진다. 그 한 번의 망치질 때문에 돌이 갈라졌을까? 아니다. 지속적인 망치질로 돌은 갈라지기 직전의 상태가 되어 있었다.

석공처럼 학습에 접근하라. 인내심을 기르고 긍정적인 태도를 갖고 자신의 필요에 맞추도록 하라. 글로 읽을 때 가장 학습이 잘 되는 사람이라면 정말 환상적이다. 하지만 읽기가 당신에게는 효과가 없다면 왜 계속 같은 방법을 쓰고 있는가? 당신에게 효과가 있는 다른 학습 방법들을 찾아라.

이는 어렵지는 않지만 노력이 필요하다(아마 생각만큼 노력이 필요하지는 않을 것이다). 중요한 것은 꾸준함이다. 몇 번이고 다시 해볼 인내심이 있어야 한다. 그럴 때 보상으로 지식을 얻을 뿐 아니라 계속 노력하는 끈기를 길러온 만큼 더 나은 사람이 될 것이다.

- 진실: 새로운 것을 배우기는 '때론' 어렵다. 더 정확히 말하면 학습은 일련의 방법들이며 학습 방법을 알고 있을 때 확실히 더 쉬워질 수 있는 과정이라는 걸 이해하기가 일단 어렵다.
- 새로운 신념: 새로운 학습 방법을 배우면 새로운 것을 학습하는 과정이 재미있고, 더 쉽고, 더 즐겁다.

다른 사람의 조언을 들어야 한다

몇 년 전 디팩 초프라Deepak Chopra가 주최한 행사에서 기조연설을 한 적이 있었다. 연설을 끝낸 후 청중석에 앉아 나머지 프로그램을 지켜봤는데, 키가 큰 사람이 내 쪽으로 다가와 쳐다봤더니 놀랍게도 내가 가장 좋아하는 배우 짐 캐리였다. 우리는 로비로 나가 창의성에 대한 깊은 대화를 나누었다. 그는 이렇게 말했다.

"짐, 요즘 내가 〈덤 앤 더머 2〉를 찍고 있는데 그 연기를 하려면 정말 똑똑해져야 하더라고요."

몇 주 후 나는 그의 집에 가서 하루 동안 코칭을 해주었다. 쉬는 시간에 (내가 가장 좋아하는 브레인 푸드 중 하나인) 과카몰레를 만들면서 그에게 물었다.

"그렇게 연기하는 이유가 있나요? 다소 과장되고 익살맞은 연기를 보면 당신은 참 특별한 배우다 싶어요."

그러자 그는 이렇게 대답했다.

"그렇게 연기하는 이유는 관객들이 자기 모습 그대로 보여줘도 된다고 느끼게 해주고 싶기 때문이에요. 사람들이 어떻게 생각할까 두려워서 자신의 진정한 모습을 표현하지 않는 건 세상에서 가장 웃긴 일이니까요."

그에게 이런 정서는 거의 종교에 가깝다. 그는 이를 가리켜 '사람들을 근심으로부터 해방시키기'라고 부른다. 마하리쉬 국제대학교 졸업식 축사에서 그는 이런 생각을 이야기한 적이 있다.

제 인생의 목적은 사람들을 걱정에서 해방시키는 것이었습니다. (…) 여러분은 어떻게 세상에 이바지하려고 합니까? 세상이 필요로 하고 여러분이 제공할 수 있는 재능은 무엇일까요? 그것만 알아내면 됩니다. (…) 타인에게 미치는 영향은 가장 가치 있는 화폐입니다. 삶에서 얻은 모든 것이 썩고 스러져도 여러분이 가슴에 품은 그 마음은 남을 것이기 때문입니다.[26]

지구상에서 가장 빠른 학습자는 어린이다. 그 이유는 남들이 자신을 어떻게 생각하든 크게 신경 쓰지 않기 때문이다. 아이들은 결코 실패를 부끄러워하지 않는다. 걸음마를 배우는 과정에서 300번 넘어지면 300번 일어나며 당황하지 않는다. 걷고 싶다는 생각만 한다. 그러나 나이가 들면 이렇게 열린 마음을 유지하기가 어려워진다. 노래 수업을 듣다가 음을 틀리거나 코딩을 배우다 깜빡 실수라도 하면 곧장 부끄러워져 그만두고 만다.

한계를 넘어선다는 것은 다른 사람의 비판에 대한 두려움을 떨치는 법을 배우는 것이기도 하다. 역사를 돌아보면 주변 사람들의 부정적인 의견을 극복하고 성공한 사람들의 사례가 널려 있다. 라이트 형제는 공중을 날아가는 기계를 만들어내는 놀라운 업적을 이루고도 처음에는 아무런 칭송도 받지 못했다. 1903년 12월 17일 첫 비행을 마치고 집으로 돌아왔을 때 그들을 맞이한 것은 브라스 밴드도 시가도 장식 리본도 아니었다. 사람들의 의심 어린 시선이었다.

라이트 형제의 전기 작가인 프레드 켈리Fred Kelly는 그들이 비행에 성공했다는 사실을 이웃들이 믿기 힘들어했다고 한다. 심지어 이렇게 말한 이웃도 있었다. "너희 형제가 진실하다는 것은 알아. 너희가 그 기계를 타고 하늘을 날았다고 하면 나는 그 말을 믿어. 그런데 캐롤라이나 해변이 뭔가 특별한 환경이었겠지. 다른 데서는 안 됐을 거야."[27]

기대했던 반응이라고 하기는 힘들지 않은가? 신문과 언론도 그들의 성과를 보도하지 않았다. 켈리에 따르면 당시 저명한 과학자들이 인간이 날 수 없는 이유를 이미 설명했기 때문에 어떤 신문 기자도 그들의 성공을 보도할 용기가 없었다.[28] 비행은 과학적으로 불가능하다는 훌륭한 과학자의 주장을 정면으로 반박하는 기사를 실을 편집장도 없었다. 그러나 대중의 인식 부족이 라이트 형제를 꺾지는 못했다. 그들은 개선할 점이 많다고 생각하며 완벽한 비행기를 만들기 위해 묵묵히 일했고 결국 그들이 받아 마땅한 인정을 받았다.

우리 대부분은 새로운 것을 시도해볼 생각만으로 다른 사람들의 의견을 걱정하기 시작한다. 라이트 형제의 이야기는 대중의 상상력은 서글플 만큼 실망스럽고, 사람들은 가능하다고 여긴 일이 실제로 일어날 수 있다고는 잘 생각하지 못한다는 점을 보여준다.

- **진실**: 당신이 원하는 삶을 만들어가기가 무서울 수 있다. 하지만 그보다 더 무서운 일은 무엇일까? 후회다. 언젠가 숨을 거둘 때면 다른 사람의 의견이나 자신의 두려움은 중요하지 않으며 어떻게 살았는지만이 중요할 것이다. 귀담아들을 만한 조언을 해주는 사람이 아니라면 비판도 받아들이지 마라. 당신이 무엇을 하든 사람들은 당신을 의심하고 비판할 것이다. 스스로 내린 부당한 판단을 깨기 전에는 진정한 자신의 잠재력을 절대 알지 못한다. 다른 사

람의 의견과 기대가 당신의 삶을 영위하거나 망치도록 내버려두지 마라.

- **새로운 신념**: 나를 좋아하거나 사랑하거나 존경하는 것은 남들이 할 일이 아니다. 바로 내 일이다.

거짓말 7 · 천재는 따로 있다

영화배우 브루스 리는 천재적인 무술인이자 철학자로도 알려져 있다. 하지만 그의 성장 배경을 안다면 결코 천재가 타고난다고 말하지는 못할 것이다.

리의 가족은 그가 태어난 직후 샌프란시스코에서 홍콩으로 이주했다.[29] 그들이 도착하고 얼마 지나지 않아 홍콩은 일본에 점령당하면서 정치적으로나 사회적으로 혼란스러운 시대가 되었고 어린 리는 아웃사이더가 되었다.

홍콩에서 유년기를 보내는 동안 그는 순수 중국인이 아니라고 친구들의 놀림을 받았다. 그가 재학 중이던 사립학교의 다른 아이들처럼 영국인도 아니었기 때문에 동양인이라는 놀림도 받았다. 그는 늘 긴장해야 했고 이런 상황을 헤쳐나가기 위해 맞서 싸우는 쪽을 택했다.[30] 그 후 그는 '싸움꾼'이 되었다. 성적은 낮고 학교에서 너무 자주 싸워서 다른 초등학교로 전학했다.

그러다 열세 살 때 스승인 엽문을 만났고 이 유명한 스승의 도장에 입학해 쿵푸의 한 갈래인 영춘권을 배우기 시작했다. 학교에서와 마찬가지로 그는 여기서도 놀림을 받았다. 외국에서 나고 자란 본토 중국인이 아닌 그가 영춘권을 사사해서는 안 된다는 이유였다. 그는 끊임없이 자신과 자신의 능력을 증명해야 했고 싸움은 거리로까지 이어졌다. 이런 내적 긴장이 홍콩의 갱단 폭력 사태와 맞물리면서 리는 공부보다 싸움을 더 자주 하게 되었다. 대결을 마다하지 않는 성향이었기에 곧 거리의 싸움꾼으로 명성을 얻었다.

한번은 격렬했던 길거리 싸움 후 고위 경찰관이 리의 부모에게 아들이 체포될 거라고 알렸다. 전날 밤 리가 이 경찰관의 아들을 때렸기 때문이었다. 리의 아버지는 아직 미국 시민권자였던 리가 미국으로 돌아갈 수 있도록 급히 준비했다. 그렇게 리는 100달러만 들고 떠났다. "배에서 막 내린 대다수 중국 아이들과 마찬가지로 내가 처음에 한 일은 설거지와 그릇 나르기였다." 훗날 리가 인터뷰에서 한 말이다.[31] 허드렛일로 생활하던 그는 곧 무술을 가르치기 시작했다.

리는 재능만 있는 게 아니라 가르치는 데도 열심이었다. 그는 인종과 배경에 상관없이 누가 찾아오든 학생으로 받아들였고 이는 오클랜드 중국인들의 심기를 건드렸다. 그들은 중국 무술을 외국인에게 가르쳐서는 안 된다고 생각했기 때문이다. 결국 그는 강습할 권리를 지키기 위해 싸우기로 결심했다. 중국 전통주의자들은 대결에서 그가 이기면 도장을 열어도 좋지만 패하면 도장을 닫고 외국인에게 가르치는 것을 중단해야 한다고 했다.

리의 권법은 어떤 형태의 중국 무술과도 달랐다. 홍콩에 살고 있을 때 그는 춤 강습을 받았고 1957년에는 차차차 대회에서 우승까지 할 정도로 춤 실력이 뛰어났다. 그는 자신이 배운 춤동작들을 격투 기술에 추가했다. 다른 무도인들이 다리는 거의 한 자세를 유지하는 반면에 그는 끊임없이 다리를 움직여 상대의 움직임에 대응하는 능력을 높였다. 그리고 리는 나중에 배운 것들도 전부 격투 기술에 통합했다. 그렇게 해서 영춘권뿐만 아니라 권투, 펜싱, 춤까지 접목한 그의 권법이 탄생했다.

전통 무술과 신진 무술이 맞붙은 이 대결은 중요한 전환점이 됐다. 당시 임신 8개월이었던 리의 아내 린다는 거의 코미디 같았던 대결 장면을 생생하게 기억한다. 그녀는 리가 요리조리 도망만 다니는 상대를 쓰러뜨리는 데는 3분이 채 걸리지 않았다고 회상한다. 하지만 리는 승리를 거두고도 머리를 움켜쥐며 그간의 수련이 대련에 소용이 없었다고 그녀에게 말했다고 한다. 이 대결을 시발점으로 리는 자기만의 무술을 발전시켜나갔다.

리는 더 이상 자신의 지식과 무술을 하나의 테두리 안에 가두려고 하지 않고 원래 해왔던 수련 방법을 대부분 버렸다. 그리고 영춘권과 쿵푸 이외의 격투기를 거리낌 없이 받아들여 자기만의 무술 철학을 형성했다. 한 인터뷰에서 그는 다음과 같이 말했다. "저는 더 이상 한 가지 권법을 믿지 않습니다. 중국식 격투기, 일본식 격투기가 따로 있다고 믿지 않습니다."[32] 리의 권법은 궁극적인 자기표현 방식으로서의 격투기에 초점을 맞춘 것이었다. "사람들은 제게 호신술을 배우러 오는 게 아닙니다. 그들은 동작이나 분노, 투지를 통해 자신을 표현하는 법을 배우고 싶어 합니다."

그는 어떤 무술 양식이나 체계보다 개인이 중요하다고 믿었다. 오늘날 그는 끈기와 상대를 물리치는 능력, 정통 무술의 틀에서 벗어나 다른 격투 양식들을 통합해 완전히 새로운 무술 철학을 만들어낸 인물로 기억된다. 그렇다면 그는 그처럼 대단한 육체적·정신적·철학적 위업을 달성하도록 태어난 천부적인 천재였을까?

대니얼 코일Daniel Coyle 은 《탤런트 코드》에서 재능이 타고나는 것인지 아니면 개발될 수 있는지에 대해 깊이 파고든다. 그는 "탁월함은 타고나는 것이 아니라 개발되는 것"이라고 주장한다. 누구든지 심층 연습deep practice 과 점화ignition, 마스터 코칭master coaching 을 통해 천재처럼 자신의 재능을 심도 있게 개발할 수 있다는 것이다.[33]

언젠가 우리 연례회의에서 브루스 리의 딸인 섀넌이 기억과 학습에 접근하는 아버지의 방식에 대해 이야기한 적이 있었다. 그녀는 리가 영화배우이자 유명한 사범이었을 때는 이미 수천수만 시간의 심층 연습을 한 후였고 이는 어느 정도 젊은 시절 거리에서의 싸움 덕이었다고 했다. 훗날 그의 전매특허 기술이 된 1인치 펀치는 하루아침에 터득된 게 아니었다. 이 기술 하나만 해도 몇 년에 걸친 힘든 반복과 연습이 필요했다.

또한 리는 허리 부상에도 불구하고 매일 훈련하고 컨디션을 유지했다. 점화는 특정한 일을 하게 하는 연료, 즉 동기다. 초창기 리의 연료는 어느 한쪽에서도 받아들여지지 않은 중국계 미국인으로서 느꼈던 긴장감이었을 것이다. 이후 그를 점화시킨 것은 궁극적인 자기표현 욕구였던 듯하다.

그리고 리는 유년기에 스승인 엽문의 가르침을 받았는데, 엽문 자신도 어려서부터 여러 스승에게 교육받았다. 리를 제자로 받아들였을 때 엽문은 수십 년째 쿵푸를 가르치고 있었다.

리의 재능은 다른 사람에게는 좌절감을 안겼을지 몰라도 그에게는 도움이 되었던 경험과 환경이 어우러지면서 탄생했다. 성적은 나쁘면서 싸움이나 일삼는 아이를 보고 훗날 대단한 무술인이 되리라고 예측할 사람이 과연 얼마나 있을까?

- **진실**: 천재는 단서를 남긴다. 마법처럼 보이는 천재성 뒤에는 항상 '방법'이 있었다.
- **새로운 신념**: 천재는 타고나는 것이 아니라 심층 연습을 통해 만들어진다.

실천 포인트 ───────────────────

이 책을 읽기 전에 위에 기술된 거짓말 중 몇 가지를 믿었는가? 다른 거짓말이 더 있는가? 지금 여기에 적어보자.

....

....

....

거짓의 우물에 자신을 밀어 넣지 않으려면

한계를 뛰어넘기 위해서는 이런 제한적 신념이 그릇된 통념일 뿐이라는 것을 알아야 한다. 이 중 어떤 것도 사실이 아니다. 불필요한 부담을 스스로 지우지 않도록 하라. 이 일곱 가지가 가장 흔한 형태이기는 하지만 당신의 잠재력을 제한하는 모든 사회적 통념에 레이더를 세우고 신중히 검토하라. 대부분의 경우 그런 제약은 자신을 밀어붙일 용의가 있는 사람에게는 적용되지 않는다.

다음 장으로 넘어가기 전에 아래 사항들을 시도해보자.

- 최근 저지른 몇 가지 실수를 살펴보자. 그것이 당신을 규정지었는가? 이 장을 읽고 나서 이 실수들에 대한 당신의 감정은 어떻게 바뀌었는가?
- 최근 또는 오늘 배운 내용을 실행에 옮길 방법을 찾아보자. 지식을 힘으로 바꿀 때 생기는 차이를 주목하라.
- 어떤 행동을 할 때 다른 사람들의 의견에 휘둘린 적이 있는가? 만일 오직 당신의 의견만 중요하다면 그 상황에 어떻게 달리 접근하겠는가? 제한적 신념을 정복하기 위해 제2부에서 말한 모든 전략을 기억하고 실천하라.

"문화를 형성하는 것은 때때로 과소평가되지만
무한하게 쓸 수 있는 에너지인 인간의 동기가 된다."
__린 도우티

제3부

몰입해야 할 이유를
반드시 발견하라

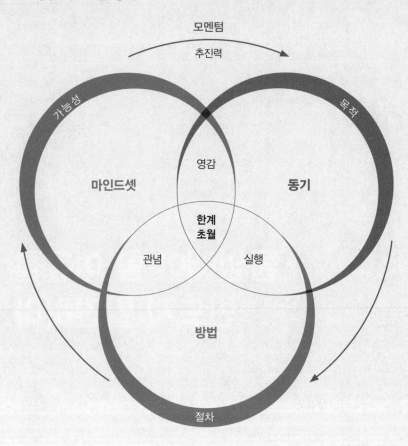

동기_{motivation}

동기motivation

행동하게 하는 목적. 특정 방식으로 행동하는 데 필요한 에너지.

영화 〈리미트리스〉에서 작가 에디 모라는 의욕이 없고 집중하지 못하고 에너지도 없었다. 그러나 어느 날 알약을 삼킨 뒤로 일을 마무리할 수 있게 되면서 그의 삶이 크게 나아졌다.

많은 사람이 동기에 대해 갖고 있는 LIE(마음속 제한적 신념) 몇 가지를 없애보자. 일반적인 믿음과 달리 동기도 마인드셋처럼 정해져 있지 않다. 동기 수준이 정해져 있는 사람은 아무도 없다. 그리고 사람들이 동기부여가 안 된다고 말할 때 그건 사실이 아니다. 그들은 원하는 일을 하고자 하는 동기보다 침대에 누워 텔레비전을 보고 싶은 동기 수준이 높은 것일 수도 있다.

동기는 해야 할 일을 즐겨야만 한다는 뜻도 아니다. 내 친구인 사업가 톰 빌류는 운동을 아주 싫어해도 운동을 피할 수 없는 분명한 이유가 있으므로 매일 아침 운동을 한다. 나는 찬물로 샤워하기가 정말 싫지만 매일 한다(그 이유는 제8장에서 설명할 것이다).

마지막으로 동기는 잠에서 깨면서부터 생기거나 사라지는 게 아니다. "아무런 동기도 생기지 않는다."라고 말할 때 우리는 스스로 최면을 걸게 된다. 동기는 가지는 것이 아니라 부여하는 것이다. 그리고 동기는 얼마든지 지속될 수 있다. 잠시 따뜻했다가 다시 데우지 않으면 식는 목욕물과는 다르다. 동기는 잠시 당신을 고무시켰던 세미나에서 얻는 게 아니라 스스로에게 부여하는 과정이다. 그리고 동기는 전략이기에 통제할 수 있으며 올바른 방법을 따름으로써 일관되게 만들어낼 수 있다.

동기의 공식은 다음과 같다.

동기＝목적×에너지×S³

목적, 에너지, S^3small simple steps(작고 간단한 행동)이 결합되면 지속적으로 동기를 부여할 수 있다. 그리고 동기부여의 궁극적인 형태는 몰입flow 상태다. 동기부여를 에너지 관리처럼 생각하라. 동기를 유발하고 쏟아붓고 낭비하지 마라. 분명한 목적이나 이유는 에너지를 끌어올린다. 연습은 뇌와 나머지 신체 부위에 필요한 에너지가 쌓이게 해주고 작고 간단한 행동들은 에너지가 그리 많이 필요하지 않다.

제3부에서는 학습과 꾸준한 연습을 통해 계속 강력한 동기를 부여할 방법들을 소개할 것이다. 이는 목적을 명확히 하고 당신을 지탱해줄 정신적·신체적 에너지를 기르고 작고 간단한 행동들을 확립하게 해준다. 그리고 몰입의 상태로 당신을 이끈다.

목적은 우리가 행동하도록 만드는 원인이다. 목적은 왜 행동하는지, 무엇을 얻고자 하는지 알 수 있을 만큼 명확해야 한다. 충분한 에너지를 쌓아두는 것은 매우 중요하다. 피곤하거나 졸리거나 머리가 몽롱한 상태라면 행동할 연료도 없을 것이다. 그러나 작고 간단한 행동들은 별다른 노력이 필요하지 않으므로 과업에 압도되어 무력해지는 것을 막아준다.

마지막으로 이렇게 동기부여를 한 결과 우리는 몰입 상태에 들어갈 수 있다.

제7장

모든 것은 '왜?'에서 시작된다

당신을 규정하는 말들은 당신을 어떤 사람으로 만드는가?
당신의 가치관은 당신을 어떻게 규정하는가?
당신의 목적의식은 당신에 대해 무엇을 말해주는가?

아주 오래전부터 내 크립토나이트kryptonite(영화 〈슈퍼맨〉에서 주인공이 크립토나이트 앞에서 힘을 쓸 수 없다는 설정에서 나온 표현—옮긴이)는 수면 부족이었다. 나는 잠을 잘 자지 못했다. 어릴 때부터 학습 장애를 극복하기 위해 종종 밤을 새워가며 공부하다 수면 장애가 생겼다. 잠을 잘 자지 못하다 보니 늘 피곤했지만 열심히 공부해서 가족에게 자랑스러운 사람이 되고 싶다는 욕구가 피로를 이기곤 했다.

목적과 이유가 아주 명확했기 때문에 나의 동기 수준은 높았다. 열여덟 살 되던 해에 가속학습(학습의 중추인 뇌 활동을 탐구해 학습자 개개인에게 잘 맞는 학습 과정과 환경을 조성함으로써 기억력, 창조력, 학습 능력,

잠재력을 최대로 발휘할 수 있게 하는 이론—옮긴이) 기술들을 배워 더는 오랜 시간 공부하지 않아도 됐지만 불면증은 성인이 되어서도 계속됐고 점점 심해졌다. 밤에 자주 깨어났고 2~4시간밖에 못 잤다. 그렇게 약 20년을 살았다.

불면의 시간이 길면 길수록 현실감을 유지하기도, 동기를 부여하기도 어려워진다. 수면 부족은 모든 인지 능력, 집중력, 기억력 그리고 전반적인 뇌 기능의 저하를 가져온다. 우울증과 여러 기분 장애의 공통적인 요인도 수면 부족이다. 수면 부족으로 인한 괴로움은 내가 증언해줄 수도 있다. 빽빽한 강연 일정과 잦은 해외 출장도 도움이 되지 않았다. 235일 출장을 갔던 해도 있었다. 다른 시간대, 시차와 그에 따른 피로, 낯설고 오래된 호텔 방들. 그 영향은 오롯이 내 뇌로 갔다. 아침에 눈을 뜨며 여기가 어느 도시인지 기억하지 못하는 기억 전문가를 상상해보라.

학습 방법을 익혔음에도 수면 장애가 계속되는 게 이해가 되지 않았다. 오랜 시간 명상을 해왔기에 밤에 반추를 일삼거나 온갖 생각으로 마음이 복잡하지 않았고 최대한 차분했기 때문이다. 몇 년 전 며칠간 잠을 자지 못해 입원까지 하고 나서야 야간 수면 검사를 받고 폐쇄성수면무호흡증obstructive sleep apnea 진단을 받았다. 의사는 내가 매일밤 200번 이상 호흡을 멈춘다고 했다. 여러 차례의 치료 끝에 다행히 현재 내 수면 상태는 훨씬 나아졌다. 수술로 신체적 문제를 해결한 후에는 제8장에서 소개한 방법들로 수면을 최적화할 수 있었다.

불면으로 몹시 힘들었던 동안에는 내가 왜 이 일을 계속하는지 자문하곤 했다. 그저 에너지가 없다고 말해버리면 될 텐데 왜 고군분투하는 걸까? 어릴 적의 목적과 동기(실행의 동인)는 재능 부족을 노력으로 보완해 나도 능력 있는 사람임을 증명하는 것이었다. 하지만 학습 수준을 높이고 나서도 극심한 피로와 수면 부족에 시달리면서 강연과 동영상 강의, 팟캐스트를 연달아 했던 이유는 무엇일까? 극도로 내성적인 성격에도 불구하고 그렇게 열심히 살았던 이유는 무엇일까?

그건 어린 시절 나를 몰아붙인 것과 같은 이유였다. 내게는 분명하고 확실한 목적이 있다. 나는 세상 누구도 나처럼 힘겨워하고 고통스럽지 않기를 바란다. 사람들에게서 더 명석한 뇌를 끌어내겠다는 사명감, 이것이 나를 움직이는 힘이다.

종종 가장 분투했던 일이 가장 큰 강점이 되고는 한다. 어렸을 때 나의 가장 큰 문제는 공부하기와 사람들 앞에서 말하기였다. 그랬던 내가 학습에 관한 공개 강연으로 생애 대부분을 보냈으니 인생은 아이러니가 아닐 수 없다. 책을 잘 읽지도 못했던 내가 지금은 전 세계 사람들에게 책을 더 잘 읽는 법을 가르친다. 내 머릿속을 이해해보려고 고군분투했던 내가 지금은 수천 명의 청중에게 이 경이로운 선물을 이해시키려고 강연을 한다. 삶에서 맞이하는 도전 과제 속에는 선물이 들어 있음을 배웠다. 수십 년 동안의 수면 부족 역시 매우 중요한 두 가지 교훈을 주었다.

첫째, 나는 이 책의 모든 내용대로 살 수밖에 없었다. 내가 배운 방법들 없이는 지금 수준으로 해낼 수 없었으므로 열심히 익혔다. 실제로 따로 강연 준비를 할 필요가 없었다. 내가 매일 사용하는 방법들에 대해 이야기하기 때문이다. 그 방법들이 곧 내 삶이다. 그것들이 곧 나 자신이다.

둘째, 나는 목적, 정체성, 가치관 그리고 매일 일을 하는 이유를 아주 분명히 해야만 했다. 잠을 자지 못하면 에너지와 집중력이 한정되므로 낭비할 수가 없다. 우선순위를 정하고 내가 해야 할 노력과 그렇게 노력하는 이유를 아주 분명히 한다. 그 모든 선택은 끝없는 동기부여로 이어졌다. 그것이 이 장에서 이야기할 내용이다.

목표를 발견하게 하는 마법의 질문

팟캐스트에서 여러 번 인터뷰했던 사이먼 시넥의《나는 왜 이 일을 하는가?》는 내가 가장 좋아하는 책 중 하나다. 그는 당신이 무엇을 왜 하는지 다른 사람에게 전달하는 게 중요하다고 자주 강조한다. 당신을 움직이는 신념(이유)을 명확히 설명할 수 있다면 당신이 내놓는 것을 사람들은 원할 거라고 그는 말한다. "사람들이 믿는 것은 당신이 무엇을 하느냐가 아니라 왜 하느냐다. 당신이 무엇을 왜 하는지 모른다면 다른 사람이 어떻게 알겠는가?"

두 번째 마법의 질문이 '왜 이것을 활용해야 하는가?'인 데는 이유가 있다(다른 두 질문도 기억하는가?). 어린이 대다수가 특히 잘 쓰는 단어는 '왜'다. 아이들은 늘 왜냐고 묻는다. 주기율표나 역사적 날짜의 암기가 왜 중요했는지 아는가? 이유를 모른다면 아마 그것들을 기억하지 못할 것이다.

비즈니스에서는 목적purpose과 목표goal라는 단어가 자주 사용되는데 두 단어가 무엇을 의미하는지, 어떤 공통점과 차이점이 있는지 알고 있는가? 목표는 달성하고자 하는 사항이며 목적은 목표를 달성하려는 이유다. 일주일에 책 한 권 읽기, 외국어 배우기, 체력 단련하기, 가족과 시간을 보내기 위해 제시간에 퇴근하기와 같이 목표는 당신이 달성해야 할 내용들이다.

하지만 이를 어떻게 달성할 것인가? 가장 일반적인 방법의 하나는 'SMART' 목표를 설정하는 것이다. SMART는 다음과 같은 요건들의 첫 글자를 딴 말이다.

- **S**pecific(구체적): 목표는 명확하고 구체적으로 정의돼야 한다. 부자가 되고 싶다고 말하지 마라. 돈을 얼마만큼 벌고 싶은지 이야기하라.
- **M**easurable(측정 가능성): 측정할 수 없는 목표는 관리할 수 없다. '체력 단련하기'는 측정할 수 없다. 그러나 '1마일을 6분에 달리기'는 측정할 수 있다.
- **A**ctionable(실행 가능성): 새로운 도시에서 길을 물어보지도 않고 운전하지는 않을 것이다. 목표 달성을 위한 실행 단계를 수립하도록 하라.
- **R**ealistic(현실성): 부모님 집의 지하실에 사는 사람이 백만장자가 되기는 힘들다. 목표는 도전할 만하고 약간은 무리하게 잡아야 하지만 너무 높이 잡아서는 안 된다.
- **T**ime-based(시간 기준): '목표는 마감 시한이 있는 꿈'이라는 문구를 떠올려라. 목표를 완수할 시간을 정해두면 목표를 달성할 가능성이 훨씬 높아진다.

이 과정은 논리적이지만 매우 까다로워서 많은 사람이 어려움을 겪는다. 목표가 머릿속에 머물지 않고 실행으로 옮겨지려면 당신의 감정, 즉 'HEART'와 맞아야 한다.

- **H**ealthy(건강한 목표): 어떻게 하면 목표가 당신의 웰빙을 추구하도록 할 수 있을까? 목표는 자신의 정신적·육체적·정서적 건강에 이바지하는 것이어야 한다.
- **E**nduring(지속성): 목표는 포기하고 싶을 만큼 어려운 시기에 자신을 격려해주고 지지해주어야 한다.
- **A**lluring(매혹적 목표): 목표를 달성하기 위해 자신을 너무 다그쳐서는 안 된다. 목표가 너무 흥분되고 유혹적이고 매력적이어서 끌려야만 한다.
- **R**elevant(적절성): 이유도 모른 채 목표를 수립하지 마라. 목표는 난제나 인생의 목적, 핵심 가치와 관련된 것이어야 한다.
- **T**ruth(진실성): 이웃이 한다고 해서 또는 부모님이 기대한다고 해서 목표를 설정하지 마라. 반드시 자신이 원하는 것, 계속 진심으로 원하는 것을 목표로 삼아라. 진정한 당신의 목표가 아니라면 미루고 잘 하지 않을 가능성이 크다.

열정은 목적을 부른다

목적은 목표와 다르다. 인생의 목적을 알면 성실하게 살 수 있다.

인생의 목적을 아는 사람은 자신이 어떤 사람인지, 자신이 무엇인지, 왜 그런 사람인지 안다. 그리고 자신을 알면 자신의 핵심 가치에 충실한 삶을 살게 된다. 인생의 목적은 삶에 동기부여를 해주는 중심 목표들, 즉 아침에 일어나게 하는 이유들로 이뤄진다. 목적은 삶의 결정을 이끌고, 행동하게 하고, 목표를 형성하고, 방향감을 제공하며, 의미를 창출한다. 나의 인생 목적은 더 훌륭하고 명석한 두뇌들이 사는 세상을 만드는 것이다.

영어에는 마치 같은 의미인 것처럼 서로 바꿔 쓸 수 있는 단어들이 아주 많다. nice와 kind를 예로 들어보자. 이 두 단어는 혼용될 때가 많지만 어원은 다르다. nice는 '무지한'을 의미하는 라틴어 nescius에서 왔다. 반면에 kind는 kin이라는 단어와 연관된 독일어를 어원으로 한다. 이 단어의 원래 의미는 '자연', '자연 질서', '선천적 성격이나 형태, 조건'이었다. 그러다 '친척 간의 감정'에서 '타인에게 의도적·우호적으로 선행 베풀기'라는 뜻으로 바뀌었다.[1]

열정과 목적 역시 자주 혼동되는 단어다. 두 개념 모두 인터넷, 동기부여에 관한 책, 테드 강연 등 곳곳에서 언급된다. 그래서 불타는 열정이나 삶의 목적을 느끼지 못하면 자신이 부족한 것만 같은 느낌이 들기 쉽다. 그러나 내 경험상 열정과 목적은 같지 않다. 대신 하나가 다른 하나를 가져온다.

열정을 발견한다는 건 올바른 길을 선택한다거나 운명적 직업을 발견한다는 뜻이 아니다. 당신이 무엇에 기쁨을 느끼는지 실험해보는 것이다. 열정은 다른 사람들의 기대에 묻혀 소리 죽이고 있던 진정한 자아를 재발견할 때 나온다. 또한 열정을 발견하거나 밝힐 옳은 방법이

딱 하나만 있는 것도 아니다. 제6장에서 논의했듯이 고정형 마인드셋에서 성장형 마인드셋으로 바뀔 때 경험과 투자, 분투를 통해 흥미가 개발될 수 있다.

동시에 다른 열정이 개발될 수도 있다. 탐색 과정에서는 그중 하나를 선택할 필요가 없다. 자신의 열정을 찾는 것은 진정한 사랑을 찾는 것과도 같다. 완벽한 짝을 찾기 위해서는 데이트를 많이 해봐야 한다는 점에서 말이다. 특별한 사람을 찾았다고 해서 사랑이 마법처럼 저절로 이뤄지는 건 아니다. 관계를 형성해가는 노력이 필요하다. 당신의 열정을 찾는 것도 이와 다르지 않다. 무엇이 당신에게 꼭 맞는지 실험해봐야 하고 노력이 필요하다.

요약하자면 열정은 당신의 내면을 밝히는 것이다. 배움에 대한 내 열정은 그런 고군분투 끝에 생겨나 내 삶의 정체성에서 중요한 일부가 되었다.

⚛ 실천 포인트 ──────────────────────

현재 당신의 열정은 무엇인가? 여기에 세 가지를 써보자.

────────────────────────────────────

────────────────────────────────────

────────────────────────────────────

한편 목적은 당신이 타인을 어떻게 받아들이는가의 문제다. 목적은 당신이 세상과 나누려는 것이다. 즉 열정을 어떻게 사용하는가를 말한

다. 따지고 들어가면 우리 모두의 목적은 같다. 바로 열정을 통해 다른 사람들을 돕는 것이다. 우리 삶의 가장 큰 과제는 우리가 축적한 지식과 기술을 나누는 것이며 그보다 복잡할 필요가 없다.

당신은 무익한 일에 열정을 느낄 수도 있지만 당신의 목적은 열정을 느끼는 일을 다른 사람들과 나누는 것이다. 나의 열정은 학습이고 목적은 다른 사람에게 학습을 가르치는 것이다. 이는 깊이 몸에 배어 있어서 억지로 할 필요 없이 자연스럽게 나온다. 나는 아침에 잠을 깨는 순간부터 사람들의 학습을 돕기 위한 준비가 되어 있고 동기와 흥미를 이미 갖고 있다.

팟캐스트 〈굿 라이프 프로젝트〉의 운영자인 조너선 필즈Jonathan Fields는 우리가 살아가는 동안 자연스럽게 여러 가지 열정을 갖게 된다고 말한다. 당신은 변할 것이기 때문에 당신이 열정을 표현하는 매체 또한 변할 것이다. 당신이 어떤 한 가지 열정으로만 자신을 정의한다면 삶의 변화로 더는 그 열정을 추구하지 못할 때 방황할 수도 있다. 그런 문제를 막을 길은 열정의 근본적인 의미를 찾아 자신을 표출할 새로운 방법을 찾는 것이다.

검안사인 카터는 수입도 괜찮고 자기 일에 만족감을 느끼고 있었다. 그는 환자들을 응대하고 도와주는 일이 좋았다. 하지만 그가 도와줄 수 있는 일에는 한계가 있었기에 그는 정말로 인생의 목적을 추구하려면 큰 변화가 필요하다고 느꼈다.

"저는 환자들에게 더 많은 도움을 주고 싶었고, 그러려면 공부를 해서 간호사가 되어야겠다고 생각했습니다. 하지만 간호학 공부가 어렵다는 것을 알고 있었죠. 간호학과 학생을 몇 명 아는데, 매일같이 좀비 같은 몰골로 공부하는 모습을 보고선 제가 그들과 경쟁할 수 있을지 모르겠더군요."

1년 전쯤 해부학 개론 강의를 들은 적이 있는데 그간 들었던 수업 중 가장 어려웠다고 그는 말했다. 과학 전공자가 아닌 사람들을 위한 개론 수업도 어려웠는데, 간호학 학위 과정을 시작하려니 정말로 자신이 바라는 바를 이룰 수 있을지 의문이 들었다. 하지만 카터는 가벼운 마음으로 간호 공부를 해보려는 게 아니었다. 그는 간호가 자신의 운명임을 믿었고 팬데믹 당시 현장 의료진의 고충이 얼마나 심한지 목격하면서 결심이 더 확고해졌다.

"많은 의료진이 직면한 부담을 덜어주기 위해선 반드시 의료 분야에 종사해야겠다는 생각이 들었어요. 그러다 마침내 인근 간호학교에 입학하게 됐지만 제가 강의를 잘 들을 수 있을지 상상이 가지 않았습니다."

그렇지만 여기서 발목을 잡혀서는 안 된다고 생각했다. 그래서 내 슈퍼 브레인 프로그램을 찾게 되었고 그로부터 지대한 영향을 받았다.

"집중력, 학습 속도, 기억력을 업그레이드할 수 있다는 것을 알게 됐습니다. 제 학습에는 더 이상 한계가 없어졌죠. 저는 늘 A 학점, B 학점만 받는 학생이었지만 공부를 잘했기 때문도 아니었고, 학습 방법을 배운 적도 없었습니다. 슈퍼 브레인 프로그램을 알고 난 후에 고급 해부학 수업이 포함된 강의에서 1등을 했는데, 그건 정말 생각지도 못한 일이었어요."

카터는 소아 간호 과목에서 전국 상위 2퍼센트에 드는 성적을 받고서 2022년 가을 마지막 학기를 맞이했다. "과거에는 불가능했던 것을 이제는 감당할 수 있게 됐습니다." 필수 요건을 채운 그는 이제 자신의 목적 달성을 목전에 두고 있다.

'나는 이런 사람이다'라는 말의 힘

동기를 탐색할 때 정체성, 즉 당신이 누구인지, 스스로 생각하는 당신의 핵심은 무엇인지 논의하지 않을 때가 많다. 흔히들 'I am'이 영어에서 가장 짧으면서 가장 강력한 두 단어라고 말하는데 이 두 단어 뒤에 무엇을 붙이는가가 운명을 결정하기 때문이다.

예를 들어 당신이 담배를 끊고 싶어 한다고 하자. 어쩌면 당신은 주치의로부터 몇 번 경고를 받았고 정말로 금연해야겠다는 생각이 들었을 수도 있다. 그렇지만 스스로 흡연자임을 인정하고 '나는 흡연자다'라는 말을 평소에 자주 한다면 그 정체성이 사라질 때까지 담배를 끊기가 힘들다. 어떤 행동이 자신을 정의한다고 말할 때는 기본적으로 자신과 그 행동을 동일시하는 것이며 그 행동을 하는 자신을 정당화하는 것이다.

이는 행동 변화에 매우 중요한 사실로 아무리 강조해도 지나치지 않다. 점화 효과priming effect (먼저 제시된 자극이 나중에 제시된 자극의 처리에 영향을 미치는 현상―옮긴이)를 입증한 스탠퍼드대학교의 한 흥미로운 실험을 살펴보자. 크리스토퍼 브라이언Christopher Bryan 은 실험 참여자들을 두 집단으로 나눠 첫 번째 집단은 '투표하기' 같은 문구와 '당신에게 투표는 얼마나 중요합니까?' 같은 문항이 포함된 설문지에 응답하게 했다. 두 번째 집단은 '당신에게는 투표자라는 것이 얼마나 중요합니까?'와 같이 약간 변경된 설문 문항에 응답하게 했다.[2] 그리고 모든 참여자는 다가오는 선거일에 투표할 것인지 투표 여부에 관한 질문에 답해야 했다.

이후 선거인 명부를 통해 참여자들의 투표 여부를 확인한 결과 브라이언은 '투표자'와 같은 개인적 정체성 진술이 포함된 설문에 응답한 사람들이 단순히 투표 가능성을 질문받은 사람들보다 투표할 확률이 13퍼센트 더 높다는 사실을 발견했다.[3]

당신이 이루고 싶은 목표 또는 습관과 자신을 동일시하거나, 이루고 싶지 않은 목표 또는 습관과 자신을 동일시하지 않겠다고 의식적으로 결정할 때 엄청난 변화가 일어난다. 만약 이제껏 자신이 느리거나 공부를 못하는 사람이라고 말해왔다면 이제는 그 말 대신 '나는 빠르고 효율적인 학습자'라고 말하기 시작하자. 우리는 자신을 인식한 방식대로 행동한다. 이는 우주에서 가장 강력한 힘 중 하나다. 그 힘을 당신에게 유익하게 사용하도록 하라.

60초 동안 의식의 흐름을 따라 '나는 … 이다'로 표현할 수 있는 문장들을 적어보자.

인생의 우선순위를 정하라

심사숙고해서 습관을 형성할 계획을 세워도 당신의 가치관이 궁극적인 목표와 맞지 않으면 실천하지 않을 것이다. 예를 들어 사람들의 이름을 기억하고 싶다면 인간관계, 타인과의 관계를 소중히 여겨야만 한다. 당신의 행동은 어떤 식으로든 당신의 가치를 지지해야 한다. 그렇지 않으면 추진력이 생기지 않는다.

우리의 가치에는 우선순위가 있다. 예를 들어 내가 인생에서 가장 중요한 것이 무엇이냐고 질문했을 때 당신이 가족이라고 대답했다고 하자. 그러면 나는 가족이 당신을 위해 무엇을 해주느냐고 물어볼 것이다. 내게 가족은 사랑을 주는 존재인데, 당신에게 가족은 소속감을 주는 공동체일 수도 있다. 여기서 구분하고 넘어가야 할 중요한 사실은 가족은 수단 가치means value, 즉 목적을 위한 수단이라는 것이다. 목적 가치end value는 사랑이나 소속감이다. 가치를 살펴볼 때 우리가 말한 가치가 목적인지, 아니면 다른 가치를 끌어내기 위한 수단인지 판단해야 한다.

가치는 우선순위가 정해져야 한다. 나의 가치는 사랑, 성장, 기여, 모험 순이다. 각각의 가치는 다음 가치에 기반하는 동시에 도움을 준다. 한 사람의 가치관은 자녀가 생기거나 사랑하는 사람을 잃거나 관계를 끝내는 등 가치관이 바뀔 만한 상황을 경험하지 않는 한 해마다 바뀌지는 않는다.

또한 자신의 가치관과 가까운 사람들의 가치관을 의식하지 못할 때 갈등이 일어날 소지가 있다. 대개 불화는 가치관의 충돌로 생겨난다. 예를 들어 당신이 모험과 자유를 중요한 가치로 생각하는데 당신의 파트너는 안전과 안정을 중시한다면 둘이 자주 대립하는 건 당연지사다. 한 사람의 가치관이 옳고 다른 사람의 가치관은 틀려서가 아니라 둘의 가치관이 병립하지 않기 때문이다. 혹은 두 사람 모두 존중에 높은 가치를 두지만 무엇을 존중하는지, 무엇을 무례한 행동이라고 보는지가 다를 때도 의견 충돌의 여지가 있다. 이럴 때는 어떤 것이 존중하는 행동인지 서로 충분히 이야기를 해야 한다.

재밌는 일도 이유가 없으면 하지 않게 된다

살면서 어떤 일을 할 때 이유가 있으면 그 일의 완수라는 보상을 받는다. 내가 살아온 이야기는 기분이 좋아야 동기부여가 되는 것은 아니라는 증거다. 그런 날을 기다렸다면 불면증이 심해졌을 때 사람들에게 더 나은 학습법을 가르치기를 그만뒀을 것이다. 게다가 기분은 좋았지만 그날 하겠다고 말한 일을 끝내지 못했던 날은 얼마나 많은가? 만약 어떤 일을 하는 이유가 충분하지 않다면 기분이 정말 좋아도 아무 일도 끝내지 못할 수 있다.

당신의 목적과 정체성, 가치관과 결부된 이유는 삶이 당신 앞에 던져놓은 일상적 장애물 앞에서도 행동하기에 충분한 동기를 부여해줄 것이다. 건강한 70세 노인이 좋아서 새벽 4시 35분에 체육관에 가는 건 아니다. 더 잠을 자고 싶지만 건강을 유지해 계속 가족과 함께하고 싶은 마음이 충분히 동기가 되기 때문에 체육관에 가는 것이다. 성실한 학생이 공부할 기분이 나서 교과서를 집어 드는 게 아니다. 시험에서 A를 받아 원하는 직장에 취직하고 싶기 때문이다.

당신이 달성해야 하는 모든 일, 심지어 불유쾌한 일 뒤에도 그래야 할 이유가 있다. 당신은 가족이 잘 먹기를 원하며 포장 음식과 패스트푸드의 위험성을 알고 있으므로 내키지 않아도 저녁 식사 준비를 한다. 사람들 앞에서 발표하기가 영 불편하지만 회의에서 당신 팀의 프로젝트를 잘 설명해 조직 전체의 지지를 얻어내리라고 팀원들이 믿고 있기에 발표를 한다. 경제학 수업이 힘들고 약간 지루하기도 하지만 마케팅 학위를 받으려면 수업을 들어야 하고 현실에서 얼른 마케팅 기술을 발휘해보고 싶은 마음도 있기에 수업을 듣는다.

학습 동기를 찾기 위해 혹은 다른 뭔가를 달성하기 위해 고전하고 있다면 그 과업의 이유를 아직 알아내지 못했을 가능성이 크다. 당신의 열정, 원하는 정체성, 가치관을 생각해보라. 어떻게 그것들이 행동할 이유의 토대가 될 수 있을까? 기억하고자 하는 동기가 부여됐을 때 기억하기가 훨씬 쉬워진다는 것은 이미 알고 있다. 역으로 누군가의 이름을 알고자 하는 동기가 없다면 다음 대화로 넘어가자마자 그 이름을 잊어버릴 것이다.

예를 들어 당신이 사람들이 더 나은 관계를 형성하도록 도와주는 데 열정이 있고 '커넥터'connector(말콤 글래드웰이 《티핑 포인트》에서 언급한 개념으로 사회적 유행이나 변화는 특별한 소수들, 즉 인맥이 넓은 커넥터, 지식을 가진 메이븐, 설득에 능한 세일즈맨이 좌우한다고 한다—옮긴이)라는 정체성을 갖고 있으며 당신의 가치 중 하나가 사랑이라고 하자. 그렇다면 당신은 사람들의 이름을 기억하는 법을 배울 이유를 쉽게 찾을 수 있다. '우리 지역사회의 사람들을 서로 연결해주고 내가 소중히 여기는 사람들 간에 더 강력한 네트워크를 형성할 수 있게 해주고 싶다'는 것이다.

그렇다면 지금 당신이 학습을 더 잘하고 싶은 이유 세 가지를 생각해보자. '시아버지와 대화할 수 있게 스페인어를 배우고 싶다', '아이의 공부를 도와주기 위해 미국사를 배우고 싶다', '조사 방법을 배워서 사업계획서를 완성하고 회사의 투자자를 찾고 싶다'처럼 구체적인 이유여야 한다. 아래에 당신의 이유 세 가지를 써보자.

나는 내가 왜, 무엇에 전념해야 할지를 명확히 알았다. 자신의 시간

과 에너지를 지키는 것은 자기애의 큰 부분을 차지한다. 시간과 감정, 정신 건강, 공간의 경계를 설정하는 것은 언제나 대단히 중요하지만 잠을 못 잘 때는 더욱 중요하다. 수면이나 음식 같은 연료가 부족할 때는 다른 때만큼 자원이 풍부하지 않으므로 가지고 있는 자원을 지키는 것이 매우 중요해지기 때문이다.

나는 결정을 내릴 때 가부可否를 확실히 하려고 한다(명확히 하려고 노력한다). 만약 완전히 동의하지 못할 점이 있다면 나는 그 일을 하지 않는다. 여력이 없기 때문이다. 그리고 나는 고립의 공포Fear of Missing out, FOMO 에 시달리지도 않는다. 지난 몇 주 동안 몇 차례 사교 및 직장 모임에 초대받았지만 이 책을 쓰는 데 시간을 할애하겠다는 목적과 동기가 명확했기 때문에 거절했다. 당신도 나와 함께 단절의 기쁨Joy of Missing out, JOMO 을 누렸으면 한다.

요즘 우리 대부분은 피곤하고 지쳐 있다. 그 이유는 우리에게 오는 모든 기회, 초대, 요청을 승낙해야 한다고 느끼기 때문이다. 마음을 열고 선택지들을 고려하는 것도 좋지만 그러느라 본의 아니게 자신의 요구를 거절하지 않도록 주의해야 한다.

고통은 나를 앞으로 나아가게 만든다

동기란 무엇인가? 동기는 행동의 연료가 되는 고통스럽고 즐거운 감정들이다. 동기는 어디에서 오는가? 동기는 목적, 즉 행동하거나 행동하지 않은 결과를 충분히 느끼고 연관 짓는 데서 나온다.

연습 문제를 하나 해보자. 이 책의 내용을 활용하는 법을 배우지 못하면 직면할 손실을 전부 적어보라. 당신의 현재와 미래에 어떤 손해가 있을까? 예를 들면 '계속 열심히 공부하고도 평범한 성적과 직업에 만족해야만 한다'라고 쓸 수도 있다. '사랑하는 사람들과 시간을 보낼 수 없다', '봉급이 인상되지 않을 것이다'라고 쓸 수도 있다. 여기서 발생할 감정들을 확실히 느끼는 게 핵심이다. 머리로만 생각하지 마라. 우리는 감정을 토대로 결정을 내린다. 만약 뭔가 조치를 하지 않으면 느낄 고통을 진정으로 느껴라. 그것이 변화를 지속시키고 끝까지 유지시키는 유일한 방법이다.

고통은 당신의 스승이 될 수 있다. 고통이 당신을 이용하는 게 아니라 당신이 고통을 이용하는 한 그렇다. 고통을 일을 성사시키는 원동력으로 활용하라. 당신이 정직한 사람이라면 이렇게 적었을 수 있다. '내가 싫어하는 일을 해야 하고, 아주 적은 돈을 벌고, 나 자신이나 다른 사람을 위해 쓸 시간도 없고, 평생 따분함과 좌절감 속에서 그 상태를 참고 견뎌야 할 것이다.' 아마도 당신은 곧장 행동을 취할 것이다. 자, 지금 바로 적어보자.

_____

_____

_____

그런 다음 이 책의 기술과 기법들을 배움으로써 얻을 이점과 장점들을 전부 적어보자. 정말로 신나고 동기를 유발시킬 것들을 적어라. 예를 들면 이런 것들이 있을 수 있다. '시험에서 A를 받고, 가족과 보낼 시간이 많아지고, 사업을 시작하고, 외국어를 배워 세계를 여행할 것이다.' '운동을 해서 건강해지고, 봄 방학 휴가를 즐기고, 남자 친구(여자 친구)와 보낼 시간이 많아질 것이다.' 혹은 다음과 같이 간단한 내용일 수도 있다. '드디어 밀린 일을 해치우고 쉴 수 있는 자유 시간을 가질 것이다!'

다시 말하지만 생생한 감정이 느껴질 만큼 설득력 있는 이유를 쓰도록 하라. 이 책의 내용을 배우는 이점을 당신 자신이 정말로 알고 느끼도록 해야 한다. 지금 바로 해보자.

동기는 결국 내 안에서 찾아야 한다

이제 이 모두를 학습에 적용해보자. 동기를 다룬 제3부를 읽는 동안 학습이 당신의 열정과 정체성, 가치관, 이유와 일치하는 부분을 생각해봤으면 한다. 나는 성인이 되어서야 열정과 목적을 찾았다. 배우기 위해 안간힘을 쓰는 동안 나의 한계를 뛰어넘게 해주는 배움에 열정이 생겼고 다른 사람들도 한계를 뛰어넘을 수 있도록 가르치는 것이 나의 목적이 되었다.

어렸을 때는 평균이 되기 위해 억지로 공부했기에 해결해야 할 정체성 문제도 많았다. 나는 뇌가 망가진 소년이었으므로 스스로 멍청하다고 믿었다. 그래서 자신을 바라보는 방식을 바꾸고 그동안 학습이 불가능한 존재로 자신을 가둔 정체성을 버려야 했다. '망가진 아이'라고 말하는 대신 '학습자'라고 말해야 했다.

가치관 측면에서 나는 성장과 모험을 중시한다. 내게 학습은 이 두 가치의 하위 가치다. 학습은 나의 성장에 직접 기여하고 모험심을 갖게 해주기 때문이다. 뭔가 새롭고 도전적인 것을 배울 때는 특히 그렇다. 여기에 모호함은 없다. 학습은 나의 가치 실현에 직접적인 도움을 준다.

나의 이유들은 내가 더 많은 사람의 배움을 도울 수 있도록 계속 동기를 부여한다. 작가라면 누구나 알겠지만 책을 쓰는 것은 도전이다. 그러나 세계 각지의 더 많은 사람에게 내 방법을 알려주고 싶다는 마음이 이 책을 쓰게 했다.

눈에 보이지 않는 제한적 정체성 문제를 해결하지 못했다면 동기를 부여해봐도 별로 진전이 없을 것이다. 어딘가 막힌 느낌이 들 때는 당신의 목표와 가치관이 맞는지 다시 확인한 다음 무엇을 조정해야 하는지 자문해보자. 앞 장에서 살펴본 일곱 가지 거짓말에 덧붙여 여덟 번째 거짓말을 소개하겠다. 바로 동기가 있으면 매일 의욕을 느끼며 잠에서 깬다는 주장이다. 동기는 갖는 게 아니라 행하는 것이다. 궁극적으로 동기는 당신의 가치관과 정체성 때문에 당신이 매일 수행하는 습관과 일상 그 자체다.

새로운 경험으로 열정에 불을 붙인다

열정을 찾으려면 스스로 새로운 것을 찾고 새로운 환경에 들어가 무엇이 자신을 불태우게 하는지 알아봐야 한다. 제약을 느끼거나 자신이 못나 보이지 않을까 남의 시선을 의식한다면 열정을 찾기 어려우므로 그런 마음을 버리고 경험을 즐기도록 하라. 초반에 불편했던 순간들이 완전히 새로운 열정과 인생의 목적으로 당신을 이끌 수도 있다.

다음 장으로 넘어가기 전에 시도해볼 몇 가지는 아래와 같다.

- 당신이 자주 쓰는 '나는 … 이다' 문장들을 적어보자. 이 문장들은 당신을 어떻게 규정하고 있는가?
- 당신이 가장 가치를 두는 것들을 목록으로 작성하자. 각각의 우선순위를 정하고 그것이 당신이 정의하는 자신과 얼마나 일치하는지 생각해보자.
- 무슨 일이든 하기 전에 '왜'라고 질문하는 습관을 들이도록 하자.

제8장

끝까지 해내려는
두뇌 에너지가 필요하다

어떻게 하면 뇌가 최상의 컨디션을 유지할까?
뇌가 최상의 컨디션을 유지하기 위해 해야 할 것은 무엇인가?
어떻게 하면 꾸준히 숙면을 취할 수 있을까?

이제 당신은 어떤 일을 하려는 목적이 분명해졌고 목적을 이루기 위한 목표를 작고 간단한 단계들로 나눴다. 이로써 동기부여가 무한히 지속될 수 있을까?

예를 들어 매일 독서를 할 이유가 있고 하루에 5분만 독서를 하기로 계획했다고 하더라도 어느 날 피곤해서 그 계획을 지키지 못할 수도 있다. 정신적·육체적 활력은 행동을 추진하는 데 필요한 연료다. 우리는 시간 관리의 중요성을 알고 있지만 에너지 관리의 중요성은 잘 모르는 경우가 많다. 그러나 동기부여를 위해서는 에너지 관리와 최적화가 매우 중요하다.

여기서는 무한한 두뇌 에너지의 생성을 위해 내가 사람들에게 권장하는 방법들을 소개할 것이다. 해당 영역에 얼마나 주의를 기울이는지 각 조언에 대해 1~10까지의 척도로 평가해보자. 자신이 얼마나 주의를 기울이는지 알면 놀랄 수도 있다.

좋은 음식에서 에너지를 얻어야 한다

회복력 전문가 에바 셀허브Eva Selhub 박사는 종종 뇌를 고성능 자동차에 비유한다.

"비싼 자동차처럼 뇌는 고급 휘발유를 넣었을 때 최상의 기능을 발휘한다. 비타민, 무기질, 항산화제가 많이 함유된 양질의 음식을 먹으면 뇌에 영양을 공급하고 산화스트레스oxidative stress, 즉 인체가 산소를 사용할 때 생성되어 세포 손상을 초래할 수 있는 찌꺼기(활성산소)로부터 뇌를 보호해준다."[1]

셀허브 박사는 뇌가 질 낮은 연료로 달릴 때는 원래의 기능을 할 수 없다고 지적한다. 한 예로 정제 설탕은 뇌의 기능을 떨어뜨리고 염증을 유발하며 심지어 우울증까지 일으킬 수 있다. 힘든 하루와 씨름하기 위해 자기도 모르게 아이스크림 통으로 손을 뻗을 때 이 사실을 떠올려보라.

신경과학자이자 통합영양학자이며 《브레인 푸드》의 저자인 리사 모스코니 박사는 내 팟캐스트 인터뷰에서 뇌에는 다른 식습관이 필요한 이유를 이렇게 설명했다. "인간의 뇌가 최상의 기능을 하려면 45가지 영양소가 필요합니다. 이 영양소 대부분은 뇌 자체에서 생성되지만 나머지는 우리가 먹은 음식에서 가져와야 합니다."[2]

그렇다. 좋은 식단과 건강한 뇌 사이에는 직접적인 연관성이 있다. 그러므로 뇌를 건강하게 관리하려면 자연이 제공하는 최상의 음식을 뇌에 공급하는 것은 필수다.

아래에 내가 가장 좋아하는 브레인 푸드 10가지를 정리했다. 채소를 먹어야 한다는 이야기를 듣기 싫어하는 사람이라면 이 음식들을 먹을 때 약간의 적응이 필요할 수도 있다. 그러나 다크초콜릿을 소량 먹으면 뇌가 잘 작동한다는 반가운 소식도 있다. 먹는 음식은 특히 회백질에 중요하다는 사실을 기억하자.

10대 브레인 푸드

1. 아보카도: 건강한 혈류 유지에 도움이 되는 단일 불포화 지방을 제공한다.
2. 블루베리: 산화스트레스로부터 뇌를 보호하고 뇌 노화의 영향을 줄여준다. 기억에 도움이 된다는 연구 결과도 있다.
3. 브로콜리: 인지 기능과 기억력을 향상하는 것으로 알려진 비타민 K의 훌륭한 공급원이다.
4. 다크초콜릿: 주의력과 집중력에 도움이 되고 엔도르핀의 분비를 촉진한다. 인지 기능을 향상한다고 입증된 플라보노이드flavonoid도 함유하고 있다. 카카오 함량이 많을수록 설탕이 적게 들어 있으므로 더 좋다. 설탕을 가끔만 섭취해야 하는 이유에 대해서는 이미 이야기했다.

5. 달걀: 기억력을 향상하고 뇌를 자극하는 콜린choline을 제공한다.

6. 녹색 잎채소: 뇌 노화의 영향을 줄이는 비타민 E와 기억력을 향상
하는 것으로 입증된 엽산의 좋은 공급원이다.

7. 연어, 정어리, 캐비아: 오메가3 필수지방산이 풍부해 뇌 노화의 영
향을 줄이는 데 도움이 된다.

8. 강황: 염증을 줄이고 항산화 수치를 높이는 동시에 뇌의 산소 유
입을 증가시킨다. 강황이 인지 능력 감퇴를 늦추는 데 도움이 된
다는 증거도 있다.

9. 호두: 뉴런을 보호하고 뇌 노화를 방지하는 항산화제와 비타민 E
를 다량 제공한다. 아연과 마그네슘 함량도 높아 기분을 좋게 해
준다.

10. 물: 뇌의 약 80퍼센트는 물이다. 탈수는 브레인 포그brain fog(머리
에 안개가 낀 것처럼 멍한 상태가 계속돼 생각과 표현을 제대로 못 하는 현
상—옮긴이), 피로, 반응과 사고 속도의 저하를 일으킬 수 있다. 연
구에 따르면 수분을 많이 섭취하는 사람은 두뇌력 검사에서 더
높은 점수를 받는다고 한다.

한 토크쇼에서 마크 하이먼Mark Hyman 박사와 윌 스미스 가족의 영
양사인 모나 샤르마Mona Sharma를 만났을 때가 기억난다. 샤르마는 내
게 이렇게 말했다. "우리가 먹는 음식이 우리의 에너지, 건강 수준, 두
뇌 기능에 큰 영향을 미칠 수 있습니다. 양질의 오메가3가 풍부한 지
방, 항산화제와 식물 영양소phytonutrient가 풍부한 채소, 소화력과 집중
력을 높이는 향신료 등 핵심 재료를 신경 써서 섭취하면 뇌 기능을 유
지하고 향상시킬 수 있습니다."

두뇌 능력과 활력을 최적화하는 모나 샤르마의 요리법 몇 가지를 소개하면 다음과 같다.

모닝 두뇌 강장제 (2인분 기준)

- 재료: 생강 조각 5cm가량, 껍질을 벗겨 얇게 썰어서 준비

  강황 조각 5cm가량, 껍질을 벗겨 얇게 썰어서 준비 (옷과 조리대에 물이 들지 않게 유의)

  정수한 물 4컵

  유기농 녹차 (2잔 분량의 찻잎 또는 비非 플라스틱 티백)

  유기농 레몬 1/2개의 즙

  후추 약간

  비정제 꿀 (선택 사항)

- 만드는 법: 강황, 생강, 물을 작은 냄비에 넣는다. 중강불에서 천천히 끓인다. 녹차를 추가하고 5분 이상 뭉근히 끓인다. 불에서 내린다. 레몬즙과 후추 약간, 꿀을 넣는다 (꿀이 있을 경우). 체에 걸러 뜨거울 때 낸다. 이 강장제를 마신 후 20분 동안은 다른 음식을 먹지 않는다.

- 비고: 이 강장제 원액을 미리 많이 만들어두어도 좋다. 강황, 생강, 레몬즙의 양을 늘려 주서기로 즙을 낸다. 밀폐 용기에 넣어 냉장고에 보관하면 최대 7일까지 두어도 된다. 마실 때 뜨거운 물과 녹차를 첨가한다.

모닝 매직 스무디 (1인분 기준)

- 재료: 냉동 야생 블루베리 1/2컵

  히카마 (멕시코 감자), 껍질 벗겨 잘게 썬 것 1/2컵

유기농 시금치 크게 한 줌(더 넣어도 된다)

대마씨 2큰술

MCT 오일 1작은술

유기농 스피룰리나 가루 1작은술

무가당 코코넛 워터 1/2컵

무가당 아몬드 우유 1/2컵

얼음(선택 사항)

- 만드는 법: 모든 재료를 믹서에 넣고 갈아준다. 뇌와 몸에 연료를 넣어주며 하루를 시작하자!

브레인 부스트 샐러드(2인분 기준)

- 샐러드 재료: 유기농 루꼴라 2컵

유기농 시금치 2컵

석류알 1/4컵

다진 생호두 1/4컵

아보카도 1개, 얇게 썰어서 준비

유기농 달걀 4개, 삶아서 식힌 다음 썰어서 준비(엄격한 채식주의자라면 달걀을 대마씨 2큰술과 호박씨 1큰술로 대체)

- 드레싱 재료: 생사과식초 3큰술

엑스트라버진 올리브유 1/4컵

레몬 1/2개의 즙

비정제 꿀 1큰술

히말라야 소금 1/4작은술

검은깨 2작은술(고명)

- 만드는 법: 모든 드레싱 재료(검은깨 제외)를 볼이나 혼합 용기에 넣고 잘 섞은 다음 놓아둔다. 루꼴라, 시금치, 석류알, 호두를 큰 샐러

드 그릇에 담는다. 샐러드 위에 드레싱을 뿌리고 잘 뒤적여준다. 드레싱을 입힌 샐러드를 두 접시에 나눠 담는다. 각각의 샐러드 위에 썰어둔 아보카도 1/2개와 달걀 2개를 얹는다. 검은깨로 장식해준다. 맛있게 먹는다!

근대와 브로콜리를 곁들인 연어 구이(2인분 기준)

• 재료: 신선한 레몬즙 2큰술

다진 마늘 2작은술

엑스트라버진 올리브유 5큰술, 나눠서 사용

스테이크용 연어 2토막, 가급적 양식보다 자연산으로 준비(토막당 110~140g)

레몬 슬라이스 2~4개

유기농 브로콜리 큰 것 1개, 따로 꽃 부분만 한 입 크기로 썰어서 3~4컵

히말라야 소금 2작은술, 나눠서 사용

작은 샬롯 1개, 잘게 다져서 준비

유기농 근대 또는 무지개 근대, 작은 다발로 1단을 잘게 썰어서 준비

유기농 겨자 분말 1작은술

• 만드는 법: 큰 시트 팬에 종이 포일을 깔고 오븐을 섭씨 200도로 예열한다. 레몬즙과 다진 마늘, 올리브유 2큰술을 작은 볼에 넣고 섞어준다. 시트 팬 중앙에 연어 두 토막을 놓고 레몬즙, 마늘, 올리브유 섞은 것을 골고루 뿌려준다. 그 위에 레몬 슬라이스를 올린다. 브로콜리와 올리브유 2큰술, 소금 1작은술을 큰 볼에 넣고 잘 섞어준다. 시트 팬의 연어 주위에 브로콜리를 올린다. 예열한 오븐에 넣고 20분간 구워준다.

연어와 브로콜리가 구워지는 동안 프라이팬에 남은 올리브유 1큰술

을 넣고 약불에 올린다. 달궈진 올리브유에 다진 샬롯을 넣고 투명하게
익을 때까지 볶아준다. 근대와 물 2큰술을 더하고 근대가 부드러워
질 때까지 가끔씩 저어주며 3~5분간 익힌다. 불에서 내린다.

접시 2개에 연어와 브로콜리, 근대를 나눠 담는다. 브로콜리에 겨
잣가루를 뿌려 항염 효과를 높인다. 식탁에 내고 맛있게 먹는다!

코코아 계피 생강 핫초코(2인분 기준)

- 재료: 무가당 아몬드 또는 코코넛 우유 4컵

  생강 5cm가량, 껍질을 벗겨 세로로 얇게 썰어서 준비

  무가당 미가공 유기농 코코아 분말 3큰술

  유기농 계핏가루 1작은술

  코코넛 설탕 1~2큰술(입맛에 맞게 당도 조절)

  바닐라 농축액 1/2작은술

  천일염 약간

  장식용 계피 스틱 2개

- 만드는 법: 중간 크기 냄비에 아몬드 우유와 생강 조각을 넣고 가끔
  씩 저어주며 중강불에 데운다. 가볍게 끓인다. 코코아 분말, 계핏가
  루, 코코넛 설탕, 바닐라, 천일염을 첨가하고 녹을 때까지 저어준
  다. 다시 가볍게 끓인 다음 불에서 내린다. 생강을 체에 거르고 머
  그잔 2개에 나눠 붓는다. 각 머그잔에 계피 스틱을 꽂아준 뒤 맛있
  게 마신다.

- 비고: 여름철에는 차게 마셔도 좋다. 디저트로 낼 때는 좀 더 단맛
  과 거품이 나게 코코넛 크림을 살짝 올려준다.

만약 일정이나 생활 방식 때문에 뇌에 좋은 음식을 정기적으로 먹

을 수 없다면 어떻게 해야 할까? 연구에 따르면 특정 영양소는 인지 능력에 직접적인 영향을 미친다. 나는 항상 유기농 자연식품으로 영양소를 섭취하려고 하는 편이다. 혹시 당신에게 부족한 영양소가 있는지 자격이 있는 전문가와 상담해보자.

《지니어스 푸드》Genius Foods의 저자 맥스 루가비어Max Lugavere는 내 팟캐스트에 출연해서 인지질 DHA 보충제의 이점에 관해 이야기했다. 이는 뇌가 건강한 세포막을 만드는 데 사용하는 영양소로[3] 이것이 중요한 이유는 세포막이 기분, 실행 기능, 주의, 기억과 관련된 모든 수용체를 형성하기 때문이다. 그리고 비타민 B군은 여성의 기억력을 향상시키며 강황에 들어 있는 커큐민은 인지력 감퇴를 예방한다. 각 영양소가 뇌의 건강에 미치는 영향은 미국국립보건원National Institutes of Health 홈페이지에서 확인할 수 있다.[4]

이 모든 영양소를 천연 식품으로 섭취할 수는 있지만 식단에 모두 포함시키는 건 당신의 생활 방식이나 입맛과 맞지 않을 수 있다. 다행히 이 모든 영양소의 보충제를 쉽게 구할 수 있다(보충제의 품질이 똑같지는 않으므로 충분히 조사한 뒤 구매하도록 하라). 뇌에 필요한 연료를 공급하기 위해 이 장에서 논의된 브레인 푸드와 보충제를 같이 섭취할 수도 있다.

 실천 포인트

당신이 가장 좋아하는 브레인 푸드는 무엇인가? 어떻게 당신의 일상 식단에 그 한 가지를 더 넣을 수 있을까?

몸을 움직여라, 뇌도 움직인다

"운동은 기억력과 사고력을 보호하도록 뇌를 변화시킨다."고 《하버드 헬스 레터》Harvard Health Letter의 하이디 고드먼Heidi Godman 편집장은 주장한다. 그 근거로 "브리티시컬럼비아대학교의 연구자들은 심장 박동수를 높이고 땀샘을 열어주는 유산소 운동을 규칙적으로 하면 언어 기억과 학습에 관여하는 뇌 영역인 해마의 크기가 커질 수 있다는 사실을 발견했다."고 밝힌다.[5]

벌써부터 '운동은 지루하다', '운동할 시간이 없다', '체육관 회원권을 끊을 여유가 없다'고 불평하거나 변명하는 사람들의 목소리가 들리는 것만 같다. 하지만 뇌의 한계를 초월하고 싶다면 운동이 대단히 중요하다는 것은 명확한 사실이다. 생각해보자. 가만히 오래 앉아 있을 때보다 활동적으로 움직일 때 사고가 더 예리해지지 않는가? 이는 운동과 뇌 기능 간에 직접적인 상관관계가 있기 때문이다. 그러나 총명한 뇌를 유지하기 위해 올림픽 선수가 될 필요는 없다. 하루에 10분씩만 유산소 운동을 해도 대단히 유익하다는 증거가 많다. 몸을 움직이면 뇌도 움직인다.

 실천 포인트

휴대전화에 알림을 설정해두고 매시간 몇 분은 움직이도록 하자.

머릿속을 어지럽히는 '개미' 없애기

임상신경과학자이자 《당신의 뇌를 점검하라》의 저자 다니엘 에이멘Daniel Amen 박사는 내 팟캐스트에 출연해서 어느 날 밤 그가 겪었던 일을 들려주었다. 그날 그는 자살 위험이 있는 사람들, 불안에 시달리는 10대들, 문제 부부들을 상대하느라 병원에서 유난히 힘들었던 하루를 보내고 집으로 돌아왔다. 그런데 주방에 수천 마리의 개미가 기어 다니고 있었다.

"정말 징그러웠어요. 일단 개미를 쓸어 담기 시작했는데 순간 'ANT'를 약어로 쓸 수 있을 것 같았죠. 그날 봤던 환자들의 뇌도 개미가 들끓는 주방처럼 부정적인 생각들로 들끓고 있었어요. 기쁨을 빼앗기고 행복을 도난당하고 있었죠. 다음 날 시각 교구로 쓸 개미 살충제 스프레이를 샀어요. 그 후로 환자들이 그들의 머릿속 ANT를 박멸하도록 돕고 있죠."[6]

ANT는 자동적인 부정적 사고Automatic Negative Thoughts의 약자이기도 하다. 당신이 대부분의 사람과 같다면 어느 정도는 이런 사고로 자신을 제한하고 있을 것이다. 어쩌면 정말 배우고 싶은 기술을 습득할 만큼 똑똑하지 못하다고 스스로 말하고 있을지도 모른다. 혹은 뭔가를 이루려고 분투해봐야 실망만 할 거라는 생각을 끝없이 반복하고 있을지도 모른다.

ANT는 어디에나 있어서 모든 ANT를 없앨 만큼 충분한 살충제는 세상에 없다. 하지만 뇌의 한계를 없애려면 ANT를 당신 삶에서 제거하는 것이 필수다. 그 이유는 간단하다. 만약 한계를 두기 위해 싸운다면 한계를 유지할 것이다. 당신이 뭔가를 할 수 없다거나, 뭔가를 하기에는 나이가 많다거나, 뭔가를 할 만큼 똑똑하지 않다고 자주 말한다면 그 일을 하지 않을 것이다. 이런 파괴적인 자기 대화에서 벗어날 때만 당신이 원하는 것을 이룰 수 있다.

올리비아는 30대가 될 때까지 끊임없이 ANT에 시달려야 했다.

"어렸을 때 저는 정말 끔찍한 환경에서 자랐어요. 폴란드 이민자인 부모님 밑에서 삶에 만족하지 못하고, 자기 일을 몹시 싫어하고, 인생이란 스트레스가 많고 비참하고 힘든 것이라고 믿는 가족들을 보면서 컸거든요. 성장기에 필요한 가르침이나 조언 같은 건 생각할 수조차 없었죠. 부모님은 화가 나면 제게 화풀이를 하셨어요. 그래서 집에 있거나 가족들 곁에 있을 때면 마음을 닫아버리곤 했습니다. 그렇게 아동기 트라우마를 겪으면서 뭔가 제게 문제가 있고 제가 '나쁜 아이'라고 믿게 됐죠. 자존감 같은 것은 있을 수가 없었습니다."

부정적인 생각들은 삶의 매 순간 그녀를 따라다녔고, 그녀는 8년 동안 마약에 중독되어 살았다. 그러나 어느 순간 직관intuition이 인도하는 대로 따라가면서 그동안 자신을 붙들고 있던 ANT에서 벗어나기 시작했다.

"뭔가 잘못됐다는 것은 확실히 아는데 그 이유는 모르는 거죠. 논리적으로 이해하지는 못하고 직감으로 느끼는 거예요. 제 직관력은 그렇게 시작됐습니다. 저는 이 직관적 이해를 지식과 연결할 수 있기를 간절히 바랐습니다."

올리비아는 자신의 직감이 말해주는 대로 삶을 되돌릴 계획을 세운 결과 좋은 결실을 얻기 시작했다.

"자연식을 시작하면서 주의력과 집중력이 향상되는 걸 느꼈습니다. 자연스럽게 뇌 건강에도 관심이 생겼죠. 가르침을 받거나 본보기로 삼을 사람은 없었지만 스스로 길을 만들어갔어요. 그러다 요가 강사 교육을 받게 되었고 가르치기 시작했죠."

그녀는 자신의 직감을 믿고, 그간 자신을 괴롭혀온 ANT를 근절할 수 있다고 인정하기 시작하자, 성공을 경험하면서 자존감이 오르고 스스로 만족하는 삶을 추구하게 되었다.

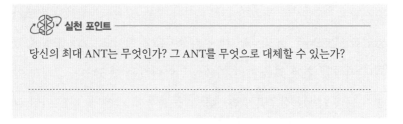

실천 포인트

당신의 최대 ANT는 무엇인가? 그 ANT를 무엇으로 대체할 수 있는가?

청소와 정리는 온몸의 감각을 깨운다

2018년 의학 전문지 《랜싯》The Lancet 에는 이런 기사가 실렸다. "대기오염은 전체 뇌졸중의 30퍼센트의 원인일 수 있다. 따라서 전 세계 뇌졸중으로 초래된 부담의 주요 원인 중 하나일 수 있다. (…) 뇌졸중, 혈관 질환 위험 인자, 치매 사이에 강한 연관성이 있음을 고려할 때 대기오염과 치매 간에도 연관성이 있을 것으로 예상된다."[7]

당신이 숨 쉬는 공기는 뇌가 정상적으로 기능하는 데 대단히 중요하다. 만약 흡연자와 한방에 있어봤다면 그 유독한 공기를 마시는 동안 생각하는 것조차 얼마나 힘든지 알 것이다. 반대로 등산을 하면서 상쾌하고 맑은 공기를 깊이 들이마시면 온몸의 감각이 깨어나는 것을 느낄 수 있다.

사방이 오염물질로 가득한 공장 주변이나 대도시에 사는 사람이라면 주변 공기를 어떻게 하기는 힘들다. 다행히 집이나 사무실의 공기를 정화할 수 있는 장치들이 있으므로 더 자주 깨끗한 공간에 있으려고 노력할 수는 있다. 깨끗한 환경은 공기 질뿐만이 아니다. 어수선하고 산만하게 널린 물건들을 없애면 마음이 가벼워지고 집중력도 높아진다. 곤도 마리에(일본의 정리 수납 전문가―옮긴이)의 조언을 떠올리며 불필요한 물건들을 정리해보자.

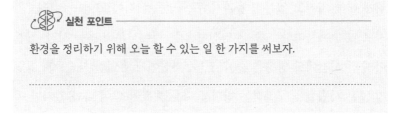

실천 포인트

환경을 정리하기 위해 오늘 할 수 있는 일 한 가지를 써보자.

긍정적인 사람을 가까이하라

뇌의 잠재력은 생물학적·신경학적 네트워크만이 아니라 사회적 네트워크와도 관련이 있다. 당신이 누구와 시간을 보내는가에 따라 당신이 어떤 사람이 되는가도 정해진다. 동기부여 강연가인 짐 론Jim Rohn은 당신이 가장 많은 시간을 보내는 다섯 사람의 평균이 곧 당신이라고 말한다. 당신이 그의 말을 믿든 믿지 않든 주변 사람이 우리의 삶에 의미 있는 영향을 미친다는 것은 사실이다.

최근 템플대학교의 연구에 따르면 사람들, 특히 이 연구에 참여한 10대들은 혼자 있을 때와 다른 사람들과 있을 때의 행동이 다르다고 한다. 타라 파커-포프Tara Parker-Pope는 〈뉴욕타임스〉에 이 연구 결과에 대해 다음과 같이 보도했다. "스타인버그 박사(연구 저자 중 한 명)는 보상 처리에 관여하는 뇌 시스템이 사회적 정보 처리에도 관여하며 이는 동류 집단이 의사결정에 그토록 뚜렷한 영향을 미치는 이유를 설명해준다고 지적한다."[8]

실제로 함께 시간을 보내는 사람들은 당신의 뇌 기능에 영향을 미친다. 그들은 당신의 자기 대화에도 영향을 미친다. 우리는 타인이 우리에 대해 가지고 있는 믿음과 결부된 믿음을 적어도 어느 정도는 가지고 있기 때문이다. 그들은 당신이 먹는 것에서부터 운동 시간, 심지어 수면 시간에도 영향을 줄 수 있다. 자신에게 유익한 사람들과 그렇지 않은 사람들을 구분하는 방법을 다룬 책들이 많이 나와 있지만 여기서는 당신의 동료가 누구인지, 그들이 당신 삶에 얼마나 영향을 미치는지, 이 영향이 한계를 뛰어넘으려는 당신에게 어떤 영향을 미치는지 몇 분 동안 생각해보는 것만으로도 충분하다.

실천 포인트

당신이 좀 더 많은 시간을 함께 보내야 할 사람은 누구인가? 지금 바로 연락해서 만날 약속을 하도록 하라.

하나뿐인 뇌를 철저히 보호하라

뇌를 최대한 활용하려면 당연히 뇌를 보호해야 한다. 당신에게 하나뿐인 뇌이니 말이다. 평생 사용할 차가 한 대밖에 없다면 그 차를 얼마나 조심히 다루겠는가? 마치 당신의 인생이 달린 차처럼 다룰 것이다. 모든 사고를 피해 갈 수는 없지만 뇌 손상 가능성이 적은 환경에 있어야 최악의 사태를 피할 확률이 높다. 당신의 소중한 자산인 뇌를 최대한 활용하고 싶다면 강한 충격이나 익스트림 스포츠는 바람직하지 않다. 제한속도보다 시속 30킬로미터 빨리 오토바이를 모는 습관 역시 바람직하지 않다. 이런 것들을 너무 좋아해서 포기할 수 없다면 적어도 최대한 많은 예방 조치를 하고 안전 장비를 가능한 한 많이 사용하도록 하라.

새로운 것을 배워야 뇌가 성장한다

뇌 건강을 위해 할 수 있는 가장 중요한 일 중 하나는 배움을 지속하는 것이다. 제3장에서 신경가소성을 언급하며 말했듯이 우리는 모두 뇌의 능력을 키울 수 있다.

배움을 지속하는 한 뇌에는 새로운 경로가 계속 만들어진다. 그리고 뇌의 가소성과 유연성이 유지되면서 새로운 정보를 적절한 방식으로 처리할 수 있다. 진정한 도전이 될 배움은 더욱 그렇다. 새로운 기술을 익히고 새로운 언어를 배우고 새로운 문화를 수용하는 것은 모두 해당 뉴런들을 발화시키고 새로운 경로를 만들어낸다. 뇌를 사용하는 방법이 증가하며 뇌의 능력도 확장된다.

주기적으로 스트레스를 관리하라

우리는 모두 일상생활에서 어느 정도의 스트레스를 경험하며 때로는 엄청난 스트레스를 받는다. 그리고 스트레스를 경험할 때마다 코르티솔cortisol이라는 호르몬이 분비되어 스트레스로 인한 신체적 괴로움을 완화시킨다. 가끔 이런 일이 일어난다면 문제가 되지 않지만 자주, 정기적으로 일어난다면 뇌에 코르티솔이 쌓여 뇌가 제대로 기능하지 못할 수도 있다.

하지만 문제는 더 있다. 하버드대학교의 건강 블로그에 따르면 "만성적(지속적) 스트레스가 실제로 뇌를 재조직할 수 있다는 증거가 있다."고 한다. "과학자들은 장기간 스트레스를 경험하는 동물들의 경우 고차적 사고를 처리하는 뇌 영역, 예를 들어 전전두피질의 활동이 적고 편도체와 같이 생존에 집중하는 원시적 뇌 영역의 활동이 많다는 사실을 알아냈다. 그러면 신체의 한 부분만 운동하고 다른 부분은 놓아둘 때와 매우 흡사한 일이 일어난다. 더 자주 활성화되는 부분은 강화되고 관심을 덜 받는 부분은 약해지는 것이다. 기본적으로 위협을 다루도록 설계된 부분이 강화되고 좀 더 복잡한 사고를 담당하는 뇌 영역은 뒷전으로 밀려나는 것이 뇌가 지속적인 스트레스를 받을 때 일어나는 현상인 듯하다."[9]

이처럼 스트레스는 뇌를 약화시키므로 스트레스를 줄이거나 피할 방법을 찾는 것이 매우 중요하다. 이 책에서는 이 부분에 대해 여러 가지 제안을 할 것이다.

 실천 포인트

당신이 스트레스에 대처하기 위해 주로 하는 것은 무엇인가? 그 일을 마지막으로 했던 때는 언제인가?

충분한 수면이 보약이다

집중을 더 잘하려면 잠을 잘 자야 한다. 더 명료한 사고를 하고 싶다면 잠을 잘 자야 한다. 더 나은 결정을 내리거나 기억을 더 잘하고 싶다면 잠을 잘 자야 한다. 미국 국립보건원에서는 이렇게 말한다.

양질의 수면, 즉 적절한 시간에 충분한 잠을 자는 것은 음식이나 물을 섭취하는 것만큼 생존에 필수다. 잠을 자지 못하면 뇌의 경로를 형성하거나 유지할 수 없어 학습과 새로운 기억의 생성이 안 되고 집중과 신속한 반응도 어려워진다. 수면은 신경세포(뉴런)가 서로 소통하는 방식을 비롯해 여러 뇌 기능에 매우 중요하다. 사실 우리가 잠을 자는 동안 뇌와 몸은 놀랄 만큼 활성화된다. 최근의 연구 결과는 수면이 깨어 있는 동안 쌓인 뇌의 독소를 제거하는 청소 시간임을 시사한다.[10]

여기서 알아둘 사실은 뇌를 최대한 활용하기 위해서는 충분한 양질의 수면이 필수라는 것이다.

수면은 선택 사항이 아니다

어떤 이들은 자신은 잠을 많이 자지 않아도 된다거나, 잠을 잘 시간이 없다거나, 할 일이 많아서 잠을 희생하는 것 외에는 다른 방도가 없다고 말한다. 그러나 그건 잘못된 생각이다. 당신이 이들과 같다면 당장 고려했으면 하는 사실이 있다.

정신과 의사이자 조지워싱턴대학교 임상 조교수인 진 킴Jean Kim 박사는 이렇게 썼다. "수면은 전반적인 건강과 일상적 기능의 유지를 위해 대단히 중요하다. 수면 부족이 우울증, 과민, 충동성, 심혈관 질환 등을 포함한 다수의 정신적·신체적 장애와 연관이 있다는 증거가 늘어나고 있다. 한 연구에 따르면 잠을 자는 동안 뇌의 혈관이(그리고 림프관이) 낮 동안 생긴 대사 산물을 씻어내고 신경독을 제거하며 세포

수리를 강화하는 성분을 분배하는 등 수면이 사실상 일종의 세탁 기능을 한다고 한다."[11]

오리건 보건과학대학교의 제프 일리프Jeff Iliff 박사는 수면에 관한 테드 강연에서 이 '세탁 주기' 비유를 더 자세히 설명했다. 그에 따르면 깨어 있는 동안에는 뇌가 다른 일로 너무 바빠서 노폐물을 스스로 치울 여력이 없다. 이렇게 축적된 노폐물인 아밀로이드베타amyloid-beta 는 최근 알츠하이머 발병과 연관이 있는 것으로 알려져 있다. "뇌는 깨어 있고 몹시 바쁠 때는 세포 간 공간의 노폐물을 치우기를 미룹니다. 그리고 잠이 들어 그다지 바쁘지 않을 때 일종의 청소 모드로 전환되면서 뇌세포 간 공간에 온종일 쌓인 노폐물을 치웁니다."[12]

이어 일리프는 많은 사람이 그러듯 밀린 잠을 잘 기회가 생길 때까지 수면을 희생하는 짓을 하지 말라고 경고한다. "집안일과 마찬가지로 뇌를 청소하는 것은 지저분하고 생색이 나지 않는 일이지만 매우 중요한 일이기도 합니다. 주방 청소를 한 달 동안 하지 않는다면 그 집은 곧 사람이 살 수 없는 상태가 될 것입니다. 뇌의 청소를 미룸으로써 초래되는 문제는 더러운 주방보다 훨씬 심각할 수 있습니다. 뇌 청소는 심신의 건강과 기능을 좌우하기 때문입니다. 따라서 오늘 뇌의 청소 기능을 이해하는 건 내일의 신경 질환을 예방하고 치료하는 데 매우 중요합니다."[13]

크게 성공할수록 적은 양의 수면으로 살아야 한다고 생각하는 사람이라면 이제 그런 생각을 고쳐야 할 때가 왔다. 숙면으로 얻는 이득이 (꿈에서 배울 수 있는 것을 포함해) 너무나 많기 때문이다.

운동과 숙면의 관계

충분히 숙면을 취하겠다고 말하는 것과 실제로 그렇게 하는 것은 완전히 다른 문제다. 오늘날 미국인 약 4분의 1이 매년 어느 정도의 불면증을 경험한다.[14]

그런데 만성 불면증 환자들에게도 운동과 수면이 연관성이 있다는 매우 확실한 증거가 있다. 캐스린 리드Kathryn J. Reid 박사와 그 팀이 실시한 실험에 따르면 유산소 운동은 이전에 정기적으로 수면 장애를 겪었던 사람들에게 아주 긍정적인 결과를 가져왔다. "이 연구 결과는 중간 강도의 유산소 신체 활동과 수면 위생 교육으로 구성된 16주 프로그램이 만성 불면증을 앓는 노인들이 보고한 수면의 질, 기분, 삶의 질 향상에 효과가 있음을 보여준다. 이런 결과는 특히 몸을 많이 움직이지 않는 노인들의 불면 치료에 쓰이는 표준 행동 접근법에 구조화된 신체 활동 프로그램을 병행할 수 있음을 알려준다."[15]

노스웨스턴대학교 파인버그 의과대학의 한 연구팀은 이 연구에서 수집된 자료를 분석해서 운동과 수면의 상호 연관성을 조사했다. 그 결과 운동이 마법의 약은 아닌 것으로 밝혀졌다. 즉 한 번 체육관에 가서 운동한다고 불면이 해결되지는 않는다. 2개월 후에도 운동이 수면에 미치는 효과는 미미했다. 그러나 16주간의 연구가 끝날 무렵 운동의 효과가 갑자기 상승해서 참여자들은 하룻밤에 1시간 15분 더 잠을 잘 수 있었다.[16]

운동과 수면 사이에는 분명히 연관성이 있지만 운동이 효과를 내기까지는 어느 정도 시간이 걸린다. 하지만 운동이 건강에 미치는 전반적인 이점을 고려할 때 당장 효과가 없더라도 운동 일정을 고수하는 것은 좋은 생각이다. 수면에 효과가 있으려면 어느 정도의 운동이 필요한지에 대해서는 다양한 견해가 있지만 일반적으로 일주일에 2.5시간의 유산소 운동과 함께 약간의 근력 운동이 필요하다고 한다. 피츠버그대학교의 크리스토퍼 클라인Christopher E. Kline 박사의 권고에 따르면 "빠른 걷기, 가볍게 자전거 타기, 일립티컬 머신elliptical machine(러닝 머신, 자전거, 스텝퍼를 합친 운동 기구―옮긴이) 타기 등을 하면서 말을 할 수 있지만 몇 문장마다 숨을 골라야 할 정도로 심박수를 올리는 것이 적당한 운동으로 간주된다."[17]

마음도 쉴 시간이 필요하다

사람들이 수면에 어려움을 겪는 많은 이유 중 하나는 정신의 스위치를 끄지 못하기 때문이다. 예를 들면 대단히 중요한 회의를 앞두고 있거나 낮에 뭔가 혼란스러운 일이 있었거나 잠자리에 들기 직전 걸려온 전화에 짜증이 나 잠들지 못하기도 한다. 침대에 누워보지만 이런 도발적인 사건들로 마음이 분주해서 여전히 집 주위를 뛰어다니고 있는 것과 마찬가지다. 결국 몇 시간이고 누워만 있게 되고 잠은 에베레스트만큼 멀기만 하다.

다행히도 이런 상황에 대처하는 데 언제나 도움이 될 수 있는 도구가 있다. 바로 명상이다. 명상은 면역 기능 향상에서부터 불안감 해소와 회백질 증가에 이르기까지 많은 이점을 자랑하는데 그중 하나가 불면증의 개선이다.

데이비드 블랙David S. Black 박사의 팀은 수면 장애가 있는 중·노년들에게 두 시간에 걸친 마음챙김 명상에 여섯 차례 참여하게 했다. 그

결과 여섯 번의 명상이 끝날 무렵 이들은 의미 있는 불면증 개선 현상을 보였다.[18]

명상이 좀 낯설게 느껴진다면 아마도 명상이 어렵다거나 명상을 하려면 마음을 완전히 비워야 한다는 말을 들었기 때문일 것이다. 그러나 명상을 돕는 헤드밴드 '뮤즈'의 개발자 애리얼 가튼Ariel Garten은 명상은 마음을 비우는 것이 아니라 "마음이 현재 순간을 의식하도록 훈련하는 것"이라고 했다.[19]

나 역시 가튼에게서 명상을 배웠다. 그녀는 어떤 시간, 어떤 장소에서든 명상을 할 수 있다고 했다. 3분 동안 눈을 감고 깊게 숨을 들이쉰 다음 숫자를 세면서 숨을 내쉬기만 해도 명상의 이점을 느낄 수 있다. 그녀가 알려준 또 다른 방법은 호흡에 모든 주의를 기울이는 초간단 명상이다. 거의 그렇지만 호흡에 집중했던 마음이 흩어질 때는 이를 알아차리고 다시 집중하면 된다.

이 기법은 조금이라도 명상의 효과를 보려면 참선의 달인이 되어야 한다고 생각하는 모든 사람에게 명상에 대한 편견을 없애줄 것이다. 한 가지에 오랫동안 집중할 수 있는 사람은 드물다. 그러나 집중을 잃었지만 다시 주의를 모으고 집중하는 것도 똑같이 대단한 일이다.

가튼의 말에 따르면 호흡에 다시 주의를 기울일 때 우리는 "중요한 기술을 쓰게 된다. 즉 자기 생각을 관찰하는 법을 배운다. 자기 생각에 사로잡히는 것이 아니라 자기 생각을 관찰하는 과정에 들어가는 것이다. 생각은 통제할 수 있으며 무엇을 생각할지 선택할 수 있음을 인식하기 시작한다."[20] 이런 간단한 방식의 명상도 수면을 개선할 수 있다는 사실을 기억하라.

건강한 뇌를 위한 레시피

한계를 없애기 위해서는 뇌에 충분한 연료를 공급하는 것이 기본이다. 이를 위해 우리가 시작할 수 있는 일은 더 많지만 먼저 이 장에 나온 몇 가지에 집중해보자.

- 현재 집에 없는 브레인 푸드를 쇼핑 목록으로 작성하자. 이 브레인 푸드들이 전부 입맛에 맞지는 않겠지만 최대한 많은 품목을 포함시키도록 노력하자. 그런 다음 이 목록을 가지고 식품 가게로 가라.
- 당신의 ANT(자동적인 부정적 사고)는 무엇인지 잠시 생각해보자. 당신은 자신에게 어떤 제한을 두고 있는가? 몇 분간 답을 생각해보자. 당신은 무엇을 할 수 없다고 자신에게 말하고 있는가? 이제 그것을 적어보자.
- 어떻게 배움을 넓히고 싶은지 생각해보자. 항상 배우고 싶었는데 시간을 내지 못했던 것은 무엇인가? 외국어? 컴퓨터 코딩? 새로

운 영업 또는 마케팅 기법? 지금 당장 그것을 당신의 삶에 어떻게 집어넣을 수 있을까?

- 수면의 양과 질을 개선하기 위해 이 장에서 설명한 방법 중 하나를 사용해보자. 적어도 일주일 동안은 경과를 지켜봐야 한다.

제9장

행동하게 만드는
습관 설계가 필요하다

지금 당장 시도할 수 있는 작고 간단한 행동은 무엇인가?
좋은 습관을 들이거나 나쁜 습관을 버리려면 어떻게 해야 할까?
어떤 일과가 한계를 없애는 데 도움이 될까?

지금 당신은 뭔가를 해야 할 이유 또는 목적이 있다. 그리고 여기에 필요한 에너지도 가지고 있다. 그러면 빠진 것은 무엇일까?

바로 작고 간단한 행동Small Simple Step, S³, 즉 당신의 목표에 가까워지기 위해 취할 수 있는 아주 작은 실천들이다. 이는 최소한의 노력과 에너지를 필요로 하며 시간이 흐르면서 점차 습관으로 굳어진다. 그래서 나는 이 책에 '실천 포인트'를 통해 쉽게 할 수 있는 작고 간단한 행동들을 담았다.

1920년대의 어느 날 러시아의 심리학자 블루마 자이가르닉Bluma Zeigarnik은 오스트리아 빈의 한 식당에 앉아 있다가 어떤 사실을 발견했다. 분주한 식당 안을 바삐 도는 종업원들이 고객들의 주문을 매우 효율적으로 기억하고 처리하고 있었지만 손님에게 음식을 가져다준 이후에는 그 주문에 대해 잊었던 것이다.

이에 흥미를 느낀 자이가르닉은 사람들에게 간단한 과업을 수행하게 해놓고 때때로 방해하는 실험을 했다. 그런 다음 피험자들이 어떤 과업을 기억하고 어떤 과업을 기억하지 못하는지 질문했다. 그 결과 중간에 방해받았던 이들은 방해받지 않고 완수할 수 있었던 일보다 방해받았던 순간에 하고 있던 일을 기억할 가능성이 두 배나 높은 것으로 나타났다. 자이가르닉은 미완결 과업은 완결될 때까지 계속 기억하게 되는 긴장 수준을 조성한다는 결론을 내렸다. 이 현상은 훗날 자이가르닉 효과Zeigarnik effect로 알려졌다.

아마 당신도 일을 미뤄본 경험을 통해 이런 긴장감을 잘 알고 있을 것이다. 해야 할 일이 있음을 알면서도 계속 미루면 그 일에 짓눌리게 되고, 그 일을 끝낼 때까지는 다른 일도 제대로 하기가 어렵다. 해야 할 일은 왠지 어려워 보이고 다른 일보다 재미가 없고 귀찮게만 느껴진다. 이렇게 계속 미루다 결국은 나중에 해도 시간은 충분하다고 스스로를 설득하기에 이른다. 이처럼 우리는 삶에 대한 비전이 명확하고 자신이 어떤 사람이 되고 싶은지 알고 있을 때도 여전히 과업을 완수하는 데 애를 먹는다. 지속적으로 동기부여가 될 때조차 왜 여전히 행동에 옮기기는 그렇게나 힘든 것일까?

사람들이 행동하지 않는 가장 중요한 이유 중 하나는 해야 할 일에 압도당하는 느낌 때문이다. 프로젝트나 일상 업무가 너무 크고 시간이 오래 걸릴 일처럼 보여 그 일을 어떻게 해낼지 상상이 되지 않기 때문이다. 프로젝트 전체를 보고는 곧 그 과제가 너무 크다는 느낌을 받고 중단하거나 연기한다. 심리학자 하다사 립시츠Hadassah Lipszyc는 이렇게 말한다. "흔히 미완결 과업과 미루기는 빈번하고 쓸모없는 사고 패턴으로 이어진다. 이런 생각들은 수면에 영향을 미치고 불안 증상을 유발하며 나아가 정신적·정서적 자원에 영향을 미칠 수 있다."[1]

먼저 나 자신에게 친절해지기

일을 끝내는 걸 상당히 자주 힘들어한다면 대개는 스스로를 책망할 가능성이 크다. 그리고 이런 감정은 도움이 되기보다 자신을 힘들게만 할 것이다. 알다시피 미완결 과업은 뇌에 긴장을 조성한다. 여기에 죄책감과 수치심까지 더해지면 과업의 완수가 더 어려워지고 자기만 더 비참해진다.

텍사스대학교 오스틴 캠퍼스의 심리 및 마케팅 교수 아트 마크먼Art Markman 박사는 "그 일을 하지 않고 있을 때 또는 아무것도 할 수 없는 처지일 때 죄책감을 느끼는 것은 도움이 되지 않으며 심지어 고통스러울 수 있다."라고 말한다. 또 그는 이렇게 설명한다. "그러면 자신의 직업을 못마땅하게 여기게 되고 가족이나 친구와 함께 보낼 수 있는 시간을 망치게 된다. 수치심의 경우는 또 다르다. 사람들이 수치심을 피하고자 대놓고 일을 미룬다는 증거가 있다. 일을 끝내지 못해 느끼는 수치심은 문제를 개선하는 게 아니라 악화시킬 가능성이 커서 이 역시 도움이 되지 않는 감정이다."[2]

일의 진전이 없어 실망감을 느끼면 미루기를 그만두기가 더 어려워진다. 그러니 자신에게 너그러워지도록 하라. 자책한다고 나아질 것은 없다. 지금 이 책을 읽고 있으니 이미 당신은 앞으로 미루지 않을 행동을 하고 있는 셈이다.

내 경험상 이 문제에 대처하는 가장 좋은 방법은 과업을 아주 잘게 쪼개 성공을 가져올 습관을 만들 방안을 찾는 것이다. 자이가르닉 효과에 따르면 자잘한 과업들을 완수할 때마다 마음의 부담을 덜 수 있다. 그리고 각각의 하위 과업을 완결하면서 과업 전체의 완료에 점점 가까워진다.

하루에 한 걸음, 일을 잘게 나눠라

스탠퍼드대학교 행동설계연구소의 설립자이자 《습관의 디테일》의 저자 포그B. J. Fogg 박사는 20년 이상 인간의 행동을 연구했다. 그 결과 장기적인 인간 행동의 변화는 단 세 가지 경우에 일어난다는 사실을 발견했다. 첫째는 깨달음을 얻는 것이다. 필요하면 언제든 깨달음을 얻을 수 있는 사람은 극히 드물다. 둘째는 환경을 바꾸는 것이다. 이는 거의 모든 사람이 할 수 있지만 아무 때나 할 수 있는 건 아니다. 셋째는 포그 박사가 '걸음마 떼기'라고 이름 붙인 점진적 발전이다.[3]

다음 우화는 내가 매우 좋아하는 이야기로, 작고 간단한 변화의 원리를 보여준다.

한 왕이 위대한 마술사의 공연을 보고 있었다. 군중도, 왕도 그의 마술에 매료됐다. 마술이 끝나자 관중은 환호했고 왕이 말했다.

"대단한 재주를 가진 자로다. 신이 주신 재능이야."

그러자 현명한 왕실 고문이 말했다.

"폐하, 천재는 타고나는 것이 아니라 만들어지는 것입니다. 이 마술사의 묘기는 훈련과 연습의 결과물입니다. 이런 재능은 오랜 시간 결의와 절제로 갈고닦은 것입니다."

왕은 그의 진언이 좀 거슬렸다. 그의 이견이 마술사의 묘기를 보며 느낀 즐거움을 망쳐놓았다고 생각했다.

"이런 속 좁고 심술궂은 인간 같으니. 감히 진정한 천재를 비판하는가? 짐이 말했듯이 천재성은 있거나 없거나 둘 중 하나다. 자네에게는 없는 게 확실하다."

그러고는 근위병에게 명령했다.

"이자를 가장 깊은 지하 감옥에 처넣어라! 외롭지 않게 동족 둘을 넣어주마. 새끼 돼지 두 마리가 네 감방 동료가 되어줄 것이다."

현명한 고문은 투옥된 첫날부터 양손에 새끼 돼지를 한 마리씩 들고 감옥 문까지 이어지는 계단을 뛰어 올라가는 연습을 했다. 그렇게 몇 주, 몇 개월이 흐르는 동안 새끼 돼지들은 튼튼한 수퇘지로 자랐다. 그리고 그의 힘과 지구력도 나날이 커져갔다.

어느 날 왕은 왕실 고문이 기억났고 그가 얼마나 겸손해졌는지 궁금해졌다. 그래서 근위병에게 그를 데려오라고 명령했다. 왕실 고문이 건장한 체격에 양팔에 돼지를 한 마리씩 끼고 왕 앞에 나타나자 왕이 그 모습을 보고 외쳤다.

"대단한 재능을 가졌구나. 신이 내린 재능이로다!"

그러자 왕실 고문이 응수했다.

"폐하, 천재는 타고나는 것이 아니라 만들어지는 것입니다. 제 기술
은 훈련과 연습의 결과물입니다. 이 재능은 오랜 시간 결의와 절제로
갈고닦은 것입니다."[4]

행동을 변화시키는 방법 중 하나는 점진적인 발전이다. 정말로 저
녁 식사를 준비하고 싶지 않은가? 그렇다면 가족에게 간단한 간식거
리를 주고 조금 있다가 저녁을 준비하라. 다음 달 콘퍼런스에서 중요
한 강연을 해야 하는데 그 원고를 쓰기가 어려운가? 지금은 원고의 골
자만 적어라. 경제학 수업에 읽고 갈 자료가 너무 많아 어찌해야 할지
모르겠는가? 딱 한 장만 읽겠다는 목표를 정하라. 현명한 왕실 고문처
럼 하루하루, 한 번에 한 걸음씩 나아가야 한다.

이 시나리오에서는 두 가지가 핵심이다. 하나는 당신이 달성할 수
있는 걸 제시해서 과업을 완수해가며 승리를 맛보는 것이다. 다른 하
나는 결국에는 더 많은 걸 달성할 수 있는 상황을 만들어내는 것이다.
이미 주방에 있으니 저녁 식사를 만들어버리는 건 어떨까? 강연 원고
의 골자를 순조롭게 썼으니 초안을 몇 페이지 더 작성하는 것도 괜찮
을 것이다. 경제학 교재의 한 장을 읽으니 생각보다 지루하지 않았고
책도 이미 펼쳐놓았으니 몇 장은 더 읽을 수 있다.

미루고 있는 일을 잘게 나누면 완수할 수 있는 길이 명확해진다. 당
신이 원하는 바에 비해 지금껏 해온 일이 적어 긴장감이 들 때는 자이
가르닉 효과를 떠올려라. 그 일을 끝낼 때까지는 마음이 편할 수 없으

므로 완결을 향해 조금씩 나아가도록 하라. 어디선가 시작하라. 어디든 좋다. 그 일 전부를 해낼 에너지나 동기가 없더라도 일의 완수를 위해 시작하라. 안도감에 감사할 것이다.

 실천 포인트

중요하지만 그동안 미뤄온 일을 생각해보자. 어떤 일인가? 어떻게 하면 매일 할 수 있는 작고 간단한 행동들로 나눌 수 있는가?

습관의 고리를 만드는 '자동 조종 모드'

작고 간단한 행동을 반복하면 습관이 된다. 한 사람의 습관은 그 사람의 핵심이다. 우리가 매일 하는 일의 40~50퍼센트가 습관의 산물임을 보여주는 연구 결과는 많다. 우리 삶의 절반이 과학자들이 말하는 자동성automaticity에 지배된다는 뜻이다. 이 비율이 높아 보일 수도 있겠지만 별다른 생각 없이 매일 하는 일이 얼마나 되는지 생각해보라. 당신은 별다른 생각 없이 이를 닦는다. 자주 휴대전화를 확인한다. 차를 몰고 출근하지만 어떻게 직장까지 갔는지 특별히 기억나는 것은 없다. 의식하지 않은 채 자동적으로 재킷의 지퍼를 올리고, 찬장에서 유리컵을 꺼내고, TV 리모컨을 켠다.

물론 이런 자동성은 우리가 삶을 영위하는 데 필수다. 행동 하나하나를 모두 생각하며 해야 한다면 얼마나 지치고 힘겨울지 상상이 되는가? 양치질까지 의식적인 계산이 필요하다면 아침 10시면 지치고 말 것이다.

찰스 두히그는 《습관의 힘》에서 다음과 같이 말했다. "습관의 고리 habit loop가 없다면 우리 뇌는 일상생활의 사소한 일들에 압도되어 작동을 멈출 것이다. 부상이나 질병으로 기저핵이 손상된 사람들은 정신적으로 마비되는 경우가 많다. 그들은 문을 열거나 무엇을 먹을지 결정하는 등의 기본 활동을 하는 데도 어려움을 겪는다. 그들은 하찮은 세부 사항을 무시하는 능력을 잃었다. 한 연구에서 기저핵이 손상된 환자들은 얼굴의 어느 부분에 초점을 맞춰 봐야 하는지 잘 몰라서 공포와 혐오감 등의 표정을 인식하지 못했다."[5]

《아주 작은 습관의 힘》의 저자 제임스 클리어는 이렇게 말했다. "매일 반복하거나 반복하지 않는 습관이 건강과 부, 행복을 좌우한다. 습관을 바꾸는 방법을 안다는 건 자신의 일상을 책임지고 관리하고, 영향력이 큰 행동에 집중하고, 원하는 삶으로 역설계하는 법을 안다는 뜻이다."[6]

또 클리어는 내게 이런 말을 하기도 했다. "모든 습관이 어떤 식으로든 당신에게 도움이 됩니다. 우리 뇌는 생활하면서 다양한 문제에 직면하게 되죠. 예를 들어 신발 끈을 묶어야 할 때 뇌는 그 문제에 대한 해결책을 자동화합니다. 습관이란 그런 것입니다. 일생 부딪히는 반복적인 문제들에 대한 해결책이고 너무 여러 번 해서 생각하지 않아도 할 수 있는 것이죠. 만약 해결책이 더는 통하지 않으면 뇌는 다시 업데이트할 것입니다."[7]

클리어는 어떤 행동을 습관으로 만드는 고리에는 네 가지 구성 요

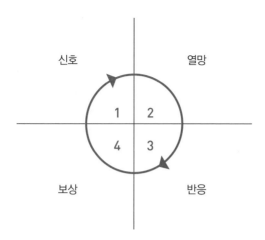

소, 즉 신호, 열망, 반응, 보상이 있다고 한다. 예를 들어 방에 들어갈 때 불을 켜는 행동을 생각해보자. 신호cue는 방으로 걸어 들어가 어둡다고 느끼는 것이다. 열망craving은 방이 어둡지 않으면 더 좋겠다는 느낌이다. 반응response은 전등 스위치를 올리는 것이며 보상reward은 이제 어둡지 않은 방이다.[8]

이 습관의 고리는 어떤 습관에나 적용할 수 있다. 예를 들어 퇴근해서 집에 왔을 때 우편물 챙기기를 생각해보자. 신호는 퇴근해서 차고 앞이나 현관에 도착하는 것이다. 열망은 우편함에 뭔가가 있기를 바라는 마음이다. 반응은 우편함으로 가서 확인하기다. 그리고 보상은 우편물을 우편함에서 꺼내는 것이다. 아마 당신은 우편물을 실제로 손에 넣기 전까지 이 중 어느 것도 생각하지 않았을 것이다.

우리 삶에 필수적인 부분을 자동화하는 습관 만들기는 기본적으로 능률화 기술로서 대체로 무의식적으로 이뤄지며 우리에게 이득이 된다. 물론 습관이 되지 않는 게 훨씬 나았을 각종 행동 역시 자동화된다. 당신도 익히 알고 있을 습관 하나를 생각해보자. 아마 신호는 주방 팬트리 지나가기일 것이다. 열망은 당신이 가장 좋아하는 과자가 팬트리에 있다는 정보와 그것을 먹고 싶다는 욕망에서 나온다. 반응은 팬트리에 들어가 과자 봉지를 열고 크게 한 줌 집는 것이다. 보상은 바삭바삭하고 짭짤하고 기름진 맛이다(건강에는 아무런 도움이 되지 않을 것이다). 부정적 습관은 건강한 습관과 똑같이 자동화되어 있다. 과자를 입에 넣고 있다는 사실을 의식할 새도 없이 과자는 이미 당신 뱃속에 들어가 있다.

이제 당신은 한계를 넘어서는 과정에 있으므로 부정적 행동을 더는 계속할 수 없다. 그렇다면 어떻게 나쁜 습관을 깨뜨릴 수 있을까? 그리고 어떻게 하면 도움이 될 새로운 습관을 만들 수 있을까?

나쁜 습관, 없애지 말고 대체하라

논의를 시작하기 전에 습관을 형성하는 데 얼마나 걸리는지 잠시 이야기해보자. 유니버시티 칼리지 런던의 필리파 랠리Phillippa Lally, 코넬리아 판 야스펠트Cornelia van Jaarsveld, 헨리 포츠Henry W. W. Potts, 제인 워들Jane Wardle은 실험 참여자들에게 점심 식사와 함께 물 마시기, 저녁 식사 전에 조깅하기 등 건강한 식습관과 운동 습관을 익히는 과정을 거치게 했다. 참여자들은 84일 동안 매일 이 새로운 행동들을 해야 했다. "참여자 대부분은 연구 기간에 꾸준히 자동성이 증가했다. 이는 일정한 환경에서 행동을 반복하는 것이 자동성을 증가시킨다는 가정을 뒷받침한다." 연구가 끝날 무렵 참여자에 따라 짧게는 18일, 길게는 254일이 걸렸지만 새로운 행동이 습관이 되는 데 평균 66일이 걸린다는 결과가 나왔다.[9]

나쁜 습관을 고치려면 그 습관을 끝내려 할 것이 아니라 보다 건설적인 다른 습관으로 대체해야 한다. 오리건대학교의 사회 및 정서 신경과학 연구소 소장 엘리엇 버크먼Elliot Berkman 박사는 이렇게 지적한다. "대체 행동 없이 습관적인 행동을 중단하기보다 새로운 행동을 시작하기가 훨씬 쉽다. 이는 니코틴 껌이나 흡입기 같은 금연 보조제가 니코틴 패치보다 효과적인 이유 중 하나다."[10]

그렇다면 매일 독서 시간을 따로 정해두기 같은 긍정적인 습관을 새롭게 만드는 과정이 팬트리를 지나칠 때마다 과자를 집어 드는 것 같은 부정적 습관을 없애는 과정과 근본적으로 똑같다면 그 과정은 어떻게 진행되는 걸까?

이 책에서 논의한 많은 것들과 마찬가지로 여기서도 동기가 핵심적인 역할을 한다. 스탠퍼드 의과대학교의 정신의학 및 행동과학과 임상 부교수 토머스 플랜트Thomas G. Plante 박사는 습관을 고치려는 노력에 대해 다음과 같이 설명했다.

"그 습관을 깨고 싶은 마음이 얼마나 큰지에 달려 있다. 많은 사람이 이중적 태도를 보인다. 즉 살을 빼기를 원하지만 음식을 좋아한다. 음주량을 줄이고 싶지만 해피 아워(술집에서 술과 음식 값을 할인해주는 시간대—옮긴이)를 좋아한다. 손톱 물어뜯기를 그만두고 싶지만 물어뜯으면 스트레스가 줄어드는 것 같다. 따라서 문제의 습관을 고치고 싶은 마음이 얼마나 강한가가 관건이다. 둘째, 문제의 습관이 얼마나 확고히 자리 잡고 있는지에 따라 다르다. 그래서 오래된 습관을 없애기보다 새로운 습관을 만들기가 더 쉽다. 셋째, 습관을 고치지 않으면 초래될 결과가 무엇인지에 따라 달라진다. 파트너가 당신을 떠날까? 일자리를 잃을까? 병에 걸릴까? 지금 바뀌지 않으면 정말 나쁜 일이 생길까?"[11]

포그 박사는 그의 행동 모델Fogg Behavior Model을 통해 행동 변화에 필요한 상황을 제시한다. "목표한 행동이 일어나려면 충분한 동기, 충분한 능력, 효과적인 자극이 있어야 한다. 이 세 가지 요인이 동시에 있어야 행동이 이뤄진다."[12] 즉 습관을 형성하려면 세 가지가 갖춰져야 한다. 먼저 습관을 만들고 싶은 욕구가 필요하다. 정말 하고 싶지 않은 일을 습관적으로 하기는 매우 어렵기 때문이다. 그리고 이를 실행할 적절한 기술도 필요하다. 할 능력이 안 되는 일을 습관으로 만들기는 거의 불가능하다. 더불어 습관의 고리를 시작하게 해줄 뭔가가 필요하다(제임스 클리어가 '신호'라고 부르는 것). 그러면 각 요소를 차례로 살펴보도록 하자.

동기

동기에 대해서는 앞서 이미 이야기했지만 포그 박사의 관점에서 다시 살펴보자. 그는 동기를 유발하는 주요인으로 다음 세 가지를 제시한다.

- **즐거움/고통**: 가장 즉각적인 동기 요인이다. 이 경우 행동은 긍정적이든 부정적이든 거의 즉각적인 보상을 받는다. 포그는 "즐거움/고통은 원시적인 반응으로서 배고픔이나 섹스 등 유전자의 자기 보존 및 전파와 관련된 행동에 맞춰 작동한다."고 했다.[13]

- **희망/공포**: 즐거움/고통의 즉시성과 달리 이 요인의 핵심은 기대감이다. 우리는 희망적일 때는 좋은 일이 일어나리라고 기대하며 두려울 때는 그 반대를 예상한다. "일상적 행동에서 증명되듯 이 요인이 즐거움/고통보다 강력할 때도 있다."고 포그는 지적한다. "예를 들면 어떤 상황에서는 공포(독감에 걸릴 것이라는 예상)를 극복하기 위해 고통(독감 예방주사)을 감수한다."[14]

- **사회적 수용/거부**: 배제는 곧 사망 선고를 의미했던 시대부터 인간은 늘 동료 집단에 받아들여지기를 원했다. 포그에 따르면 "사회적 동기의 힘은 역사적으로 생존을 위해 집단생활에 의존했던 인간을 비롯해 모든 생물에게 내재되어 있다."[15]

능력

포그는 간단한 일일 때 실행할 가능성이 훨씬 더 크다는 데 주목하면서 능력을 간단함과 동일시했다. 그는 간단함을 다음과 같은 여섯 가지 범주로 나눴다.

- **시간**: 그 일을 할 수 있는 시간이 있을 때만 일이 간단하다고 인식한다.
- **돈**: 재정적 자원에 부담을 준다면 간단한 일로 여기지 않는다.

- **신체적 노력**: 신체적으로 쉬운 일을 간단하다고 여긴다.
- **두뇌 회전**: 간단한 일은 생각해야 한다는 부담을 주지 않는다. 우리는 너무 많이 생각해야 하는 일은 피한다.
- **사회적 이탈**: 이는 수용 동기에서 비롯된다. 간단한 행동은 사회적 규범에 따르는 행동이다.
- **비일상성**: 평소의 일상에서 얼마나 벗어난 일인가는 간단함의 수준을 규정한다.

자극

마지막으로 포그는 세 가지 유형의 자극에 주목했다.

- **촉발**spark: 촉발 자극은 즉시 동기의 형태로 이어진다. 예를 들어 이메일을 열면 무엇을 볼지 좀 두렵다면 그 두려움을 바꿔줄 습관이 촉발 자극이다.
- **촉진**facilitator: 동기는 높으나 능력은 부족할 때 이 유형의 자극이 효과가 있다. 예를 들어 특정 소프트웨어를 쓰고 싶지만 컴퓨터를 잘 모른다면 그 소프트웨어를 쉽게 사용하게 해주는 도구가 촉진 자극이 된다.
- **신호**signal: 동기도 높고 능력도 뛰어난 경우 행동을 습관화하는 데 필요한 것은 알림 또는 신호뿐이다. 만약 브레인 스무디를 만드는 것을 좋아한다면 아침에 주방에 들어갔을 때 믹서만 있어도 스무디를 만들게 하는 신호가 된다.

당신이 고치고 싶은 습관들을 정할 수 있는가? 일상생활을 하면서 다른 중요한 일들을 하지 못하게 방해하는 습관 한 가지는 무엇인가? 여기에 기록한 다음 그 습관을 지키게 해줄 자극을 찾아보자.

새로운 습관을 만드는 WIN 기법

포그 행동 모델은 특정 행동을 습관으로 만들기 위해 갖춰야 할 모든 요소를 보여준다. 좋은 행동을 습관으로 만드는 것은 우리의 성장에 중요할 뿐 아니라 나쁜 습관을 고치는 열쇠이기도 하다. 하지만 어떻게 습관을 만들까? 여기서는 새로운 습관을 만드는 'WIN' 기법을 기억하면 된다.

- **Want(욕구)**: 자신이 정말 원하는 것인지 확인하라. 하고 싶지 않은 일을 습관으로 만들고 유지하기란 거의 불가능하다. 포그 모델의 동기 유발 요인 중 하나가 당신이 채택하려는 습관에 적용되는가? 그렇지 않다면 이 습관과 흡사하면서 비슷한 성과를 가져올 습관이 있는가?
- **Innate(선천적 능력)**: 채택하려는 새로운 습관이 타고난 능력에 잘 부합하는가? 계속 실행하기가 어려운 행동은 습관화되지 않는다

는 점을 기억하자. 채택하려는 습관이 자신이 잘하거나 잘할 수 있다고 믿는 일이라면 습관화가 잘 된다.

- **Now(지금)**: 새로운 습관을 지금 바로 실천하도록 고무해줄 자극을 만들어보자. 휴대전화의 알림부터 사무실의 메모까지 자신이 실천하려는 습관을 시작할 시간을 기억하게 해주는 것이면 무엇이든 괜찮다.

아주 작은 습관이 당신을 바꾼다

좋은 습관의 확립이 삶에 얼마나 영향을 미칠 수 있는지 여전히 의구심이 드는가? 그렇다면 우리 고객 한 명의 이야기를 들어보자.

시앙은 조현병과 우울증을 앓았다. 자신이나 남을 해치라는 환청이 자주 들렸고 이 때문에 정신 병동에 여러 차례 입원하기도 했다. 최근 자신에게 맞는 약을 찾아 치료를 받았던 그는 내 팟캐스트를 발견하고서 내가 가르치는 몇 가지 전략을 배웠다. 이후 그는 팟캐스트를 정기적으로 들으면서 퀵 챌린지Kwik Challenge에 참여하기 시작했다. 퀵 챌린지는 사람들에게 새로운 사고를 소개해서 학습에 적합한 뇌로 만들도록 안내하는 활동들이다.

처음에는 힘들었지만 시앙은 특별히 두 가지 도전 과제, 평소에 잘쓰지 않는 손으로 양치질하기와 매일 아침 차가운 물로 샤워하기에만 집중했다. 그는 냉수로 샤워하는 시간을 일주일에 1분씩 늘렸고, 지독히 차가운 물줄기를 견뎌내는 힘든 일을 할 수 있게 되면서 자신의 한계와 싸울 수 있는 능력이 있음을 깨닫게 되었다. 이런 퀵 챌린지 경험을 바탕으로 그는 습관과 행동 변화에 대해 배운 것들을 다른 영역에도 적용하기 시작했다.

시앙의 삶은 극적으로 좋아졌다. 그는 운전면허 시험에 도전해 합격했다. 또한 식단을 바꾸고 설탕이 많이 든 음료를 끊고 매일 아침 공원에서 5분간 조깅을 시작했다. 캐럴 드웩의 《마인드셋》을 필두로 책을 읽기 시작했고 책을 읽는 동안은 바로크 음악을 틀어놓고 독서 속도를 유지하며 환각에 빠지지 않도록 했다. 첫 번째 책을 다 읽는 데는 한 달이 걸렸지만 그러고 나자 예전에 한 번도 느껴보지 못했던 자신감이 생겼다. 그는 도서관을 정기적으로 방문하게 되었다. 그리고 학습의 단계를 올려 인근 대학의 컴퓨터공학 강의까지 수강했다. 이제 그는 자신이 평생학습을 할 수 있다고 믿게 되었다.

당신은 과거에 습관과 일과를 바꾸려고 했던 시도들이 전부 실패했기 때문에 영원히 실패할 운명이라고 생각하고 있을지도 모른다. 하지만 시앙의 이야기는 하루에 한두 가지 작은 습관만 바꿔도 놀라운 발전이 있을 수 있음을 보여준다. 평소 안 쓰는 손으로 양치질하기처럼 간단한 일로도 완전히 새로운 생활이 시작될 수 있다.

반드시 아침 루틴을 만들어라

최근 대학을 졸업한 케이샤는 '아주 근본적인 변화'가 필요한 시점에 도달했다.

"늘 그랬듯이 그날도 침실에서 공부하고 있었어요. 저는 할 일이 있으면 거기에만 집중하는 사람이었죠. 쉬는 시간도 없이 여덟 시간 내내 일했고 주말에도 쉬지 않았어요. 시험 기간이면 남자 친구도 한 달에 한 번만 만났고요. 그런데 그날은 왠지 달랐습니다. 하느님이 지금 죽으면 제 삶이 어떤 모습일지 물으셨어요. 저는 책상 의자 같겠다고 대답했죠. 제 대답에 등골이 오싹해지더군요."

ADD(주의력결핍장애)를 진단받은 케이샤는 약을 먹다가 종종 중단하곤 했다. 약을 먹을 때는 말수가 적고 차분하며 매우 지루하기도 한 기분이지만, 약을 안 먹을 때는 통제 불능 상태가 됐다.

"기운이 넘쳐 잠시도 가만히 있지 못하고 찬장에 있는 걸 전부 먹어 치우곤 했어요."

그녀는 다른 활동을 모두 포기하면서까지 열심히 공부했지만 정작 공부 시간을 최적으로 활용하지는 못하고 있다고 생각했다. 그래서 아침을 맞이하는 방식부터 시작해 자신의 공부 방식을 모두 바꿔야 한다고 자신을 설득했다.

"하루 루틴부터 바꿨어요. 먼저 '나는 ADD가 아니다'라고 선언했습니다. 그런 정체성을 가질 필요가 없더라고요. 디지털 디톡스도 중요했습니다. 아침부터 소셜 미디어에 접속하면 머릿속이 온갖 화려한 이미지로 가득 차고, 공부하러 가서도 계속 보고 싶어지니까요. 제 뇌가 어떻게 작동하는지 배워야 했습니다. 습관의 문제로 접근해야 했어요. 책상에 앉으면서 이렇게 말했죠. '케이샤, 딱 10분 동안 책상 앞에 앉아 공부하는 거야. 그러고 나면 기분이 좋아질 거야.' 그렇게 10분에서 20분, 1시간, 4시간, 24시간으로 디지털 디톡스 시간을 늘려나갔어요. 그전에는 늘 수천 가지 생각을 동시에 하는 기분이었는데 이 제는 아니죠."

케이샤는 지금도 매우 열심히 일하지만 전보다 훨씬 많은 일을 해 내고 있다. 졸업 후에는 커뮤니케이션 전문가로 회사 네 곳의 일을 동 시에 하고 있다. 그중에는 사람들이 더 많은 것을 성취할 수 있도록 도 와주는 그녀의 회사도 포함되어 있다. 그녀는 그렇게 일할 수 있는 능 력이 자신의 루틴 덕이라고 말한다.

"루틴을 정하면 많은 스트레스를 덜 수 있습니다. 제가 그 모든 일 을 해낼 수 있는 건 전적으로 루틴을 따르기 때문이에요. 일찍 일어나 기, 목표 달성하기, 한 해 동안 달성하고 싶은 목표 생각하기까지 전부 다요. 무엇을 이루고 싶고 어떻게 이룰지 마음속에 명확한 비전이 있 으면 어떤 것도 당신을 막을 수 없죠."

아침 일과는 왜 그렇게 중요할까? 간단한 활동들로 뇌에 시동을 걸 면서 하루를 시작한다면 그야말로 어마어마한 효과가 있다. 또한 아침 일찍 승리를 맛볼 수 있는 일과를 정해두면 토니 로빈스Tony Robins가 말한 '모멘텀의 과학'science of momentum 효과를 본다. 모멘텀의 과학이 란 일단 시동이 걸리면 정지 상태에서 시도할 때보다 적은 노력으로 계속 해나갈 수 있다는 주장이다.

나는 그날 하루 승리할 수 있게 정신을 자극하는 아침 일과를 신중 히 개발했다. 물론 매일 모든 일과를 실천하지는 않는다. 출장 중일 때 는 더 그렇다. 하지만 항상 아침 일과의 대부분을 지키며 이로써 하루 가 시작되는 순간부터 정신적인 준비와 성과, 생산성, 긍정성의 태세 를 갖춘다.

나의 아침 일과는 이렇다. 먼저 잠에서 깨면 침대에서 일어나기 전에 잠시 무슨 꿈을 꿨는지 곰곰이 생각해본다. 꿈은 잠자는 동안 잠재의식의 활동이 표출된 것으로 때로는 황금을 캐낼 수도 있다. 역사상 많은 천재가 정기적으로 꿈을 들여다보고 최고의 아이디어나 위대한 발견을 얻곤 했다. 메리 셸리Mary Shelley는 꿈에서 《프랑켄슈타인》의 아이디어를 얻었으며 폴 매카트니는 〈예스터데이〉를, 아인슈타인은 상대성 이론의 아이디어를 얻었다. 그래서 나는 매일 아침 베개에서 머리를 들기 전에 제일 먼저 간밤에 꾼 꿈을 상기하면서 내가 하려는 일에 유용할 수도 있는 아이디어나 인식, 새로운 시각이 있는지 생각해본다.

물론 꿈이 잘 생각나지 않는 경우도 있다. 꿈을 떠올리는 데 도움이 되도록 신속한 연상 기법을 소개하면 다음과 같다. 'DREAMS'라는 단어만 기억하면 된다.

- Decide(결정하기): 전날 밤 잠들기 전에 다음 날 일어나서 꿈을 기억할 것이라고 의식적으로 결정하라. 의도하면 실현될 확률이 극적으로 올라간다.
- Record(기록하기): 머리맡에 펜과 종이를 두거나 휴대전화에 녹음 앱을 쓸 수 있게 해두어라. 잠에서 깨자마자 기억나는 꿈의 잔영을 기록하라.
- Eyes(눈 감고 있기): 잠에서 깬 직후에 눈을 감고 있어라. 꿈은 깬 지 몇 분 내로 사라질 수 있으므로 계속 눈을 감고 있으면 회상에 도움이 될 것이다.

- **Affirm(확언하기)**: 잠들기 전에 꿈을 기억할 거라고 확언하라. 긍정은 성취에 결정적인 도구다.
- **Manage(관리하기)**: 평소에 수면을 잘 관리하고 좋은 수면 습관을 들여라. 이는 여러모로 중요하지만 꿈을 기억하기 위해서도 중요하다.
- **Share(공유하기)**: 다른 사람들과 자신의 꿈에 관해 이야기하라. 그러면 꿈을 점점 표면으로 끌어올려 꿈을 들여다보고 나중에 논의할 수 있게 된다.

침대에서 일어나 내가 제일 먼저 하는 일은 침대 정리다. 이는 그날 하루의 첫 번째 성취를 맛보게 하는 성공 습관이다. 쉽게 할 수 있는 일이고 밤에 잠자리에 들 때 정돈된 침대를 보면 기분이 좋아진다. 군대에서 아침에 침상 정리부터 하도록 훈련시키는 이유도 그 때문이다. 그래야 모든 일을 훌륭히 해낼 준비가 되기 때문이다.

그런 다음 큰 컵으로 물을 한 잔 마신다. 잠을 자는 동안 호흡하는 데만도 많은 수분이 소모되므로 아침에 제일 먼저 수분을 공급해주는 것은 매우 중요하다. 뇌는 약 75퍼센트가 물이기 때문에 뇌를 가동하려면 수분을 충분히 공급해야 한다는 사실을 기억하라. 나는 셀러리 주스도 한 잔 마시는데 이는 면역력을 높이고 간에서 독소를 씻어내며 부신의 회복을 돕는다. 이 아이디어는 앤서니 윌리엄Anthony William의 《난치병 치유의 길》에서 얻었다. 그 직후에는 두 번째 뇌에 필요한 프로바이오틱스를 복용한다.

그런 다음 왼손으로(왼손잡이는 오른손) 이를 닦는다. 이렇게 하는 이유는 뇌가 어려운 일을 하도록 훈련하기 위해서다. 어려운 일을 하면 다른 뇌 영역이 자극되고 몰두할 수밖에 없기 때문이다. 그러고 나서 3분 동안 운동을 한다. 충분한 운동은 아니어도 아침에 우선 심장박동수를 올리고 싶기 때문이다. 이 간단한 운동은 수면과 체중 관리 그리고 뇌에 산소를 공급하는 데도 도움이 된다. 운동을 마치면 냉수로 샤워를 한다. 차가운 물을 맞으며 하루를 시작한다는 생각에 움찔거릴 사람들도 있겠지만 이런 한랭요법은 신경계를 제자리로 돌리는 역할을 하고 염증을 예방한다.

샤워를 마치면 호흡 운동으로 온몸에 산소를 공급한다. 그런 다음 20분 정도 명상을 하며 맑은 정신으로 하루를 시작한다. 명상이 끝나면 고투콜라gotu kola(항염증, 혈류 개선, 뇌 건강 증진 효과가 있다는 영양제―옮긴이), 은행, 노루궁뎅이버섯, MCT 오일 및 다른 몇 가지를 섞어 '브레인 티'를 만든다.

그 후에는 앉아서 그날 처음 떠오른 생각들을 일기에 적는다. 나는 하루에 세 가지 업무와 세 가지 개인적인 용무를 목표로 하는데 이때 그것들을 정한다. 이어서 30분가량 독서를 한다. 일주일에 최소 한 권의 책을 읽겠다는 목표를 세웠기 때문에 독서를 아침 일과의 하나로 삼았다. 마지막으로 이 장의 앞부분에서 이야기한 여러 브레인 푸드를 조합한 '브레인 스무디'를 마신다(혹시 궁금할까 봐 알려주는데 여기에 연어를 넣지는 않는다).

물론 이 일과를 지키는 데 많은 시간이 걸리기는 한다. 그리고 매일 이 일과를 전부 지키지는 못한다. 당신이 보기에 이 일과를 감당할 수 없다고 느껴지는 것도 당연하다. 특히 다른 사람이 이렇게 제안한다면 더 그런 느낌이 들 것이다. 그러나 당신이 이 책을 읽는 목표가 뇌의 향상에 있다면 이와 유사한 아침 일과는 필수다. 아침 일과에 반드시 들어가야 할 것들은 다음과 같다.

- 잠자리에서 일어나기 전에 꿈을 떠올려본다. 꿈에서 많은 황금을 캐낼 수 있으므로 이 단계를 건너뛰지 않기를 강력히 권한다.
- 몸에 수분과 산소를 공급한다.
- 브레인 푸드로 영양을 섭취한다.
- 그날의 계획을 세운다.

최소 이 네 가지를 지킨다면 당신의 뇌는 원기 왕성하게 활동할 것이다. 최대한 많은 일과로 하루를 시작하도록 하라. 하루를 제대로 시작하는 것이 그날의 전반적인 활동에 가장 큰 영향을 준다는 사실을 잊지 마라.

🧠 **실천 포인트** ─────────────────

새로운 아침 일과를 만들어보자. 일과가 많을 필요는 없다. 간단한 3단계 일과만으로도 활기차게 아침을 시작하는 데 도움이 될 수 있다. 승리하는 하루를 맞이하기 위해 일어나자마자 항상 해야 할 세 가지는 무엇인가? 여기에 적어보자.

더 나은 오늘을 위한 습관 만들기

습관 없이 살 수 있는 사람은 없다. 당신의 삶에 건설적인 습관을 만들고 나쁜 습관을 더 나은 습관으로 대체하기 위해 의식적으로 노력한다면 당신의 잠재력을 새로운 차원으로 끌어올릴 수 있다. 다음 장으로 넘어가기 전에 해야 할 일이 몇 가지 있다.

- 아침 식사 준비나 개 산책시키기 같은 가장 흔한 습관의 네 가지 요소를 생각하면서 습관의 고리에 대한 이해를 높여보자. 각 습관의 단서, 열망, 반응, 보상은 무엇인가?
- 좀 더 건설적인 습관으로 대체하고 싶은 습관을 생각해보자. 어떤 행동을 새로 채택하면 포그 행동 모델에 딱 들어맞을까?
- WIN 기법을 적용해 가치 있는 새로운 습관을 시작해보자.

제10장

목표를 향한
강렬한 몰입이 필요하다

몰입은 왜 중요한가?
어떻게 몰입 상태에 도달하는가?
몰입을 방해하는 적은 무엇인가?

어떤 일에 푹 빠져서 주변의 모든 것이 사라지고 그 상태가 너무나도 자연스럽게 느껴졌던 경험을 해본 적이 있는가? 아마 그동안에는 시간이 가는 줄도 몰랐을 것이다. 일에 너무 집중해서 오후가 밤이 되는 줄도 몰랐다거나 끼니도 여러 번 걸렀다는 사람들도 있는데, 바로 이런 경험이 몰입flow이다.

심리학자 미하이 칙센트미하이Mihaly Csikszentmihalyi는 저서 《몰입》에서 몰입 상태에 대해 이렇게 설명했다. "어떤 활동에 너무 열중해서 다른 어떤 것도 중요하지 않은 상태다. 그 경험 자체가 너무 즐거워서 이를 위해서라면 아무리 큰 대가라도 치르려 할 것이다." 칙센트미하이는 몰입이란 '최적 경험'optimal experience[1]이라면서 다음 여덟 가지 특징을 보인다고 했다.[2]

- 온전한 집중
- 목표에만 집중하기
- 시간이 빨라지거나 느려지는 느낌
- 경험 자체가 보상 같은 느낌
- 수월한 느낌
- 힘들지만 지나치게 어렵지는 않은 경험
- 거의 저절로 행동이 이뤄지는 느낌
- 하고 있는 일에 편안함을 느낌

아마 당신도 경험했겠지만 몰입 상태에서는 생산성이 극적으로 향상된다. 몰입은 무려 다섯 배까지 생산성을 높일 수 있는 것으로 보고되는데 맥킨지McKinsey 사람들은 몰입이 다반사인 노동력을 다음과 같이 상상하기도 했다.

성과 극대화 훈련 중 임원들에게 최대 성과를 낼 때는 평균보다 얼마나 더 생산적인지 질문했을 때 다양한 답이 나왔지만 고위임원들이 내놓은 가장 일반적인 답변은 다섯 배 증가였다. 대부분이 근무 중 몰입 범위에 들어간 시간이 10퍼센트가 채 안 된다고 보고했지만 어떤 사람들은 몰입 시간이 50퍼센트나 된다고 보고했다. 이렇게 높은 IQ, 높은 EQ, 높은 MQMoral Intelligence(도덕 지능) 환경에서 일하는 직원이 최고점에서 평균보다 최대 다섯 배 더 생산적이라면 최대 성과를 내는 시간이 비교적 완만하게 20퍼센트포인트만 증가해도 직장 전체의 생산성에 어떤 결과를 가져올지 생각해보라. 거의 두 배가 될 것이다.[3]

몰입에 이르는 것이 성공의 열쇠다

우리 커뮤니티의 일원인 패트릭은 ADHD와 집중력 부족에 시달렸고 이는 늘 문제가 되었다. 그는 쉽게 산만해지거나 반대로 한 가지에만 집중해 주변의 모든 사람에게 폐를 끼쳤다. 심지어 브라질 주짓수 대회 기간에도 그랬는데, 그는 상대에게 어떤 기술을 걸어야 할지 결정하기가 힘들었다. 많은 기술이 그 상황에 적절하지 않은데도 불구하고 모든 기술을 한 번에 구사하려고 했다. 이런 집중력 부재가 일뿐만 아니라 가정생활, 가장 좋아하는 스포츠에까지 영향을 미치자 그는 심한 스트레스를 받았다.

그러던 어느 날 패트릭은 내 팟캐스트를 듣기 시작했고 몰입의 단계(이는 잠시 후 다룰 것이다)뿐만 아니라 높은 성과를 내는 몇 가지 습관들을 알게 되었다. 곧장 배운 내용을 일상생활에 적용해봤고 즉각적인 결과를 얻었다. 마침내 그는 자신이 무엇으로 고생하고 있는지 파악하고 이해할 수 있었다. 그리고 자신의 행동과 일에 그 어느 때보다 온전히 몰두했다. 몰입 상태에 이르는 것이 열쇠였다.

다음 대회에서 패트릭은 강한 집중력을 발휘하여 과거라면 그를 산만하게 했을 문제들을 마음에서 떨쳐버릴 수 있었다. 그는 빠르게 몰입 상태에 들어갔고 마치 영화 〈매트릭스〉 속에 들어와 있는 것처럼 상대가 움직이기도 전에 무슨 동작을 할지 볼 수 있었다. 그렇게 주짓수 대회에서 좋은 성적을 거두자 일상생활도 개선됐다. 패트릭은 마침내 자신을 끝없이 괴롭혔던 스트레스에서 해방되는 기분을 느꼈고 더 자유롭게 삶을 즐길 수 있었다.

동기부여의 소스 코드, 몰입의 4단계

몰입 상태는 예측 가능한 궤적을 그린다. 플로우 리서치 콜렉티브Flow Research Collective의 설립자 스티븐 코틀러Steven Kotler는 몰입의 4단계를 다음과 같이 나눈다.[4]

1단계: 분투struggle

이는 몰입 상태에 도달하기 위해 무엇이 필요한지 깊이 파고드는 단계다. 운동 요법, 광범위한 조사, 치열한 브레인스토밍 그리고 당신이 집중하고 있는 어떤 것이든 될 수 있다. 그렇지만 이 단계는 종종 투쟁처럼 느껴지고 몰입과 정반대인 상태처럼 느껴질 수 있다.

2단계: 완화relaxation

완전히 몰입 상태에 빠지기 전에 잠시 숨을 고르는 단계다. 이 단계 직전까지의 분투로 탈진하는 것을 막아주므로 필수적인 단계다. 걷기,

호흡법, 긴장 완화에 도움이 되는 활동 등 이때의 휴식은 다른 과업으로 넘어가거나 경기 점수를 확인하는 것과 같은 산만한 시간과는 분명히 다르다.

3단계: 몰입flow

코틀러는 이 단계를 '슈퍼맨의 경험'이라고 묘사했다. 인생의 다양한 시점에서 경험하기를 바라는 이 몰입 상태에서는 정말 최선의 노력을 기울이게 되고 한계 없는 능력을 발휘하며, 모든 일이 거의 자동으로 진행되는 것처럼 보인다.

4단계: 통합consolidation

이 마지막 단계에서는 몰입 단계에서 성취한 모든 것이 한데 모인다. 다소 허탈함이 동반되기도 한다. 몰입 상태에서는 온갖 긍정적인 화학물질이 뇌에 흐르지만 이제 그 황홀감이 끝나가고 있다. 하지만 또 다른 몰입 주기가 바로 코앞에서 기다리고 있을 수 있다.

코틀러는 몰입의 발견이 동기의 '소스 코드'라고 믿는다. 몰입 상태에 도달하면 뇌가 줄 수 있는 강력한 화학적 보상을 받는데, 때문에 몰입은 지구상에서 가장 중독성이 강한 상태라고 그는 말한다. 어떤 경험 중 몰입감을 느끼는 순간 이를 더 느끼기 위해서라면 뭐든 하도록 동기부여가 된다. 하지만 이는 순환 관계다. 과업을 달성하려는 동기는 있지만 몰입하지 못한다면 결국 지쳐버릴 것이다. 동기와 몰입은 함께 작동해야 하며 충분한 수면과 영양 같은 확실한 회복 절차가 동반되어야 한다.

당신은 몰입감을 경험해본 적이 있는가? 그때 어디에 있었는가? 무엇을 하고 있었는가? 느낌이 어땠는가? 몰입 상태가 끝나면서 무엇을 달성했는가? 그 상태를 마음속으로 그려보자. 잘 그려지지 않더라도 그럴 수 있다고 상상하라.

온전히 집중하기 위한 다섯 가지 조건

한계를 뛰어넘기 위해 가능한 한 자주 몰입 상태가 되고 싶을 것이다. 그렇다면 어떻게 몰입할 수 있을까? 여기 다섯 가지 조건이 있다.

산만해질 요인을 없애라

산만함을 최소한으로 유지하는 것이 중요하다는 이야기는 앞서도 했다. 몰입감에 빠지려면 산만해지지 않도록 하는 것이 필수다. 주의가 산만해졌다가 하던 일을 다시 이어가는 데는 최대 20분이 걸릴 수 있다. 문자 한 통이 주의를 앗아가서, 다시 업무를 보기 전에 잠깐 소셜 미디어를 확인하고 싶어서 재부팅을 거듭한다면 몰입 상태에 들어갈 수 없다. 일단 다른 일은 다 제쳐놓고 지금 하고 있는 일에 온전히 집중하라.

자신에게 충분한 시간을 주어라

몰입할 수 있는 시간을 따로 확보해두어라. 적절한 조건 아래서 몰입 상태에 이르는 데는 약 15분이 걸리며 45분 정도까지는 정점에 이르지 못한다는 것이 일반적인 견해다. 30분 정도의 시간만 내서는 많은 성과를 낼 수 없다. 최소 90분은 확보하도록 계획을 세워라. 이상적인 시간은 두 시간이다.

자신이 사랑하는 일을 하라

몰입이라고 하면 우리는 완벽한 경기를 해내는 운동선수, 완벽한 기타 독주를 들려주는 음악가, 창작 과정이 아니라 받아쓰기처럼 보일 만큼 빠르게 문장을 채워가는 작가 등 대단히 높은 경지에 도달한 사람들을 생각하는 경향이 있다. 그들의 공통점은 자신에게 매우 중요한 일을 하고 있다는 것이다. 그들은 가벼운 과업을 수행하는 게 아니므로 적당히 능숙한 정도로는 만족하지 않는다. 자신이 사랑하는 일을 하고 있기 때문이다.

나는 수십 년 동안 사람들에게 몰입을 강의해오면서 단지 시간 때우기용 일을 몰입해서 했다는 이야기를 들어본 적이 없다. 이는 마치 낡은 고물차를 운전하는 것과 신형 스포츠카를 운전하는 차이와도 같다. 두 자동차 모두 당신을 사무실까지 데려다주겠지만 당신은 그중 한 차를 운전하는 데만 흥미를 느낄 것이다. 어떤 일을 하면서 짜증 나는 점이 있거나 대체로 지루함을 느낀다면 진정한 몰입 상태에 도달하기는 어렵다.

명확한 목표를 가져라

몰입을 가장 방해하는 요인 중 하나는 명확성의 결여다. 자신이 무엇을 이루려고 하는지 모른다면 과업을 찾아내려 애쓰느라 몰입하지 못한다. 바로 이런 이유로 소설가인 내 친구는 플롯 구성과 실제 집필을 구분한다. 그에게 플롯 구성은 단속적으로 이뤄지는 고된 작업인 반면 자신의 이야기에 적절한 단어를 고르고 등장인물을 생동감 있게 만들어내는 집필은 엄청나게 즐거운 작업이다. 그래서 그는 미리 플롯을 구성해둠으로써 어떤 날 무엇을 쓸지 정해두고 몇 시간씩 계속 글의 흐름에 빠진다고 했다.

그러니 몰입을 위한 시간을 마련하고 나면 그 시간을 어떻게 사용할지 명확한 목적을 자신에게 제시하라. 처음부터 목적이 확실하고 이를 달성할 생각에 흥분된다면 깊이 몰두할 가능성이 높다.

도전하라, 조금씩

사람들에게 몰입에 대해 이야기할 때 자주 듣는 말은 자신에게 약간 어려운 일을 할 때 몰입에 이를 가능성이 가장 크다는 것이다. 다시 말해 안전지대를 벗어나지만 크게 벗어나지는 않을 때 몰입이 잘 된다. 여기서 분명한 사실 하나를 알 수 있다. 양손을 뒤로 묶고도 할 수 있는 일을 한다면 아마 금방 지루해질 것이다. 지루함과 몰입감은 양립할 수 없다.

반면에 극히 어려운 일을 하면 좌절하기 쉬우며 이런 좌절감이 몰입을 막는다. 그러나 야구장에서 한 방향으로만 공을 치거나, 기타로 새로운 곡을 시도하거나, 새로운 인물의 관점에서 글을 써보는 것처럼 자신이 좋아하는 일이면서 적당히 도전적인 일을 한다면 흥미가 생기면서 깊이 몰두하게 된다.

몰입을 방해하는 악당을 저지하라

정기적으로, 심지어 하루에도 여러 번 몰입에 이르도록 훈련하면 마치 슈퍼히어로처럼 임무를 수행할 수 있다. 하지만 슈퍼히어로는 끊임없이 악당의 도전을 받기 마련이다. 악당은 당신의 곁에서 당신을 쫓아다니며 몰입 상태를 깨뜨리려고 방해한다. 자주 몰입 상태에 이르기 위해 저지해야 할 네 악당은 다음과 같다.

멀티태스킹

멀티태스킹에 대해서는 앞서도 이야기했지만 다시 한 번 반복할 필요가 있다. 멀티태스킹의 달인과 한계를 뛰어넘은 사람은 같지 않다. 실제로 멀티태스킹을 하는 사람들은 한 번에 한 가지 일에 집중하는 사람보다 생산성이 상당히 떨어진다는 사실이 누차 입증된 바 있다. 몰입에 대해 알려진 사실들을 고려해보면 멀티태스킹은 몰입에 치명적이다. 동료들과의 연락, 친구에게 메모 보내기, 회사 이메일 읽기를 병행한다면 절대 몰입해서 근사한 독주를 해내거나 입이 떡 벌어지는 발표를 하지 못한다.

멀티태스킹이라는 악당을 물리칠 유일한 방법은 철저히 무시하는 것이다. 일정에서 다른 모든 일을 정리하고 오로지 한 가지 일에 집중해서 몰입 상태에 도달하도록 하라.

스트레스

스트레스는 특히 치명적인 악당으로서 어떤 경우에는 대대적인 전투를 치러야 물리칠 수 있다. 만약 당신의 삶에 업무 마감, 연인 또는 부부 문제, 가족 문제, 고용 보장 등 외부적 스트레스 요인이 많다면 언제라도 스트레스가 당신을 기습할 가능성이 있다. 전혀 다른 생각을 하고 있다가 느닷없이 가정에서 겪는 문제들이 떠오르며 불안해진 경험이 분명 있을 것이다. 그런 생각이 떠오르는 순간 몰입의 기회는 날아가 버린다.

이 악당을 물리치려면 두 가지 노련한 행동이 필요하다. 먼저 몰입하기 전에 반드시 처리해야 할 일이 있는지 자문하는 것이다. 만약 '예'라는 대답이 나온다면 그것부터 처리하라. 하지만 십중팔구 대답은 '아니요'일 것이다. 스트레스 요인이 진짜가 아니라는 게 아니라 지금 즉시 주의를 기울이지 않아도 되며 두 시간이 지나면 더 나빠져 있을 일도 아니라는 말이다. 그렇다면 힘의 장force field을 올려 이 악당과 싸워라. 외부의 스트레스 요인이 당신의 공간을 뚫고 들어올 수 없도록 하라.

실패에 대한 두려움

《사이콜로지 투데이》Psychology Today의 선임기자이자 전 편집장인 하라 에스트로프 마라노Hara Estroff Marano는 다음과 같이 썼다. "완벽주의는 창의성과 혁신을 가로막는다. 이는 부정적 감정의 안정적인 원천으로서 완벽주의에 사로잡힌 사람들은 긍정적인 것을 향하기보다 가장 피하고 싶은 것, 즉 부정적 감정에 집중한다. 완벽주의는 끝없이 나오는 성적표다. 때문에 계속 자신에게만 몰두하고 끊임없이 자기평가를 하게 되어 좌절감과 우울, 불안을 겪을 수밖에 없다."[5]

반드시 이 일을 완벽하게 해내야 하며 실패하면 엄청난 손실을 입을 것이라고 믿는다면 오로지 실패하지 않는 데만 집중하게 된다. 그러면 자기 자신에게서 빠져나와 그 순간에 오롯이 집중하는 몰입 상태에 절대로 빠질 수 없고, 당연히 탁월한 성과를 낼 수도 없다.

몰입을 위한 이상적인 조건 중 하나가 안전지대를 약간 벗어나는 범위까지 자신을 밀어붙이는 것이라고 했던 걸 기억하는가? 그런 경우 처음에는 모든 것을 제대로 하지 못할 확률이 높다. 이때 완벽주의라는 악당이 당신을 지배하도록 허용한다면 몰입감을 느낄 기회를 박탈당할 것이다. 이 악당을 이기려면 완벽하지 않아도 괜찮을 뿐 아니라 이런 현상이 바람직한 방식으로 자신을 밀어붙이고 있다는 신호라고 자신을 설득해야 한다.

확신의 부족

완벽주의만큼 사악한 악당은 자신이 하고 있는 일에 대한 믿음의 부족이다. 컨설팅 회사 탤런트스마트TalentSmart의 사장 트래비스 브래드베리Travis Bradberry는 이렇게 말한다. "뇌는 불확실성을 위협으로 인식하는데, 이는 기억을 방해하고 면역력을 떨어뜨리며 고혈압과 우울증에 걸릴 위험을 증가시키는 스트레스 호르몬인 코르티솔의 분비를 촉발한다."[6]

중요한 일을 해낼 수 있다는 믿음이 없으면 실제 그런 결과가 나온다. 어떤 일을 시작하면서 자신이 그 일을 완수할 능력이 있는지 의심이 든다면 이렇게 질문하라.

나는 이 일을 하는 데 필요한 기술을 갖고 있는가? 이 일을 하는 데 필요한 모든 정보를 갖고 있는가? 이 일을 할 만큼 이 프로젝트에 열정을 갖고 있는가? 이 중 어느 하나에라도 '아니요'라는 답이 나온다면 모든 질문에 긍정적인 답을 할 수 있을 때까지 그 과업을 제쳐두도록 하라. 하지만 이 세 질문에 대한 대답이 전부 '예'라면 악당을 쓰러뜨리고 몰입하라.

제대로 몰입해본 적 있는가?

무언가에 오롯이 몰입하는 것은 누구나 언제든 경험할 수 있는 최고의 황홀한 상태다. 또한 한계를 뛰어넘어 잠자고 있는 능력을 깨우기 위한 기본이기도 하다. 이쯤 되면 몰입이 무엇인지, 어떻게 몰입 상태에 이를 수 있는지 이해했을 것이다. 다음 장으로 넘어가기 전에 먼저 다음과 같은 일들을 시도해보자.

- 몇 차례 몰입했던 때를 되돌아보자. 무엇을 할 때였는가? 그 경험들에는 어떤 일관성이 있었는가? 어떻게 하면 몰입에 더 자주 이를 수 있을까?
- 달력을 꺼내 앞으로 며칠 동안 90분에서 두 시간쯤 시간을 낼 수 있는 날을 찾아보자. 산만함에서 벗어날 수 있는 시간을 찾아야 한다. 생산성을 극적으로 높이기 위해 그 시간에 무엇을 할 것인지 생각해보자.
- 이 장에서 이야기한 악당들 중 하나가 따라붙은 상태로 프로젝트

를 진행하는 경우가 얼마나 자주 있는가? 다음 프로젝트에 들어
가기 전에 그 악당을 물리치기 위해 지금 당장 할 수 있는 일은 무
엇인가?

"21세기의 문맹은 읽고 쓸 줄 모르는 사람이 아니라
학습, 탈학습, 재학습을 못 하는 사람이다."
__앨빈 토플러

제4부

잠재력을 터뜨려
지금의 나를 넘어서라

● 리미트리스 모델: 방법

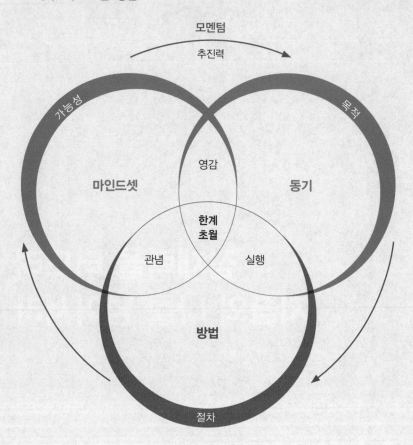

방법method

뭔가를 달성하기 위한 특정 과정. 특히 정돈되고 논리적이며 체계적인 방식의 지시.

지금까지 한계를 뛰어넘고 잠재력을 끌어올리는 데 필요한 세 가지 요소 중 두 가지를 어떻게 동원해야 하는지 살펴봤다. 매일 생산적인 마인드셋으로 접근하는 법, 최적의 동기 수준으로 접근하는 법도 배웠다. 그러나 한계를 넘어선 사람들과 한계에 얽매인 사람들을 구분 짓는 것이 한 가지 더 있다. 바로 방법이다.

방법은 뭔가를 이루기 위한 절차나 과정이다. 이런 맥락에서 방법은 학습하는 법을 배우는 과정, 즉 메타 학습이다. 전통적인 교육 시스템 안에서 우리는 속으로 발음하는 속발음subvocalization이나 기계적 암기와 같은 낡고 비효율적인 학습 방법을 배웠다. '뇌가 망가진 아이'로 고생했을 당시 내게는 학습 능력이 없었다. 학교에서 배운 방법으로는 학습을 할 수 없었고 새로운 학습 방법을 배우고 나서야 효과적으로 공부해서 성과를 낼 수 있었다. 이제 그 방법을 소개하고자 한다.

제4부에서는 집중, 학습, 기억, 속독, 사고, 이 다섯 영역의 가속학습과 메타 학습의 원리를 배운다. 이는 내가 운영하는 퀵 러닝을 통해 개인과 단체에 가르치는 다섯 가지 대표 프로그램이다. 각 장의 도입부에 제시된 질문들에 특별히 주목하고 실천 포인트 활동들도 반드시 해보자. 일단 이 방법을 써보면 계속해서 쓰게 될 것이다. 그리고 그 결과에 깜짝 놀랄 것이다.

제11장

주의 산만에서 벗어나 집중하는 법

내가 가장 집중할 때의 모습은 어떤가?
어떻게 하면 집중력을 높일 수 있을까?
산만함을 줄이고 분주한 마음을 가라앉히는 방법은 무엇인가?

어떤 일을 할 때 슈퍼히어로 수준의 일을 해내는 사람과 여전히 자신의 능력을 발견하지 못한 사람의 차이점은 무엇일까? 많은 경우 이는 집중의 문제다.

당신도 살면서 어떤 일에 온전히 몰두했던 때가 수없이 많았을 것이다. 정말 중요한 보고서를 쓰고 있었던 때일 수도 있고, 정말 좋아하는 멘토와 만나고 있었던 시간이었을 수도 있다. 또는 가장 좋아하는 아이스크림을 정신없이 먹는 중이었을 수도 있다. 당신은 그 일들을 어떻게 처리했는가? 아마도 단숨에 인생 최고의 보고서 중 하나를 쓰고, 멘토로부터 엄청난 배움을 얻고, 이 세상에서의 마지막 디저트처럼 아이스크림을 먹어치웠을 것이다. 그럴 수 있었던 이유는 당면한 과제에 집중해서 곧바로 착수하고 다른 곳으로 주의가 분산되지 않았기 때문이다.

왜 우리 대부분은 집중력을 유지하는 능력이 제한되어 있을까? 간단히 말하면 우리가 집중력을 유지하도록 배운 적이 없기 때문이다. 당신도 그랬겠지만 나 역시 초등학교 때 집중력 수업을 받았던 기억이 없다.

어렸을 때 화창한 날 돋보기를 들고 밖으로 나갔던 기억이 나는가? 나뭇잎 위에 돋보기를 대면 아주 밝은 점이 나뭇잎 위에 생기고 잠시 후 연기가 나면서 타오르기 시작하는 광경은 얼마나 근사했던가? 당신은 나뭇잎의 한 점으로 햇살을 집중시킬 수 있었다. 그리고 햇살이 모이는 한 지점이 가장 뜨거웠다.

흥미롭게도 우리는 똑똑한 사람을 묘사할 때 '밝다'는 뜻을 가진 한자로 이뤄진 '총명'이나 '명석'이라는 단어를 쓴다. 이를 돋보기에 비유하면 사실 우리는 똑똑한 사람이란 대부분의 사람보다 지적 능력이 훨씬 뛰어난 사람이 아니라 단지 햇빛을 한 점으로 모아주는 돋보기처럼 집중력이 더 좋은 사람이라고 말하고 있는지도 모른다.

집중은 특정 과업에 대한 두뇌의 능력을 훈련시켜 과업을 완수할 수 있게 한다. 집중할 때는 놀라운 성과를 낼 수 있다. 역으로 집중력이 떨어지면 하고 싶은 것을 달성할 가능성이 줄어든다. 감정적으로나 육체적으로나 그만큼 전념하지 못하기 때문이다. 집중의 적은 주의 분산이다.

성공과 노력의 핵심은 집중력이다

힌두교 사제이자 기업인인 단다파니Dandapani는 내 팟캐스트에 출연해서 이렇게 말했다. "인간의 성공과 노력의 핵심에는 모두 집중력이 있습니다. 집중하지 못하면 아무것도 보여줄 수 없습니다."[1] 단다파니는 무엇을 성취하고자 하든 집중이 결정적인 요소라고 말한다. 하지만 이미 논의했듯이 우리는 어떻게 해야 집중이 되는지 배운 적이 없다. 물론 부모님과 선생님들은 더 집중하라고 말했을 것이다. 심지어 "대체 왜 집중을 못 하니?"라며 우리를 야단치기도 했다. 그들에게나 우리 자신에게나 우리가 할 수 있는 대답은 집중하는 법을 전혀 배우지 못했다는 것이다.

단다파니는 집중력이 운동을 하면 할수록 강해지는 근육과 같아서 "배울 수 있고 더 잘하도록 연습할 수 있는 것"이라고 했다.[2] 그러나 우리 대부분은 집중이 아닌 산만함을 연습한다. 매일 정보 기기를 사용하면서 이 생각에서 저 생각으로 쉽게 건너뛰는 연습을 한다. 그것도 하루에 10여 시간을 연습하니 산만함이 길러질 수밖에 없다. 그 시간의 일부라도 집중하는 연습을 한다면 어떨지 상상해보라.

단다파니는 현대인이 쉽게 집중하지 못하는 문제에 대해 매우 분명한 방법을 제시했다. "집중은 오랫동안 한 가지 일에 의식을 유지할 수 있는 능력입니다. 저는 집중이 흐려질 때마다 의지력을 발휘해 의식을 되돌려놓습니다."[3]

우리는 집중력 부족을 마음이 이리저리 옮겨 다니는 것으로 생각한다. 하지만 단다파니는 더 유용한 비유를 들었다. 그가 보기에 움직이는 것은 마음이 아니라 의식이다. 그는 의식을 마음의 다른 부분으로 이동하는 빛나는 구슬이라고 상상하라고 제안한다. 집중력을 높이려면 이 빛나는 구슬이 마음의 한곳에 오랫동안 머물도록 훈련해야 한다. 처음에는 쉽지 않겠지만 의식적으로 노력하면 눈에 띄는 결과로 이어질 수 있다.

어떤 일이든 이렇게 노력해볼 수 있다. 만약 누군가와 대화를 하는 중이라면 그 대화 외에 어떤 것에도 주의를 기울이지 않도록 온갖 노력을 다하라. 의식이 대화에서 멀어지고 있음을 알아차린다면 빛의 구슬에 다시 초점을 맞추도록 하라.

업무 보고서를 읽고 있다면 다른 어떤 것도 존재하지 않는 듯이 보고서에 시선을 고정하도록 훈련하라. 의식의 빛이 다른 뭔가를 비추기 시작하는 것을 알아차리면 빛의 구슬을 다시 보고서로 가져오라. 이 방법으로 하루에 한 시간 정도 꾸준히 연습하면 집중력은 제2의 천성이 될 것이다.

가능하면 한 번에 한 가지 일만 하도록 하라. 앞서도 멀티태스킹에 대해 이야기했지만, 지금은 멀티태스킹이 어떤 일을 완수하기에 매우 비효율적인 방법이라는 사실만 기억하라. 가능한 한 모든 것을 배제하고 지금 하고 있는 일만 하도록 하라. 누군가와 통화 중이라면 소셜 미디어를 스크롤하지 마라. 아침 식사를 만들고 있다면 그날 해야 할 일 목록까지 작성하지 마라. 한 번에 한 가지 일만 함으로써 집중력이라는 근육은 믿기 힘들 만큼 강해지고 그 힘은 무한한 수준에 도달할 것이다.

집중력을 높이는 또 다른 열쇠는 환경을 정리하는 것이다. 프린스턴대학교의 한 연구 결과에 따르면 "복수의 자극이 동시에 시야에 들어올 때 자극들은 시각피질 전체에 촉발된 활동을 상호 억제하면서 신경 표상neural representation을 위해 경쟁하고, 처리 능력이 한정된 시각계에 신경 상관자neural correlate를 제공한다."[4] 비전문가의 말로 의미를 옮기면, 주변의 물리적 잡동사니들이 당신의 주의를 끌기 위해 경쟁하기 때문에 수행 저하와 불안과 스트레스 수준의 증가를 가져온다는 것이다.

그러므로 집중의 달인이 되고 싶다면 주의를 분산시킬 수 있는 것들을 없애도록 하자. 컴퓨터로 작업 중이라면 처리 중인 작업에 꼭 필요하지 않은 앱이나 탭들은 전부 닫는다. 물리적 작업 공간에 있는 물건들의 수도 줄인다. 많은 사람이 책, 잡지, 서류, 자녀의 사진, 휴가 때 사온 기념품이 쌓인 책상을 아늑하게 느끼고 활동적인 두뇌의 표시라고 생각하지만 사실 그 물건들 하나하나가 집중력을 떨어뜨린다. 집안의 가보도 멋지고 책을 소중히 여기는 것도 중요하지만 가장 생산적이어야 할 곳을 차지하고 있는 물건들의 수를 제한해야 충분히 집중할 수 있다.

분주한 마음을 가라앉히는 세 가지 방법

집중력을 제한하지 않으려면 당면 과제에 착수하는 것 이상이 필요하다. 이미 논의한 대로 집중력은 주의가 분산되지 않고 지금 하고 있는 일에 주의를 기울이는 능력을 요구한다. 하지만 그게 요즘 같은 시대에 가능한 일일까? 우리 대부분은 동시에 여러 기기로 작업하고 각 기기에서 여러 개의 앱을 실행시킨다. 우리는 회의에 참석하고, 이메일과 문자메시지에 답장을 보내고, 소셜 미디어 상태를 업데이트하고, 여러 프로젝트를 동시에 진행한다. 하지만 바로 이런 상황 때문에 마음을 진정시킬 방법을 찾는 것이 그 어느 때보다 중요하다.

어쩌면 당신은 깨닫지 못하고 있을 수도 있지만 이 모든 자극이 상당한 스트레스를 야기한다. 만일 당신이 다른 많은 사람과 같다면 이를 긍정적으로 생각할 수도 있다. 이는 당신이 바쁘다는 뜻이고 바쁘다는 것은 세상에 의미 있는 기여를 하고 있다는 뜻이기 때문이다. 그건 사실일 수도 있지만 이런 불안 때문이 아니라 이런 불안에도 불구하고 그런 것이다.

《스트레스에 안전한 뇌》Stress-Proof Brain 의 저자이자 심리학자인 멜라니 그린버그Melanie Greenberg 박사는 "불안한 생각은 당신을 압도하여 당신을 괴롭히는 문제에 대해 결정을 내리거나 조치를 취하지 못하게 할 수 있다. (…) 불안은 과도한 생각으로 이어지고 이는 더 큰 불안을 가져와 더 과도한 생각으로 이어질 수 있다. 이런 악순환에서 어떻게 벗어날 수 있을까? 불안한 생각을 억눌러봐야 효과는 없을 것이다. 불안한 생각은 다시 불쑥 나타나고 그 강도는 더 세기 때문이다."[5]

컨설팅 회사인 화이트스페이스 앳 워크WhiteSpace at Work의 CEO 줄리엣 펀트Juliet Funt는 공백whitespace을 '생각하는 시간, 분주한 가운데 전략적인 일시 중지'라고 묘사했다.[6] 내 팟캐스트에 출연했을 때 그녀는 공백을 또 다르게 표현했는데 '다른 모든 것이 불붙을 수 있게 해주는 산소'라고 말했다.

그린버그도 펀트도 우리가 마음이 어수선하지 않은 시간을 더 가져야 한다고 말한다. 이로써 정신 건강에 긍정적인 영향을 미칠 수 있다고 말이다. 하지만 이런 시간이 집중력과 생산성을 얼마나 획기적으로 향상시킬지는 불분명하다. 신경과학 분야의 몇몇 흥미로운 연구들은 산만함이 실제로 뇌를 어떻게 변화시키는지 보여준다. 유니버시티 칼리지 런던의 한 연구는 미디어 멀티태스킹을 많이 하는 사람들과 적게 하는 사람들의 뇌를 비교한 결과 많이 하는 사람들은 집중에 관여하는 전대상피질Anterior Cingulate Cortex, ACC이 더 작다는 사실을 발견했다. 역으로 막스플랑크연구소Max Planck Institute의 보고에 따르면 주의력을 향상시키는 훈련을 받은 사람들 가운데 ACC가 더 두꺼워진 이들이 발견되었다고 한다.[7]

주의 분산은 심각한 시간 낭비를 초래할 수도 있다. 캘리포니아대학교 어바인 캠퍼스의 한 연구는 산만함이 당신의 하루를 어떻게 방해할 수 있는지 보여준다. 이 연구 논문의 제1 저자인 글로리아 마크Gloria Mark는 이렇게 말한다. "사고가 완전히 전환되는 데도 시간이 좀 걸리며 다시 하던 일로 돌아와 어디까지 했는지 기억하는 데도 시간이 걸린다. 중단된 작업의 82퍼센트는 같은 날 재개되는 것으로 나타났다. 하지만 나쁜 소식은 그 일로 복귀하는 데 평균 23분 15초가 걸린다는 것이다."[8] 주의가 분산될 때마다 20분 이상이 낭비되는 셈이다. 그런데 당신은 매일 몇 번이나 주의가 산만해지는가?

명상, 요가, 특정 무술은 분주한 마음을 진정시키는 데 대단히 유용한 방법이다. 하지만 한낮에 몇 분 이상 자리를 비울 여유가 없더라도 해볼 수 있는 방법이 몇 가지 있다. 그중 중요한 세 가지 방법은 다음과 같다.

효과적인 심호흡법 실천하기

아침 일과의 일부로 몸을 정화하는 심호흡을 하는 것이 중요하다는 이야기는 이미 했다. 심호흡은 자신의 중심을 다시 잡아줄 필요가 있을 때 매우 유용한 방법이다. 대체의학 전문가 앤드루 웨일Andrew Weil 박사는 4-7-8 호흡법을 개발했는데 그 방법은 다음과 같다.

- 휴 소리를 내면서 입으로 숨을 완전히 내쉰다.
- 입을 다물고 코로 조용히 숨을 들이쉬면서 속으로 4까지 센다.
- 숨을 멈추고 7까지 센다.
- 휴 소리를 내면서 8을 셀 때까지 입으로 숨을 완전히 내쉰다.

이것이 한 호흡이다. 이제 다시 숨을 들이쉬면서 이 주기를 세 번 더 반복해서 총 네 번 호흡한다.[9]

스트레스를 유발하는 일 하기

이 방법은 미루기와 관련해 앞에서 했던 이야기로 되돌아간다. 러시아 심리학자 블루마 자이가르닉 덕분에 알게 되었지만 우리 마음을 짓누르는 일은 완결될 때까지 계속 마음을 무겁게 할 것이다. 만약 집중에 어려움을 겪고 있거나 10여 가지 생각이 동시에 오락가락한다면 해야 할 일을 회피하고 있기 때문일 가능성이 크다. 그렇다면 4-7-8 호흡을 몇 번 하고 스트레스를 주는 일을 처리하라. 그러면 하고 싶은 일을 더 집중해서 할 수 있다.

 실천 포인트

하지 않고 회피하는 바람에 집중력을 떨어뜨리고 있는 중요한 일 한 가지는 무엇인가? 여기에 써보자.

주의 분산을 허용할 시간 마련하기

집중해야 할 때 휴대전화와 이메일을 꺼두기가 어려울 수도 있지만 그렇게 하도록 스스로를 설득할 수 있다면 훌륭한 일이다. 그래도 그건 비교적 쉽게 할 수 있다. 훨씬 더 어려운 건 걱정과 의무가 그 순간 달성하고자 하는 일을 방해하지 못하게 하는 것이다. 그런 걱정을 하고 의무감을 느끼는 데는 이유가 있기 때문에 머릿속에서 밀어내기가 훨씬 더 어렵다.

걱정이 되는 일을 정면으로 부딪쳐 해결하는 것도 대처 방법의 하나지만 그렇게 하기가 도저히 불가능한 상황도 있을 것이다. 그러면 이런 걱정과 의무를 우선으로 생각할 시간을 일정의 일부로 정해놓으면 어떨까? 단순히 속으로 '그건 나중에 걱정하자'라고 말한다고 해서 20분 후에 다시 그 걱정으로 슬그머니 돌아가는 것을 막지는 못한다. 하지만 '그 문제는 4시 45분에 걱정하자'라고 말한다면 좀 더 쉽게 막을 수 있을지도 모른다.

 실천 포인트

걱정과 의무를 우선으로 생각할 시간을 정해보자.

집중을 통해 생산적 사고 연습하기

집중력의 한계를 뛰어넘는 것은 초능력을 발휘하기 위한 열쇠다. 정말로 정신을 집중하거나 어떤 일에 온전히 몰두하면 산만하거나 생각이 분산될 때는 얻을 수 없는 수준의 성과를 낸다. 다음 장으로 넘어가기 전에 다음 몇 가지를 시도해보자.

- 해야 할 일 목록을 잘 살펴보고 그 일을 완수할 때까지 당신의 머릿속을 침범할 가능성이 있는 일 또는 사물을 확인하라. 지금 알고 있는 미루기 방지 방법으로 그 일을 처리하기 위한 계획을 세워보자.
- 지금 당장 생산성 환경을 변화시켜 과업에 더 몰두할 수 있도록 하자.

- 분주한 마음을 진정시키는 기법을 연습하자. 이 기법이 당신에게 효과가 있는가? 그렇다면 정기적으로 그 기법을 사용하도록 노력하라.

제12장

배우는 능력을
업그레이드하는 법

평생학습을 위해 공부 시간을 어떻게 계획해야 할까?
주입식이 최상의 학습 방법일까?
어떻게 하면 필기를 더 잘할 수 있을까?

바쁜 한 주를 보내고 맞이한 어느 금요일 밤, 전화 한 통을 받았다. 전화를 건 사람은 우리 두 사람이 함께 아는 사람이 있는데 그가 나를 추천해 전화했다고 했다.

"그랬군요. 무슨 일이시죠?"

내가 물었다. 전화가 연결되고 처음 30초 동안 이 남자는 아주 침착한 듯했다. 하지만 곧 말소리가 빨라졌다.

"제발, 저 좀 도와주세요! 강연자가 급한 사정이 생겨서 내일 못 온답니다. 기조연설을 하기로 한 양반이요."

그가 곤경에 처했다니 유감이지만 나는 이런 식으로 갑자기 강연을 맡지는 않는다고 했다. 보통은 6개월 전에 강연 예약을 받았고 항상 준비할 시간을 충분히 가졌다. 그렇게 말했는데도 그는 단념하지 않았다. 그는 우리가 아는 그 사람이 내 강연을 격찬하면서 촉박한 시간에도 훌륭히 강연할 수 있는 사람이 있다면 그건 바로 나라고 했다는 말을 덧붙였다.

"제발, 저 좀 살려주세요."

그는 감정이 북받친 목소리로 말했다.

이 남자의 간절한 목소리가 신경 쓰이기 시작했다. 마침 토요일에 다른 일이 없었고 그가 준비 중인 회의는 내가 사는 맨해튼에서 개최된다고 했다. 나는 그에게 기조연설의 주제나 물어보자 싶었다. 주제를 물어보자 그는 이러이러한 것이라며 열심히 설명했는데 내 귀에는 마치 외계어처럼 들렸다.

"아, 왜 제게 전화를 하신 거죠? 저는 그 주제에 대해 아무것도 모릅니다."

"네, 하지만 원래 섭외했던 강연자가 쓴 책이 있습니다."

"그게 무슨 소용인지 모르겠네요."

혹시라도 이런 상황이 벌어질 것을 미리 대비한 듯 전화한 사람이 곧바로 응수했다.

"선생님은 속독을 한다고 들었어요. 조금 일찍 오셔서 책을 읽은 다음에 연설해주시면 될 것 같은데요."

너무나도 색다른 시나리오여서 그 상황에서 내릴 수 있는 유일한 선택을 했다. 나는 기조연설을 하기로 했다. 그런 도전을 어떻게 거절할 수 있겠는가? 세부 사항에 합의를 보고 그 강연의 청중에 대해 좀 더

설명을 들은 다음 전화를 끊었다. 순간 어리둥절했다. '방금 무슨 일이 일어난 거지?'

다음 날 아침 10시에 콘퍼런스장에 도착했다. 전날 밤 전화했던 남자가 책 한 권을 건네고는 조용한 방으로 안내해주었다. 기조연설은 오후 1시로 예정되어 있었다. 세 시간 동안 책을 읽고 엄청난 양의 메모를 하며 그날 연설할 기본 요소들을 정리했다. 그러고는 무대에 올라 기조연설을 했고 그 콘퍼런스에서 가장 호평을 받은 연설이었다는 말을 들었다. 그날 상당히 지쳤지만 나 역시 매우 흥분했음을 인정하지 않을 수 없었다.

당신이 이런 상황에 놓일 가능성은 거의 없을 것이다. 그런데 터무니없었던 만큼이나 내가 할 수 있는 일이라는 믿음이 있었다. 능력이 있으면 자신감이 생기기 때문이다. 뭔가 깊은 인상을 주기 위해 이 이야기를 한 게 아니다. 가능성에 대해 말하기 위해서다. 앉은 자리에서 어떤 주제를 이해하고, 학습한 내용을 기억하고, 가장 본질적인 요소를 구분할 수 있고, 학습 방법을 이해할 때, 즉 이 책에서 논의되고 있는 내용을 알 때 한계가 있다는 느낌이 어떻게 사라지는지 설명하기 위해서다.

만약 내 학습 속도가 빠르지 않았다면 결코 그 기조연설을 할 수 없었을 것이다. 그리고 여기서 다루는 다른 기술들과 마찬가지로 이는 당신이 가지고 있거나 가지고 있지 않은 능력이 아니다. 당신이 개발하거나 개발하지 못한 능력이다. 당신은 얼마든지 학습의 한계를 없앨 방법을 배울 수 있다. 그리고 평생 그 초능력을 사용할 것이다.

이번 달에 배우고 싶은 주제나 문제를 생각해보자. 어떻게 공부할 것인가?
현재 당신의 접근 방식이나 절차는 무엇인가?

학습 능력의 4단계를 넘어서야 한다

1960년대 이후 심리학자들은 능력 또는 학습에 네 단계가 있다는
데 주목했다.

먼저 '무의식적 무능'unconscious incompetence으로 알려진 1단계에서
는 자신이 무엇을 모르는지 모른다. 예를 들어 속독 같은 것이 존재한
다는 사실조차 모를 수 있다. 따라서 현재 자신에게 속독 능력이 없다
는 사실도 인식하지 못한다.

'의식적 무능'conscious incompetence으로 알려진 2단계에서는 자신이
무엇을 모르는지 의식하게 된다. 예를 들면 어떤 이들은 속독법을 쓰
지만 자신은 속독 훈련을 받지 않았을 뿐 아니라 속독 기법에 대해서
도 모른다는 사실을 자각하는 단계다.

3단계는 '의식적 능력'conscious competence 단계다. 어떤 기술에 대해
알고 있고 이를 구사할 역량도 있지만 거기에 적극적으로 마음을 쏟을
때만 가능한 단계다. 할 수는 있지만 노력이 필요하다. 예를 들어 속독
을 할 수는 있지만 속독법을 쓰는 데 집중할 때만 가능한 상태다. 3단
계에서는 타이핑이나 운전 같은 다른 활동 역시 할 수는 있지만 의식

적 주의가 필요하다.

평생학습자가 지향하는 4단계는 '무의식적 능력'unconscious compet-ence 단계다. 이 단계에서는 어떤 기술을 구사하는 법을 알고 있을 뿐만 아니라 기술이 마치 제2의 천성과도 같다. 예를 들면 속독이 곧 독서 방식일 때 무의식적 능력 단계라 할 수 있다. 마음을 먹어야 속독하는 게 아니라 그냥 속독하게 된다. 일부러 주의를 기울이지 않고도 타이핑이나 운전을 하게 된다.

의식적 능력 단계에서 무의식적 능력 단계로 가는 열쇠는 분명하다. 바로 연습이다. 심리학자들이 사용하는 모델은 4단계에서 끝나지만 여기서 다섯 번째 단계를 추가하려 한다. 바로 '진정한 숙달'true mastery 단계다. 이는 무의식적 능력 단계를 넘어 최상의 수준에서 기술을 구사하고 그것이 제2의 천성처럼 되는 단계다. 한마디로, 한계가 없는 단계이며 어떤 일의 고수가 되는 길이다.

낡은 공부 방법은 단호히 버려라

왜 우리 대부분은 학습 능력이 제한적일까? 사람들 대부분은 공부하는 방법에 대해 교육을 받은 적이 전혀 없기 때문에 효과적으로 공부하는 법을 알지 못한다. 그런데 많은 사람이 학습 방법을 이미 알고 있다고 생각한다. 문제는 지금 사용하는 학습 방법 대부분이 낡고 비효율적이라는 점이다. 그중 다수는 수백 년 전부터 쓰였던 방법이다. 지금 우리는 어디에나 정보가 존재하고 경쟁이 치열한 정보화 시대에 살고 있다. 그런데도 여전히 같은 방식으로 그 모든 정보를 흡수하고 처리하려 한다.

오늘날 학습에 요구되는 사항은 크게 다르다. 하지만 우리는 시험을 볼 때 다시 뱉어낼 수 있도록 몇 번이고 복습하는 것이 공부라고 배웠다. 주입식 공부가 왜 그렇게 나쁜 생각인지는 잠시 후에 이야기하겠지만 일단 최적의 방법과는 거리가 멀다고만 말해두자.

세계적으로 성공한 사람들은 평생학습을 한다. 그들은 계속해서 새로운 기술을 배우고, 자기 분야의 최신 기술에 밝고, 다른 분야에서 얻을 수 있는 것이 무엇인지 알고 있다. 앞서도 말했지만 평생학습의 이점은 엄청나므로 당신 역시 한계를 뛰어넘는 학습자가 되어 평생 공부를 삶의 일부로 삼고 싶을 것이다.

우리 학생 중 한 명인 제임스 역시 평생학습을 하려면 낡은 공부 방법에서 벗어나야 한다는 사실을 깨달았다. 제임스는 사업가로 성공하기를 꿈꿔왔음에도 불구하고 공부하기가 힘들어서 고등학교를 졸업한 후 3년 동안 주류 판매점에서 일했다. 그는 꿈을 이루려면 대학에 가야 한다는 것을 알았지만 쉽지 않았다고 말했다.

"이를 뽑는 것처럼 아주 힘들었습니다. 겨우 회계학 학위를 받고 회계법인에 취직했다가 은행으로 이직했죠. 하지만 아주 오랫동안 자산관리사 준비를 하지 못했습니다. 애널리스트가 되는 데도 배우고 공부할 게 너무 많아서 겨우겨우 해냈거든요. 저는 대인 관계 기술도 있고 절제력도 있는데 공부 쪽은 영 어려웠어요. 지금은 여러 자격증을 갖고 있는데 몇 번이나 시험에 떨어지고 나서 땄죠. CFP(재무설계사) 시험을 볼 때가 됐을 땐 부담스럽기만 했습니다."

제임스는 중요한 시험을 6주 앞두고(보통 12주의 공부가 필요한 시험이었다) 내 속독 프로그램을 알게 되었다. 이 프로그램을 통해 공부 방법을 개선하고 '집중적으로 공부하는 내내 뇌 건강도 유지하고' 시험 당일에도 차분히 집중하게 되어 그는 고비를 넘길 수 있었다고 했다. 제임스는 CFP 자격증을 땄고 그 덕택에 재무관리사로 고객을 직접 응대하는 새로운 직책을 맡게 되었다. 그는 수많은 투자설명서를 읽고 이해하기 위해 속독 기술을 계속 사용하고 있다.

제임스는 자신의 한계에 가로막혀 더는 나아가지 못했을 수도 있었다. 그러나 그는 경력을 막는 장애물을 극복하기 위해 낡은 공부 방식의 한계에서 벗어나는 법을 배웠다.

벼락치기는 정말 효과적일까?

밤샘 공부는 많은 사람이 학창 시절이 지난 후에도 오랫동안 사용하는 전통적인 학습 방법이다. 밤샘 공부를 하는 주된 이유는 중대한 시험이나 중요한 발표를 위한 준비를 미루기 때문이다. 종종 벼락치기 공부가 가장 효과적인 준비 방법이라고 믿는 사람도 많다. 하지만 그렇지 않을 가능성이 높다.

〈시애틀 포스트인텔리젠서〉Seattle Post-Intelligencer의 기자 랠프 하이부츠키Ralph Heibutzki는 "사실 벼락치기는 환경에 대처하는 신체적 능력을 저하시키는 정서적, 정신적, 육체적 손상과 연관이 있다."라는 내용의 기사를 썼다. 그는 벼락치기가 정신 기능의 저하를 포함해 달갑

지 않은 여러 부작용을 가져온다고 지적한 하버드 의과대학교의 연구를 인용했다.[1]

실제로 벼락치기는 정상적인 수면량의 전부 또는 적어도 대부분을 포기하게 하며 이는 결국 벼락치기의 목적 자체를 훼손할 수 있다. UCLA의 정신의학과 교수 앤드루 풀리니Andrew J. Fuligni는 벼락치기에 관한 공동 연구에서 벼락치기의 부작용과 예상 결과 간에 분명한 연관성이 있다는 결론을 내렸다. "학생에게 공부는 매우 중요하지만 학업 성취를 위해서는 적절한 수면량도 매우 중요하다. 이런 결과는 수면 부족이 학습을 방해한다는 새로운 연구 결과들과 일치한다."[2]

전 연령대의 학생들과 일하면서 나는 벼락치기가 생각했던 것보다 유용하지 않다는 사실을 알게 됐다. 장시간 한 과목에 집중하면 그 정보를 기억할 가능성이 줄어든다. 앞서 이야기한 기억의 초두 효과와 최신 효과를 떠올려보자. 우리 뇌가 가장 앞부분과 가장 최근의 내용을 가장 잘 기억하는 경향이 있다면 그사이에 있는 엄청난 양의 정보를 아무리 머릿속에 밀어 넣어봐야 망각할 양만 늘어날 뿐이다. 그보다 나은 대안은 잠시 후에 이야기할 것이다.

일류 대학 합격을 목표로 AP 수업(대학 과목 선이수 제도)을 다섯 개 듣고 있는 고등학교 2학년생도, 급변하는 업계에서 정상의 자리를 지켜야 하는 회사 대표도 모두 두 가지 난제에 직면해 있다. 평가해야 할 정보는 산더미 같은데 평가할 시간은 부족하다는 문제다. 그게 바로 당신의 이야기라면 아마도 자신이 최대한 효율적으로 공부하고 있는지 확인하고 싶을 것이다.

다년간 사람들에게 더 빠르고 효율적으로 학습하는 법을 가르치면

서 강조했던, 학습의 한계를 벗어나게 해주는 간단한 습관 일곱 가지
는 다음과 같다.

습관 1. 능동적으로 회상한다

능동적인 회상은 내용을 검토하고 나서 그중 얼마나 기억하고 있는
지 바로 확인하는 것을 말한다. 이를 통해 단순한 재인recognition(이전에
봤던 내용임을 알아보기)이 아니라 회상recollection(활성화된 기억의 일부로
만들기)이 가능해진다.

텍사스A&M대학교의 신경학자 윌리엄 클렘william Klemm 박사는
이런 글을 썼다. "학생들 대부분이 강제적 회상forced-recall이 얼마나 중
요한지 깨닫지 못한다. 대개는 객관식 시험 때문에 처음부터 스스로
정답을 내놓는 게 아니라 제시된 정답을 인식하는 소극적인 기억에 조
건화되어 있다. 학생들의 학습 관행에 관한 연구들은 암기하려는 정보
의 인출이 기억 형성에 얼마나 중요한지 보여준다."[3]

능동적 회상을 위해서는 다음과 같이 하라.

- 공부하고 있는 내용을 복습한다.
- 그런 다음 책을 덮거나 영상이나 강의를 중지시키고, 방금 복습한
  내용 중에서 기억나는 것을 전부 적거나 암송해보자.
- 이제 내용을 다시 보자. 얼마나 기억이 났는가?

이 과정을 여러 번 반복할 수 있도록 충분한 학습 시간을 갖도록 하
라. 클렘의 연구 결과에 따르면 "처음에 공부할 때 반복 학습과 모든

내용의 강제 회상을 최소 네 번 연속으로 했을 때 최적의 학습이 이뤄졌다."[4] 그래서 두 번째 습관이 필요하다.

습관 2. 간격을 두고 반복한다

이 장의 앞부분에서 언급했듯이 벼락치기 공부에는 많은 단점이 있다. 미루기는 자연스러운 행동이지만 엄청난 양의 내용을 한꺼번에 공부해야 하는 상황에 놓이면 그 내용을 전혀 배우지 못할 가능성이 크다. 그런 식의 공부 방법은 우리 뇌의 작동 방식과 완전히 상반되기 때문이다.

대신 간격을 두고 내용을 복습하면서 이전에 기억하지 못했던 정보에 더 집중하면 두뇌 능력을 최대로 활용할 수 있다. 온라인 학습 플랫폼 사이냅Synap의 CEO 제임스 굽타James Gupta는 "간격을 두고 반복하는 학습spaced repetition은 뇌의 작동 방식을 모방한 것이기에 간단하지만 매우 효과적"이라는 데 동의한다. 그의 말에 따르면 "간헐적 반복은 학습에 노력을 더하게 해준다. 근육과 마찬가지로 뇌는 그런 자극에 신경세포 간의 연결을 강화하는 것으로 반응한다. 반복 간격을 넓히면 매번 이런 연결이 일어나며 이는 지식의 장기적이고 지속적인 보유로 이어진다. 내 경험상 간격을 두고 반복하기를 시작한 사람은 그 효능을 확신한다."[5]

간격을 두고 반복하기는 비슷한 간격으로 복습할 수 있을 때 가장 효과가 있는 듯하다. 따라서 스스로에게 충분한 학습 시간을 주는 것이 중요하다. 아침에 한 번, 저녁 식사 직전에 한 번 4일 연속으로 복습한 다음 다른 내용으로 넘어가자. 아마 비슷한 간격으로 공부할 수

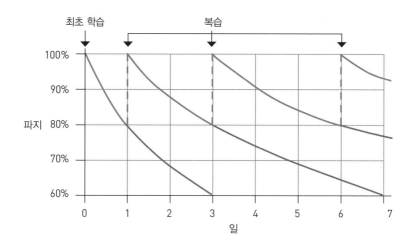

있을 것이다. 이 기법을 능동적 회상과 함께 적용해보자. 내용을 검토하고 무엇을 기억하는지 스스로 시험해본 다음 잠시 시간을 두었다가 다시 그 내용을 공부하라.

습관 3. 현재 상태를 확인한다

어떤 활동을 할 때 당신의 상태는 성공에 가장 큰 영향을 미친다. 예를 들어 정말 힘든 하루를 보냈는데 업무상 발표를 하거나 시험을 보라고 한다면 능력을 최대로 발휘하지 못할 가능성이 높다. 최적의 성과를 낼 상태가 아니기 때문이다. 반면에 기분이 좋을 때 그런 기회가 온다면 분명 더 좋은 결과를 낼 것이다. 긍정적이고 기지를 발휘할 수 있는 상태일수록 더 좋은 결과를 내는 건 공부도 마찬가지다.

자세도 마음 상태를 지배한다. 인생을 바꿔놓을 아주 중요한 정보를 배우려는 듯이 앉아라. 그래도 정말 움직여야겠는가? 그렇다면 자세를 바꾼 후에 얼마나 더 집중이 되는지 주목해보자. 바른 자세로 앉을 때는 호흡도 촉진되어 뇌와 다른 신체 부위에 필요한 산소가 원활히 공급된다. 구부정한 자세로 앉으면 호흡이 얕아져 피로해질 수 있다.

 실천 포인트

의자에 구부정한 자세로 앉아서 시선은 아래로, 호흡은 얕게, 표정은 찡그리고 있어보자. 성공하겠다는 동기부여가 얼마나 되는가? 그 상태에서 얼마나 생산적일 수 있다고 생각하는가? 많은 학생이 그런 자세로 공부한다. 그들이 공부하기 싫어하고 저조한 결과를 얻는 것이 놀라운 일일까? 이제 똑바로 앉아 미소를 지어보자. 얼마나 기분이 나아졌는가?

습관 4. 후각을 이용한다

어떤 방에 들어갔는데 실내가 향기로 가득하다. 오븐에서 빵을 구울 때 나는 향신료 냄새 같다. 그 향기는 어린 시절 친구가 너무 웃겨서 우유를 코로 뿜었던 어느 날로 당신을 데려간다. 왜 그 향신료 냄새가 어릴 적 기억을 불러일으켰을까? 그 사건이 일어났을 때 그 냄새가 공기 중에 맴돌았기 때문이다. 냄새는 기억을 뇌의 전면으로 끌어내는 데 특히 효과적이다. 로즈메리 향은 기억력을 향상시키는 것으로 입증됐으며 페퍼민트와 레몬 향은 집중력을 높여준다고 한다.

펜실베이니아 주립대학교 의과대학 박사 후 과정 연구원인 조던 게인스 루이스Jordan Gaines Lewis는 이렇게 설명한다. "해답은 뇌 구조에 있다. 냄새가 들어오면 우선 코 내부에서부터 뇌 아랫부분까지 분포하는 후각망울olfactory bulb에서 처리된다. 후각망울은 감정 및 기억과 밀접한 관계가 있는 뇌의 두 영역, 즉 편도체와 해마에 바로 연결되어 있다. 흥미롭게도 시각, 청각, 촉각 정보는 이 두 뇌 영역을 통과하지 않는다. 이것이 후각이 다른 감각보다 감정과 기억을 성공적으로 촉발하는 이유다."[6]

냄새는 매우 중요하지만 많은 이들이 활용하지 않는 기억 도구다. 만약 특정한 향이 즉각 어린 시절의 기억으로 달려가게 한다면 다른 향기를 회상의 가속화에 이용할 수도 있다. 중요한 시험을 준비하고 있다면 손목에 특정 아로마 오일을 살짝 바른 채로 공부하고 시험 보기 전에도 똑같이 하라. 큰 회의를 준비할 때도 이 방법을 쓰면 비슷한 결과를 얻을 것이다. 오일은 너무 많이 바르지 않아도 된다. 살짝만 발라줘도 기억력을 높이기에 충분하다.

습관 5. 음악을 이용한다

어린 시절에 어떻게 학습했는지 생각해보자. 많은 사람이 그랬지만 당신도 노래를 통해 알파벳을 외웠는가? 혹은 스쿨하우스 록Schoolhouse Rock(미국 ABC 방송국의 토요일 아침 어린이 프로그램 사이에 삽입된 애니메이션 음악 교육 단편 시리즈로 문법, 과학, 경제, 역사, 수학, 사회 등을 다뤘다—옮긴이)의 노래를 통해 의회의 법안 통과 과정을 알게 됐는가? 아마 음악이 존재했을 때부터 부모들은 노래를 통해 아이에게 기본 개념을 가르쳤을 것이다. 음악을 통한 학습이 효과가 있기 때문이다. 그 이면에는 확실한 과학 원리가 있다.

수많은 학자가 연구를 통해 음악과 학습의 연관성을 밝혀왔다. 음악가이자 발달심리학자인 글렌 셸렌버그E. Glenn Schellenberg 박사는 음악과 기분의 연관성, 기분과 학습 간의 연관성을 밝히며 음악이 우리의 학습 능력을 높인다는 각성 및 기분 가설arousal-and-mood hypothesis 을 제시했다.[7]

바로크 음악의 특징은 특히 학습에 유용한 듯하다. "음악은 정신적, 신체적, 정서적 리듬을 안정시켜 다량의 내용 정보를 처리하고 학습할 수 있는 높은 주의력과 집중력 상태에 이르게 한다."라고 음악 및 학습 전문가인 크리스 보이드 브루어Chris Boyd Brewer 는 말한다. "바흐나 헨델, 텔레만 등이 작곡한 분당 50~80비트의 바로크 음악은 뇌파를 깊이 집중할 수 있는 알파파 상태로 만든다. 그래서 어휘를 배우거나 사실을 외우거나 책을 읽을 때 바로크 음악을 틀어두면 학습에 매우 효과가 있다."[8]

랩이나 K팝 등이 바로크 음악과 같은 결과를 가져온다는 증거는 없지만 음악에 대한 반응은 개인에 따라 다르므로 당신에게는 그런 음악이 효과가 있을 수도 있다. 하지만 개인적으로 바로크 음악을 재생 목록에 추가해서 공부하는 동안 배경 음악으로 틀어놓을 것을 추천한다. 아마존 뮤직, 애플 뮤직, 스포티파이 모두 바로크 음악을 제공하고 있다. 더 알아보고 싶다면 각 스토어에서 학습용으로 특별히 편집된 클래식 음악 목록(주로 바로크 음악으로 구성)을 찾아볼 수도 있다.

습관 6. 뇌를 온전히 사용해 듣는다

만일 당신이 학습의 한계를 벗어나고자 한다면 듣기 기술도 향상시키고 싶을 것이다. 연구에 따르면 듣기와 학습 간에는 강한 연관성이 있으며 우리 중 4분의 1 이상은 주로 듣기를 통해 학습하는 청각형 학습자auditory learner다.[9]

듣기는 학습에 매우 중요하며 우리는 깨어 있는 시간의 많은 부분을 듣기에 할애한다. 하지만 우리는 듣기에 특별히 능하지는 않다. 《플래토 이펙트》의 저자 밥 설리번Bob Sullivan과 휴 톰슨Hugh Thompson은 이렇게 말한다. "보통 성인은 말하는 시간의 약 두 배를 듣는 데 쓸 정도로 대부분의 의사소통에서 듣기가 핵심이지만, 사람들 대부분이 듣기에 취약하다. 전형적인 연구 결과를 하나만 들어보자. 한 실험에서 피험자들에게 10분 동안 구두 발표를 듣고 나중에 그 내용을 설명하게 했다. 성인의 절반은 발표 직후에도 내용을 설명하지 못했고 48시간 후에는 75퍼센트가 주제도 기억하지 못했다."[10]

우리가 제대로 듣지 못하는 이유 중 하나는 듣기에 모든 두뇌 능력을 동원하지 않는 경향이 있기 때문이다. 설리번과 톰슨은 카네기멜론 대학교와 공동으로 디지털 주의 산만을 연구한 후 이렇게 지적했다. "인간의 뇌는 분당 400단어의 정보를 소화할 수 있는 능력이 있다. 그러나 아무리 뉴욕 출신이라도 1분에 약 125단어의 속도로 말할 수 있을 뿐이다. 이는 누군가가 당신에게 말하는 동안 당신 뇌의 4분의 3은 다른 일을 할 수 있다는 뜻이다."[11]

이런 문제를 해결하기 위해 뇌 전부를 동원해서 들을 수 있는 도구를 소개한다. 여기서는 'HEAR'만 기억하면 된다.

- **Halt(정지)**: 다른 사람의 말을 듣고 있는 동안 십중팔구 그 공간에

서 다른 일들도 일어나고 있을 것이다. 서성거리는 사람이 있을 수도 있고 휴대전화에서 문자를 수신했다는 알림이 울릴 수도 있다. 실내에 음악이 흐르거나 텔레비전 소리가 낮게 들려올 수도 있다. 그러는 동안 처리해야 할 일들, 다음 회의 또는 저녁 메뉴가 떠오른다. 그 모든 것을 무시하고 화자의 말에만 집중하도록 최선을 다하라. 듣기의 대상이 화자가 말하는 단어만이 아니라는 사실을 기억하라. 음성의 높낮이, 보디랭귀지, 표정 등도 추가적인 문맥을 구성하고 추가 정보를 제공한다. 그 모두를 흡수하려면 다른 모든 활동을 멈춰야 한다.

- **Empathy(공감)**: 화자의 입장에 자신을 대입할 수 있다면 무심히 들을 때보다 더 경청하고 많은 것을 배울 것이다. 화자의 배경과 이유가 무엇인지 이해하려고 노력할 때 그들이 하려는 말에 내용이 추가되고 그들의 관점에서 생각할 수 있다.

- **Anticipate(기대)**: 기대감을 갖고 경청하라. 학습은 학습자의 상태에 따라 달라지며 화자에게서 배운 내용에 감정이 더해져야만 장기기억으로 전환될 수 있음을 기억하라. 당신이 듣고 있는 내용에 대한 열정이 경청할 가능성을 크게 높여줄 것이다.

- **Review(복습)**: 화자와 직접 접촉할 기회가 있다면 그렇게 하라. 명료화를 위한 질문을 하거나 요점을 되묻도록 하라. 메모가 가능한 상황이라면 그렇게 하라. 그런 다음 화자의 말을 되새겨보라. 머릿속으로 자기 말로 바꿔보고 다른 사람에게 가르쳐주는 상상을 해보라. 그러면 머릿속에서 내용이 확실해질 것이다.

습관 7. 유의해서 필기한다

최상의 조건에서 공부한다면 정보의 파지가 크게 증가할 것이다. 그리고 공부할 준비를 하거나 공부하는 동안 필기하는 것은 매우 유용할 것이다. 필기의 가장 큰 이점은 간직해야 할 정보를 자신의 어휘와 사고방식에 맞춰 바꿔 쓰는 과정에서 내용을 소화한다는 점이다. 가장 좋은 건 필기를 하면서 정보를 조직하고 처리해서 나중에 이 정보를 유용하게 활용하는 것이다.

그러나 많은 사람이 비효율적으로 필기한다. 흔히 빠지기 쉬운 함정은 필기하는 데 너무 집중한 나머지 정작 중요한 정보에 귀 기울이지 못하고 들리는 대로 받아 적기만 해서 하루만 지나도 도움이 되지 않을 노트를 작성하는 것이다. 이런 필기는 아무리 한들 소용이 없다. 이런 함정은 일단 인지하면 쉽게 피할 수 있으므로 필기 능력을 업그레이드할 계획을 세워보자.

먼저 필기를 하는 목적을 이해한다. 학기 중간에 강의를 들으며 하는 필기의 목적은 기말고사 직전에 그간 배운 내용을 복습하며 필기하는 목적과는 매우 다를 수 있다. 주간 팀 회의에서 메모하는 목적은 주중에 주요 고객 앞에서의 프레젠테이션을 앞두고 메모하는 목적과는 다를 것이다.

필기하는 의도를 명확히 하면 당신에게 적합한 정보와 그렇지 않은 정보를 구별할 수 있다. 작가인 내 친구는 자신이 한 모든 인터뷰의 녹취를 다른 사람에게 맡기는 것이 시간상 효율적일지라도 본인이 직접 하기를 고집한다. 직접 녹취를 하면 그가 쓸 책 내용과 무관한 내용은 글로 옮기지 않아도 되기 때문이다. 그래서 정제된 내용만 남는다. 마찬가지로 목표를 염두에 두고 필기한다면 자신이 활용할 수 있는 적절한 내용만 적을 것이다.

이렇게 목표를 명확히 하고 나면 적극적으로 필기한다. 정확히 원하는 것을 얻겠다는 의도로 경청하고 나중에 회상하는 데 도움이 되도록 필기하는 것이다. 필기 속도를 높이기 위해 약자와 준말을 사용한다면 자신에게 익숙한 것들만 써서 나중에 필기를 알아볼 수 없는 일이 생기지 않도록 한다.

가능한 한 자신의 말로 필기하는 것 역시 중요하다. 앞서 언급했듯이 필기의 주요 함정 중 하나는 모든 것을 기록하려 하는 것이다. 여기에는 두 가지 단점이 있다. 하나는 사람들 대부분이 말하는 속도만큼 빨리 받아 적기가 불가능하다는 점이다. 평균적으로 사람들은 1분에 10~12단어를 손으로 쓸 수 있고 평균적인 화자는 1분에 약 100단어를 말한다. 빠르게 타이핑한다고 해도 아마 화자가 말하는 내용의 절반 정도만 받아쓸 수 있을 것이다.

하지만 훨씬 더 근본적인 단점이 있다. 만약 누군가의 말을 그대로 받아 적는다면 아마 그중 어떤 정보도 처리하지 못할 것이다. 가장 중요한 학습의 순간에 뇌의 대부분을 받아 적기에 사용하기 때문이다. 자신의 말로 메모를 해야 정보의 처리가 시작된다.

필기할 때는 손으로 직접 쓰라고 권하고 싶다. 태블릿 pc로 필기하더라도 전자펜으로 하라. 나중에 정리가 필요하더라도 손글씨를 텍스트로 변환해주는 프로그램이 많이 나와 있다. 손으로 직접 쓰기를 권하는 가장 중요한 이유는 그대로 받아 적기보다는 요약하여 적게 되므로 바로 정보를 처리하게 하는 효과가 있기 때문이다.

이 주제를 연구한 팸 뮬러Pam A. Mueller와 대니얼 오펜하이머Daniel M. Oppenheimer는 "오로지 노트 필기를 위해 노트북을 사용하더라도 더 표층적인 처리가 이뤄지므로 학습에 지장을 줄 수 있다."라고 그들의 논문에 썼다. "노트북으로 필기한 학생들은 손글씨로 필기한 학생들보다 개념 질문에서 더 나쁜 점수를 받았다. 필기를 많이 하는 것이 유용할 수는 있지만 노트북으로 필기한 학생들은 정보를 처리해 자신의 말로 재구성하기보다 그대로 강의를 받아 적는 경향이 있어 학습에 해롭다는 사실을 보여준다."[12]

가장 중요한 점은 자신이 경청하고 있는지 확인하는 것이다. 당신은 비서로 그 자리에 있는 게 아니라 나중에 사용하기 위해 정보를 흡수하고 있는 것이다. 따라서 다른 사람이 하는 말을 실제로 듣는 것이 중요하다. 화자가 강조하는 정보에 주목하라. 화자가 말하려는 요지를 이해하고 기회가 된다면 질문하라. 이는 정보를 기록하는 만큼 전달되고 있는 정보에 관심을 기울일 때만 가능하다.

메모하는 동안 '캡처 및 생성'capture and create이라는 방법을 사용해보자. 노트 왼쪽에는 요점을 파악해 적고 오른쪽에는 주를 만들어 단다. 여기에는 자신이 파악한 요점에 대한 인상을 적고 그것을 어떻게, 왜, 언제 활용할지 적어둔다.

필기한 다음에는 즉시 검토한다. 이는 필기한 내용을 며칠 동안 읽지 않을 때보다 정보를 기억하는 데 훨씬 효과적이다. 더불어 처음에 노트할 때 놓친 내용을 보완할 수 있다는 이점도 있다. 그 정보가 아직 머릿속에 생생하게 남아 있기 때문이다.

필기력 업그레이드를 위한 TIP 기법

필기를 최대한 활용하려면 TIP 기법을 기억하라.

- Think(생각): 필기를 시작하기 전에 무엇을 가장 기억하고 싶은지 생각해보자. 이는 당신의 목표와 관련이 적은 정보에서 가치가 높은 정보를 걸러내는 데 도움이 된다.
- Identify(식별): 제시되는 정보를 주의 깊게 듣고 목표를 고려했을 때 가장 중요한 내용을 파악하라. 모든 것을 받아 적으려고 했다가는 그 순간 정보를 처리하기가 불가능해지고 나중에 공부하기도 더 어려워진다. 가장 필요한 정보만 적도록 하라.
- Priority(우선순위): 강의나 발표 후 필기를 검토할 때 가장 가치 있는 정보의 우선순위를 정하라. 우선적인 정보를 분명히 하기 위한 메모를 필요에 따라 추가하거나 요점을 강조해줄 개요를 작성하라.

평생학습은 '무엇'보다 '어떻게'가 중요하다

한계를 초월한다는 것은 평생 배움에 힘쓴다는 의미임을 안다면 학습 방법이 대단히 중요해진다. 다음 장으로 넘어가기 전에 다음 몇 가지를 시도해보자.

- 능동적 회상을 시도해보자. 새로운 내용을 제시하고 곧바로 얼마나 기억하는지 평가해보자.
- 당신에게 맞는 음악을 찾아라. 적절한 음악은 정보 흡수 능력을 높일 가능성이 크다. 이용 가능한 음원도 많으므로 시간을 두고 마음에 드는 음악을 찾도록 하라. 이 책의 나머지 부분을 읽을 동안 그 곡들을 배경 음악으로 틀어놓아도 좋다.
- 새로 배운 필기 방법들을 써보자. 이 장을 다시 훑어보면서 필기해보는 것도 좋을 것이다. 아니면 테드 강연을 보면서 메모를 해보자. 여기서 배운 기술을 활용해 노트 방법을 업그레이드하라.

제13장

기억력을 최대치로
끌어올리는 법

기억력 향상을 위해 바로 할 수 있는 일은 무엇인가?
어떻게 하면 많은 정보를 기억할 수 있을까?
어떻게 하면 필요할 때 쉽게 정보에 접근할 수 있을까?

몇 년 전 아무도 출근하지 않은 이른 아침에 사무실로 들어설 때였다.
전화벨이 울렸고, 전화를 받았다. 수화기를 들자마자 몹시 감격한 듯
한 여자의 목소리가 흘러나왔다.

"사랑합니다, 사랑합니다, 사랑합니다!"

전화를 받아주었다고 그런 반응이 나오는 건 정말이지 흔한 일이
아니었다.

"오! 누구세요?"

"앤이라고 합니다. 선생님 강의를 들었어요. 오, 찾았어요!"

관심이 생기지 않을 수 없었다.

"무엇을 찾았다는 거죠?"

"대체 무슨 일인지 모르겠지만 선생님의 방법을 전부 해봤더니 이런저런 기억이 나기 시작했어요. 기억 전략을 쓰지 않을 때도 이름과 대화가 기억이 나요."

내 질문에 대한 대답은 아니었다. 그녀가 하고 싶은 대로 이야기하게 내버려둬야 할 것 같았다. 그 후 몇 분간 이어진 이야기를 통해 그녀가 몇 년 전 할머니로부터 가보를 물려받았다는 사실을 알게 됐다. 대대로 전해져온 목걸이였는데 할머니는 딸들과 다른 손녀 세 명을 제치고 그녀에게 목걸이를 물려주었다. 앤은 목걸이를 받게 되어 매우 영광스럽고 소중히 간직하겠다고 맹세했다.

그런데 문제가 생겼다. 목걸이를 안전하게 보관해야 한다는 생각에 은밀한 곳에 넣어두었는데 그 장소가 기억이 나지 않았던 것이다. 목걸이를 어디에 두었는지 모른다는 사실을 깨닫고는 여기저기 뒤지기 시작했지만 찾지 못했다. 그녀는 불안에 휩싸였고 가족에게 엄청난 죄책감을 느꼈다.

그렇게 3년이 지나면서 앤은 가보를 영영 못 찾을 거라고, 누군가 훔쳐 간 게 틀림없다고 결론지었다. 그러던 중 이날 새벽 2시에 잠에서 깼다. 그녀는 계단을 내려가 지하실의 보일러 앞으로 가서 뒤쪽의 틈으로 손을 넣었다. 그리고 목걸이를 꺼냈다. 그녀는 안도감으로 털썩 주저앉았다고 했다.

"놀라운 이야기네요. 축하드립니다. 그런데 궁금하네요. 제가 잘못 둔 물건을 찾는 법을 가르치지는 않았는데요."

"네, 하지만 훨씬 더 가치 있는 일을 해주셨죠. 지난 몇 주 동안 온갖 일이 기억나요. 요즘 것뿐만 아니라 몇 년 동안 생각하지 않았던 것들까지요. 선생님, 제 뇌를 돌려주셔서 감사해요."

앤이 흥분해서 해준 이야기는 내가 오랫동안 사람들에게 들려줬던 이야기다. 그렇다. 뇌는 장기다. 하지만 근육처럼 작동한다. 뇌가 근육과 가장 유사한 점은 사용하지 않으면 퇴화한다는 것이다. 우리의 뇌는 건강을 유지하려고 갖은 노력을 기울일 때만 건강이 유지된다. 게을러서, 스스로 생각하지 않고 기술에 지나치게 의존해서, 새로운 학습에 도전하지 않아서 뇌 건강을 위해 노력하지 않는다면 뇌는 무기력해질 것이다.

만일 6개월 동안 팔을 보호대로 고정하고 있으면 팔은 약해질 수밖에 없다. 6개월 후 보호대를 벗기면 아마 팔을 제대로 쓸 수 없을 것이다. 뇌도 마찬가지다. 정기적으로 뇌를 사용하지 않으면 뇌가 가장 필요한 순간 최상의 상태가 아닐 수 있다. 하지만 뇌를 최상의 상태로 유지하기 위해 노력한다면 언제라도 슈퍼히어로 수준의 작업을 수행할 수 있다. 3년 만에 목걸이를 찾은 앤처럼 말이다.

기억의 한계를 뛰어넘는 방법, 'MOM'

학습 과정에서 가장 중요한 건 기억이다. 기억하지 못하면 아무것도 배울 수 없다. 기억 없이는 지식도 없다. 하지만 왜 기억력이 이상적인 수준에 못 미치는 사람이 대부분일까? 우리가 기계적 암기법을 통해 외우도록 배웠기 때문이다. 지금도 대부분의 학교는 사실이나 인용구를 반복 암기해서 머리에 새기라고 가르친다. 이렇게 외운 정보는 더 이상 필요하지 않을 때 즉시 망각되는 경향이 있고, 이런 유형의 기억은 내용의 숙달로 이어지는 경우가 드문데도 말이다.

기억은 당신의 가장 큰 자산 중 하나이기도 하다. 기억은 삶의 모든 영역에서 당신을 뒷받침한다. 지금 당장 기억을 사용하지 않고 무엇이든 해보라. 무슨 일이든, 어떤 행동이든 극히 어려울 것이다. 지금까지 알고 있던 모든 것을 잊은 상태로 매일 아침 눈을 뜬다고 상상해보자. 침대에서 내려오는 법, 옷 입는 법, 이를 닦는 법, 아침 식사를 하는 법, 운전하는 법을 다시 배워야 한다. 얼마나 불편하겠는가. 다행히 당신은 훌륭한 기억력을 갖고 태어났다. 이 능력을 사용하는 방법만 배우면 된다.

당신의 뇌를 대폭 업그레이드할 생각이라면 기억의 한계를 뛰어넘고 싶을 것이다. 대부분의 뇌 기능은 기억을 바탕으로 하기 때문이다. 그래서 아주 중요한 사실을 알려주려고 한다. 좋은 기억력이나 나쁜 기억력 같은 것은 없다. 훈련된 기억력과 훈련되지 않은 기억력이 있을 뿐이다. 사람들의 이름을 기억하지 못하거나 메모 없이는 발표하기가 힘들고 아침에 자동차 열쇠를 찾아 헤맨다면 이런 일을 할 능력이 없는 게 아니다. 단지 훈련을 받지 못했을 뿐이다.

조슈아 포어Joshua Foer의 이야기를 들어보자. 기자인 그는 2005년 '기억력 대회 선수들의 세계'라는 생소한 주제의 취재를 맡았다. 주요 기억력 대회에서 목격한 광경에 매료된 그는 참가자들에 대해 더 알아보고 싶었다. 놀랍게도 그가 인터뷰한 참가자 거의 모두가 암기 원리를 배우고 연습하기 전에는 자신의 기억력이 나쁘거나 고작 평균이었다고 이야기했다. 그런 그들이 이제 최고 수준의 기억력 대회에서 경쟁하고 있었다.

포어는 기억력에 제한이 없으며 운동 기술처럼 기억력을 훈련할 수 있음을 깨달았다. 그는 취재하며 배운 것들을 연습하기 시작했다. 1년 후 전미 기억력 챔피언십을 다시 찾았고, 이번에는 대회 참가자 신분으로 왔다. 대회 당일 우리는 경기 중간에 함께 점심 식사를 하며 흔히 천재성으로 보이는 것이 실은 배울 수 있는 것이라는 사실에 감탄했다. 그날 저녁 포어는 우승 트로피를 들고 귀가했다. 그리고《1년 만에 기억력 천재가 된 남자》라는 책을 썼다.

한계를 뛰어넘는 데 기억이 왜 그렇게 중요할까? 기억은 현재의 모든 행동과 미래에 취할 모든 행동의 기초가 되기 때문이다. 컴퓨터에 저장 공간이 거의 없거나 종종 저장한 내용을 불러낼 수 없다면 어떨지 상상해보라. 대부분의 기능을 실행시킬 수 없을 것이다. 이메일을 작성하는데 주소록의 수신인이 뜨지 않을 수도 있고, 이메일 작성을 끝낸 후 전송하지 못할 수도 있다. 이런 실행 기능들이 복구되기까지는 시간이 매우 오래 걸릴 것이다.

앞서 뇌를 슈퍼컴퓨터에 비유하기는 했지만 우리 모두는 뇌가 그 이상임을 알고 있다. 아마 가장 중요한 차이는 추론을 하고, 우리 앞에 있는 사실이나 상황을 고려하고, 그런 사실과 상황들을 근거로 행동하고, 혁신하고, 환경을 헤쳐나가는 우리의 능력일 것이다. 추론하는 과정은 과거에 유용하다고 입증된 도구들을 이용해서 풍부한 기억의 저장소를 뒤져 정보에 기반한 생산적인 결정을 내릴 것을 요구한다.

브랜다이스대학교의 신경과학과 교수 이브 마더Eve Marder는 이런 글을 썼다. "알려진 것들을 이해하지 못하고서 미래를 창조적으로 생각하는 것은 불가능하다. 우리는 서로 전혀 다른 분야를 연결하고 새로운 발견의 길을 볼 수 있는 학제적, 종합적 사고의 소유자를 찾고 있다는 말을 자주 한다. '그냥 검색하면 된다'는 이유로 배운 것들을 전부 잊어버리는 학생들 사이에서 창의적인 미래의 지도자를 찾는다는 건 상상할 수 없는 일이다. 그렇게 많은 것들을 잊는다면 무엇을 검색해야 할지 어떻게 알 수 있을까?"[1]

제12장에서 언급한 윌리엄 클렘 박사는 기억력 향상이 왜 중요한지 다섯 가지 이유를 들었는데 그 내용은 다음과 같다.[2]

- **암기는 정신 단련이다.** 게으르거나, 주의가 산만하거나, 생각할 거리가 거의 없거나, 대충 생각하는 이들이 너무 많은 시대에 꼭 필요한 학습이다. 암기는 집중하고 열심히 생각하도록 정신을 훈련한다.
- **검색이 항상 가능하지는 않다.** 인터넷에 접속할 수 없을 때도 있다. 그리고 중요한 모든 정보가 웹에 있지는 않다(또한 무엇을 검색하든 그와 무관한 쓰레기 같은 정보들도 따라온다). 외국어를 배우거나 즉석에서 글을 쓰거나 말을 해야만 하거나 전문가가 되고 싶을 때는 자료 검색이 도움이 되지 않는다.
- **암기는 생각할 거리를 만들어준다.** 정보의 공백 속에서 생각할 수 있는 사람은 아무도 없다. 어떤 분야에서든 전문가가 되려면 지식을 보유하고 있어야 한다.
- **우리는 작업기억**working memory**에 담긴 아이디어로 사고하며 이는 뇌에 저장된 기억을 통해서만 빠른 속도로 접근할 수 있다.** 사고 과정에서

작업기억에 담긴 정보들은 이해를 증진시킨다. 그런 지식 없이는 명료한 사고를 할 수 없다.

- 기억 훈련은 학습 능력의 향상을 촉진하는 학습 및 기억 스키마를 발전시킨다. 더 많이 기억할수록 더 많이 배울 수 있다.

나는 특히 마지막 이유를 강조하고 싶다. 기억은 가득차면 더 이상 들어가지 않는 용기나 컵, 하드디스크 드라이브와 비슷하다는 시각은 정확하지 않다. 기억은 단련할수록 더 강해지고 더 많이 저장할 수 있다는 점에서 근육에 가깝다.

이 장에서는 기억 훈련을 위해 고안된 몇 가지 도구와 기법을 소개할 것이다. 정신의 기본 원리를 적용한 이 도구와 기법들은 기억력을 향상시켜 더 자연스럽고 쉽고 재미있게 학습(기억)하게 해줄 것이다. 그러나 가장 핵심은 'MOM'을 기억하는 것이다. 이는 당신의 기억력을 즉시 높여줄 주문이다.

- **M**otivation(동기부여): 우리는 기억하고자 동기부여된 것들을 기억할 가능성이 훨씬 높다. 누군가 당신에게 "내일 통화하기로 한 거 잊지 마."라고 말한다면 당신은 그 사람과 통화할 일정이 있다는 것을 기억할 수도, 기억하지 못할 수도 있다. 그런데 만일 그가 "내일 잊지 않고 전화하면 5,000달러 줄게."라고 말한다면 당신은 그 일정을 분명히 기억할 것이다. 강한 동기가 있을 때는 뭔가를 기억할 가능성이 압도적으로 높다. 따라서 기억력 강화 훈련을 하고 싶다면 아주 강한 동기를 부여해야 한다. 반드시 기억해야

할 개인적인 이유를 만들도록 하라. 기억으로 간직하는 것이 가치가 있다고 스스로 납득할 수 있다면 그럴 가능성이 크다.

- **O**bservation(관찰): 누군가의 이름을 듣고 나서 바로 잊는 경우가 얼마나 자주 있는가? 이는 그 이름을 들으면서 온전히 주의를 기울이지 않았기 때문이다. 또는 아는 사람이 더 있는지 실내를 둘러봤을 수도 있다. 방금 나눴던 대화를 계속 생각하고 있었을 수도 있다. 이유가 무엇이든 당신은 그 순간 온전히 집중하지 않았다. 우리가 뭔가를 기억하지 못할 때는 대체로 파지가 아니라 주의력에 문제가 있는 것이다. 기억하고 싶은 게 있는 상황에서는 정말로 집중하도록 자신을 조건화하라.

- **M**ethod(방법): 이 장에서는 뭔가를 기억하고 싶을 때 활용할 수 있는 쉽고 간단한 방법들을 소개할 것이다. 이 방법들을 머릿속에 넣고 다니면서 제2의 천성이 될 때까지 연습하도록 하라.

 실천 포인트

지금 당신은 자신의 기억력을 어떻게 평가하는가? 특히 어떤 측면을 개선하고 싶은가?

회상 능력을 높이는 베이커-베이커 패러독스

기억하려는 내용에 참조점을 붙일 수 있다면 기억할 확률이 극적으로 증가한다. 몇 년 전 질리언 코헨Gillian Cohen은 얼굴을 보고 사람의 이름을 떠올리는 능력을 시험하는 연구를 한 후 베이커-베이커 패러독스Baker-baker Paradox를 언급했다. 이 연구에서 참여자들은 여러 장의 얼굴 사진들과 함께 사진 속 인물들의 이름과 다양한 정보를 제공받은 다음 이름을 회상해야 했다. 그 결과 사람들은 직업보다 이름을 기억하는 데 훨씬 어려움을 겪었다. 심지어 이름Baker과 직업baker이 같을 때도 그랬다. 예를 들면 누군가의 성이 베이커라는 사실보다 그가 제빵사라는 사실을 기억하기가 훨씬 쉬웠다. 이런 결과에 대한 설명을 앞에 나온 조슈아 포어의 말로 들어보자.

사진 속 남자가 제빵사라는 말을 들을 때 그 사실은 제빵사와 관련된 모든 생각의 네트워크에 편입된다. 그는 빵을 만들고 커다란 흰 모자를 썼으며 퇴근 후 좋은 냄새를 풍기며 집으로 온다.

반면 베이커라는 이름은 그 사람의 얼굴에 대한 기억에만 묶여 있다. 이 연결 끈은 약해서 끊어지기 쉽고 이름은 잃어버린 기억의 지하세계로 떨어져 영영 생각해낼 수 없게 된다. 그러나 그 남자의 직업에는 기억을 다시 끌어올릴 여러 가닥의 끈이 있다.

설령 처음에는 그 남자가 제빵사임을 기억하지 못하더라도 막연히 빵과 관련된 느낌이 떠오르거나, 그의 얼굴과 커다란 흰 모자 사이의 어떤 연관성을 보거나, 동네 빵집에 대한 기억을 떠올릴 수 있다. 그렇게 얽힌 연상 속에는 그의 직업을 역으로 추적할 수 있는 매듭이 얼마든지 있다.[3]

베이커-베이커 패러독스는 연관성을 만들어내면 기억력을 극적으로 높일 가능성이 크다는 사실을 보여준다. 앞으로 소개할 연습 문제들은 이런 맥락에서 특별히 효과가 있었던 방법들이다.

대량의 정보를 기억하는 특별한 방법

대규모 청중을 대상으로 강연할 때 나는 종종 사람들에게 아무 단어나 30~100개 정도 불러보라고 한 다음 역순으로 그리고 원래 순서로 기억해내서 말한다. 그러면 어김없이 경외심 어린 반응이 나오지만 내가 바라는 것은 그게 아니다. 그런 시범을 보이는 이유는 그와 같은 암기 능력이 누구에게나 있다는 강연의 요지를 전달하기 위해서다.

앞서 기억이 거의 모든 뇌 기능을 수행하는 데 있어서 중요하다고 이야기했다. 만약 뇌의 한계를 뛰어넘어 자신의 한계를 극복하고자 한다면 기억의 한계를 없애야만 한다. 즉 다량의 정보를 보유하고 그 정보에 쉽게 접근할 수 있도록 기억력을 훈련해야 한다.

내가 무대에서 100개의 단어를 암기하는 것이 마치 놀라운 재주처럼 보일 수 있지만 이는 다량의 정보를 기억하고 인출하기 위해 누구나 사용할 수 있는 기법으로 훈련한 결과다. 당신이 기억하고 싶은 건 당신이 취급하는 전 제품의 사양일 수도 있다. 혹은 긴 수학 공식일 수도, 수영장에서 카풀을 하는 사람들을 태울 지점들일 수도 있다. 그게 무엇이든 이 방법은 도움이 될 것이다.

먼저 단어들을 암기하는 방법을 살펴보자. 무엇을 암기하든 방법은 똑같지만 설명하기 쉬운 예를 들겠다. 아래에 간단한 단어들이 제시되어 있다. 이제 제시된 순서대로 그것들을 외워보자. 30초 이내에 단어들을 보고 책을 덮어라. 행운을 빈다!

소화전	다이아몬드
풍선	기사
배터리	황소
통	치약
널빤지	표지판

이 목록을 기억하기 위해 어떤 방법을 썼는가? 머릿속으로 단어들을 계속해서 반복했는가? "소화전, 풍선, 배터리, 소화전, 풍선, 배터리, 소화전, 풍선, 배터리…", 이렇게 되뇌었는가? 그 단어들이 머릿속에 남을 때까지 몇 번이고 반복했는가? 마음속으로 이 단어들의 이미지를 보려고 했는가? 사람들 대부분이 방금 설명한 처음 두 가지 방법 중 하나 또는 두 방법의 조합을 사용한다. 정보를 기억하기 위해 반복해서 말하거나 적는 방식을 반복 학습repetition learning 또는 기계적인 학습rote learning이라고 한다.

아마도 당신은 초등학교 2학년 때 구구단을 외우기 위해 기계적인 암기 학습을 했을 것이다. "7 곱하기 7은 49, 7 곱하기 7은 49, 7 곱하기 7은…"이라고 중얼거렸을 것이다. 혹은 종이에 가득 '7×7=49, 7×7=49, 7×7=49'라고 적었을 것이다. 맞춤법을 배울 때도 이 방법을 썼을 가능성이 아주 높다. 선생님이 종이에 의자 같은 단어를 50번

쓰라고 시켰을 것이고 그러는 동안 당신의 타고난 학습 능력은 억압되고 말았다. 이 방법에 당신의 정신은 지루함을 참다가 마침내 '졌다! 1492년 콜럼버스 신대륙 발견이라고 100번은 외웠겠다. 더는 못 해!'라고 비명을 지르며 항복했다.

사람들 대부분은 기계적 학습을 지루하고 따분하게 여긴다. 실제로 이 방법은 정신을 괴롭힐 뿐 아니라 대부분의 것을 기억하는 데 지극히 비효율적이다. 게다가 이런 방식으로 시간을 들여 암기한 정보의 최대 85퍼센트가 48시간 이내에 잊힌다. 그래서 일부 학생들은 벼락치기가 필요하다고 생각한다. 그들은 기계적으로 암기한 내용을 금방 잊어버릴 걸 알기 때문이다.

기계적 암기에서 능동적 상상으로

기계적인 학습이 비효율적인 이유 중 하나는 뇌의 일부분만 학습에 관여하기 때문이다. 정보를 처리하고 학습해야 할 내용을 저장하는 데는 분석적 뇌 영역이 사용된다. 기계적 학습은 사고력의 일부와 잠재력의 극히 일부만 사용한다. 전통적인 교육 시스템에서는 다음 주제들을 아마 이런 식으로 배웠을 것이다.

- **역사**: 미국의 제30대 대통령은 캘빈 쿨리지, 미국 30 쿨리지, 30 쿨리지….
- **화학**: 글루코스 분자식은 $C_6H_{12}O_6$, 글루코스 $C_6H_{12}O_6$, 글루코스

$C_6H_{12}O_6\cdots$.

- **프랑스어**: Comment allez-vous는 '안녕하세요?', Comment allez-vous는 '안녕하세요?', Comment allez-vous는 '안녕하세요?'….

이런 식으로 배운 것들이 수없이 많다. 그렇다면 지금은 이렇게 자문해야만 한다. '초등학교 때 배운 방식이 지금 내게도 좋은 학습 방식일까?' 그에 대한 대답은 '아니요'일 것이다. 학교에서는 읽기reading, 쓰기writing, 셈하기arithmatic, 즉 3R을 가르쳤다(애석하게도 맞춤법spelling 은 R로 시작하지 않는다). 나는 네 번째 R, 즉 암기rote가 추가되어야 한다는 생각을 항상 했다(rote라는 단어는 '생각 없는 반복' 또는 '기계적인 암기'를 의미한다). 세월이 흐르면서 학습에 대한 요구 사항은 크게 바뀌었다. 반복 학습은 어렸을 때는 괜찮은 결과를 가져다주었지만 요즘 세상에는 엄청난 정보와 정신적 피로감만 가져다줄 뿐이다.

지금부터 당신이 가능하다고 생각했던 것보다 효과적으로 기억할 수 있는 기법을 알려주겠다. 이 기법은 잘 기억하기를 바라는 마음을 언제든 자신이 보유한 정보를 사용할 수 있다는 확신으로 바꿔줄 것이다.

이제 앞서 298쪽에서 제시됐던 단어들을 순서대로 회상해보라. 기억나는 대로 최대한 많이 적어보자. 잠깐 시간을 내서 지금 바로 해보자.

_____

_____

_____

결과가 어떤가? 당신이 대다수와 같다면 목록에 있는 몇 단어를 기억했을 것이다.

이제 편안한 상태인지 확인하고 지금까지 본 중에서 가장 커다란 소화전 옆에 서 있다고 상상해보자. 그리고 소화전 위로 풍선 다발이 묶여 있는 상상을 한다. 풍선이 너무 많아 소화전이 뽑혀 하늘 높이 솟아오른다. 그러다 갑자기 배터리 뭉치에 부딪혀 터진다. 배터리들은 큰 통에 담겨 하늘로 발사되고 있다. 그 통은 시소처럼 오르내리던 널빤지에서 발사된 것이다. 널빤지 중앙에는 반짝이는 커다란 다이아몬드가 균형을 잡아주고 있다. 그런데 빛나는 갑옷을 입은 기사가 다이아몬드를 훔쳐서 도망간다. 곧바로 황소가 그의 길을 막는다. 소를 지나쳐 가려면 치약으로 소의 이빨을 닦아주는 수밖에 없다. 황소가 옆으로 비켜서자 '축하합니다'란 문구가 적힌 커다란 표지판이 나오고 엄청난 폭발음이 들린다.

이제 잠시 눈을 감고 이 이야기를 떠올려보자. 기억이 잘 나지 않거나 필요하다면 이야기를 다시 읽어도 좋다. 다음 내용으로 넘어가기 전에 지금 복습하라.

눈치챘겠지만 이 이야기는 앞의 단어들로 지어낸 것이다. 이제 마음속으로 그 이야기를 떠올리면서 최대한 많은 단어를 기억해내보자. 답을 확인하고 맞힌 단어의 수를 적어보자.

결과가 어떤가? 당신이 대부분의 학생과 같다면 처음보다 많은 단어를 기억해냈을 것이다. 놀라운 점은 이와 같은 방식으로 다량의 정보를 암기할 수 있다는 것이다. 나는 이 기법으로 배우들이 대사를 외우고, 학생들이 주기율표를 암기하고, 판매원들이 제품을 자세히 설명하는 것을 봤다. 좋은 기억력이나 나쁜 기억력 같은 건 없으며 오로지 훈련받은 기억과 훈련받지 않은 기억력이 있을 뿐임을 기억하라. 이 방법은 모든 상황에 적용할 수 있는 기억력 훈련으로 자주 사용하도록 하라.

기억하려는 대상에 깊은 인상을 부여하라

적극적인 기억은 매우 중요한 개념이다. 대부분의 사람은 학습을 수동적인 활동으로 생각하며 임한다. 그들은 책이나 노트, 강의에서 정보를 접하고 이를 흡수하면 훌륭하다고 생각한다. 혹시 정보를 흡수하지 못해도 할 수 있는 건 없다고 생각한다. 이런 수동적인 관점은 학습을 운에 맡긴다. 정보가 기억에 남으면 집중과 기술의 결과라기보다 운과 반복의 결과라고 여긴다. 학습에 더 적극적으로 임한다면 몰입과 개인적 인식에서 오는 더 큰 성과와 만족을 얻을 것이다. 수동적인 학습은 약하지만 능동적 학습은 강하다.

적극적으로 기억하는 데 도움이 되는 네 가지 요소를 알아보자.

시각화

시각 기억은 매우 강력하다. 심상은 이야기를 그려내므로 기억할 수 있는 더 강력한 수단이 된다. 사고는 심상을 통해 이루어진다. 지금 당신의 침대를 생각해보라. 무엇이 떠올랐는가? 아마 퀸 사이즈 매트리스에 목재 헤드 보드, 진한 남색 시트, 커다란 베개가 보였을 것이다. 진한 남색 시트, 커다란 베개라는 단어가 아니라 그것들의 이미지가 보였을 것이다. 이것이 당신의 머리가 생각하는 방식이다. 이 말이 의심스럽다면 평소에 말로 꿈을 꾸는지 자문해보자. 아마 아닐 것이다. 사진 한 장이 천 마디 말의 가치가 있음을 기억하라!

연상

연상은 기억과 모든 학습의 열쇠다. 새로운 정보를 배우려면 이미 알고 있는 정보와 연관이 있어야 한다. 이는 몇 번이고 반복해서 이야기할 만큼 중요한 사실이다. 새로운 정보를 기억하려면 이미 알고 있는 것과 연합시켜야 한다.

사실 당신은 평생 그렇게 해왔다. 단지 인식하지 못했을 뿐이다. 간단한 테스트를 해보자. 체리를 생각하면 무엇이 떠오르는가? 아마 빨간색, 달콤함, 과일, 파이, 둥근 모양, 씨 등이 떠오를 것이다. 이것들은 당신이 체리와 관련해 배워온 단어와 심상들이다. 당신은 알고 있던 것과 몰랐던 것을 연관 지었다. 당신은 연상을 통해 자전거를 타는 법, 음식을 먹는 법, 대화하는 법, 뭔가를 하는 법을 배운다.

마찬가지로 앞서 소화전과 풍선 이야기는 일부러 단어들을 연상시켜 더 쉽게 회상할 수 있도록 내가 만든 것이다. 당신의 머리는 매 순간 끊임없이 수많은 연상을 만들어내고 있고 그런 연상의 대부분은 의식되지 않는다. 이것이 학습 방법이다. 특정 인물을 상기시키는 노래가 있는가? 그런 기억이 연상이다. 어린 시절을 생각나게 하는 냄새가 있는가? 보다 효과적인 학습을 위해 의식적으로 연상을 만들어보는 것은 어떨까?

감정

감정이 더해지면 더 기억에 남는다. 그냥 정보는 쉽게 잊힐 수 있지만 감정과 결합된 정보는 장기기억이 된다. 정보에 감정이 더해지면 모험적이고 액션으로 가득하며 유머러스한 것으로 만들어지면서 기억할 가능성이 훨씬 커진다.

장소

우리는 장소를 기억하는 데 아주 능하다. 수렵과 채집으로 살았던 인류는 숫자와 단어는 기억할 필요가 없더라도 사물이 어디에 있는지는 기억해야 했기 때문이다. 깨끗한 물이 어디에 있는지, 비옥한 땅이 어디에 있는지, 식량이 어디에 있는지 알아야 했다. 정보를 장소와 연결시킬 수 있다면 아마도 더 잘 기억할 것이다.

이 방법들은 좋은 기억력을 갖기 위한 비결의 일부다. 이 장의 나머지 부분에서는 다른 상황에서 사용할 수 있는 구체적인 기법과 적용법을 소개할 것이다. 앞서 단어 목록으로 만든 이야기를 잘 기억하지 못했더라도 걱정하지 마라. 이는 충분히 가능한 일이며 약간의 연습이 필요하다. 어릴 적 이후로는 상상력을 사용하지 않은 사람이 대부분이기 때문이다. 그 이야기는 창의력에도 좋은 운동이 되기 때문에 몇 번 더 복습하도록 하라.

이야기를 거꾸로 할 수도 있다는 점에 주목하라. 연상은 어떤 순서로도 목록을 떠오르게 만들 수 있다. 거꾸로 이야기해보면서 직접 확인해보라. 아마도 정말 놀랄 것이다. 대부분의 사람은 기계적 암기 방식으로 이 목록을 외우는 데 10∼30분 정도 걸리며 얼마 안 가 잊어버린다. 하지만 1분 정도면 배울 수 있는 이 이야기는 한 번도 복습하지 않아도 지금부터 며칠 혹은 몇 주 후에도 회상할 수 있다. 이것이 열심히 공부하는 게 아니라 영리하게 공부하는 방법이 가진 힘이다. 바로 상상력의 힘이며 정신의 힘이다. 다시 한번 시도해보자.

단어 10개로 잘 외워지는 이야기 만들기

먼저 친구에게 임의로 단어 10개를 제시해달라고 부탁한다. 아니면 직접 단어 목록을 만들 수도 있다. 가능한 한 무작위로 단어 목록을 만들려면 책이든, 신문이든, 잡지든, 동네 마트에서 돌린 전단이든 가장 가까이 있는 인쇄물을 집어 든다. 중복을 피해 처음 10개 단락에 처음 나오는 실질적 단어를 선택한다(대명사, 조사, 관형사 등은 선택하지 않는다). 그 단어들을 종이에 적는다.

이제 이 단어들을 쓴 종이를 뒤집어놓고 단어들을 다시 순서대로 써본다. 다시 쓴 단어들을 원래 목록과 대조해보자. 얼마나 맞혔는가?

아마 10단어를 모두 기억하지는 못했겠지만 모두 잊어버리지도 않았을 것이다. 천재성은 단서를 남긴다. 즉 타고난 지능이 지능에 대해 가르쳐준다. 당신은 특정 방법으로 단어들을 외웠으며 그 방법을 검토하는 것이 다음 단계다.

당신은 어떤 단어를 기억했는가? 왜 그 단어들을 기억했는가? 소리 내어 말해보자. 이렇게 하면 자신이 어떻게 암기하는지 이해하는 데 도움이 된다. 예를 들면 당신은 첫 번째 단어와 마지막 단어를 기억했을 가능성이 크다. 이는 제4장에서 논의했던 초두 효과와 최신 효과라는 일반적 현상으로 사람들은 주어진 상황에서 가장 처음에 들은 내용뿐 아니라 나중에 들은 내용을 기억하는 경향이 있다. 당신도 그런 식으로 단어를 암기했던 것이다.

당신은 또 어떤 단어들을 기억했는가? 이 단어들은 모두 같은 글자로 시작한다거나 행동을 나타내는 단어라는 등의 공통점이 있는가? 이는 무엇을 말해주는가? 당신이 외운 단어들은 어떤 식으로 정리가 되는가? 당신에게 어떤 감정을 불러일으키는가? 당신이 기억하는 단어 중에 뭔가 독특한 점이 있는가?

처음 시도에서 기억할 수 있었던 단어들에는 일정한 특징이 있다. 당신이 기억하지 못했던 단어들은 상기할 만한 특징이 없었던 것이다. 그렇다면 모든 단어가 기억에 남는 특징을 갖도록 만드는 방법을 알아보자.

- 10개의 단어를 한 개씩 차례차례 사용해서 이야기를 지어보자. 백일장에 제출할 글이 아니므로 이야기의 타당성 여부는 중요하지

않다. 중요한 것은 목록에 있는 모든 단어에 풍부한 상상력을 보태(예를 들어 단어 중 하나가 '바깥'이면 드넓은 벌판에 있다고 상상하라) 각 단어에 대한 이미지를 떠올리고 모든 단어를 목록에 있는 순서대로 이야기에 연결하는 것이다. 더 감정적이고 과장될수록 회상이 잘 된다.

- 이제 단어들과 단어의 순서를 상기시키도록 만든 이야기를 활용해서 단어 목록을 다른 종이에 다시 써보자. 이번 결과는 어땠는가? 여전히 10개를 전부 기억하지 못했을 가능성이 크지만 아마도 이번에는 더 많은 단어를 기억했을 것이다.

- 이제 앞서 작성한 목록들을 보지 말고 단어들을 다시 써보되 이번에는 역순으로 써보자. 그러려면 당신이 지어낸 이야기에 다른 식으로 접근해야 하겠지만 이 과정은 단어들을 확실히 기억하는 데 도움이 될 것이다.

이쯤이면 목록에 있는 모든 단어는 아니더라도 대부분을 외웠을 것이다. 동시에 이 방법이 앞으로 프레젠테이션의 세부 사항을 전부 기억하는 데 어떻게 도움이 될지 궁금해졌을 것이다.

메모 없이 기억하는 '장소법'

기억은 거의 모든 일의 기초가 된다. 잘 훈련된 기억력 없이 자신의 한계를 뛰어넘을 길은 없다. 기억은 추론하고, 가능한 결과를 계산하고, 다른 사람에게 자원이 되어줄 수 있는 능력을 좌우하기 때문이다. 우리는 종종 개인이나 집단에게 한번에 상당한 양의 정보를 전달해야 할 때가 있다. 이사회에 보고해야 할 수도 있고, 집회에서 연설해야 할 수도 있고, 수업에서 특정 주제에 대한 전문 지식을 공유해야 할 수도 있다. 이 밖에도 여러 상황이 있을 수 있다. 이런 상황에서는 메모를 보지 않고 그 일을 해내는 것이 중요할 때가 많다. 메모를 보면 해당 내용에 덜 정통한 사람이라는 인상을 줄 수 있기 때문이다.

나는 경영진, 학생, 배우를 비롯해 많은 사람에게 메모 없이 발표할 수 있게 해주는 유서 깊은 기술을 가르쳐왔다. 유서 깊다는 말 그대로 이는 옛날부터 전해져온 기술로서 무려 2,500년 이상 사용되어온 장소법loci method의 한 형태다.

장소법에 얽힌 전설에 따르면 그리스의 시인 케오스의 시모니데스Simonides of Ceos는 건물 붕괴 사고의 유일한 생존자였다. 그 건물에 있던 사람들은 전원 사망했다. 관리들은 희생자들의 신원 확인에 나섰고 도움을 줄 사람은 시모니데스뿐이었다. 그는 붕괴 시점에 희생자들이 서 있었던 자리를 떠올리고 이를 토대로 희생자들의 신원을 알려주었다. 그 과정에서 그는 기원전 500년에 오늘날에도 효과가 있는 기억 도구를 만들었다.

Loci는 '특정 지점이나 장소'를 뜻하는 locus의 복수형이다. 즉 장소법은 기억하고자 하는 것을 자신이 잘 아는 특정 지점이나 장소와 결부시키는 기억 도구다. 내가 가르치는 장소법은 다음과 같다.

- 프레젠테이션의 논점 10가지를 고른다. 키워드나 구문 또는 포함

하고 싶은 인용문을 고르는데 여러 단락이어서는 안 된다. 그러면 이 과정이 번거로워지고 프레젠테이션이 과도하게 연습한 것처럼 느껴지기 때문이다. 당신은 주제를 잘 알고 있고 발표할 내용을 어느 정도 숙지하고 있어야 한다. 이 방법은 필요한 순간 각 핵심 사항을 사고 전면으로 가져오도록 고안되었다.

- 이제 당신이 잘 아는 장소를 상상한다. 집의 일부, 자주 걷는 거리, 가까운 공원, 아주 익숙해서 생생하게 회상하기 쉬운 장소를 떠올린다.

- 이제 그 장소를 통과하는 경로를 생각한다. 예를 들어 그 장소가 당신 집에 있는 방이라면 그 방 안을 지나간다고 상상하라. 그런 다음 이 방에서 바로 볼 수 있는 10개 지점을 찾아라. 아마 그중 하나는 방에 들어서는 순간 눈에 들어오는 구석에 놓인 스탠드일지 모른다. 다른 하나는 스탠드 바로 왼쪽에 놓인 의자일 수 있다. 그리고 의자 옆에 있는 탁자, 탁자 위의 책 등으로 이어진다. 나름의 순서에 따라 경로를 정하라. 지그재그로 공간을 오가는 것은 별로 효율적이지 않다. 시계 방향으로 이 공간을 도는 자신을 상상하며 평소 눈에 띄던 물건들에 주목하라.

- 10개 지점을 골랐으면 각 지점에 논점을 할당한다. 논점의 순서와 방을 통과하는 순서를 일치시키도록 한다. 방금 설명한 방을 예로 들자면 먼저 전체 프레젠테이션의 기본 방향부터 이야기하고 싶다면 이를 스탠드에 배정한다. 다음 논점이 제품의 필수 세부 사항이나 중요한 역사적 사실이라면 의자에 배정하는 식으로 진행한다.

- 이제 그 장소의 이동 경로를 프레젠테이션의 주요 메시지를 기억하기 위한 도구로 사용해 프레젠테이션 연습을 한다. 프레젠테이션의 각 구성 요소가 필요한 순간 떠올라야만 한다.

모든 방법과 마찬가지로 이 기억 방법 역시 숙달되기까지 시간이 좀 걸릴 것이다. 그러나 사용하는 즉시 효과를 볼 수 있다. 연습하다 보면 메모를 보지 않고도 다량의 정보에 접근할 수 있다. 회상은 극적으로 향상되고 연설과 보고는 더 자연스러워질 것이다. 이 방식은 다량의 정보를 외워야 할 때마다 사용할 수 있다.

사람의 이름을 쉽게 기억하는 'BE SUAVE'

방금 만난 사람의 이름을 기억하지 못하는 이유는 대개 그 순간에 주의를 기울이지 않았기 때문이다. 그런 경우 MOM을 활용하면 좋다. 그러나 특별히 이름을 기억하는 데 도움이 되는 기법이 하나 있다. 이 기법의 연상 기호는 'BE SUAVE'다.

- **B**elieve(믿음): 당신이 해낼 수 있다고 믿는 것이 첫 번째 단계다. 이름을 기억할 수 있다고 스스로 열심히 확신한다면 정말로 그렇게 된다.
- **E**xercise(연습): 다른 방법들과 마찬가지로 이 방법을 사용하려면 약간의 연습이 필요하다. 하지만 아주 금방 능숙해질 것이다.

- **Say(불러보기)**: 어떤 사람의 이름을 처음 들었을 때 따라서 말해보자. 그렇게 하면 이름을 정확히 들었는지 확인할 수도 있고 이름을 한 번 더 들을 기회도 생긴다.
- **Use(사용하기)**: 그 사람과 대화하는 동안 그의 이름을 부르며 말한다. 그러면 기억으로 고정되는 데 도움이 된다.
- **Ask(질문하기)**: 이름의 유래를 물어본다. '짐' 같은 이름의 유래를 묻는다면 좀 이상하겠지만 흔하지 않은 이름을 가진 사람이면 이 질문이 특히 유용하다.
- **Visualization(시각화)**: 장소법에서 이미 확인했듯이 시각은 믿을 수 없을 정도로 효과적인 기억 도구다. 이름에 이미지를 붙여라. 메리라는 사람을 만나면 결혼식 날 면사포를 쓴 그녀의 모습을 상상할 수 있다.
- **End(종료)**: 그 사람과 헤어질 때 그의 이름을 말하면서 대화를 끝낸다.

단어를 쉽게 기억하는 시각화 기법

단어는 학습을 시작할 때 가장 기본이 되는 요소 중 하나다. 단어의 의미를 기억하기는 쉽다. 당신이 지금까지 사용해온 방식들을 똑같이 사용하면 된다. 가장 효과적인 방식 중 하나는 단어의 치환이다. 당신은 이미 이 방법을 알고 있으며 이제 그 용어까지 알게 됐다.

단어 치환은 그림으로 그리기 어려운 무형의 정보를 구체적이고 시각화하기 쉬운 이미지로 바꾸는 방법이다. 다음은 단어 치환의 몇 가지 예시다.

- Nitrogen(질소)은 knight(기사)로 치환할 수 있다.
- Monroe(먼로)는 man rowing(노 젓는 남자)으로 치환할 수 있다.
- Washington(워싱턴)은 washing machine(세탁기)으로 치환할 수 있다.
- Armstrong(암스트롱)은 strong arm(튼튼한 팔)으로 치환할 수 있다.

단어 치환의 주요 아이디어는 원래 단어를 떠올릴 만큼 비슷한 소리를 내는 그림 또는 연결된 그림들을 생각해내는 것이다. 이는 그전에는 이해하기 어려웠던 단어나 아이디어, 개념을 친숙하게 만들어준다. 단어에 상응하는 그림을 만듦으로써 더 가시적인 대상, 볼 수 있는 대상으로 만든다. 우리는 스스로 만든 것을 잘 기억하는 경향이 있다는 사실을 기억하라. 몇 가지 예를 더 들어보자.

- **C**ytology(세포의 연구): 커다랗게 'G'가 찍힌 수건을 떠올린다. 항상 그런 수건을 원했던 당신은 그것을 집어왔다가 감옥에 갇힌다. 혹은 한숨을 쉬며 발가락 아래의 G를 보다가sigh toe low G 허용되지 않은 행동을 했다는 이유로 감방에 갇혀 공부하기를 강요당한다. 좀 기괴한 이야기지만 매우 기억에 남는 효과가 있다!
- **L**enient(측은히 여기는, 온화한): 개미가 벽에 기대어 서 있는an ant

leaning 모습을 머릿속으로 그려보자. 개미가 깨끗한 벽에 기대는 바람에 벽이 더러워진다. 어미 개미는 화를 내는 대신 측은한 눈으로 온화하게 바라본다.

이 기억 방법은 외국어 공부를 포함해 모든 암기에 활용할 수 있다. 외국어 학습은 단어 암기와 같은 방식으로 할 수 있는데 사실 영어 단어 일부는 외국어 단어를 연상하는 데 매우 유용하게 쓸 수 있다!

- Très bien(프랑스어)은 tray bean처럼 발음되며 '매우 좋다'는 뜻이다. 아이를 돌봐주면서 아이가 매우 좋았기 때문에 상으로 은쟁반tray에 콩bean을 담아주는 모습을 상상할 수 있다.
- Facile(프랑스어)은 face eel처럼 발음되며 '쉬운'이라는 뜻이다. 친구가 뱀장어eel를 얼굴face에 대고 있을 수 있냐고 하자 당신은 "그야 쉽지!"라고 응수하며 뱀장어를 얼굴로 가져온다.
- Travailler(프랑스어)는 traveler처럼 발음되며 '일하다'라는 뜻이다. 한 여행자traveler가 다가와 휴가를 가자고 하지만 당신은 일 때문에 갈 수 없었다는 상상을 해보라.
- Escargot(프랑스어)는 scar go처럼 발음되며 '달팽이'를 의미한다. 달팽이 한 마리가 S자 모양의 차car를 운전해서 가는go 모습을 상상해보자.
- Merci(프랑스어)는 mare sea처럼 발음되며 '고맙습니다'라는 뜻이다. 암말mare이 바다sea에 빠졌는데 당신이 구해주자 "고맙습니다."라고 말하는 광경을 상상할 수 있다.

- Aprender(스페인어)는 a blender처럼 발음되며 '배우다'라는 뜻이다. 책을 믹서a blender에 집어넣는 당신의 모습을 상상해보자.

- Escuela(스페인어)는 S-quail처럼 발음되며 '학교'를 뜻한다. 가슴팍에 커다란 S자를 붙인 메추라기quail가 당신의 학교에 오는 상상을 해보라.

- Ayuda(스페인어)는 are-you-the처럼 발음되며 '돕다'라는 뜻이다. 물에 빠져 익사 직전의 당신에게 누군가 구조하러 와서 "물에 빠져 죽게 된 사람이 당신인가요?"Are you the person drowning?라고 묻는 상상을 해보자.

- Mando(스페인어)는 man(또는 moon) doe처럼 발음되며 '명령하다'라는 뜻이다. 한 남자가 달moon로 날아가라고 암컷 토끼doe에게 명령하는 광경을 상상하라.

- Estrada(스페인어)는 extra day처럼 발음되며 '도로 또는 고속도로'를 의미한다. 휴가를 떠났는데 교통 체증 때문에 하루 더extra day 고속도로에서 꼼짝 못 하고 있는 모습을 상상해보라.

그러면 다음 스페인어 단어에 이 방법을 적용해보자.

- Desventaja(장애)
- Pelo(머리카락)
- Bolso(핸드백)
- Dinero(돈)
- Leer(읽다)

이상의 예들을 통해 단어 기억법의 기본을 소개했다. 이를 바탕으로 이 기법을 더 익히고 그 중요성을 이해하도록 하라. 이 기술은 사실 어떤 것에든 적용할 수 있으며 융통성이 있고 보편적이다. 예를 들어 어떤 단어가 여성형인지, 남성형인지 외우고 싶다면 남성형 단어에는 중절모를, 여성형 단어에는 드레스를 추가하면 된다. 정해진 규칙은 없으니 창의적이고 엉뚱하고 재미있는 상상을 해보자.

새로운 어휘나 외국어 단어를 학습할 때 위의 전략과 제12장에서 배운 학습 방법들을 결합해서 적용해보자. 예를 들어 간격을 두고 반복하기를 적용하면 위 전략은 매우 유용할 것이다. 또한 바로크 음악과 같은 음악은 언어 학습에 대단히 효과적이다. 이미 당신의 도구 세트에 있는 학습 기법들을 여기서 꺼내어 사용해보자.

기억 훈련을 위해 더 생각해야 할 것들

이제는 잘 훈련된 기억력이 한계를 없애는 데 필수임을 알겠는가? 기억이 정교하게 조정될 때 그렇지 않은 기억력으로 살아갈 때보다 당신은 훨씬 강해진다. 이 책은 기억을 활성화하기 위한 기본을 다루고 있다. 연습과 실천은 이제 당신의 몫이다.

다음 장으로 넘어가기 전에 몇 가지를 시도해보자.

- 기억해야 할 강한 동기를 스스로 부여할 방법을 생각해보자. 기억력이 좋아지면 좋겠다는 생각만으로는 충분하지 않을 것이다.

- 뭔가를 기억하는 것이 중요한 상황에서 주의가 덜 산만해지기 위한 방법들을 생각해보자. 이 문제에 도움이 될 몇 가지 방법을 이 책에서 곧 알려주겠지만 지금 당장 집중력을 높이기 위해 무엇을 할 수 있을까?

- 이 장에서 알려준 방법들을 하나씩 시험해보자. 곧 기억력이 크게 좋아질 것이다.

제14장

읽는 속도를 쉽고
빠르게 높이는 법

독서는 왜 그렇게 중요할까?
어떻게 하면 집중력과 독해력을 높일 수 있을까?
어떻게 하면 독서를 할 때마다 더 많은 것을 얻을 수 있을까?

각자의 분야에서 성공하고 사람들을 자신이 걸어간 길로 이끈 오프라 윈프리, 토머스 에디슨, 케네디 대통령, 빌 게이츠의 공통점은 무엇일까? 그들은 모두 독서를 많이 했다. 지도자들은 다독가다.

우리는 데이터 시대를 살고 있다. 역사상 이토록 정보가 넘쳐났던 적은 없었다. 지난 몇십 년 동안 생산된 정보가 그전의 몇천 년 동안 만들어진 정보보다 훨씬 많다. 구글의 CEO였던 에릭 슈밋Eric Schmidt 에 따르면 "문명의 태동에서부터 2003년까지 5엑사바이트(1엑사바이트는 2^{60}바이트 또는 115경 2,921조 5,046억 684만 6,976바이트에 해당된다—옮긴이)의 정보가 생성됐지만 지금은 단 2일 만에 그만큼의 정보가 만들어지고 있다." 게다가 정보의 생성 속도는 점점 더 빨라지고 있다. 이는 현시대를 경쟁이 극심한 사회로 만들고 있다. 최신 정보를 따라잡을 수 있는 사람들만이 학업과 직업뿐 아니라 다른 삶의 영역에서도 성공하는 데 필요한 경쟁력을 갖는다.

연구에 따르면 읽기 능력과 인생의 성공 사이에는 직접적인 관계가 있다. 읽기에 능숙한 사람은 더 나은 직업, 더 높은 수입, 삶의 모든 영역에서 더 큰 성공의 기회를 누린다. 생각해보라. 만약 당신의 읽기 능력이 평균이라면 대부분의 사람과 이해력이 비슷한 것이다. 그렇다면 경쟁 우위를 확보할 수 없다.

불행히도 사람들 대부분은 독서를 지루한 일, 대단히 소모적인 일로 여긴다. 혹시 당신은 책 한 페이지를 읽고 나서 '대체 방금 무엇을 읽은 거지?'라고 자문한 적이 있는가? 만약 그렇다면 당신만 그런 게 아니다. 나는 대학 생활 초기에 학교를 그만둘까 심각하게 고민할 정도로 책을 읽기 힘들어했다. 하지만 수업을 위해 읽어야 할 책 외에 책 한 권을 매주 읽는 과제를 해내면서 학업에 상당한 진전을 보기 시작했다. 그리고 어느 날 불의의 사건이 발생하기까지 내가 얼마나 많이 발전했는지 깨닫지 못했다.

나는 학교에 다니는 내내 주목받지 않으려고 노력했다. 수줍음 많은 아이였던 나는 앞줄이나 가운데 자리보다는 뒷줄에서 배경처럼 묻히는 게 더 편했다. 이는 대학에 가서도 계속됐다. 대형 강의실에서 이뤄지는 대규모 강의는 구석에 앉아 눈에 띄지 않을 수 있었기 때문에 특히 매력적이었다.

어느 날 학생들 수백 명과 함께 그런 강의실에 앉아 있을 때였다.

교수님은 오버헤드 프로젝트로 영상을 보여주면서 강단에 서서 강의를 하고 있었다. 그런데 교수님이 프로젝터 위에 어떤 글을 올려놓는 순간 곧바로 웃음이 터져버렸다. 너무나 자연스럽게 나온 반응이었다. 재미있는 인용문이었기 때문이다. 하지만 아주 조용했던 강의실에 내 웃음소리가 들리자 학생들이 모두 내 쪽으로 고개를 돌렸다. 그전에는 아마 내가 그 강의실에 있는 줄도 몰랐을 것이다.

나는 몹시 당황했다. 그동안 눈에 띄지 않으려고 굉장히 노력해왔는데 마치 주목받으려고 무대로 뛰어오른 격이었다. 얼굴은 벌겋게 달아오르고 몸은 한없이 움츠러들었다. 몇 초 후 다른 학생들이 웃기 시작했다. 처음에는 나를 비웃는 줄 알았는데 점점 커지는 웃음소리에 슬며시 시선을 들어보니 아무도 나를 쳐다보고 있지 않았다. 그들은 프로젝터의 글을 읽고 있었다.

그 순간 당황스러웠던 상황이 벌어진 원인을 깨달았다. 나는 다른 수강생보다 더 빨리 읽어서 그들보다 훨씬 더 빨리 반응했던 것이었다. 그동안 독서 속도와 이해력이 향상됐음을 알고 있었지만 그런 능력을 개발할 수 있다는 사실을 그제야 알았다.

의도치 않게 터진 웃음 때문에 여전히 어색하기는 했지만 나의 학습이 완전히 새로운 수준으로 올라섰다는 생각에 고무되어 강의실을 나섰다. 그렇게 독서는 나의 초능력 중 하나가 되어 학습에 엄청난 돌파구를 마련해주었다. 앞으로는 그렇게 크게 웃지 않겠다고 다짐하면서도 배움과 함께 이제 막 생겨나고 있는 초능력을 발견해서 몹시 설레고 흥분되었던 사건이었다.

독서는 왜 우리를 똑똑하게 만드는가

⸻⸻

학습을 위한 어떤 계획이든 독서가 포함되어야 한다. 기억이 거의 모든 뇌 기능의 기초가 되듯이 독서는 거의 모든 학습의 기초가 되기 때문이다. 책을 읽지 않는다고 말하는 사람은 배우려는 노력을 그만두었다고 말하는 것이나 다름없다. 물론 비디오를 보거나 팟캐스트를 듣거나 영화를 볼 때도 뭔가 배울 수는 있다. 심지어 우스꽝스러운 시트콤 드라마에서도 뭔가를 배울 것이다. 하지만 독서에 전념하는 자세 없이는 학습을 삶의 역동적이고 재생 가능한 일부로 만들기가 거의 불가능하다. 그 이유는 다음과 같다.

- **독서는 뇌를 가동시킨다.** 책을 읽을 때 뇌의 여러 기능이 동시에 사용되는데 이는 활기차고 유익한 운동이다. 하스킨스연구소Has-kins Laboratories의 소장이자 연구책임자인 켄 푸Ken Pugh 박사가 지적했듯이 "시각, 언어, 연상 학습 등 다른 기능을 위해 진화해온 뇌영역들이 읽기를 위해 특정 신경 회로에서 연결되는데 이는 매우 어려운 작업이다. 문장은 뇌가 추론해야만 하는 많은 정보가 담긴 속기 기호다."[1] 다시 말해서 독서는 어떤 활동과도 견줄 수 없는 정신 운동으로 뇌는 도전할수록 강해지는 '근육'이다.

- **독서는 기억력을 향상시킨다.** 책을 읽을 때는 뇌 운동이 많이 되어 뇌가 더 높은 수준에서 기능하게 된다. 그래서 독서의 중요한 이점 중 하나는 기억과 관련이 있다. 시카고에 있는 러시대학교 메디컬 센터의 로버트 윌슨Robert S. Wilson 박사는 독서가 기억력 감

퇴에 의미 있는 영향을 미친다는 연구 결과를 얻었다. "독서와 글쓰기 같은 일상 활동이 아이들과 자기 자신, 부모나 조부모에게 미치는 영향을 과소평가해서는 안 된다. 우리 연구에 따르면 유년기부터 노년기까지 일생에 걸쳐 이런 활동을 통해 뇌 운동을 하는 것이 노년기의 뇌 건강에 중요한 역할을 한다."[2]

- **독서는 집중력을 향상시킨다.** 앉아서 책을 읽거나 잠시 신문만 보더라도 그동안은 한 가지 일에 집중하는 훈련을 하는 것이다. 인터넷을 검색하거나 유튜브를 클릭할 때와는 달리 독서를 할 때는 주의력 대부분을 읽고 있는 내용에 기울인다. 그렇게 연습이 되면 다른 과업에도 똑같이 집중하기가 쉬워진다.

- **독서는 어휘력을 향상시킨다.** 남들보다 더 똑똑해 보이는 사람을 만나면 우리는 어떻게 반응할까? 십중팔구 더 존중하고 존경심까지 느낄 것이다. 똑똑한 말을 하는 듯한 사람들은 보통 사람들보다 다양한 어휘를 유려하게 구사하는 경향이 있다. 독서는 어휘 구사 능력을 키울 수 있게 한다. 독서를 많이 할수록 더 폭넓은 언어와 다양한 상황 속 언어의 쓰임에 노출되는 까닭이다. 그리고 독서는 매우 뛰어난 집중의 수단이므로 독서 내용의 대부분을 흡수해서 필요에 따라 사용할 수 있게 해준다.

- **독서는 상상력을 향상시킨다.** 학교나 직장에서 내준 주제로 글을 써 본 사람이라면 도구를 사용할 때 창의적으로 생각하기가 더 쉽다는 사실을 알고 있다. 독서는 기본적으로 주제에서 주제로 이어진다. '이 사람의 입장이라면 어떤 기분일까?' '생산성을 높이기 위해 이 기법을 어떻게 사용할 수 있을까?' '짐 퀵이 한계를 벗어나

게 도와준다면 제일 먼저 무엇을 할까?' 뛰어난 상상력은 삶의 더 많은 가능성을 볼 수 있게 해주고 독서는 상상력이 깨어 있게 해준다.

- **독서는 이해력을 향상시킨다.** 학습은 다양한 형태로 이뤄지며 성공을 위한 학습에는 여러 요소가 있다. 그리고 성공을 위해서는 기민한 사고와 기술의 숙달도 매우 중요하지만 공감과 이해도 간과할 수 없다. 독서는 이전에 전혀 알지 못했던 삶, 상상도 못 했던 경험, 자신과는 전혀 다른 사고방식을 접하게 해준다. 이 모두는 타인에 대한 공감과 함께 자신을 넘어 세상이 작동하는 방식에 대한 이해를 쌓게 해준다.

 실천 포인트

독서 속도는 물론 이해력과 즐거움도 키울 수 있다면 이번 달에 어떤 책부터 읽겠는가? 바로 읽을 책 세 권을 떠올려보자.

나의 독서 속도 측정하기

가장 먼저 할 일은 현재의 독서 속도, 즉 기준 속도를 알아내는 것이다. 독서 속도는 1분 동안 읽은 단어 수로 측정된다. 필요한 준비물은 읽기 쉬운 소설, 연필, 타이머다. 준비물을 갖췄다면 다음 순서에 따라 독서 속도를 측정해보자.

1. 알람이 2분 후에 울리도록 설정한다.

2. 편안한 속도로 읽다가 알람이 울리면 중단하고 그 지점을 표시해 둔다.

3. 세 줄에 들어가는 총 단어 수를 센 다음 이를 3으로 나눈다. 이것이 한 줄당 평균 단어 수다.

4. 2분간 몇 줄을 읽었는지 센다(적어도 절반 이상 읽은 줄까지 센다).

5. 한 줄당 평균 단어 수에 방금 읽은 줄 수를 곱한다(3번과 4번의 답을 곱한다).

6. 그 수를 2로 나누면(2분 동안 읽었으므로) 당신의 분당 독서 속도가 나온다. 지금 바로 해보자. 이 평가를 완료하고 넘어가는 것이 매우 중요하다. 당신의 독서 속도는 얼마인가?

분당 _____단어

보통 사람들의 독서 속도는 대체로 분당 150~250단어 정도다(해당 기준은 영어와 한국어 모두 적용 가능한 범위임을 참고하기 바란다—편집자). 그 범위는 내용의 난이도에 따라 다르다. 당신이 분당 100단어를 한참 밑도는 속도로 읽는다면 너무 어려운 내용을 읽고 있거나 독서 교육이 필요한 경우다.

1분에 200단어를 읽는 사람이 하루에 네 시간 동안 읽고 공부한다고 하자. 그러면 1분에 400단어를 읽는 사람은 그 절반의 시간, 즉 두 시간만 공부하면 된다. 독서 속도가 빠른 사람은 하루 최소 두 시간을 절약할 수 있다.

매일 두 시간을 절약할 수 있다면 이 시간에 무엇을 하겠는가? 이 시간을 어떻게 사용할지 잠시 생각해보자.

독서의 속도를 떨어뜨리는 습관들

사람들은 다양한 이유로 책을 아예 또는 거의 읽지 않는다. 특히 장시간 근무하고 퇴근한 이들은 몹시 지쳐 있다. 그래서 정신 활동이 요구되는 독서보다는 텔레비전, 영화, 음악, 게임 같은 것을 더 즐긴다. 나도 그런 현실을 알지만 위에 열거한 독서의 이점을 수긍한다면 독서를 위해 매일 시간을 내야 한다.

사람들이 책을 읽지 않는 또 다른 이유는 독서를 마치 운동이나 일을 하듯 힘든 과정으로 여기기 때문이다. 책 한 페이지를 읽는 데 5분이 걸리는 사람에게 300쪽짜리 책을 읽는 건 뉴욕에서 조지아까지 걸어가는 일과 비슷할 것이다.

사람들은 몇 가지 이유로 책을 천천히 읽는 경향이 있다. 한 가지 이유는 비교적 일찌감치(초등학교 2~3학년쯤) 읽기 학습이 중단되어 독서 속도가, 더 중요하게는 독서 기술이 그 이상으로 많이 늘지 않았기 때문이다. 또 다른 이유는 책을 읽는 동안 자녀가 무엇을 하는지 귀를 쫑긋거리고, 반쯤은 텔레비전을 보고 있고, 몇 분마다 이메일을 확인하는 등 집중하지 않기 때문이다. 그래서 대개는 같은 단락을 반복해서 읽고 있는 자신을 발견한다. 읽고 있는 내용을 이해할 만큼 집중하지 않았기 때문이다.

사람들이 책을 빨리 읽지 못하는 주된 이유가 몇 가지 있다. 독서 효율은 읽는 속도와 내용 이해력(독해력), 이 두 가지에 좌우된다. 독서 효율을 높이기 위한 다양한 방법을 살펴보기 전에 먼저 읽는 속도를 떨어뜨리는 세 가지 장벽과 장애물부터 살펴보자.

안구 회귀

책을 읽으면서 같은 줄을 또 읽고 있는 자신을 발견한 적이 있는가? 아니면 무심결에 뒤로 돌아가 다시 읽는 '되읽기'를 하는 자신을 발견한 적이 있는가? 안구 회귀regression는 시선이 뒤로 돌아가 특정 단어들을 다시 읽는 경향을 묘사하는 용어다. 어느 정도의 안구 회귀는 거의 모든 사람이 하며 대부분이 무의식적으로 이뤄진다. 사람들은 안구 회귀로 앞서 이해하지 못한 것을 이해할 수 있다고 믿지만 대체로 더 잘 이해하지 못한다. 게다가 독서의 본래 의미까지 사라질 수 있다. 안구 회귀는 읽는 속도를 늦출 뿐 아니라 읽은 내용의 처리도 심각하게 방해한다.

정체된 읽기 능력

읽기는 지능의 척도라기보다 기술이며 여느 기술과 마찬가지로 배우고 개선할 수 있다. 읽기 수업을 마지막으로 들었던 때가 언제인가? 대부분이 초등학교 4학년 또는 5학년 때였을 것이다. 당신이 대다수와 비슷하다면 읽기 실력이 그때와 똑같을 것이다. 그런데 독서의 양과 난이도는 그 후로 바뀌지 않았는가? 내용은 급격히 복잡해졌을 텐데 우리의 읽기 능력은 그대로다.

속발음

속발음은 속으로 내는 소리를 근사하게 일컫는 용어다. 이 글을 읽으면서 자신이 속으로 소리 내어 읽고 있는 걸 눈치챘는가? 속발음은 독서 속도를 분당 겨우 몇백 단어로 제한한다. 즉 독서 속도가 사고하는 속도가 아니라 말하는 속도로 결정된다. 사실 머리는 그보다 훨씬 더 빨리 읽는데 말이다.

속발음은 어디서 온 걸까? 대부분의 사람에게 속발음은 처음 읽기를 배울 때 생긴다. 당신은 읽기 수업에서 올바로 읽고 있다는 것을 교사가 알 수 있게 소리 내어 읽어야 했다. 다른 아이들과 둥글게 둘러앉아 자기 차례가 오면 소리 내어 읽어야 했던 때를 기억하는가? 이는 많은 사람에게 스트레스를 주는 일이었다. 단어를 제대로 읽어야 한다는 부담이 크고 어떻게 발음하는지가 매우 중요했다. 그때 당신의 뇌는 책을 읽으면서 단어를 이해하고 싶다면 정확하게 소리 낼 수 있어야 한다고 둘 사이를 연결 지었다.

상급 학년으로 올라가면서는 더 이상 소리 내어 읽지 말고 혼자 조용히 읽어야 했다. 이때 '책 읽는 소리'를 내면화한 우리는 이후 속으로 읽게 됐다. 요컨대 당신은 속발음을 듣지 못하면 단어를 이해하지 못할 거라고 믿지만 그렇지 않다.

예를 하나 들어보자. 케네디 대통령은 분당 500~1,200단어를 읽는 대단한 속독가였다. 그는 속독 강사를 초청해 참모들을 교육시키기도 했다. 그의 연설 속도 또한 분당 250단어나 됐다. 그가 책을 읽을 때는 속발음을 하지 않고 읽은 단어가 많았던 게 틀림없다. 단어를 이해하기 위해 소리 내어 말할 필요는 없다.

잠시 당신 또는 다른 사람의 자동차를 생각해보자. 어떤 모양인가? 무슨 색인가? 지금 생각해보자. 당신이 생각한 것들은 무엇인가? "파란색이고 타이어가 네 개에 갈색 가죽 시트지."라고 말했을 수도 있다. 그렇다면 파란색, 타이어, 가죽이라는 단어가 머리에 떠올랐는가, 아니면 이 모든 것을 갖춘 자동차가 그려졌는가? 우리의 머리는 말이나 글자가 아니라 주로 그림, 즉 심상으로 생각한다. 기억을 다룬 앞 장에서 논의했듯이 말이나 글자는 생각 또는 심상을 전달하기 위해 사용하는 수단일 뿐이다.

책을 읽으면서 내용을 머릿속으로 그려보면 속도 및 이해도를 크게 높일 수 있다. 문장 부호들을 "마침표, 쉼표, 물음표."라고 말하며 읽지 않는 것처럼 모든 단어를 말할 필요는 없다. 그러면 너무 많은 시간이 걸리기 때문이다. "나는 방금 아보카도 쉼표 브로콜리를 샀다 마침표." 라고 문장을 읽지는 않을 것이다. 문장 부호는 다양한 의미를 갖는 상징에 불과하다는 것을 알기 때문이다.

단어 또한 상징이다. 책에 나오는 단어의 95퍼센트는 본 적이 있는 단어다. 조사, 접속사 같은 기능어를 굳이 발음할 필요가 없듯이 그 단어들도 발음할 필요가 없다. 이는 소리 내지 않고 눈으로만 봐도 안다. 중요한 것은 단어가 나타내는 의미다. 그리고 의미는 대개 심상으로 더 잘 묘사되고 기억된다. 이런 개념을 이해하는 것이 속발음을 줄이는 첫걸음이다.

빠르게 읽는 독서 습관에 대한 오해

속독에 관한 여러 의견이 있는데, 여기서는 내가 꼽는 세 가지 대표적인 오해를 이야기하고자 한다. 덧붙여 오해를 해소해줄 속독에 관한 효과를 설명하겠다.

오해 1. 속독을 하면 이해도가 떨어진다

속독을 하면 이해도가 떨어진다는 것은 읽는 속도가 느린 사람들이 퍼뜨린 소문이며 사실이 아니다. 사실 독서 속도가 빠른 사람들은 느린 사람들보다 이해도가 더 높다. 이렇게 비유할 수 있다. 조용한 거리를 천천히 운전할 때는 여러 가지 다른 일을 할 수 있다. 라디오를 듣고, 녹즙을 마시고, 이웃에게 손을 흔들고, 좋아하는 노래를 부를 수 있다. 당신의 주의는 한곳에 머물지 않고 이리저리 옮겨 다닌다.

하지만 경주로의 급커브를 전속력으로 달리고 있다고 상상해보자. 집중을 더 하게 될까, 덜 하게 될까? 분명 집중해서 전후좌우를 살필 것이다. 드라이클리닝을 맡긴 옷 같은 건 생각하지 않는다. 독서도 마찬가지다. 독해력 향상의 열쇠는 주의력과 집중력이다. 하지만 어떤 사람들은 너무 천천히 책을 읽어서 정신을 아주 지루하게 만든다. 지루해진 정신은 집중하지 못한다. 정신은 엄청난 양의 정보를 처리할 수 있는데 사람들은 대부분 '한…번…에…한…단어…씩' 읽어들여 머리로 보낸다. 이는 뇌를 굶주림으로 몰아넣는다.

딴생각과 몽상을 한 적이 있다면 뇌의 굶주림이 이유일 수 있다. 뇌에 필요한 자극을 주지 않으면 뇌는 다른 생각거리를 찾으며 산만해진다. 그리고 저녁에 무엇을 먹을지, 내일 데이트할 때 무슨 옷을 입을지, 복도에서 들려오는 대화가 무엇인지 생각하는 자신을 발견한다. 앞서 한 페이지나 한 단락을 읽고 나서 방금 읽은 내용을 기억하지 못하는 이유가 무엇인지에 대해 언급했다. 어쩌면 이는 너무 천천히 읽어서 뇌가 지루해진 탓에 흥미를 잃은 것일 수 있다. 혹은 독서를 잠들기 위한 진정제로 사용하기 때문일 수도 있다. 독서 속도를 높이면 정신을 자극하고 더 집중하고 잘 이해할 수 있다.

오해 2. 속독은 어렵고 노력을 요한다

속독은 적은 노력을 요구한다. 읽기에 능한 사람들은 읽는 속도가 느린 사람들만큼 뒤로 돌아가 다시 읽지 않기 때문이다. 독서 속도가 느린 사람들은 특정 단어에서 멈췄다가 다시 읽고, 다른 단어로 갔다가 이전 단어로 뒤돌아가기를 읽는 내내 반복한다. 이런 독서 방식은 훨씬 많은 노력을 요구하고 지루하게 만든다. 독서 속도가 빠른 사람들은 훨씬 쉽게, 훨씬 짧은 시간 안에 읽는다. 그들은 시간을 덜 들이면서 더 많은 내용을 파악하므로 더 효율적이다!

오해 3. 속독을 하면 독서를 즐기지 못한다

예술 작품을 감상하기 위해 붓질 하나하나를 검토할 필요는 없다. 마찬가지로 책의 가치를 깨닫기 위해 책에 나오는 단어를 하나하나 검토할 필요는 없다. 독서에 능숙해지면 가장 좋은 점 중 하나는 유연성이다. 속독가는 중요하지 않은 지루한 내용은 빨리 지나가고 흥미롭고 중요한 정보는 천천히 읽거나 다시 읽기도 하는 선택을 한다. 이런 유연성은 곧 힘이다. 속독가는 거의 모든 독서를 즐긴다. 독서에 하루 종일 걸리지는 않는다는 걸 알기 때문이다.

손가락으로 짚어가며 읽기의 효과

어렸을 때 손가락으로 단어를 짚어가며 읽지 말라는 말을 들었는가? 그렇게 하면 독서 속도가 떨어진다는 것이 전통적인 믿음이었다. 그러나 아이들은 자연스럽게 알고 있듯이 손가락을 가이드로 사용하면 시선이 흩어지지 않고 집중하게 된다. 눈은 움직임에 이끌리기 때문에 읽을 때 손가락을 사용하면 읽는 속도가 실제로 빨라진다.

이것을 머리로 아는 것과 경험하는 건 별개다. 앞에 나온 독서 속도 자체 평가(323쪽을 보라)를 위해 읽었던 글을 다시 읽으면서 손가락을 사용하는 연습을 해보자. 문장을 따라 손가락을 움직이며 처음부터 읽어보라. 글의 마지막까지 읽어라. 연습일 뿐이므로 이해 여부도 걱정하지 말고 시간도 재지 마라. 이 연습의 목적은 책을 읽을 때 손가락을 사용하는 데 익숙해지는 것이다.

글을 다 읽으면 알람을 2분으로 설정하라. 준비했던 소설을 첫 번째 평가에서 끝낸 부분부터 읽기 시작해서 알람이 울릴 때까지 계속 읽어라. 독서 속도 계산 공식을 사용해서 독서 속도를 다시 계산하고 여기에 적어보자.

나의 새로운 독서 속도는 분당 _____ 단어다.

연구에 따르면 책을 읽을 때 손가락을 사용하면 읽는 속도가 25～100퍼센트 빨라질 수 있다. 손가락을 사용하는 연습을 할수록 결과가 좋아질 것이다. 운전하는 법을 처음 배웠을 때처럼 처음에는 어색할 수도 있지만 인내심을 가져라. 나중에 학습을 밀어붙일 때보다 처음에 기술을 연마하는 데 더 많은 노력이 필요하다는 것을 기억하라.

또 문장을 따라 손가락을 움직이며 읽으면 또 다른 감각인 촉각을 학습 과정에 도입하게 된다. 후각과 미각이 밀접한 관계가 있는 만큼이나 시각과 촉각 또한 밀접하게 연결되어 있다. 아이에게 뭔가 새로운 것을 보여주려고 한 적이 있는가? 아이는 타고난 본능에 따라 물체를 만지고 싶어 한다.

손가락을 사용하는 독서는 안구 회귀 또한 현저히 줄인다. 이는 손가락 사용을 연습하면서 독서 속도가 빨라지는 이유 중 하나다. 눈은 자연스럽게 움직임을 따라가므로 손가락을 앞으로 움직이면 눈이 뒤로 돌아갈 가능성이 훨씬 적다.

손가락을 따라 읽는 연습을 해보자. 그것만으로도 독서 속도와 이해력이 현저하게 향상되고 학습에 혁명이 일어날 것이다. 손가락이 피곤해지면 팔 전체를 좌우로 움직이도록 연습하라. 더 큰 근육을 사용하게 되어 쉽게 피로해지지 않을 것이다.

독서 속도를 높이는 연습 방법

다음은 독서 속도를 높일 수 있는 몇 가지 방법들이다.

운동처럼 독서도 훈련이 필요하다

운동하러 가서 근육을 아끼고 쓰지 않으면 근육이 커지기를 기대할 수 없다. 근육을 키우려면 약간 불편할 정도로 근육을 많이 써야 한다. 독서도 마찬가지다. 더 빨리 읽으라고 스스로 독려하면 '읽기 근육'이 강화되고 이전에는 힘들었던 빨리 읽기가 쉬워진다. 더 빨리 읽도록 스스로 훈련하는 것만으로도 더 빨리 읽을 수 있다.

달리기를 하는 사람은 이런 사실을 잘 알고 있다. 러닝머신에서 규칙적으로 달리다 보면 점점 빠른 속도로 달리고 있는 자신을 볼 수 있다. 더 빨리 달리도록 스스로 다그친 덕에 전에는 내기 힘들었던 속도가 일주일 후에는 쉬워진다.

독서 속도를 더욱더 높이려면 다음과 같이 훈련해보라. 쉽게 읽히는 소설과 연필, 시계 또는 타이머가 필요하다.

1. 4분 동안 편안한 속도로 읽는다(손가락이나 다른 물체로 짚어가며 읽는다). 4분 후로 알람을 설정하고 평소 읽던 대로 읽는다. 알람이 울리면 읽던 줄에 표시해둔다. 이것이 '결승선'이다.
2. 이제 알람을 3분으로 설정한다. 알람이 울리기 전에 결승선에 도달하는 것을 목표로 한다. 손가락을 따라 결승선까지 3분 안에 읽도록 하라.
3. 알람을 2분으로 설정한다. 이해 여부는 걱정하지 않는다. 알람이 울리기 전에 2분 안에 결승선에 도달하도록 노력한다. 손가락이나 다른 물체의 이동을 따라 한 줄씩 읽어 내려간다. 눈이 가능한 한 빨리 손가락을 쫓아가도록 한다.

4. 마지막으로 분전할 때다. 알람을 1분으로 설정한다. 1분 안에 결승선에 도달하도록 최선을 다한다. 한 줄도 건너뛰지 말고 당장은 이해 여부도 걱정하지 않는다.

5. 이제 한숨 돌려도 좋다. 알람을 2분으로 설정한다. 결승선부터 시작해 다음 부분을 읽어나간다. 내용을 이해하며 편안한 속도로 읽는다. 몇 줄을 읽었는지 세고 한 줄당 단어 수를 곱한 다음 2로 나눈다. 이것이 당신의 새로운 독서 속도다. 당신의 독서 속도는 얼마인가?

분당 _____단어

느낌이 어땠는가? 이렇게 연습하다 보면 읽기 속도가 빨라질 것이다. 이렇게 비유할 수 있다. 시속 105킬로미터로 고속도로를 달리다가 교통 체증 때문에 시속 65킬로미터로 속도를 줄이면 상당한 속도의 차이를 느낀다. 빠른 속도로 운전하는 것에 익숙해져 있기 때문이다. 하지만 상대적으로 그럴 뿐 실제로는 아주 느리게 가고 있는 것도 아니다.

독서에도 같은 원리가 적용된다. 평소보다 두세 배 빨리 읽도록 자신을 몰아붙이면 마지막에 편안한 속도로 낮출 때 원래 속도가 느리게 느껴진다.

만족스러운 수준에 도달할 때까지 최소 하루에 한 번은 이렇게 연습하라. 일정에 독서 연습 시간을 넣어라. 운동과 마찬가지로 이 연습을 단 한 번 하고서 평생 할 수 있으리라고 기대할 수는 없다. 규칙적으로 책을 읽어야 한다. 그렇지 않으면 독서 근육은 약해진다.

주변시를 넓혀라

주변시peripheral vision는 한눈에 볼 수 있는 문자나 단어의 범위를 말한다. 주변시를 넓히면 더 많은 단어를 보고 받아들일 수 있다. 대부분의 사람은 한 번에 한 단어만 읽도록 배웠다. 하지만 사실 우리는 그보다 많은 단어를 읽을 수 있다.

처음 읽는 법을 배울 때 우리는 알파벳이 모여 단어를 구성한다는 것을 배운다. 어렸을 때는 알파벳으로 단어를 발음하고는 했다. 예를 들어 report라는 단어는 R-E-P-O-R-T라는 알파벳으로 쪼개어 이해했다. 나이가 든 지금은 책을 읽을 때 알파벳을 보지 않고 더 큰 단위인 단어로 읽는다.

사람들의 독서 속도가 제한적인 이유 중 하나는 한 번에 한 단어씩 읽기 때문이다. 그러나 report 뒤에 card라는 단어를 붙인 REPORT CARD를 생각해보자. 이 두 단어에는 각각 고유한 뜻이 있지만 당신의 뇌는 이를 한 단위로 본다. 또한 두 단어를 하나로 볼 수 있듯이 여러 단어를 동시에 볼 수도 있다. 그렇게 하면 읽기 속도가 훨씬 빨라진다. 개별 알파벳이 아니라 단어들을 보는 것처럼 읽기에 능한 사람은 개별 단어가 아니라 여러 단어 또는 여러 의미를 본다. 337쪽에 더 많은 단어를 볼 수 있도록 자신을 조건화하는 데 사용할 수 있는 요령들을 추가해두었다.

속발음을 차단하는 숫자 세기

속독 훈련을 하면 속발음 문제가 줄어들기 시작할 것이다. 읽는 속도를 높이면 자연히 머릿속으로라도 모든 단어를 말하기가 더 힘들어지기 때문이다. 분당 약 300~350단어를 넘기기 시작하면 모든 단어를 속발음하기가 불가능해진다. 이 경계에 도달하면 뇌는 단어를 발음하는 대신 이미지로 보게끔 바뀌기 시작한다. 그리고 책 읽기는 영화 보기와 비슷해진다.

숫자 세기는 속발음을 없애기 위해 사용할 수 있는 또 다른 방안이다. 절차는 믿을 수 없을 만큼 간단하다. 눈으로 책을 읽는 동안 "하나, 둘 셋…." 소리 내어 세면 된다. 숫자를 소리 내어 세는 동시에 속발음을 하기는 매우 어렵다. 이 방법을 쓰면 속발음을 적게 하도록 조건화되어 단어를 말하는 대신 눈으로 보게 되므로 읽는 속도와 이해도가 향상된다.

사람들은 듣는 것보다 보는 것을 더 기억하고 이해하는 경향이 있다. 대부분 사람이 이름을 들었을 때보다 얼굴을 봤을 때 더 잘 기억하므로 이는 타당한 견해다. 위의 두 가지 방법을 연습하면 더 이상 모든 단어를 말하지 않게 되어 읽는 속도가 한층 빨라질 것이다. 처음에는 약간 혼란스러울 수도 있고 이해도가 떨어질 수도 있지만 곧 숫자 세기도 지루해져서 결국 멈추게 된다. 거듭 연습하면 내용을 충분히 보고 이해할 수 있으며 점점 이해력이 향상될 것이다.

속독은 긍정적인 성취감을 안겨준다

속독에 성공한 학생들의 사례는 책 한 권을 채울 정도로 많다. 우리는 그 성공담들을 소셜 미디어에 정기적으로 게시하고 있다. 그중 한 사례로, 세라는 읽는 속도가 매우 느렸고 집중에 어려움을 겪었으며 이름과 사건들을 기억할 수 없었다. 그녀는 자신이 독서 능력이나 공부 능력이 향상될 가능성이 없다고 확신했다.

나는 완벽이 아니라 발전을 목표로 한다고 학생들을 안심시키는데 이 점이 세라의 마음을 울렸다. 복잡한 해결책을 찾고 있었던 그녀는 우리가 가르치는 도구와 기법들이야말로 너무나 간단하지만 활용하기 좋은 것들임을 깨달았다. 그녀는 의구심이 들더라도 빠짐없이 참석하고 최선을 다하겠다고 결심했다.

그 결과 세라의 독서 속도는 분당 253단어에서 분당 838단어로 무려 세 배나 빨라졌다. 이제 그녀는 독서로 하루를 시작한다. 이는 긍정적인 힘으로 하루를 시작하게 하고 이미 뭔가를 성취한 기분을 느끼게 해준다.

헤이즈는 어렸을 때 뇌 손상을 입었지만 이를 극복하고 고등학교 때까지 좋은 성적을 유지했다. 하지만 시간이 지나면서 브레인 포그를 경험하기 시작했고, 대학에 진학한 후에는 학업 성적이 예전 같지 않았다.

"대학교 1학년 때가 최악이었습니다. 처음으로 F 학점을 받고는 의욕이 바닥으로 떨어졌죠. 2학년이 됐을 때 전공을 바꿨기 때문에 엄밀히 말하면 신입생이었어요. 그 사실도 참담하게 느껴졌습니다. 제가 실패자 같았죠. 몸도 항상 피곤한 데다 정신적 피로도 심해서 정말 고생했습니다. 브레인 포그 문제를 해결해서 제 학업과 삶을 통제할 필요가 있었어요."

헤이즈도 나처럼 영화 속 슈퍼히어로에게서 영감을 얻어 자신의 한계를 극복하고자 했다.

"영화 〈플래시〉에서 책을 엄청나게 빨리 읽는 장면을 보고 '나도 저렇게 할 수 있으면 어떨까?' 생각했던 기억이 납니다. 그리고 〈닥터 스트레인지〉를 볼 때 책으로 공부해서 빠르게 마법사가 됐던 모습도 기억났고요."

헤이즈는 이제껏 살면서 독서의 즐거움을 느낀 적이 없었고 학교에서 숙제로 내줄 때만 책을 읽었다. 하지만 그의 슈퍼히어로들은 속독 수업이 그의 길을 바꿔줄 수 있다는 확신을 심어주었다.

"속독법을 배운 다음에는 책 한 권을 읽는 데 한 달이나 걸릴 필요가 없다는 걸 깨달았어요. 일주일이면 한 권을 읽을 수 있었죠. 그러자 독서에 대한 열정에 불이 붙었습니다. 지난 12개월 동안 100권이나 읽었어요. 아침 속독 습관이 특히 도움이 되었습니다. 매일 아침 20분 동안 속독하는데, 아침 일찍 뇌를 자극하는 독서가 도움이 되더군요. 브레인 포그가 사라지고 인지 기능이 훨씬 향상됐습니다."

독서에 관한 추가적인 조언

- 책을 똑바로 세워라. 책상 위에 책을 펼쳐놓고 읽으면 다음 두 가지 상황 중 하나가 발생한다.
  1. 활자를 직각으로 보게 되어 눈에 불필요한 부담을 준다.
  2. 활자를 또렷이 보기 위해 몸을 구부리게 된다. 이런 자세는 몸속 산소의 흐름을 방해해서 쉽게 피로하게 만든다.
- 한 번에 20~25분 동안만 책을 읽어라. 초두 효과와 최신 효과를 기억하라. 눈이 피로하거나 뻑뻑해지면 휴식을 취하라. 눈을 감고 쉬어라.

- 독서를 습관화하라. 인생에서 큰 성공을 거둔 사람들은 대체로 독서광이다. 훌륭한 독서가는 책을 자주 읽는다. 자신에게 독서 습관을 선물하라.

 실천 포인트

독서를 위해 매일 최소 15분을 비워놓고 중요한 약속처럼 일정표에 적어두자. 독서를 일상의 일부로 만들기 위해 노력하라.

인생을 바꾸는 독서 습관 만들기

독서와 학습의 한계를 벗어나면 그 무엇과도 비견할 수 없는 수준의 자유를 얻을 수 있다. 학습 능력을 최대한 발휘하는 사람들은 어떤 과업이나 도전도 위협이 되지 않는다는 자신감과 능숙함으로 세상을 경험한다. 생각과 사고력을 높이는 방법을 다룬 다음 장으로 넘어가기 전에 다음 몇 가지를 시도해보자.

- 바꾸고 싶은 현재의 독서 습관을 알아보자. 어떤 변화든 일단은 무엇이 자신을 방해하고 있는지 파악하고 그것이 연습 중에 나타날 때 알아차려야 한다.
- 매일 손가락으로 짚으며 읽는 연습을 해보자. 매일 10분씩이라도 독서 연습을 일정에 넣어 '읽기 근육'을 키우도록 하라.

- 이번 달에 읽고 싶은 책 목록을 작성하고 그 책들을 다 읽으면 삶에 어떤 변화가 생길지 적어보자.

제15장

생각의 폭을
깊고 넓게 확장하는 법

다양한 관점에서 생각하는 것은 왜 중요한가?
사람들은 어떤 다양한 방법으로 지능을 사용하는가?
다른 사고를 할 때 어떤 초능력을 쓸 수 있는가?

뭔가 대단한 일을 해내려면 새로운 사고방식이 필요할 때가 많다. 아인슈타인이 말했듯이 "문제가 발생했을 때 생각했던 방식으로는 문제를 해결할 수 없다." 전적으로 맞는 말이다. 너무나도 자주 우리는 직장, 가정생활, 연구에서 특정 관점을 채택하고 그 관점에 맞지 않는 어떤 접근법도 차단한다.

여기에는 두 가지 중요한 문제점이 있다. 첫 번째 문제는 모든 관점은 정기적으로 이의 제기를 통해 여전히 존속 가능한지 확인돼야 한다는 점이다. 문을 닫는 회사들은 대개 시장에 대한 하나의 접근 방식에 매몰되어 표적 고객이 더 이상 예전처럼 반응하지 않는다는 사실을 보지 못한 경우다. 두 번째 문제는 고착된 사고로 문제가 생길 때가 많으며 신선한 접근 방식이 나와야 해결될 수 있다는 점이다.

왜 우리는 사고의 범위가 제한되어 있을까? 그 답은 집중력의 경우와 마찬가지라고 생각한다. 우리는 학교에 다닐 때 따로 사고 수업thinking class을 받을 기회가 없었다. 다행히 사고 수업을 듣기에 늦은 때는 없다. 지금 바로 수업을 들어보자.

여섯 가지 생각 모자로 문제 해결하기

에드워드 드 보노Edward de Bono 박사는 틀에 박힌 사고에서 벗어나기 위한 도구로 '여섯 가지 사고 모자'six thinking hats 개념을 고안했다.[1] 집단이 더 생산적인 방식으로 문제를 해결하도록 돕는 데 자주 사용되는 이 개념은 계속 새로운 사고를 하고자 하는 개인도 쉽게 사용할 수 있다. 이 개념의 핵심은 모자에 비유한 사고의 여섯 가지 기능을 명확하게 구분하는 것이다.

- 정보 수집 모드일 때는 흰 모자를 쓴다. 이때는 세부 정보를 수집하고 처리하고자 하는 문제의 해결에 필요한 모든 사실을 확보하는 데 초점을 둔다. 흰색 실험복을 떠올리면 이 사고방식을 기억하는 데 도움이 된다.
- 낙관적으로 생각하기 위해서는 노란 모자로 바꿔 쓴다. 여기서는 직면한 문제 또는 난제의 긍정적인 면을 찾아내기 위해 노력하며

내재된 본질적 가치를 강조한다. 기억을 돕는 힌트는 노란 태양
이다.

- 그다음 검은 모자를 쓰면 문제의 긍정적인 면이 아닌 어려움과 함
  정을 직시하는 방향으로 전환된다. 문제를 성공적으로 해결하지
  못한 결과를 여기서 마주하게 된다. 기억을 돕는 힌트는 판사의
  법복이다.

- 그런 다음에는 감정이 작용하도록 빨간 모자를 쓴다. 이때 문제에
  대한 자신의 감정을 드러낼 수 있고 두려움도 표현할 수 있다. 추
  측과 직관이 대화에 들어갈 수 있는 지점이기도 하다. 기억을 위
  한 힌트는 붉은 심장이다.

- 이제 초록 모자를 쓸 차례다. 초록 모자를 쓰고 있을 때는 창의력
  이 발휘된다. 지금까지 문제를 분석적으로도 살펴보고 감정적으
  로도 살펴봤다. 이렇게 자문해보자. 문제에 대해 이미 알고 있는
  것 외에 어떤 새로운 아이디어를 낼 수 있을까? 어떻게 하면 지금
  까지 고려하지 못했던 방식으로 접근할 수 있을까? 기억을 위한
  힌트는 푸른 잔디다.

- 마지막으로 파란 모자를 쓰고 관리 모드로 전환해서 다른 모자들
  을 통해 생산적으로 의제를 처리하고 절차를 거쳤는지 확인한다.
  흔히 조직에서는 처음에 파란 모자를 쓰고 회의 목표를 정한 뒤
  마지막에 다시 파란 모자를 쓴다. 여섯 가지 모자 기법을 혼자 사
  용하더라도 고려해보고 싶은 순서일 것이다. 기억을 위한 힌트는
  파란 하늘이다.

드 보노의 접근 방식은 생각을 최대한 활용하는 독창적인 사고 방법이다. 그 핵심은 문제를 모든 측면에서 보는 것이다. 먼저 무엇을 해결해야 하는지 확실히 한 다음 모든 사실을 알고 있는지 확인한다. 다음으로 긍정적인 시각으로 문제를 다루고 있는지 확인한다. 그리고 자신이 마주한 어려움을 현실적으로 바라보고 그에 대한 자신의 감정을 느낀다.

그런 다음에는 상상력을 동원해서 이전에 고려하지 않았을 수도 있는 관점으로 문제를 공략한다. 이 과정을 마친 다음에는 처음으로 돌아가 이런 절차를 거치며 해결하고자 했던 문제를 해결했는지 확인한다.

한 가지 문제에 뇌를 얼마나 여러 가지 방식으로 사용했는지 보라. 당신은 분석적이었고 감정적이었고 창의적이었다. 문제의 밝은 면과 어두운 면을 탐색했다. 그리고 날마다 자동으로 사용하지는 않았을 도구로 문제를 거의 확실하게 공략했다. 아인슈타인도 당신을 자랑스러워할 것이다.

🔬 실천 포인트

지금 당장 해결해야 할 문제를 한 가지 생각해보자. '어떻게 하면 그 일자리를 얻을 수 있을까?', '어떻게 하면 가족과 소통을 더 잘할 수 있을까?' 등 어떤 문제라도 좋다. 여섯 가지 사고 모자 모델을 가지고 해결하려는 문제를 여러 관점에서 살펴보라.

당신에게 있는 다중지능을 활용하라

―――

뭔가 다른 방식으로 생각하게 해주는 도구가 중요한 이유는 무엇일까? 이는 사람들이 자신의 지적 능력을 주로 사용하는 방식이 있기 때문이다. 하버드 교육대학원의 인지 및 교육학 교수인 하워드 가드너Howard Gardner 박사는 지능을 광범위하게 연구한 끝에 여덟 가지 형태의 지능을 밝혀냈다.[2]

- **공간 지능**spatial intelligence : 주로 주변 공간의 관점에서 생각하는 사람들에게 우세한 지능이다. 비행기 조종사들은 당연히 공간 지능이 높은 편이지만 체스를 잘 두는 사람들 역시 공간 지능이 높다. 두 집단 모두 공간 속 사물들의 적절한 위치에 대한 타고난 이해가 필요하기 때문이다. 또 다른 예는 놀랍도록 공간감을 잘 살린 작품을 남긴 화가 클로드 모네다.

- **신체-운동 지능**bodily-kinesthetic intelligence : 이 유형의 지능이 지배적인 사람은 자신의 몸을 표현이나 문제 해결의 방식으로 사용한다. 체조 선수들이나 드럼 연주자는 신체-운동 지능이 높다. 이 지능 유형을 생각할 때 제일 먼저 내 머릿속에 떠오르는 이름은 비너스 윌리엄스다. 테니스 코트에서 그녀만큼 몸으로 천재성을 보여준 사람도 없다.

- **음악 지능**musical intelligence : 리듬, 피치, 박자, 음색, 멜로디, 음질에 대한 감수성이 뛰어난 사람들이 지닌 지능이다.[3] 음악가, 음악 관련 직종에 종사하는 사람들은 당연히 음악 지능이 우세하지만 단

어를 통해 박자와 리듬을 효과적으로 사용하는 시인들에게서도 높은 음악 지능이 발견된다. 개인적으로 생각하기에 음악 지능을 상징하는 인물은 모차르트다.

- **언어 지능** linguistic intelligence : 언어 지능이 우세한 사람은 단어의 엄격한 사전적 정의뿐만 아니라 모든 함의에 특별히 민감하다. 작가들은 이런 특성을 보이는 게 당연하지만 훌륭한 웅변가와 변호사들도 그렇다. 언어 지능 하면 제일 먼저 떠오르는 사람은 셰익스피어다.

- **논리-수학적 지능** logical-mathematical intelligence : 행동이나 상징 사이의 논리적 관계의 파악에 강점을 보이는 지능이다.[4] 대표적으로 수학자들은 아주 수월하게 다른 숫자들 사이의 연관성을 보거나 찾아낸다. 마찬가지로 과학자들은 물체 또는 물체에 작용하는 힘 간의 연관성을 찾아낸다. 위대한 과학자 아인슈타인은 매우 뛰어난 논리-수학적 지능을 보였다.

- **대인 관계 지능** interpersonal intelligence : 대인 관계 지능이 우세한 사람은 타인과 관계 맺는 능력을 타고나며 사람들의 감정이 어떨지에 대한 이해력이 풍부하다. 심리치료사들은 대인 관계 지능이 높은 편이며 교사들도 마찬가지다. 나는 대인 관계 지능을 생각할 때 오프라 윈프리가 떠오른다. 그녀는 누구와 이야기하든 놀라운 공감 능력을 보여주기 때문이다.

- **자기 성찰 지능** intrapersonal intelligence : 자기 성찰 지능이 우세한 사람은 자신의 내면에서 무슨 일이 일어나고 있는지 아주 예민하게 감지한다. 자기 성찰 지능이 높은 사람은 '자신의 온도 측정'에 아

주 뛰어나다. 그들은 늘 자신의 감정을 살피고 무엇이 그런 감정을 유발하는지 알고 있으며 이를 어떻게 관리해야 하는지도 잘 알고 있다. 곤란한 상황에서도 침착한 사람을 알고 있다면 자기 성찰 지능이 높을 가능성이 크다.

- **자연 탐구 지능**naturalistic intelligence: 이 지능 유형은 모든 복잡한 자연 세계를 이해하는 능력으로 나타난다. 당신에게는 그냥 꽃밭으로 보이는 곳에서 자연 탐구 지능이 높은 사람은 네 종류의 튤립, 두 종류의 라벤더, 방금 당신이 잡초라고 생각했던 희귀한 풀 한 종류를 발견하고 당신에게 그 이름들을 알려줄 것이다. 동물학자는 물론이고 조경사도 자연 탐구 지능이 우세한 편이다. 이런 특성을 생각할 때 가장 먼저 떠오르는 사람은 저명한 영장류학자인 제인 구달이다.

이 설명들 중에서 자신의 모습이 보이는가? 한 가지 유형의 지능만 가진 사람은 드문 까닭에 한 가지 이상의 유형에 공감할 가능성이 높다. 한두 가지 지능이 우세하고 몇 가지 다른 지능도 꽤 정기적으로 사용할 가능성이 크다. 동시에 거의 사용하지 않는 지능도 몇 가지 있을 것이다.

그러나 이 모든 지능은 나름의 방식으로 세상에 성공적으로 쓰이며 특정 과업이나 문제에 직면했을 때 그중 하나가 작동할 수 있다. 여덟 가지 지능 모두를 인식하고 여섯 가지 사고 모자 각각을 고려하는 것은 사고의 한계를 없애는 매우 효과적인 방법이다.

당신은 어떻게 배우는 사람인가?

━━━

사람마다 우세한 지능 유형이 다르듯 학습 양식도 다르다. 1920년 대부터 사용되어온 'VAK' 학습 양식 모델[5]은 새로운 것을 배울 때 선호하는 유형에 대해 알려준다.

- **V**isual learner(시각형)는 그림, 도표, 영상 또는 시각 매체를 통해 학습하는 경향이 있는 유형이다.
- **A**uditory learner(청각형)는 강의나 토론, 팟캐스트, 오디오북 등을 들으면서 학습하는 것이 가장 편안한 유형이다.
- **K**inesthetic learner(신체감각형)는 물리적 상호작용을 통한 학습을 선호하는 유형이다. 신체감각형은 체험 학습을 통해 가장 많은 것을 배우는 경향이 있다.

다음은 당신의 학습 유형이 무엇인지 파악할 수 있는 간단한 퀴즈다. 자신에게 해당되는 항목에 체크해보자.

---

1. 당신이 무언가를 제대로 이해하거나 기억하지 못할 때
   a. 들어본 적이 없는 것 같고 떠오르는 게 없다.
   b. 흐릿하거나 불분명해 보인다.
   c. 감이 잡히지 않거나 느낌이 없다.

2. 친구에게 당신의 집으로 오는 길을 알려주려고 한다. 어떻게 하겠

는가?

a. 종이에 약도를 그려준다.

b. 말로 길을 설명해준다.

c. 당신의 차로 데려온다.

3. 당신은 호텔에 묵고 있고 렌터카를 빌렸다. 친구 집을 방문하려는
데 잘 모르는 주소다. 어떻게 하겠는가?

a. 약도를 그려달라고 한다.

b. 길을 설명해달라고 한다.

c. 차로 데리러 오라고 한다.

4. 당신은 어떤 경우에 전문 자료를 가장 쉽게 배울 수 있는가?

a. 누군가가 아이디어를 설명해줄 때

b. 개념들을 머릿속으로 그려보고 전체 그림을 파악할 때

c. 직접 해보거나 그 아이디어에 대한 감을 잡을 때

5. 특별히 가족을 대접할 디저트를 만들려고 한다. 어떻게 하겠는가?

a. 익숙한 디저트를 만든다.

b. 요리책을 뒤져 아이디어를 얻는다.

c. 다른 사람에게 조언을 구한다.

6. 음향기기를 새로 장만하려고 한다. 당신의 결정에 가장 큰 영향을
미치는 요인은 가격 외에 무엇인가?

a. 친구의 말

b. 당신의 느낌

c. 독특한 외형

7. 새로운 보드게임 같은 것을 하는 법을 배웠던 때를 회상해보라. 자전거 타기처럼 신체적인 기술은 고려하지 마라. 어떨 때 가장 잘 배울 수 있었는가?

    a. 설명서, 그림, 도해, 도표를 볼 때

    b. 다른 사람에게 설명을 들을 때

    c. 일단 해볼 때

8. 당신이 선호하는 게임은 다음 중 무엇인가?

    a. 픽셔너리(그림으로 그려 단어 맞히기)

    b. 스무고개

    c. 제스처 게임

9. 새로운 컴퓨터 프로그램을 사용하는 방법을 배우려고 한다. 어떻게 하겠는가?

    a. 설명서를 읽는다.

    b. 친구에게 전화해서 물어본다.

    c. 프로그램을 실행시켜 보면서 배운다.

10. 당신이 어딘가에 가거나 누군가를 만났을 때 가장 쉽게 의식하고 알아차릴 수 있는 것은 무엇인가?

    a. 사운드 시스템의 음질

    b. 색상이나 모양, 패턴의 부조화

    c. 불편한 옷

11. 두 가지 맞춤법이 혼동될 때 당신은 어떻게 하는가?

    a. 머릿속으로 철자를 떠올려보고 그중에서 옳다고 생각되는 것을

선택한다.

b. 발음해본다.

c. 두 가지 모두 써본다.

12. 새 영화가 개봉했다. 영화를 보러 갈지 말지 결정하는 데 가장 큰 영향을 미치는 요인은?

a. 친구 또는 가족의 이야기

b. 당신의 직감 또는 느낌

c. 당신이 본 예고편

13. 당신은 어떨 때 길을 가장 잘 기억하는가?

a. 들으면서 혼잣말로 반복할 때

b. 머릿속으로 그려볼 때

c. 직관적으로 감지할 때

14. 당신은 다음 중 어떤 것을 사용하는 교사 또는 트레이너를 선호하는가?

a. 유인물, 순서도, 도해, 도표, 시각 자료

b. 현장 학습, 실험, 응용 프로그램

c. 토론, 연사 초청, 대화

15. 새로운 아이디어를 완전히 이해하게 되면 당신은 어떤 상태 또는 어떤 행동을 보이는가?

a. 구체화되거나 감이 생긴다.

b. 큰 소리로 분명하게 설명할 수 있다.

c. 상상할 수 있다.

16. 다음 중 어떤 것에 의지할 때 최상의 결정을 내리는가?

    a. 당신의 직감

    b. 당신에게 가장 분명해 보이는 것

    c. 가장 좋은 생각처럼 들리는 것

17. 파티에서 가장 관심이 가는 사람은?

    a. 흥미롭고 말을 잘하는 사람

    b. 따뜻하고 편안한 느낌을 주는 사람

    c. 아름다움을 발산하는 사람

자신에게 해당되는 항목을 체크한 후 아래 채점표를 통해 당신에게 가장 자연스러운 학습 방식이 무엇인지 확인해보라.

1: a (A) b (V) c (K)	2: a (V) b (A) c (K)	3: a (V) b (A) c (K)
4: a (A) b (V) c (K)	5: a (K) b (V) c (A)	6: a (A) b (K) c (V)
7: a (V) b (A) c (K)	8: a (V) b (A) c (K)	9: a (V) b (A) c (K)
10: a (A) b (V) c (K)	11: a (V) b (A) c (K)	12: a (A) b (K) c (V)
13: a (A) b (V) c (K)	14: a (V) b (K) c (A)	15: a (K) b (A) c (V)
16: a (K) b (V) c (A)	17: a (A) b (K) c (V)	

    당신은 어떤 유형의 학습자인지 당신의 답들이 알려줄 것이다. 아마 당신은 청각적·시각적·신체감각적 학습 양식을 함께 사용할 것이다. 하지만 그중 하나가 다른 양식들보다 우세할 수 있다. 이를 인지하면 의식적으로 다른 학습 방식도 함께 사용하려고 노력할 수 있으므로 사고의 제한을 없애고자 할 때 도움이 된다.

더 빠르고 예리한 사고력을 키우는 심성 모델

심성 모델mental model은 우리가 주변 세상을 이해하는 데 도움을 주는 사고의 구성체다. 일종의 지름길로 볼 수 있다. 예를 들면 수요와 공급 모델이라는 경제적 심성 모델에 대해 들어본 적이 있을 것이다. 공급은 시장에서 구할 수 있는 서비스, 제품, 원자재 등의 양을 나타낸다. 어떤 품목에 대한 공급과 수요가 일치할 때 그것의 가치가 결정되고 대체로 그에 따라 가격이 정해진다. 이 모델은 시장에서 벌어지는 상황을 빠르게 이해하게 해주는 방법이다. 항상 정확하지는 않고 관련 요인들을 전부 설명해주지도 않지만 어떤 품목의 가격이나 가치를 평가하는 간단한 방법으로 사용된다.

심성 모델은 우리가 사고하도록 두뇌를 훈련시킨다. 그리고 두뇌는 기대 수준이 아니라 훈련한 수준까지 도달한다. 아이디어를 평가하거나 결정을 내리거나 문제를 해결할 때 심성 모델은 귀중한 에너지와 시간을 절약해주는 지름길이 된다.

다음은 더 신속하고 예리한 의사결정과 창의적인 문제 해결을 위한 심성 모델들 중 내가 좋아하는 몇 가지다.

40/70 원칙

신속한 의사결정을 막는 가장 큰 장애물 중 하나는 올바른 결정을 내릴 만큼 충분한 정보가 없다는 느낌이다. 콜린 파월 전 미국 국무부 장관은 40/70 원칙으로 이 문제를 해결했다.[6] 그는 입수할 수 있는 정보가 40퍼센트 이하면 절대 결정을 내리지 않고 정보를 70퍼센트 이상은 수집하지 않는 것을 원칙으로 했다. 파월에 따르면 정보가 40퍼센트 미만일 경우 그에 따른 결정은 추측에 불과하다. 정보를 70퍼센트 이상 수집할 때는 결정을 미루는 것이다. 물론 이 원칙을 수용할 경우 틀릴 가능성을 편안한 마음으로 받아들여야 하며 그런 자세는 어떤 경우에서든 필요하다.

파월은 이렇게 말했다. "모든 정보의 약 70퍼센트를 가지고 있을 때 결정을 내려야 한다. 그러지 않으면 기회를 놓칠 수도 있다. 내 경험상 가능한 한 많은 정보를 확보한 다음에는 직관, 정보에 입각한 직감에 주목해야 한다. 때때로 나는 분석적 사고가 알려주는 대로 행동하지 않는다."[7]

하지 않아도 될 일의 목록 작성하기

우리가 알고 있는 상식에서 벗어나는 말처럼 들릴 수 있지만 때로는 하지 않아도 될 일을 아는 것이 해야 할 일을 아는 것만큼 중요하다. 이는 핵심 사항에 주의를 집중하고 중요하지 않은 사항을 피하는데 유용한 전략이다.

프로젝트를 시작할 때나 그냥 바쁜 날에도 무엇에 집중할지 결정하기가 종종 부담스러운 경우가 있다. 이럴 때 하지 않아도 될 일 목록은 무엇을 제쳐둘지 확실히 정해두는 효과가 있다. 우리는 그날 업무 목록을 작성할 때 보통 우선순위를 정하지도 않으며 각 업무의 가치를 매기지도 않는다. 그렇다 보니 가장 가치 있고 가장 먼저 해야 할 일들 대신 그날 해야 하는 모든 업무를 열거해놓은 의례적인 업무 목록을 작성하기 쉽다.

하지 않아도 될 일 목록이 '소셜 미디어 하지 않기' 같은 것들로 채워지지 않도록 정확한 작성 방법을 알아보자.

- 먼저 중요할 수 있겠지만 외부 사정으로 수행할 수 없는 업무를 적는다. 다른 사람의 이메일이나 프로젝트에서 동료가 맡은 일이 끝나기를 기다려야 하는 경우가 이에 해당된다.
- 다음은 해야 하지만 삶에 가치를 더해주지 않는 업무들, 즉 잡무로 생각할 수 있는 일들을 포함시킨다. 다른 사람에게 위임하거나 사람을 고용해 그 일을 시킬 수 있는지 자문해보자. 그 일을 처리하지 않고 두면 알아챌 사람이 당신 말고 또 있는지 질문해볼 수도 있다. 이는 자신의 삶과 목표를 진전시키는 일에 시간을 쓰는 것이 가장 좋기 때문이다.
- 그런 다음 더 관심을 기울여도 나아질 게 없는 현재 과업을 포함시킨다. 여기에는 자녀의 도시락 싸기나 업무 시작 전의 간단한 팀 회의처럼 이미 정해진 시스템이 포함될 수 있다. 이것들은 일상의 일부로 그날그날 할 일들을 방해해서는 안 된다.
- 마지막으로 프로젝트에 대한 배경 조사나 후속 연락처럼 다른 사람들이 시킨 긴급한 업무를 포함시킨다. 이것들은 해야 하지만 반드시 당신이 해야 할 필요는 없는 업무일 수 있다.[8]

하지 않아도 될 목록을 작성하고 나면 당신이 시간을 할애할 수 없는 일들 메뉴처럼 보일 것이다. 그러면 당신을 앞으로 나아가게 해줄 일들을 쉽게 파악할 수 있고 그런 활동들을 할 수 있다.

지금 바로 하지 않아도 될 일 목록을 작성해보자. 집중해서 목표를 달성하기 위해 오늘 피해야 일들은 무엇인가? 구체적으로 작성하고 목록대로 하지 않은 일들을 지워라.

실수 검토하기

우리가 저지른 실수, 특히 우리 삶에 지속적인 영향을 미치는 실수를 검토하는 시간을 가질 때 모든 실수는 배움의 기회로 바뀐다. 이 모델로 무엇이 잘못됐는지 평가하고 다음에는 더 나은 결과를 얻을 수 있도록 하라.

- 먼저 무슨 일이 발생했는지 또는 발생하지 않았는지 명확히 한다. 흔히 우리는 원인과 상관관계를 혼동하므로 무슨 일이 일어났고, 무엇이 실수나 오류로 이어졌는지 확실히 이해해야 한다.
- 다음으로 왜 그런 실수가 발생했는지 자신에게 물어본다. 사건의 심층을 살펴보라. 더 파고들 수 없을 때까지 '왜'라고 질문해보라.
- 앞으로 같은 실수를 피할 수 있는 가장 좋은 방법이 뭔지 자문해본다. 실수를 초래한 요인 중 일부는 당신이 통제할 수 없는 것들이라면 어떻게 해야 예방할 수 있을지 질문해보자.
- 마지막으로 이런 검토를 통해 얻은 정보로 향후 원하는 결과를 얻을 수 있도록 최상의 조건을 만들 방법을 정한다.[9]

이런 시나리오를 한번 상상해보자. 당신이 자녀들의 학교를 위해 진행했던 모금 프로젝트가 기대에 크게 못 미쳤다고 하자. 먼저 어떻게 된 일인지 명확히 파악해야 한다. 당신과 당신의 팀이 기부를 독려하는 데 실패했는가, 아니면 기부자들이 나타나지 않았는가? 이번 모금에서 기부할 만한 사람들은 있었는데 당신이 기대한 액수만큼 기부하지 않았거나 전혀 기부하지 않았다고 하자.

이제 그 이유를 스스로에게 물어봐야 한다. 기부의 필요성을 제시한 방식에 문제가 있었을까? 경기와 관련이 있었을까? 이에 대한 답변은 추가 질문으로 이어질 수 있다. 여기서는 이번 모금 행사의 중요성을 강조하지 않은 것 같다고 하자. 불과 두 달 전에도 모금 행사가 있었던 데다 강압적으로 보이고 싶지 않아서 지나치게 예의를 갖춰 요청했더니 사람들이 중요성을 충분히 인식하지 못했던 듯하다.

그렇다면 앞으로 이런 사태를 어떻게 피할 수 있을까? 다음에 모금 행사를 할 때는 학년 초로 일정을 잡고 다른 모금 행사와의 간격과 상관없이 그 모금 행사의 가치와 중요성과 기부자들이 지갑을 열어야 하는 이유를 최선을 다해 강조하기로 한다. 내년의 모금 행사에서는 메시지를 보내는 방법을 개선하기 위해 강의를 듣는 것으로 결론을 짓는다.

2차적 사고

우리 대부분은 자기 행동의 결과에 대해 생각하지만 즉각적인 영향을 넘어 두 단계 이상을 생각하는 사람은 거의 없다. 흥미로운 사례를 하나 이야기하자면 베스트셀러 작가 라이언 홀리데이의 책 《컨스피러시》에는 기업인 피터 틸Peter Thiel이 미국에서 가장 활발한 온라인 잡지인 《고커》Gawker를 폐간시키기 위해 어떻게 기획하고 실행했는지 자세히 묘사되어 있다.[10] 《고커》에서 틸이 게이라는 사실을 폭로하자 그는 이 잡지를 폐간시켜야겠다고 생각했다. 그러나 그는 즉시 행동하지 않았다. 무려 10년에 걸쳐 《고커》를 영원히 폐간시키기 위한 계획을 세웠고 이를 바탕으로 한 가지씩 실행해나갔다. 틸의 행동은 결코 충동적 사고의 산물이 아니었으며 전략적으로 사고하는 능력, 즉 2차적 사고를 보여준 사례였다.

2차적 사고 모델은 단순하지만 항상 쉬운 것은 아니다. 2차적 사고로 향후 조치를 고려하는 법은 다음과 같다.

- 항상 '그다음은 뭐지?'라고 자문하라.
- 점점 시간이 지난 후를 생각하라. 5일 후에는 어떤 결과가 나타날까? 5개월 후는? 5년 후는 어떤가?
- 가능한 행동 방침을 도출하기 위해 그 결과들을 정리해보라.[11]

1차적 사고는 쉽지만 시간의 경과에 따른 결과를 더 깊이 따져볼 수 있는 것은 2차적 사고다. 무엇보다도 2차적 사고는 다른 사람들이 보지 못하는 것들을 보게 해준다.

완전히 새롭게 생각하기 시작했다면

점진적인 진전은 발전하고 있다는 중요한 신호다. 한계를 벗어나는 과정에서 취하는 모든 변화는 올바른 방향으로 나아가고 있음을 보여준다. 하지만 자신에게 잠재된 천재성을 발견하는 것을 넘어 기하급수적으로 발전시킬 수 있다면 어떨까? 정상적인 걸음으로 30보 전진하면 결국 그 길의 어딘가까지 갈 것이다. 하지만 도약을 30번 한다면 지구를 수십 바퀴 돌 것이다.

그것이 알베르트 아인슈타인 테크놀로지 메달 수상자이자 문 익스프레스(달 착륙을 승인받은 최초의 민간 기업), 세계혁신연구소World Innovation Institute, i놈iNome, 탤런트와이즈TalentWise, 인텔리우스Intelius, 인포스페이스Infospace 등 세계에서 가장 혁신적인 기업들의 설립자인 나빈 자인Naveen Jain이 주창한 사고 유형이다. "지수적 사고exponential thinking는 다른 사고방식으로 사물을 보기 시작하는 것입니다."라고 자인은 말하며 이렇게 덧붙였다. "틀을 벗어난 사고가 아니라 완전히 다른 틀로 생각하는 것이죠."[12]

보통의 재능과 무한한 재능의 경계가 여기서 시작된다. 자인의 설명대로 우리 대부분이 하는 단선적 사고는 하나의 문제를 보고 하나의 해결책을 모색한다. 그러나 우리는 여러 각도에서 그 문제를 볼 수도 있다. 다른 사고 모자를 쓰고 사고를 확장해서 그 문제를 해결할 수 있으며 보다 효과적으로 대처하고 우리를 앞으로 나아가게 해줄 해결책을 생각해낼 수도 있다. 그 모두가 의미 있는 진전이다.

그러나 문제의 근본 원인을 찾아서 해결한다면 어떨까? 이는 급격한 발전, 세상을 바꾸는 발전을 가져올 것이다. 자인은 전 세계 많은 지역의 물 부족을 예로 든다. 이 문제의 해결을 위해 정수 방법의 개선책을 찾고, 물이 풍부한 지역에서 물이 부족한 지역으로 깨끗한 물을 운반하는 시스템을 구축하는 등의 방법을 시도할 수 있다.

하지만 물 부족 사태의 다양한 원인 중에서 가장 큰 원인이 마시는 물보다 농업에 사용되는 물이 많기 때문이라면 어떨까? 그렇다면 완전히 다른 방식으로 문제를 해결해야 한다. 공중 재배(노출된 뿌리에 물과 양분을 필요한 만큼 분사해주는 재배법—옮긴이)나 수경 재배 또는 현재 실험 중이거나 아직 발명되지 않은 다른 재배법의 조합을 통해 농업에 물을 훨씬 적게 사용한다면 담수가 풍부해져서 문제가 크게 해소될 것이다. 바로 이것이 지수적 사고다.

자인은 바이옴Viome이라는 회사를 설립했을 때 세계 보건 위기의 근원으로 여겨졌던 만성질환을 뿌리 뽑겠다는 목표를 세웠다. 개인마다 면역 체계가 다르고, 따라서 각 개인이 섭취한 음식을 처리하는 방법이 크게 다를 수 있음을 이해한 그는 개인의 장내 마이크로바이옴(미생물 군집)을 분석하는 도구를 개발해 사람들이 "어떤 음식이 자신의 몸에 맞는지 자세히 알고 장 활동의 최적화가 건강 상태를 얼마나 극적으로 개선해줄 수 있는지 이해하게 해주고자 했다."[13] 내가 이 글을 쓰는 지금 그들은 엄청난 수의 사용자들로부터 정보를 수집하는 중이다. 그 데이터는 바이옴을 이용하는 모든 개인에게 아주 효과적인 조언을 해줄 것이다.

나빈 자인의 경영 수준은 원대하다. 그는 동일 업종의 회사를 한 번 이상 창업한 적이 없는 기업가로서 10억 달러 규모의 회사는 100억 달러 규모 문제의 해결을 목표로 해야 한다는 것이 그의 경영 원칙이다. 우리는 대개 그런 엄청난 범위의 사고를 하지는 않지만 그처럼 지수적 사고로 정신을 훈련하고 이로써 개인적 천재성을 무한히 발휘할 수는 있다.

변화의 포인트를 발견하는 4단계 사고법

‒‒‒‒‒‒

그렇다면 어떻게 지수적 사고를 할 수 있을까? 당신의 목표가 세상의 모든 문제를 해결하거나 새로운 기술을 발명하거나 10억 달러 규모의 회사를 창업하는 것은 아니겠지만 지수적 사고를 통해 당신의 학교나 사업, 개인적 성장에 커다란 변화를 가져오기를 원할 것이다. 어떻게 하면 덜 단선적이고 더 지수적인 사고를 통해 당신의 삶에 극적인 변화를 가져올 수 있을까?

먼저 지수적 사고가 어떤 것인지 충분히 이해해야 한다. 시프트 씽킹Shift Thinking의 창업자이자 최고통찰책임자Chief Epiphany Officer인 마크 본첵Mark Bonchek은 《하버드 비즈니스 리뷰》에 기고한 글에서 단선적 사고방식을 시간이 흐르면서 점진적으로 상승하는 직선 그래프로 그렸다. 그리고 처음에는 완만한 상승 곡선을 그리다가 첫 번째 직선보다 가파르게 상승하는 두 번째 그래프를 겹쳐 그렸다. 이것이 지수적 사고다.

"점진적 사고방식은 뭔가를 개선하는 데 초점을 두는 반면 지수적 사고방식은 뭔가 다른 것을 만드는 데 초점을 둔다. 점진적 사고방식은 10퍼센트로 만족하지만 지수적 사고방식은 10배를 노린다."[14] 본첵의 설명이다. "점진적 사고방식은 현재에서 미래까지 직선을 긋는다. '좋은' 점진적 사업 계획은 현재 상태에서 미래로 가는 길을 정확히 알 수 있게 해준다. 그러나 지수 모델은 직선이 아니다. 모퉁이를 돌아가면 어떤 길이 나오는지 보이지 않는 커브 길과 같다. 단 이 경우에는 커브가 위로 올라간다."

360

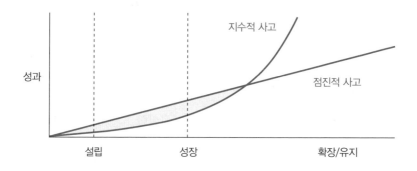

● 기업의 성장 단계

지수적 사고

점진적 사고

성과

설립　　　성장　　　　　　확장/유지

본책은 비즈니스에 지수적 사고를 적용하는 것에 국한해 이야기하고 있지만 이와 같은 인식은 삶의 다른 영역의 사고에도 영향을 미칠 수 있다. 예를 들어 일주일에 최소 세 번은 가족 모두가 함께 저녁 식사를 할 방법을 알아낸다고 해보자. 단선적 사고방식은 가족 모두의 업무 일정, 학교 일정, 활동 일정, 사회적 일정을 살펴서 시간을 정하려 할 것이다. 하지만 지수적 사고방식은 가족의 빡빡한 일정을 바꿔보려는 접근법을 택할 것이다.

어쩌면 목표는 저녁 식사가 아니라 주중에 가족 모두가 한자리에 모여 서로에게 온전히 집중할 수 있는 중요한 순간들일 수도 있다. 또는 가족들의 일정이 아니라 각자 자신의 시간을 어떻게 쓰기로 선택했는지가 문제일 수 있다. 별다른 진전 없이 시간이 지나가는 듯이 보일 수도 있지만(3개월 후 상황이 처음보다 나아진 게 별로 없을 수도 있지만) 언젠가부터 당신이 모색해온 변화가 나타나기 시작하면서 갑자기 가족이 함께하는 시간이 늘어날 것이다.

지수적 사고 능력을 높이고 천재성을 무제한으로 발휘하기 위해 큰 걸음을 내딛고자 한다면 해결책이 필요한 문제나 과업에 대해 숙고할 때 다음 네 단계를 고려하도록 하라.

1단계: 근본적인 문제 파악하기

나빈 자인이 세계적인 물 부족 사태를 해결하는 과정에서 보여주었듯이 핵심 문제는 결코 표면적인 문제가 아닐 수도 있다. 물 부족 사태의 근본적인 문제는 물을 구할 수 없는 게 아니라 농업용수로 너무 많이 쓰인다는 점이었다. 이처럼 근본적인 문제를 해결하면 훨씬 더 실행 가능한 표면적인 해결책이 나올 수 있다.

저녁 식사 시나리오로 돌아가 보자. 표면적인 문제는 가족 모두의 일정이 너무 바빠서 함께 저녁을 먹을 때가 드물다는 것이다. 그리고 근본적인 문제는 당신의 배우자는 직장에서 장시간 일해야 한다는 강박을 느끼고, 딸은 우수한 선수가 되어야 한다는 강박을 느끼고, 아들은 합격률이 3퍼센트인 대학에 입학할 수 있도록 완벽한 성적을 받아야 한다는 강박을 느끼고, 당신은 비영리단체 세 곳의 이사를 맡아야 한다는 강박을 느끼는 바람에 가족들이 바쁜 일정을 보내고 있을 수도 있다는 것이다.

하지만 어쩌면 그것조차 진정한 근본적 문제가 아닐지도 모른다. 정말로 문제가 되는 것은 가족 각자가 느끼는 압박이 개인적으로 열망하는 목표 때문이 아니라 이런 목표가 없는 사람들을 얕보는 지역사회에 살고 있기 때문일 수도 있다.

2단계: 새로운 접근법 취하기

지수적 사고의 열쇠 중 하나는 '만약 …이라면'이란 가정을 계속 이어가는 것이다. 존 루이스 파트너십John Lewis Partnership 혁신 허브의 에비 맥키Evie Mackie는 이렇게 말했다. "'만약 …이라면' 진술은 다루기 힘든 시나리오를 가져온다. 예를 들어 '지구의 90퍼센트가 물에 잠긴 세상에 인류가 적응하고 살아야 한다면?', '이제 손으로 사물을 만지며 상호작용할 수 없다면?' 같은 시나리오 말이다. 이는 우리가 전혀 생각해본 적이 없는 완전히 다른 상황들을 개념화하게 도와주며 아주 다른 곳이 될 수 있는 미래 세계에서 살아남으려면 무엇이 필요할지 상상할 수 있게 해준다."[15]

위의 저녁 식사 시나리오에서 지역사회 분위기 때문에 시간을 너무 많이 소모하는 활동들로 가족의 일상을 채워온 것이 근본적인 문제임을 깨닫는다면 '만약 사람들이 어떻게 생각하든 신경 쓰지 않는다면 어떨까?'라고 자문할 수 있다. 혹은 '하루가 24시간이 아니라 18시간뿐이라면 어떨까?'라고 질문할 수 있다. '우리가 다른 곳에서 산다면 어떨까?'라고 질문할 수도 있을 것이다.

3단계: 관련 정보 읽기

독서는 다른 어떤 활동보다 뇌를 자유롭게 해준다. 그리고 지수적 사고에 특히 중요하다. 주제에 관한 균형 잡힌 시각 없이는 엄청난 지적 도약을 할 수 없기 때문이다.

'만약 …이라면' 진술을 통해 여러 상황을 가정해봤으니 이제 대안들을 살펴보라. 아마도 당신의 배우자는 회사에서의 성공과 행복의 관계를 다룬 책을 여러 권 읽어볼 것이다. 당신의 딸은 우수 선수가 될 확률과 그들의 삶을 다루는 블로거와 인플루언서에게 연락해볼 것이다. 아들은 경쟁이 매우 치열한 대학의 졸업과 그 후의 직업적·정서적 성공을 검토한 연구들을 다수 찾아볼 것이다. 당신은 비영리단체 활동을 통해 지지하고 있는 이상을 다룬 책을 읽고 그 이상이 당신에게 얼마나 중요한지 다시 생각해볼 것이다.

4단계: 추론하기

근본적인 문제를 파악하고 그 문제가 없는 세상을 상상해보는 질문을 던지고 조사까지 끝냈다. 이제 행동 계획을 시험해볼 차례다. 여기서 하나를 시도해보자. 당신은 각종 활동으로 바쁘게 생활하는 근본적 이유가 지역사회 내 지위를 유지하기 위해서라고 확신하고 있다. 이에 '우리가 다른 곳에서 살면 어떨까?'라는 질문을 던졌고 가족 모두가 그 의견에 흥미를 느낀다는 것을 알았다. 당신은 여러 자료를 읽고 직업/스포츠/학교/자선 목표를 수정하고 재구축한다면 더 행복하고 만족스러울 수도 있음을 깨달았다.

그런데 160킬로미터나 떨어진 곳, 국토 반대편, 심지어 다른 나라로 이사한다면 어떻게 될까? 당신은 이런 극적인 조치가 당장은 진전을 보이지 않을 것임을 알고 있다. 점진적 사고와 지수적 사고의 그래프를 알고 있는 당신은 이사 후 여러모로 적응해야 하므로 일정 기간 크게 퇴보한 듯이 보일 수도 있음을 고려한다. 하지만 가족 모두가 그 계획을 듣고 이사가 옳은 일이라고 결정했다. 그리고 2년이 지난 후 가족은 거의 매일 밤 함께 저녁 식사를 하고 있다.

사고의 도약을 위한 체크리스트

분명 당신은 이 책에서 배운 모든 방법을 사용해보고 싶어 몸이 근질근질할 것이다. 그래서 이 방법들이 당신에게 어떤 효과가 있을지 비전을 제시하고, 지금부터 당신이 배운 것들을 가지고 생활할 수 있도록 이 책의 끝에 실은 부록을 통해 13일 플랜을 알려주고 이 책을 마무리하려 한다. 하지만 그전에 다음 몇 가지를 시도해보자.

- 344쪽부터 나오는 하워드 가드너의 여덟 가지 지능 유형을 다시 살펴보자. 그중 어느 것이 당신의 지능에 가장 근접하는가?
- 자신의 학습 양식이 무엇인지 알게 된 지금 이 학습 양식을 당신의 사고에 통합하기 위해 무엇을 할 수 있을까?
- 테스트 사례를 정해서 여섯 가지 사고 모자를 전부 착용해보자. 비교적 간단한 과업을 정하고 에드워드 드 보노의 방법으로 접근해보자.

""어느 정도 성공하면 모든 일에 추진력이 붙어
어느 순간부터는 당신이 추진력을 내는지,
추진력이 당신을 이끄는지 구분할 수 없다."
__애니 레녹스

제5부

한계 없는 잠재력을
무한히 추진하라

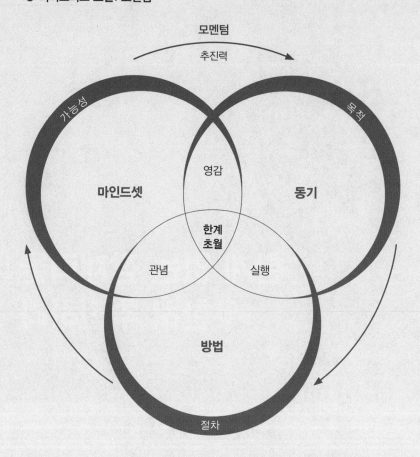

모멘텀momentum

과정이나 사건의 전개에서 얻는 추동력과 원동력.

확장판 서문에서 언급했듯이 15장으로 구성된 초판을 쓴 뒤에 우리의 세계에는 많은 변화가 있었다. 끊임없이 자신의 한계를 뛰어넘는 능력, 즉 끈기가 그 어느 때보다 필요한 시점에 우리는 와 있다. 진정으로 그리고 현실적으로 한계를 모르는 존재가 되려면 끈기가 열쇠다. 끈질기게 해나가면 반드시 달성할 수 있고, 꾸준히 해나가면 성공한 뒤에도 이를 유지할 수 있다. 끈기와 꾸준함을 내 것으로 만들 때 모멘텀이 생긴다. 그리고 모멘텀을 만드는 건 어떤 상황에서도 멈추지 않는 사람이 되는 비결이다.

물리학에서 모멘텀 또는 운동량은 질량 곱하기 속도와 같다. 개인적 삶을 놓고 볼 때 '당신'은 '질량'이고 '당신이 세상에 어떻게 나아가는가'는 '속도'다. 물체에 모멘텀이 부족하면 어떻게 될까? 움직이지 않는다. 당신도 마찬가지다. 모멘텀이 부족하면 한계를 받아들이게 된다. 그건 우리 누구의 본질도 아니다.

나는 확장판을 어떻게 써야 팬데믹 이후 최고의 도구를 제공할 수 있을까 고민하다가 모멘텀이 리미트리스 모델의 3요소인 마인드셋, 동기, 방법의 산물이라는 사실을 깨달았다. 3요소 모두를 제한하지 않으면 모멘텀이 무한히 생긴다. 그리고 모멘텀이 무한히 생기면 리미트리스 모델을 끝없이 유지할 수 있다.

제5부에서는 리미트리스 모델의 3요소인 마인드셋, 동기, 방법을 끌어올릴 몇 가지 방법을 추가로 제공한다. 마인드셋을 향상시키기 위해 나와 팀원들이 수년간 연구해온 CODE 뇌 유형을 알려주게 되어 참으로 기쁘다. 이 유형을 통해 당신은 각각의 다른 영역에서 어떻게 배우고, 처리하는지 그리고 어떤 부분이 뛰어난지 구체적으로 확인할

수 있다. 당신이 이 지식을 일상생활에 통합할 수 있도록 나는 각 뇌 유형을 네 가지 동물과 짝을 지어 각각의 전반적인 사고방식을 알기 쉽게 설명했다. 동물들로 상징화한 뇌 유형을 이해하면 자기계발과 평생학습을 위한 맞춤형 계획을 세울 수 있어 마인드셋을 크게 개선할 수 있을 것이다.

앞에서 읽은 내용으로 알고 있듯이 동기부여는 에너지 관리의 문제다. 에너지가 부족하면 의욕이 사라질 수 있다. 에너지를 만드는 연료의 상당 부분은 우리가 섭취하는 각종 음식에서 온다. 앞에서 뇌에 좋은 최상의 브레인 푸드를 살펴보긴 했지만 우리 몸에 아주 좋은 연료를 공급하는 방법을 더 포괄적으로 살펴보려 한다. 제5부의 뇌 영양을 다룬 장에서는 누트로픽을 비롯해 무한한 뇌를 위한 정보, 전략, 자료를 제공한다.

그런 다음 방법을 살펴볼 것이다. 2020년 이후 일에 대한 접근 방식이 달라지면서 더욱 중요해진 도구들이 있다. 지난 몇 년 사이에 직장은 물론 업무에 대한 정의까지 완전히 바뀌었다. 이런 변화는 자신의 한계를 벗어나려는 우리 개인에게 어떤 의미가 있을까? 앞으로 직장에서의 무한한 가능성을 다룬 장에서 몇 가지 핵심 답변을 제공할 것이다.

마지막으로, 이 책이 처음 출판되었을 때만 해도 일반적으로 접하기 힘들었던 AI를 지금은 가장 중요한 모멘텀 형성 요인으로 다루고 활용해야 한다고 생각했다. 곧 자세히 살펴보겠지만 HI(인간지능)의 향상을 위해 AI를 효과적으로 사용하면 완전히 새로운 규모의 모멘텀을 창출할 기회가 열린다.

제5부는 당신의 마인드셋, 동기, 방법을 해방시킬 새로운 길을 제시한다. 이 길을 따라가면 놀라운 수준의 모멘텀이 생길 것이다. 당신을 원하는 삶과 배움으로 이끌고, 멈출 수 없는 자연의 힘을 갖도록 도와줄 것이다. 무한한 모멘텀을 얻는 길이 이제 곧 시작된다.

제16장

변화한 업무 환경을
극복하고 한계를 뛰어넘는 법

어떻게 새로운 직장 환경에 맞춰 업무 목표를 조정할까?
어떻게 직장에서 탁월한 능력을 발휘하는 기술을 익힐까?
어떻게 변화에 대처하는 학습 민첩성을 높일 수 있을까?

온라인 잡지에서 12년 넘게 일해온 앨리슨은 코로나바이러스의 확산으로 팬데믹이 시작되기 직전에 편집 차장으로 승진했다. 그녀는 매일 저녁 7시 30분까지 사무실에서 일하는 야심가로, 40세가 되기 전에 편집장이 되겠다는 목표를 세웠다. 그러나 2020년은 그녀의 인생에 두 가지 중요한 변화를 가져왔다. 하나는 그녀와 남편이 첫아이를 맞이했다는 것이다. 다른 하나는 그녀의 회사가 편집자 전원을 원격 근무시키기로 결정했다는 것이다.

첫아이가 태어난 일은 앨리슨에게 큰 기쁨을 가져다주었다. 그녀와 남편은 이미 그들의 삶에 만족하고 있었지만 아기는 뭔가 완성된 듯한, 예상치 못한 느낌을 선물했다. 원격 근무로 전환한 것은 여러모로 축복이었다. 훨씬 유연해진 근무 시간 덕분에 앨리슨은 계속 일하면서도 아기와 더 많은 시간을 보낼 수 있었다. 한 가지 아쉬운 점이 있다면 항상 업무에 초집중하는 나머지 자기도 모르게 점심 식사를 거를 때가 잦다는 정도였다. 예전에도 그녀는 그런 집중력이 성공에 필수라고 생각했다. 하지만 이제 그녀의 근무 시간은 그녀에게 너무나도 소중한 아기의 방해로 쪼개졌다. 전처럼 업무에 집중하기가 불가능했다. 조정이 필요하다는 걸 알았지만 어떤 형태로 조정해야 할지 갈피를 잡지 못했다.

또 다른 예로, 로한은 2018년 말에 지금의 회사로 옮겼다. 다섯 명으로 구성된 팀의 일원이 된 그는 업무 시간 대부분을 동료의 사무실이나 회의실에서 문제 해결, 브레인스토밍, 피드백 제공을 하며 보냈다. 강력한 협업 조직인 이 팀은 매우 효율적이었으며 팀원 한 사람이 다른 지역으로 이직한 후에도 효율성을 유지했다. 로한은 특히 커피를 계속 들이켜가며 팀원들과 아이디어를 공유할 때가 좋았다.

팬데믹이 시작되고 봉쇄 조치가 이뤄지면서, 마치 잘 굴러가던 기계에 스패너를 던진 것처럼 처음 6개월 동안은 팀의 생산성이 곤두박질 쳤다. 그래도 상황이 안정되어 회사에서는 직원들을 일주일에 이틀만 출근하라고 했다. 이 새로운 현실에 접어든 지 2년이 넘은 지금도 로한은 변화된 업무 환경과, 직접 얼굴을 맞대고 논쟁해가며 일할 때 가장 생산적이라는 믿음 사이를 오가며 여전히 적응 중이다.

2022년에 대학을 졸업한 샤니스는 곧바로 대형 인터넷 구직 사이트에 취직했다. 그녀는 업무도 마음에 들었고, 성과가 뛰어나면 승진의 길이 확실히 열려 있다는 말도 들었다. 하지만 분기별로 한 번 출근할 뿐 거실 소파에서 모든 업무를 처리한다.

그녀가 업무를 처리하는 데는 아무런 문제가 없다. 사실은 업무를 너무 빨리 끝내서 일을 더 달라고 자주 요청할 정도다. 게다가 상사는 그녀를 아주 좋아하는 듯하다. 모든 일이 순조로웠다. 다만 동료들을 1년에 겨우 몇 번 만나다 보니 기업 문화에 대한 감각이 부족해서 이곳이 오래 다닐 만한 회사인지 판단할 길이 없었다.

앨리슨, 로한, 샤니스는 오늘날 일터에 있는 수많은 사람을 대표한다. 물론 팬데믹 이전에도 일과 삶의 균형을 점점 강조하는 추세였고, 회사와 고용주에 대한 새로운 관점이 등장했으며, 성과와 효율성을 측정하는 지표들이 발전하는 등 이미 업무의 많은 부분이 극적으로 변화하는 중이었다. 하지만 봉쇄 조치 이후 업무가 재개됐을 때 많은 사람이 전례 없이 크게 변화된 환경에 놓였다. 그러나 우리는 여전히 자신이 세상에 이바지하고 있고, 뭔가 중대한 일에 참여하고 있으며, 더 큰 성과와 그에 따른 보상을 향해 나아가고 있다고 느끼고 싶어 한다. 이 멋진 새로운 일터에서 우리는 어떻게 한계를 뛰어넘을 수 있을까?

실천 포인트

지난 몇 년 사이에 당신의 업무 환경은 어떻게 바뀌었는가? 긍정적인 면과 부정적인 면을 적어보자.

....

....

낯선 상황도 내 것으로 만드는 '학습 민첩성'

———

만일 당신이 오랫동안 해오던 일을 하고 있더라도 지난 몇 년 동안 그 일은 근본적으로 달라졌을 것이다. 새로운 장소나 여러 장소에서 업무를 보고, 완전히 새로운 방식으로 동료들과 소통하며, 회사의 비전에 대해 예전보다 덜 공감할 것이다. 팬데믹 이후 직장을 옮겼거나 앞서 샤니스처럼 이제 막 직장 생활을 시작했다면 더욱 막막한 느낌일 것이다. 이런 상황에서 우리가 역량을 높일 수 있는 도구는 바로 민첩하게 학습하는 능력이다.

전자상거래 회사 레이디얼의 CEO 일리아스 심슨Ilias Simpson은 《포브스》에 기고한 글에서 학습 민첩성learning agility이란 "이전에 배우거나 경험한 것을 새로운 시나리오에 적용할 수 있는 능력"이라고 설명했다. 학습 민첩성이 높은 사람은 전환기에 크게 성장하고 도전을 추구한다. 그들은 익숙하지 않은 경험에서 계속 배우고, 다음 도전에서 과거의 교훈을 활용해 성공한다. 학습 민첩성이 있으면 무엇을 해야 할지 모를 때 무엇을 해야 할지 알게 된다.[1]

학습 민첩성 수준이 높은 사람은 이미 학습한 내용을 바탕으로 처음 부딪히는 낯선 상황에서 어떻게 움직여야 할지 추론한다. 오늘날 아주 많은 사람이 바로 그런 상황에 있으므로 이 자산은 특히 가치가 있다. 학습 민첩성을 향상시키면 예측할 수 없는 변화가 일어나도 무한한 잠재력을 발휘하며 남은 직장 생활을 잘할 수 있을 것이다.

심슨은 정기적인 이직으로 자신의 학습 민첩성이 어떻게 향상됐는지 이야기해주었다.

"새로운 직무를 맡을 때마다 이전에 배운 내용을 활용해 새로운 시나리오에 적용합니다. 예를 들면 제3자 물류 업체(물류 관련 비용을 절감하기 위해 제품 생산을 제외한 물류 전반을 전문 업체에 위탁하는 것—옮긴이)로 이직했을 때는 다른 업계에서 배운 린 생산lean manufacturing 원칙을 적용했죠."

앞서 앨리슨의 경우 높은 학습 민첩성 덕분에 업무 상황의 변화를 훨씬 실용적으로 받아들일 수 있었다.

"직장 생활 초반에 숙달해야 했던 것들을 활용했어요. 처음 승진했을 때도 누군가를 보좌하는 일을 했죠. 글을 제안하고 작가에게 피드백을 주는 등 상급자의 업무와, 상사의 일정을 관리하고 회의록을 작성하는 등의 사무적인 업무 사이를 왔다 갔다 했습니다. 항상 두 가지 업무를 오가다 보니 집중하기가 어려워서 마침내 사무적인 업무를 하지 않아도 되었을 때 정말 기뻤어요. 하지만 상황이 바뀌어 글에 몰두하다가 아기와 점심을 먹고, 다시 글을 들여다보다가 베이비시터가 돌아가면 가족과 몇 시간을 보내고 아기가 잠든 후에 제가 원하는 글을 써줄 새로운 작가를 찾는 식이 되니까, 입사 초반에 배웠던 집중 기술을 소환했죠."

경영 컨설팅 회사 로밍거의 CEO 로버트 아이힝거Robert W. Eichinger와 연구소장 마이클 롬바르도Michael M. Lombardo는 잠재력의 주요 지표로 학습 민첩성을 지목했다. 그들은 보고서에서 이렇게 설명했다.

"새로운 직무와 전문적 지식을 배우는 것은 새로운 개인적 행동이나 사건 또는 문제를 바라보는 방식을 배우는 것과는 다르다. 시간이 지나면서 사람들이 배우고, 성장하고, 변화한다면 (그리고 그 결과 이미 익힌 기술을 더 향상시키는 게 아니라 새로운 기술을 개발한다면) 25세 유망주의 역량과 성공한 50세의 역량(성공 프로필)을 비교하는 것은 결코 유용하지 않을 것이다. 25세 유망주는 그저 성공한 50세의 축소판이 아니다."

보고서의 후반부에서 그들이 지적한 바에 따르면 "학습 민첩성은 지능지수나 빅 5 성격 요인 측정치보다 성과와 승진 가능성을 훨씬 효과적으로 예측해주는 변수였다."[2] 그렇다면 직장 생활에서 이 중요한 기술을 어떻게 개발하고 향상시킬 수 있을까?

- **성장 마인드셋을 수용하라**: 학습 민첩성을 기르려면 다른 장에서 논의한 것처럼 심리학자 캐럴 드웩이 정의한 성장 마인드셋부터 채택해야 한다. 이 사고방식은 도전을 성장과 발전의 기회로 여기고 지속적인 개선을 위한 동력을 키우도록 장려한다.
- **새로운 경험을 추구하라**: 업무 환경 안팎에서 새로운 경험과 도전을 적극적으로 추구하라. 다양한 상황에 자신을 노출하면 다양한 기술과 통찰이 개발되어 적응력과 지략이 향상될 것이다.
- **경험을 성찰하라**: 자신의 성공과 실패를 정기적으로 검토하라. 각각의 경험에서 교훈을 추려내고 이를 미래 상황에 적용해 계속 업무 방식을 개선하고 지식 기반을 확장하라.
- **다른 사람에게서 배워라**: 다양한 관점과 전문 지식을 보유한 사람들을 만날 기회를 자주 마련하라. 개방적이고 건설적인 대화에 참여해 타인의 경험, 아이디어, 통찰에서 배워라.
- **호기심을 가져라**: 직장 생활을 하면서 호기심과 탐구심을 장려해야

한다. 질문하고, 새로운 아이디어들을 탐색하고, 자신의 분야와 관련 영역에 대한 이해를 넓힐 기회를 찾아라.

- **실험하고 반복하라**: 모든 시도가 성공할 수 없음을 인정하고 실험하는 마음을 갖는다. 아이디어와 접근 방식을 계속 바꿔가면서 피드백과 교훈을 통해 전략을 개선하고 성과를 높이도록 한다.
- **회복력을 키워라**: 좌절과 실패를 성장과 발전의 기회로 보는 법을 배움으로써 회복력을 길러야 한다. 도전을 받아들이고 역경 앞에서도 긍정적인 태도를 유지하라.
- **적응력을 길러라**: 업계 동향과 발전 상황을 계속 파악하고 당신의 기술과 지식을 계속 업데이트해서 적응력을 높여야 한다. 상황에 따라 접근 방식을 전환하고 조정할 준비를 하라.
- **계속 배움에 힘써라**: 발견하고 탐구하고 숙달해야 할 것은 언제나 더 있다는 사실을 인식하라. 평생학습의 중요성을 알고 능동적인 자기계발 및 전문성 개발을 계속해서 성장 기회를 모색하라.

1만 시간의 법칙은 거짓이 아니다

직장에서 자신의 한계를 뛰어넘으려면 최고 수준으로 업무를 수행하는 기술에 숙달되어야 한다. 이는 최근에 달라진 일터에서 특히 중요하다. 기술을 완벽하게 습득하면 상황이 달라질 때 매우 유연하게 대처할 수 있기 때문이다. 예를 들어 프레젠테이션이 업무의 중요한 부분이고 청중을 집중시킬 다양한 방법을 꿰고 있다면 프레젠테이션

이 온라인이나 사전 녹화 방식으로 전환될 때도 그 기술들을 활용할
수 있다. 반면에 청중을 주목시키는 특정 기술(예를 들면 회의실의 사람
들과 시선 맞추기)만 배웠다면 업무 방식이 줌으로 전환했을 때 덜 효과
적일 수 있다.

시카고대학교의 벤저민 블룸Benjamin S. Bloom 교수는 저서 《젊은이들
의 재능 계발》Developing Talent in Young People에서 다양한 분야에서 탁월
한 성과를 낸 청소년들을 조사해 공통점을 찾고자 했다. 그가 알아낸 사
실은 공통점이 별로 없다는 것이었다. 사실 운동선수의 신체 크기 같
은 몇 가지 분야별 예외를 제외하면 공통점은 단 하나, 연습뿐이었다.

'의식적인 연습'deliberate practice이라는 용어를 만든 심리학자 안데
르스 에릭슨Anders Ericsson은 《하버드 비즈니스 리뷰》에 기고한 글에 다
음과 같이 썼다. "전문성을 얻는 핵심 요인은 연습의 양과 질이었다.
전문가는 태어나는 게 아니라 만들어진다는 사실을 입증하는 일관되
고 압도적인 증거들이 있다."[3]

그 글의 뒷부분에서 그는 이렇게 지적했다. "우수한 성과를 내기까
지의 여정은 마음이 약하거나 조급한 사람들이 가는 길이 아니다. 전
문성을 개발하려면 분투와 희생, 솔직하고 고통스러운 자기 평가가 필
요하다. 지름길은 없다. 전문성을 얻으려면 적어도 10년은 걸리며, 현
재 자신의 역량과 편안한 수준을 넘어 과업에 집중하는 의식적인 연습
에 그 시간을 현명하게 투자해야 한다." 그는 스스로 전문가로 여길
수 있을 때까지 1만 시간의 의식적인 연습이 필요하다고 주장하면서
전력을 다해야 한다고 강조했다.

물론 정말로 1만 시간 동안 연습해야 결과를 얻을 수 있다는 말은

아니다. 집중적으로 기술을 연마하면 그보다 훨씬 빨리 결실을 얻을 수 있다. 로한을 생각해보자. 회사가 주 5일 출근으로 돌아갈 것 같지 않다고 깨달은 그는 소통 기술을 연습하면 훨씬 유능한 협력자이자 리더가 되리라 믿고 의식적인 연습을 시작했다. 그는 소통 전문가가 되기 위해 코치를 고용해 철저한 연습을 거쳤고, 문제 해결 대회에 참가하는 2학년 학생들을 자진해서 돕기도 했다. 이 학생들과 소통할 수 있다면 그 누구와도 소통할 수 있다고 믿었기 때문이다.

"훌륭한 협업 상대가 되기 위해서는 의사소통이 가장 중요합니다. 제게 필요한 것과 제 의견을 명확하게 표현할 수 있다면 팀원들이 도와줄 가능성이 훨씬 큽니다. 또한 프로젝트 방향에 대한 제 우려를 잘 전달할 수 있다면 프로젝트가 궤도에서 벗어날 가능성도 줄어들죠. 항상 그래왔지만, 지금은 우리가 예전만큼 자주 같은 공간에 있지 않기 때문에 더 그렇습니다. 훌륭한 소통 전문가가 되기 위한 과정은 지금도 진행 중이지만 제가 보기엔 조금씩 나아가고 있는 것 같아요."

이 책의 다른 장에서 언급했듯이 연습은 발전을 가져온다. 어떤 기술을 발전시키기 위해 노력하면 분명 향상될 것이다. 집중하고 노력을 기울여 기술을 연마한다면 필요한 시간이 지난 뒤 그 기술의 전문가가 된다. 그렇다면 어떻게 그런 수준에 도달할 수 있을까?

- **학습 목표를 파악하라**: 먼저 개선하거나 습득하고 싶은 특정 기술을 정확히 파악한다. 그 기술을 감당할 수 있을 만큼의 구성 요소로 나누고 각각에 대해 명확하고 달성 가능한 목표를 정한다.
- **연습 시간을 설계하라**: 학습 목표의 특정 구성 요소에 초점을 맞춘

체계적인 연습 시간을 정한다. 연습 시간을 할당하고 방해 요소가 없는 환경에서 온전히 집중할 수 있도록 한다.

- **외부 자료를 활용하라**: 의식적인 연습을 하려면 그전에는 존재하는지 몰랐던 기술을 학습해야 하는 경우가 많다. 책, 교육 세션, 동영상, 코치를 통해 시야를 넓히고 전문가가 되기 위해 숙달해야 하는 것들을 배우도록 한다.

- **자신에게 도전하라**: 현재의 수행 수준을 뛰어넘도록 자신을 밀어붙여야 한다. 계속 기준을 높이고 점점 더 어려운 과제에 도전해 능력을 확장하고 발전 속도를 높인다.

- **피드백을 구하라**: 정기적인 피드백을 얻는 것은 의식적인 연습의 중요한 요소다. 동료, 멘토, 상사에게 의견을 구하고 그들의 통찰을 활용해 기술과 전략을 개선한다.

- **반성하고 조정하라**: 매번 연습 시간이 끝나면 성과를 되돌아보는 시간을 갖는다. 개선해야 할 부분을 파악하고 필요한 부분을 조정해서 기술과 전문성을 더욱 높인다.

- **끈기를 갖고 계속 연습하라**: 의식적인 연습에는 헌신, 결단, 인내가 필요하다. 그 과정을 받아들이고 도전을 개선의 기회로 보는 성장 마인드셋을 유지한다.

실천 포인트 ─────────────────────

당신의 직장 생활에서 새롭게 탐구하고 싶은 영역 세 가지는 무엇인가? 종이에 적어보고, 이를 연습할 시간을 일정으로 잡아라.

'함께'일 때 배울 수 있는 것

━━━━

이 장에서 논의한 처음 두 가지 기법은 주로 혼자 연습할 것들이다. 물론 의식적인 연습을 강화하기 위해 코치를 찾을 수도 있지만 대부분 혼자 노력해야 한다. 하지만 사람들과 긴밀히 협력하면서 직장에서의 한계를 뛰어넘게 해주는 또 다른 핵심 기술이 있다.

협력학습collaborative learning은 그룹을 통해 학습 경험을 개선하는 기술 습득 방식이다. 협력학습 환경에서는 다른 사람들과 협력해서 문제를 해결하고, 새로운 아이디어를 만들어내고, 혼자서는 생각하지 못했을 시각으로 사물을 바라볼 수 있다. 팀과 함께 생산적으로 일해본 적이 있다면 어떤 형태로든 협력학습을 경험해봤을 것이다. 협력학습 환경에서는 한 사람의 기여가 다른 사람의 기여를 촉발하거나, 서로 다른 두 가지 해결책을 놓고 벌인 토론이 종종 더 나은 세 번째 해결책으로 귀결되곤 한다.

협력학습은 몇 가지 독특한 이점을 제공한다. 앞서 설명한 것처럼 의사소통이 원활하지 않으면 협력을 잘하기 어려우므로 의사소통 능력이 향상된다. 그리고 사회적 상호작용도 촉진해서 직장 생활에 긍정적인 영향을 미친다. 또한 다른 장에서 설명했듯이 다른 사람을 가르칠 때 기억에 더 많이 남기 때문에 기억력도 향상된다. 더불어 다른 사람의 관점에서 배우려는 열린 마음과 의지도 강화된다.

물론 동료들을 일주일에 이틀 정도 보거나 샤니스의 경우처럼 1년에 겨우 서너 번 보는 업무 환경에서는 협력학습이 어려울 수 있다. 그래서 샤니스는 이를 해결할 유용한 방법을 찾았다.

"저는 정말 똑똑한 사람들과 함께 일하고 있습니다. 많은 걸 배울 수 있는 사람들이죠. 하지만 저는 필라델피아에 있고 한 사람은 시카고에, 한 사람은 앨버커키에, 한 사람은 LA에 있다면 함께 커피를 마실 수 없죠. 그래서 비슷한 시기에 입사한 여섯 명이 단체 채팅방을 개설하고 각자 진행 중인 프로젝트에 관해 이야기하거나, 우리가 하는 일과 관련된 기사를 공유하거나, 어떤 문제를 던져놓고 다른 사람들은 어떻게 접근하는지 살펴봤습니다. 저는 이들로부터 아주 많은 것을 배웠고 저도 조금은 가르쳐줬다고 믿고 싶네요."

대개 직장에서는 비공식적이더라도 다양한 형태의 협력학습을 제공할 가능성이 크다. 가능하면 이런 프로그램에 참여하도록 노력하고 다음과 같은 자세로 협력학습 환경을 조성하라.

- **협력학습에 참여할 방법을 찾아보라**: 직장에서 마련한 프로그램이 없더라도 당신이 배울 수도 있고 가르쳐줄 수도 있는 사람들과 함께 일할 수 있는 자리로 가자.
- **능동적 자세를 보여라**: 프로젝트가 생기면 다른 사람들과 팀을 만들어 작업할 방법을 찾아라. 만약 단독 프로젝트를 진행 중이라면 다른 사람의 프로젝트 진행을 도와주는 식으로 서로 도움을 '교환'하자고 제안하라.
- **대화를 시작할 만한 모든 기회를 잡아라**: 샤니스의 채팅 그룹이 활발하게 운영되는 이유는 참가자들이 적극적으로 질문하면서 대화를 주도하고, 관심 있는 주제를 다룬 흥미로운 글을 게시하고, 아이디어들을 쏟아내기 때문이다.

- **동료들에게 피드백을 권장하라**: 당신이 존중하는 의견을 가진 사람들은 배울 점이 있는 사람들일 가능성이 크다. 사람들에게 프로젝트에 대한 솔직한 의견을 물어보라. 소중한 교육 도구가 될 뿐만 아니라 그들도 당신에게 같은 부탁을 해올 것이다.
- **사후 분석의 가치를 수용하라**: 일단 프로젝트나 계획이 실행되면 배움의 순간과 새로운 관점을 얻을 수 있는 성찰의 기회가 있다.

감정을 잘 다루면 벌어지는 놀라운 마법

직장에서 자신의 한계를 뛰어넘는 데 정서 지능보다 더 유용한 도구는 없을 것이다. 연구원인 피터 샐러비Peter Salovey와 존 메이어John Mayer가 창안하고 심리학자 대니얼 골먼Daniel Goleman이 베스트셀러 《감성지능》을 통해 대중화한 정서 지능은 자신의 감정을 이해하고 관리하는 능력과 타인의 감정을 알아보고, 인식하고, 영향을 미치는 능력을 일컫는다.

직장에서 사람들과 함께 일을 잘 해내고 자신을 잘 관리하면서 리더에게 필요한 유대감을 형성하려면 정서 지능(약어로 EQ)이 중요하다. 높은 EQ는 의사소통, 의사결정, 대인 관계 기술의 향상을 비롯해 수많은 이점이 있으며, 그 모두는 직장에서의 학습과 성과 향상에 기여한다. IQ와 달리 EQ는 평생에 걸쳐 다듬고 개발할 수 있다. 현재 자신의 EQ 수준을 인식하고 높이기 위해 노력하면 지금의 당신과는 압도적으로 차이가 나는 변화를 이룰 수 있다.

한편 EQ는 이 장의 서두에서 만나본 사람들이 현재 상황을 헤쳐나가는 데 주요한 역할을 했다. EQ가 높은 앨리슨의 경우 자신이 크게 두 가지 욕구를 충족시켜야 한다는 것을 잘 알고 있었다. 하나는 직장에서 최고의 성과를 내고 싶은 욕구이고 다른 하나는 남편과 아기와 함께하고 싶은 욕구다.

앨리슨은 EQ가 매우 높아서 언제 삶의 한 부분이 다른 부분을 끌어당기는지 식별할 수 있고, 그 순간 우선순위가 무엇인지 평가하고, 그에 따라 행동한다. 또한 주변 사람들의 감정 상태를 이해할 수 있어서 그녀가 이런 결정을 내릴 때 감정이 상한 사람을 파악하고 달래줄 수 있다. 앨리슨의 EQ는 그녀가 계속 고민하는 집중의 문제에 대처하는 데도 도움을 주며, 그녀의 생각으로 스며드는 좌절감을 발견할 수 있게 해준다.

로한은 EQ와 관련해 노력해야 할 부분이 있다는 걸 알고 있다. 그가 그처럼 유능한 협업자인 이유 중 하나는 언제나 다른 사람의 에너지를 활용하는 데 능숙했기 때문이다. 하지만 그는 서면 연락이나 전화 통화에서 감정을 읽는 데는 어려움을 겪었고 줌으로까지 이 문제가 이어졌다. 업무 환경에 대한 그의 좌절감은 상당 부분 장거리 협업에서는 긴밀한 협업 같은 느낌이 없다는 데서 비롯됐다. 이를 해결하는 과정은 아직 진행 중이지만, 불편함을 유발하는 요인을 인식하는 게 그에게는 출발점이 될 것이다.

샤니스의 경우 EQ를 이해하면서 새로운 방식으로 회사 문화를 평가할 수 있었다. 상사와 소통하는 시간이 늘어났고, 채팅 그룹에서 가끔은 협력학습을 떠나 자신의 상사들이나 회사 전반에 관해 이야기하게 됐다. 그러자 그녀는 자신의 감정과 타인의 감정을 이해한 것을 바탕으로 조직 전체를 좀 더 명확히 볼 수 있었다. 그녀는 이 여정이 이제 시작에 불과하다는 것을 알고 있지만 앞으로 무엇을 발견하게 될지 무척 기대하고 있다.

그렇다면 직장에서 정서 지능을 활용하고 더 개선하기 위해 무엇을 할 수 있을까?

- **자기 인식을 기른다**: 자신의 느낌, 생각, 반응을 정기적으로 성찰해 자신의 감정을 더 잘 이해한다. 이런 자기 인식은 자신의 감정 반응 패턴을 인식하고 학습 과정에서 감정을 더 잘 관리하도록 도와줄 수 있다.
- **공감하는 연습을 한다**: 상대의 말에 적극적으로 귀를 기울이고 상대의 입장이 되어봄으로써 공감 능력을 키운다. 공감은 사람들과 소통하는 능력을 높이고, 긍정적인 학습 환경을 조성하고, 협업을 촉진한다.
- **정서적 회복력을 키운다**: 좌절을 극복하고 긍정적인 사고방식을 유지하는 방법을 배워 정서적 회복력을 키운다. 회복력은 스트레스와 역경에 대처하게 해주며, 배움의 여정에 계속 집중하고 몰두할 수 있게 해준다.
- **긍정적인 감정을 활용한다**: 호기심, 기쁨, 흥분 같은 긍정적 감정을 키워 학습에 최적인 환경을 조성한다. 의미 있는 목표를 설정하고, 성과를 축하하고, 유머 감각을 유지함으로써 이를 달성할 수 있다.

- **부정적인 감정을 관리한다**: 학습을 방해하는 스트레스나 불안 같은 부정적인 감정을 관리하는 전략을 개발한다. 마음챙김이나 심호흡, 신체 운동 같은 기법은 감정을 조절하고 학습 목표에 집중하는 데 도움을 줄 수 있다.
- **효과적으로 소통한다**: 적극적인 경청, 공감, 자기주장을 포함해 뛰어난 의사소통 기술을 개발해서 팀 내의 협업과 학습을 강화한다.
- **정서적 지원을 추구한다**: 학습 여정에서 격려와 조언, 건설적인 피드백을 제공할 수 있는 동료, 멘토, 친구로 구성된 지원 네트워크를 구축한다. 이런 정서적 지원은 힘든 감정을 극복하고 동기를 부여하며 긍정적인 관점을 유지하는 걸 돕는다.
- **성찰하고 적응한다**: 자신의 감정과 그 감정이 학습에 미치는 영향을 정기적으로 숙고한다. 성장이 필요한 영역을 확인하고 감정을 더 잘 관리하기 위한 전략을 개발한다.

한계를 넘어 달리는 'DRIVE'의 힘

이 기법들 각각은 직장에서 자신의 한계를 뛰어넘는 데 도움이 될 것이다. 물론 이 책의 다른 장에서 논의한 많은 내용도 마찬가지다. 이 모두를 종합적으로 기억하려면 'DRIVE'라는 약어를 기억하라.

- **D**etermination(결단력): 직장에서 최고의 성과를 달성하고 자신의 잠재력을 최대한 발휘하려면 결단력과 규율이 매우 중요하다.

고도의 결단력이 없다면 의식적인 연습은 거의 불가능할 것이다. 스스로 명확한 목표를 정하고 이를 달성하기 위한 체계적인 계획을 세워라. 목표 달성과 밀접한 연관이 있는 루틴과 습관을 개발하라. 일이 틀어지는 불가피한 상황에서도 결단력을 유지할 수 있도록 내면의 투지를 발휘하라. 성공은 하루아침에 이뤄지는 것이 아니라 꾸준한 노력과 집중, 끈기의 결과라는 사실을 기억하자. 규율과 결단력은 무한한 잠재력을 발휘하고 놀라운 결과를 달성하게 해주는 힘이 있다.

- **R**esilience(회복력): 좌절과 역경에서 다시 일어날 수 있는 회복력을 개발한다. 실패란 배우고 성장할 기회다. 기존의 방법이 실패했다면 거기에 머무르지 말고 창의적인 해결책을 모색하며 장애물을 극복하는 방법을 찾아내는 지략을 키우도록 하라. 어떤 상황에서도 적응하고 성공할 수 있게 하는 성장 마인드셋을 개발하고 스트레스와 좌절과 역경에 대처하는 전략들을 세워라. 성찰과 실패로부터의 배움을 중시하라. 문제 해결 능력을 키우고 새로운 해결책을 생각해내면 자신의 적응을 축하하라. 무한한 성공을 향한 길에는 장애물과 도전 과제들이 깔려 있지만, 이런 장애물을 극복하고 새로운 환경에 적응하는 능력이야말로 차별화 요인임을 기억하라. 회복력과 지략의 힘을 받아들여 잠재력을 최대한 발휘하고 놀라운 성과를 올리도록 하자.

- **I**nnovation(혁신): 혁신과 상상력의 힘을 활용해 새로운 아이디어와 해결책을 만들어내라. 호기심을 갖고 실험하고 도전을 기꺼이 받아들이며 다가올 위험을 계산하고 감수하라. 업계 동향과 발전

에 대한 최신 정보를 파악하고, 창의력을 발휘해 지속적인 개선을 추진하고 경쟁에서 앞서 나가라. 창의적인 사고를 위한 시간과 공간을 확보하라.

- **Vision**(비전): 경력과 개인적 성장에 대한 명확한 비전을 세우고 핵심 가치에 맞춰 행동하라. 의사결정을 이끌어주고 목표에 계속 집중하게 해주는 강력한 목적의식을 개발하라. 개인적 가치와 그 가치가 직장의 가치와 얼마나 일치하는지 명확히 하고, 자신의 비전과 가치를 정기적으로 재평가해 자신의 포부와 연결되는지 확인하라. 명확한 비전과 확고한 가치는 무한한 성공의 토대가 되며 탁월한 결과를 추구하는 우리의 행동과 결정을 이끌어준다. 비전과 가치의 힘을 받아들여 잠재력을 최대한 발휘하고 가장 야심 찬 목표를 달성하도록 하자.

- **Execution**(실행): 계획을 효과적으로 실행하고 목표를 달성하는 기술과 전략을 개발하라. 포모도로 기법, 마인드맵, FAST 기법(잊고, 행동하고, 확인하고, 가르쳐보기) 같은 도구를 활용해 집중력, 생산성, 학습을 향상시킨다. 효율성과 효과를 높일 방법을 계속 모색하고 진행 상황을 측정해서 목표 달성을 향해 착착 나아가고 있는지 확인하라. 그리고 계속 업무에 몰두하게 해줄 실행 계획을 세워라. 시간 관리 기법을 써서 효율성을 극대화하고 지속적인 개선의 길을 따라가라. 약속을 이행하고 목표를 달성하는 능력은 무한한 성공의 핵심 요소임을 기억하자. 실행과 효율성의 힘을 활용해서 잠재력을 최대한 발휘하고 탁월한 결과를 얻도록 하라.

변화의 폭풍 속에 도약의 기회가 있다

지난 몇 년 동안 직장은 새로운 도전에 맞닥뜨렸지만 개인이 자신의 한계에서 벗어날 가능성은 그 어느 때보다 커졌다. 다음 장으로 넘어가기 전에 다음 몇 가지를 시도해보자.

- 당신의 경력에서 달성하고 싶은 목표들을 적어보자. 이 목표들과 관련해 현재 어느 위치에 있고, 원하는 위치에 도달하려면 무엇을 배우고 개선하고 강화해야 하는지 아주 솔직하게 적는다.
- 이미 잘하고 있는 한 가지 기술을 완전히 다른 기술에 적용해 학습 민첩성을 키워라. 예를 들어 서면으로 소통하는 데 능숙한 사람이라면 연설문을 작성하고 솔직한 피드백을 제공해줄 친구나 동료들 앞에서 발표해보라.
- 특정 기술을 강화하고 새로운 기술을 구축하는 걸 도와줄 팀을 찾아 함께 일하라. 대륙 반대편에 있는 사람이라도 학습을 위해 얼마든지 협력할 수 있다.

제17장

뇌 유형을 파악하면
생산성과 관계가 향상된다

내가 정보를 처리하는 방식은 타인의 방식과 어떻게 다른가?
나의 뇌 유형을 아는 것이 한계를 뛰어넘는 데 도움이 되는가?
뇌 유형이 다른 사람들과 효과적으로 일하고 상호작용하려면 어떻게 해야 하는가?

사람마다 학습하는 방식이 각기 다르고 일을 처리하는 방식도 다르며 잘하는 일도 다르다. 이는 오랫동안 우리가 알고 있었던 사실이었으며 MBTI와 DISC 같은 검사와 하워드 가드너의 다중지능이론을 통해 체계화되었다.

이 확장판을 쓰기 위해 나는 뇌과학을 더 깊이 파고들면서 이중정보처리이론dual process theory에 집중했다. 이중정보처리이론의 핵심은 우리 뇌가 두 가지 차원에서 동시에 작동한다는 것이다. 한 가지 차원은 본능적인 정보 처리다. 예를 들어 우리는 걷고 먹고 방을 돌아다니는 등의 신체 활동 대부분을 생각하지 않고 수행한다. 우리 뇌는 이 활동들을 수행하는 데 필요한 모든 메커니즘을 처리하지만 그 작업은 이면에서 이뤄진다. 또 다른 차원은 신중하고 의도적인 정보 처리다. 우리는 중요한 결정을 내릴 때 파생될 결과를 고려한다. 예를 들어 장거리 운전을 앞두고 있을 때는 머릿속으로 여러 경로를 시험해본다. 이는 매우 의식적이고 의도적인 정보 처리다.

두 가지 처리 방식 각각은 나름의 가치가 있다. 위험한 상황에 놓인다면 본능이 최대한으로 작동해서 그 상황에서 벗어나고자 할 것이다. 하지만 결혼이나 이직을 고려하고 있다면 중대한 결정인 만큼 충분한 숙고를 거치고 싶을 것이다.

이런 뇌에 관한 연구를 상당 시간 살펴보면서, 나는 우리 자신을 최대한 입체적으로 볼 수 있게 해주는 뇌 유형 분류 방식을 고안한다면 대단히 가치 있는 일이 되겠다는 생각이 들었다. 수년간의 연구 끝에 우리 팀과 나는 네 가지 뇌 유형을 찾아냈고 각 유형에 동물의 이름을 붙였다. 이 동물들은 CODE라는 약자로 표현된다. C, O, D, E가 각각 무엇을 의미하는지는 잠시 후에 설명할 것이다. 그전에 다음 객관식 퀴즈 20문항부터 풀어보자.

이 퀴즈는 특정 과학 이론이나 틀을 직접적인 토대로 삼지 않았다는 점에 유의하자. 대신 심리학, 신경과학, 인지과학 분야에서 잘 정립된 몇 가지 이론과 모델에서 영감을 얻었다. 여기에는 가드너의 다중지능이론과 시각·청각·운동 감각 등에서의 다양한 학습 양식 모델, 성격 유형론, 로저 스페리Roger W. Sperry의 좌뇌-우뇌 이론, 인지 양식도 포함되어 있다. 퀴즈를 풀면서 답을 따로 기록해두자.

좀 더 체계적인 뇌 유형 분석을 보고 싶다면 mybrainanimal.com에 접속해 퀴즈를 풀어보자. 매일 당신의 뇌 유형을 활용해 원하는 학습과 삶을 즐길 수 있게 해줄 맞춤형 학습 전략 및 조언이 담긴 자세한 보고서를 받을 수 있을 것이다.

1. 문제에 직면했을 때 당신이 선호하는 방식은 무엇인가?

    a. 결정을 내리기 전에 여러 관점을 고려한다.

    b. 자신의 직감을 믿고 즉각적으로 조치한다.

    c. 행동하기 전에 분석하고 전략을 세운다.

    d. 다른 사람들과 협력하고 합의를 이끌어낸다.

2. 새로운 것을 배울 때 당신은 어떻게 하는가?

    a. 논리적으로 세분화한다.

    b. 바로 학습을 시작해 직접 체험하며 배운다.

    c. 다른 사람들과 토론하고 아이디어를 교환한다.

    d. 자신의 기존 지식과 어떻게 연결되어 있는지 숙고한다.

3. 그룹 프로젝트에서 대체로 당신은 어떻게 하는가?

    a. 모든 사람의 의견을 듣고 고려한다.

    b. 신속하고 효율적으로 과업을 실행한다.

    c. 창의적인 아이디어와 해결책을 제안한다.

    d. 사람들의 능력에 따라 다른 역할을 부여한다.

4. 결정을 내릴 때 당신이 더 의존하는 것은 무엇인가?

a. 직관과 직감

b. 논리와 이성

c. 개인적 가치와 원칙

d. 다른 사람들의 제안과 집단 합의

5. 당신이 자유 시간에 할 가능성이 가장 큰 것은 무엇인가?

a. 독서를 하거나 지적 탐구에 참여한다.

b. 상상력을 발휘하게 하는 취미나 관심사를 추구한다.

c. 친구와 어울리거나 공공 행사에 참여한다.

d. 신체 활동이나 스포츠에 참여한다.

6. 의사소통을 할 때 당신은 어떤 방식을 취하는가?

a. 공감과 이해

b. 포용적이고 열린 마음

c. 열정과 표현

d. 정확하고 직접적인 설명

7. 목표를 정할 때 당신은 어떤 유형인가?

a. 세부적인 계획과 일정을 수립한다.

b. 목표가 미치는 광범위한 영향을 고려한다.

c. 속도에 우선순위를 둔다.

d. 정기적으로 다른 사람들의 아이디어를 통합한다.

8. 당신에게 가장 편안한 역할은 무엇인가?

a. 팀워크와 협력을 촉진하는 역할

b. 업무 또는 과제 시 생각할 시간을 주는 역할

c. 신속한 결정과 적응력을 요구하는 역할

d. 자유로운 아이디어의 흐름을 장려하는 역할

9. 당신이 가장 성취감을 느낄 때는 언제인가?

    a. 사람들을 하나로 모아 공동의 목표를 달성할 때

    b. 작업을 효율적으로 완료할 때

    c. 참신한 아이디어가 떠오를 때

    d. 복잡한 문제를 해결할 때

10. 피드백을 제공할 때 당신은 어떠한가?

    a. 세심하게 공감하며 당신의 생각을 공유한다.

    b. 솔직하게 직설적으로 말해준다.

    c. 열린 대화와 토론을 장려한다.

    d. 객관적이고 건설적인 비판을 제공한다.

11. 학습 환경에서 당신이 학습할 때 가장 도움이 되는 방식은 무엇인가?

    a. 체험 활동 참여와 경험을 통한 학습

    b. 단계별, 구조화된 학습 방식

    c. 시각 자료를 사용하고 상상력을 활용하는 학습

    d. 집단토론 참여

12. 누군가를 설득하려 할 때 당신은 자신이 어떤 스타일이라고 설명할 것인가?

    a. 수용하고 이해해주는 스타일

    b. 직설적이고 간결하며 이성적인 스타일

c. 역동적이고 설득력 있는 스타일

d. 활기차고 마음을 사로잡는 스타일

13. 당신은 일반적으로 갈등을 어떻게 처리하는가?

    a. 상황을 분석하고 합리적인 해결책을 제시한다.

    b. 정면으로 문제와 부딪히고 단호한 조치를 취한다.

    c. 창의적인 타협점을 찾는다.

    d. 모든 당사자 간의 열린 의사소통과 이해를 증진한다.

14. 당신은 어떤 업무 환경이 가장 마음에 드는가?

    a. 협력적이고 서로 지지해주는 분위기

    b. 체계적이고 구조화된 환경

    c. 속도감 있고 활기찬 환경

    d. 혁신과 브레인스토밍을 장려하는 공간

15. 당신이 가장 좋아하는 업무는 다음 중 무엇인가?

    a. 신체적 도전이나 경쟁적 업무

    b. 새로운 제품이나 콘셉트의 설계

    c. 팀을 이끌거나 집단토론을 진행하는 일

    d. 수집한 데이터의 심층 분석

16. 당신은 평소 스트레스를 어떻게 처리하는가?

    a. 스트레스의 원인을 해결할 계획을 세운다.

    b. 믿을 수 있는 사람과 의논한다.

    c. 긴장을 풀기 위해 신체 활동을 한다.

    d. 감정을 표출한 배출구를 창의적으로 찾아본다.

17. 휴가를 계획할 때 당신이 선호하는 방식은 무엇인가?

    a. 미리 상세한 여행 일정을 짠다.

    b. 가볼 만한 매력적인 장소가 많은 여행지를 선택한다.

    c. 최소한의 계획으로 모험을 떠난다.

    d. 단체로 가서 대부분 시간을 함께 보낸다.

18. 당신은 어떤 유형의 영화나 TV 프로그램을 가장 좋아하는가?

    a. 액션이나 스릴러

    b. 추리극이나 범죄 드라마

    c. SF나 판타지

    d. 캐릭터 관계가 강한 드라마나 코미디

19. 당신의 시간 관리 방식을 가장 잘 설명하는 문장은 무엇인가?

    a. 어떤 아이디어들은 일정에 차질을 줄 수 있음을 이해하고 개의치 않는다.

    b. 일단 일정을 정하면 그대로 지키기 위해 최선을 다한다.

    c. 변화하는 우선순위에 유연하게 적응하는 것을 선호한다.

    d. 일정을 지키는 가장 좋은 방법은 업무를 분산시키는 것이다.

20. 개인적 성장에 대한 당신의 접근 방식을 가장 잘 묘사하는 것은 다음 중 무엇인가?

    a. 항상 새로운 업무 처리 방식을 고려한다.

    b. 돈독한 관계를 형성하고 다른 사람들로부터 배운다.

    c. 도전을 받아들이고 한계를 뛰어넘는다.

    d. 정기적으로 자신의 강점과 약점을 분석하여 개선할 부분을 찾는다.

퀴즈를 다 풀었다면 다음 CODE 키를 보고 당신의 답변이 어디에 해당되는지 확인해보자.

1: a(D)b(C)c(O)d(E)	2: a(O)b(C)c(E)d(D)	3: a(E)b(C)c(D)d(O)
4: a(C)b(O)c(D)d(E)	5: a(O)b(D)c(E)d(C)	6: a(D)b(E)c(C)d(O)
7: a(O)b(D)c(C)d(E)	8: a(E)b(O)c(C)d(D)	9: a(E)b(C)c(D)d(O)
10: a(D)b(C)c(E)d(O)	11: a(C)b(O)c(D)d(E)	12: a(E)b(O)c(C)d(D)
13: a(O)b(C)c(D)d(E)	14: a(E)b(O)c(C)d(D)	15: a(C)b(D)c(E)d(O)
16: a(O)b(E)c(C)d(D)	17: a(O)b(D)c(C)d(E)	18: a(C)b(O)c(D)d(E)
19: a(D)b(O)c(C)d(E)	20: a(D)b(E)c(C)d(O)	

- CODE 중 C로 답변한 문항이 가장 많은 사람은 민첩한 치타Cheetah 유형이다.
- CODE 중 O로 답변한 문항이 가장 많은 사람은 현명한 올빼미Owl 유형이다.
- CODE 중 D로 답변한 문항이 가장 많은 사람은 창의적인 돌고래 Dolphin 유형이다.
- CODE 중 E로 답변한 문항이 가장 많은 사람은 공감하는 코끼리 Elephant 유형이다.

내 뇌는 어떤 동물과 닮았는가

우리가 선택한 동물로 짐작할 수 있겠지만 각각의 뇌 유형은 다른 뇌 유형과 확연히 다르다. 각 유형을 살펴보자.

민첩한 치타

민첩한 치타 유형은 신속한 사고, 적응력, 뛰어난 직감을 특징으로 한다. 그들은 신속하게 결정하고 압박감이 높은 상황에서 좋은 성과를 낸다. 역동적인 성격으로 새로운 도전과 환경에 쉽게 적응한다. 유명한 치타 유형으로는 리처드 브랜슨, 세레나 윌리엄스, 스티브 잡스 등이 있다.

이 뇌 유형에 속하는 사람들은 도전을 받아들이고 자신의 안전지대에서 벗어나는 것을 즐기는 경향이 있다. 그렇다고 치타 유형이 성급하다는 말은 아니다. 그들은 사려 깊고 전략적인 계획의 가치를 높이 평가한다. 그러나 생활 환경이나 사업 결정과 관련해 갑작스러운 변경이 있어도 아무렇지도 않고 편안하다. 당신이 치타 유형이라면 조건이 자주 변하는 상황에서 성공할 가능성이 크고 규칙, 규정, 제도가 엄격한 환경을 별로 선호하지 않을 것이다. 치타 유형이 성공하는 직업으로는 영업, 이벤트 기획, 운동 등이 있다.

현명한 올빼미

현명한 올빼미 유형은 뛰어난 분석력, 세부 사항에 대한 주의력, 논리적 사고가 특징이다. 그들은 복잡한 개념을 파악하고, 문제를 관리할 수 있을 만큼 작게 나누는 데 탁월하다. 무한한 호기심을 지닌 그들은 늘 질문을 던지고 새로운 주제를 탐구한다. 올빼미 유형은 결정을 내리기 전에 문제에 깊이 파고들어 다양한 결과를 고려하고, 장단점을 열거해보고, 전략 시나리오를 작성하는 기회를 소중히 여긴다. 그들은 결단이 빠른 사람들을 높이 평가하지만 자신은 시간을 들여 모든 사항을 검토할 때 최고의 성과를 낸다는 것을 알고 있다. 알베르트 아인슈타인은 올빼미 유형이었고 마리 퀴리도 마찬가지였다. 워런 버핏은 현대판 올빼미 유형이다.

당신이 올빼미 유형이라면 가족 휴가를 결정하기 전에 모두의 관심사를 반영하는 문제든, 다른 회사를 합병하는 타당성에 관한 보고서 제출이든 복잡한 퍼즐을 좋아한다. 반면에 즉각적인 결정을 자주 내려야 하는 환경에서는 불편함을 느낄 수 있다. 올빼미 유형이 잘하는 업무에는 회계, 과학 연구, 소프트웨어 개발 등이 있다.

창의적인 돌고래

창의적인 돌고래 유형은 혁신, 틀을 벗어난 사고, 강한 직관력이 특징이다. 그들은 독창적인 아이디어를 생각해내고 복잡한 문제에 대한 독특한 해결책을 찾아낸다. 그들의 창의성은 새로운 관점으로 도전 과제에 접근할 수 있게 한다. 돌고래 유형은 창의적인 아이디어가 실용적인 틀 안에서 작동할 수 있을 때만 유용하다는 사실을 잘 알고 있다. 그들은 이미 있는 것을 다시 개발하느라 쓸데없이 시간을 낭비하지 않는다. 대신 기존 조건을 확장하거나 이전 시도보다 약간 더 나은 새로운 접근법을 써볼 방법을 찾는다. 유명한 돌고래 유형으로는 월트 디즈니, 프리다 칼로, 레오나르도 다빈치 등이 있다.

당신이 돌고래 유형이라면 새로운 관점이 환영받을 때 최상의 상태가 된다. 그래서 가정에서는 냉장고 파먹기에 새로운 활력을 불어넣을 수 있다. 직장에서는 출시된 지 오래된 제품에 새로운 마케팅 방안을 구상할 수 있다. 돌고래 유형은 관습의 엄격한 준수를 가장 중시하는 환경에서는 힘들어한다. 이들은 창의적 사고를 요구하는 글쓰기, 그래 픽 디자인, 건축 같은 일에서 성공한다.

공감하는 코끼리

공감 능력이 좋은 코끼리 유형은 남다른 EQ, 타인에 대한 깊은 이해, 돈독한 관계 형성 능력이 특징이다. 그들은 주변 사람들을 지원하는 데 탁월한 팀 플레이어다. 코끼리 유형은 모든 사람의 요구와 우려를 확실하게 전달하는 사람이다. 그들은 다른 뇌 유형의 가치를 높이 평가하고, 이를 바탕으로 사람들 간의 개방적인 의사소통을 촉진하고 갈등을 중재하며, 상황을 긍정적으로 유지한다. 오프라 윈프리는 코끼리 유형이다. 테레사 수녀와 넬슨 만델라도 마찬가지다.

당신이 코끼리 유형이라면 팀으로 일하기를 좋아하고 사람들이 서로 다른 관점을 볼 수 있도록 돕는 일에 뛰어나다. 예를 들면 성향이 매우 다른 자녀들의 갈등을 중재하는 일이나 생각이 다양한 사람들을 한데 모아 신제품을 출시하는 일 등이다. 이 뇌 유형에 속하는 사람들은 인사, 홍보, 교육 같은 분야에서 성공할 가능성이 크다.

한 가지 뇌 유형이 거의 지배적이지만 당신에게 다른 뇌 유형의 특성도 적어도 얼마쯤은 있다는 점을 알아차렸을 것이다. 하워드 가드너의 여덟 가지 지능 유형을 알아볼 때 논의했듯이 우리 중 누구도 뇌를 오로지 한 가지 방식으로만 사용하지는 않기 때문이다. 그래서 이 퀴즈에 대한 당신의 답변이 각 유형별로 어떻게 분류되는지 살펴보는 것도 유용할 수 있다. 예를 들어 내 동료 한 사람은 돌고래 유형이 지배적이라는 결과가 나왔는데, 그는 창의적인 일을 직업으로 하고 있고 창의력을 발휘할 수 있는 상황에서 가장 편안함을 느끼므로 이해가 되는 결과였다. 하지만 올빼미 유형의 특성도 꽤 있다는 결과를 보고 그는 자신이 데이터를 세세히 살펴보고, 보고서를 작성하고, 시스템을 구성하는 것도 좋아한다는 사실을 깨달았다. 이런 조합은 그가 광고 대행사의 크리에이티브 디렉터와 같이 창의력과 분석력을 모두 발휘할 수 있는 역할에 가장 적합하다는 걸 보여준다.

 실천 포인트

동료 또는 친구들과 이 뇌 유형 퀴즈를 공유하고, 각자 나온 결과를 가지고 토론해보자.

뇌 유형을 알면 성공의 공식이 바뀐다

이 평가에서 가장 흥미로운 점은 성격과 정보 처리 방식을 우아하고 능률적으로 결합하고 여기에 재미까지 더해 뇌가 어떻게 작동하는지 이해할 방법을 제공한다는 것이다. 자신을 문자의 조합으로 생각하기보다는 치타로 생각하는 게 더 즐겁고 적용하기도 쉽지 않을까?

하지만 우리 팀과 내가 그저 친구들과 커피를 마시며 나눌 이야깃거리로 이 새로운 평가를 고안한 것은 아니다. 이 평가는 두 가지 면에서 당신에게 매우 중요하다.

첫째, 자신의 뇌 유형을 이해하면 세상을 어떻게 헤쳐나가고, 자신이 성공할 수 있는 최적의 상황이 무엇인지 더 잘 이해할 수 있다. 예를 들어 당신이 돌고래 유형이라면 창의성이 가치 있고 필요한 상황에 있고 싶고 '항상 해왔던 방식으로' 일을 처리하는 상황은 피하고 싶을 것이다. 자신의 뇌 유형을 이해하면 누구와 우정을 쌓고 연애를 해야 할지부터 자신에게 가장 적합한 유형의 업무 환경, 나아가 직업의 판단까지 모든 것에 영향을 미칠 수 있다.

둘째, 뇌 유형을 이해하면 당신이 다른 사람들과 어떻게 상호작용하고 있는지도 더 잘 이해할 수 있다. 당신이 치타 유형이라면 올빼미 유형과 함께 프로젝트를 시작하기 전에 심호흡을 몇 번 해야 할 수도 있다. 하지만 올빼미 유형의 뇌가 어떻게 작동하는지 이해한다면 무리 없이 협업할 수 있는 해결책을 고안해낼 가능성이 훨씬 커진다. 또한 단순히 네 가지 뇌 유형이 있다는 지식만 있어도 어떤 집단 역학에도 열린 마음으로 접근할 수 있다. 현실적으로 모든 사람의 뇌 유형을 알 수는 없지만(판타지 풋볼 게임처럼 드래프트를 시작하기 전에 모든 선수에게 퀴즈를 풀라고 요구할 수는 없으니까), 다른 뇌 유형이 존재한다는 걸 알기만 해도 주변 사람들을 바라보는 시각이 달라질 것이다.

나의 성장 잠재력을 깨우는 맞춤형 계획법

다시 말하지만 한계를 벗어나는 것은 잠재력을 발휘할 기회를 극대화하는 것이다. 그래서 뇌 유형을 평가하는 것은 매우 중요하다. 자신의 뇌 유형을 이해하면 자기계발과 평생학습을 위한 맞춤형 계획을 세울 방법이 더 명확해진다. 단계별로 생각해보자.

- **자신의 강점과 약점 숙고**: 자신의 뇌 유형을 분석해보는 시간을 갖는다. 현재 자신이 뛰어나다고 생각하는 분야에 어떤 의미가 있는가? 그 분야가 자신의 뇌 유형의 강점과 일치하는가? 그 강점을 키우기 위해 무엇을 할 수 있는가? 만약 자신의 뇌 유형과 잘 맞지 않는 일에 집중하고 있었다면 그 일에 좌절감을 느낀 적이 있는가? 그렇다면 이제 그 이유를 이해할 수 있을 것이다.
- **개인적인 목표 설정**: 자기 성찰을 바탕으로 자신의 뇌 유형에 맞고 달성 가능한 개인적 목표들을 설정한다. 이 목표들을 감당할 수 있는 작은 단계들로 나누고 마감일을 정해 궤도에서 벗어나지 않도록 한다.
- **자원과 지원 인력 찾기**: 자신의 뇌 유형과 개인적 목표에 부합하는 책이나 강의, 팟캐스트, 워크숍을 활용하거나 멘토링을 받을 기회를 찾아본다. 이런 자원은 개인적인 목표뿐 아니라 직장 생활에서 탁월한 성과를 내는 데 필요한 기술과 지식을 개발하게 해준다.
- **진행 상황 지켜보기**: 목표까지의 진행 상황을 정기적으로 평가하고 필요에 따라 조정한다. 성공을 거두면 축하하고 좌절하면 거기서 배움을 얻는다.
- **과정의 공유**: 뇌 유형이 같거나 비슷한 개인적 성장 과정을 밟고 있는 사람들과 관계를 맺는다. 자신의 경험, 통찰, 배움을 공유해 서로를 지지하고 영감을 준다.

자신의 고유한 뇌 유형을 이해하고 포용하면 지적 잠재력을 최대한 발휘하고 일상적인 업무 수행 능력을 높이며, 더 만족스럽고 성공적인 삶을 영위할 수 있다. 이 장에서 설명한 원칙들을 적용하면 당신은 당신에게 잠재된 무한한 능력을 발휘하는 길에 들어설 것이다.

우리는 다르기 때문에 협력한다

동료들과 팀으로 일하든, 지역 주민위원회에 참가하든, 졸업 후 친구 관계를 유지하든 우리의 상호작용은 뇌 유형에 따라 크게 좌우된다. 이제 자신의 뇌 유형이 무엇인지 알고 네 가지 뇌 유형에 대한 지식을 갖추었으니 이 유형들이 서로 어떻게 작용하는지 훨씬 잘 이해할 수 있을 것이다.

치타 유형은 올빼미 유형의 신중한 성격이 답답할 수 있다. 올빼미 유형은 항상 신중한 조사를 바탕으로 결정을 내리고 싶어 하기 때문이다. 하지만 치타 유형이 좋은 정보의 가치를 이해한다면 올빼미 유형과 잘 협력하는 법을 배울 수 있다. 또한 치타 유형은 때때로 돌고래 유형이 변덕스럽다고 느낄 수 있다. 돌고래 유형은 적합한 방안을 찾느라 여러 아이디어를 시도해보는 경향이 있기 때문이다. 하지만 치타 유형은 시간이 지나면서 돌고래 유형과 효과적으로 상호작용할 수 있다. 훌륭하고 창의적인 아이디어들은 빠르게 실행으로 이어질 수 있는 까닭이다.

올빼미 유형은 치타 유형과 함께 일하는 것이 처음에는 힘들게 느껴질 수 있다. 치타 유형은 행동에 나서는 경향이 강하고 올빼미 유형은 좀 더 체계를 갖춰야 한다고 느끼기 때문이다. 하지만 치타 유형이 정교하게 다듬어진 직감에 따라 행동하는 경우가 많다는 사실을 깨달으면 올빼미 유형은 치타 유형의 역동성에서 활력을 얻을 수 있다.

마찬가지로 올빼미 유형은 돌고래 유형이 상상과 아이디어에 지나치게 의존하고 객관적인 사실에 충분히 신경을 쓰지 않는다고 생각할 것이다. 하지만 올빼미 유형이 미처 고려하지 못했던 관점에서 상황을 바라볼 수 있도록 도와주는 돌고래 유형의 능력에서 두 유형이 합의점을 찾는 경우가 많다.

돌고래 유형은 치타 유형이 빠른 해결책을 찾기 위해 자신의 창의성을 방해한다고 볼 수 있다. 하지만 열린 마음을 가진 돌고래 유형은 이런 압박이 창의성에 집중하게 해주는 또 다른 방법이 될 수 있음을 알게 된다. 반대로 돌고래 유형은 논리와 분석에 크게 의존하는 올빼미 유형에게 좌절을 느낄 수 있다. 돌고래 유형이 올빼미 유형과 잘 협력하는 경우는 가장 창의적인 아이디어는 기존 사고의 틀에서 살짝 벗어났을 때 나오는데 논리에 의존하는 올빼미 유형이 자신이 틀에서 너무 멀리 벗어나지 않도록 저지해준다는 사실을 깨달을 때다.

위의 설명 어디에도 코끼리 유형에 대한 언급이 없다는 것을 눈치챘을 것이다. 이는 코끼리 유형이 본질적으로 팀을 구축하고 조정하는 사람들이기 때문이다. 어떤 팀 상황에서든 '접착제' 역할을 하는 사람을 떠올린다면 코끼리 유형일 것이다.

뇌 유형을 팀 역학에 통합하기 위해 갖춰야 할 팀 내 환경은 다음과 같다.

- **다양성의 인정**: 각 뇌 유형은 고유한 강점과 문제 해결 방식을 가지고 있음을 인식한다. 팀원들이 자신의 관점을 공유하고 전문 지식을 제공하도록 장려하고, 당신의 사고 양식과 일치하지 않더라도 그 관점과 전문 지식을 높이 평가한다.
- **개방적인 의사소통의 촉진**: 팀원들이 각자의 생각, 아이디어, 우려를 편안하게 표현할 수 있는 환경을 조성한다. 이는 모든 사람의 생각이 그 가치를 인정받고 발전하도록 도울 것이다.
- **보완적 기술 개발**: 팀원들이 서로에게 배워 타고난 강점을 보완하는 기술을 개발하도록 장려한다. 이는 여러 각도에서 문제에 대처할 수 있는 균형 잡힌 팀을 만들어줄 것이다.
- **역할과 책임의 배정**: 각 팀원의 고유한 강점과 능력에 따라 업무와 프로젝트를 할당한다. 이는 모든 사람이 자신의 전문 분야에서 일할 수 있게 보장해주고 전반적인 생산성과 성공률을 높여줄 것이다.
- **개인적 성장의 장려**: 팀원들이 개인적, 직업적 성장을 추구할 수 있도록 지원한다. 뇌 유형에 대해 알고 있는 내용을 공유해서 사람들이 자신의 강점을 살리고 약점을 극복할 수 있도록 돕는다.

뇌 유형이 다른 사람들이 어떻게 서로를 이끌고 도울 수 있는지 다음 가상 시나리오를 통해 생각해보자.

협업 환경에서 마크, 수전, 리사, 데이비드는 혁신적인 제품을 위한 새로운 마케팅 전략을 개발하는 팀에 배정되었다. 민첩한 치타 유형인 마크는 소비자에게 접근하는 창의적인 전술을 브레인스토밍하는 데 탁월하며 어떤 변화나 장애물에도 빠르게 적응한다. 그의 신속한 사고와 적응력 덕분에 팀은 마케팅 전략 개발에 민첩하고 유연하게 접근할 수 있었다. 마크의 역동적인 성격은 팀이 프로젝트를 진행하는 내내 동기와 활력을 유지하는 데 도움이 되었다.

현명한 올빼미 유형인 수전은 잠재적 기회와 문제를 파악하기 위해 시장 동향과 데이터의 분석을 책임졌다. 수전의 뛰어난 분석 능력과 세부 사항에 대한 주의력은 마케팅 전략을 수립하는 데 중요한 통찰을 끌어냈다. 또한 그녀는 팀이 데이터를 기반으로 결정을 내릴 수 있도록 해서 프로젝트의 기반을 견고히 하는 데 일조했다.

창의적인 돌고래 유형인 리사는 혁신적인 사고와 독특한 관점을 제공하고, 자사 제품을 경쟁사 제품과 차별화하는 기발한 마케팅 아이디어를 제시했다. 그녀는 팀이 기존의 마케팅 전략에 이의를 제기하고 새로운 길을 탐색하도록 북돋는 역할을 했다. 이런 창의적인 협업을 통해 그녀의 팀은 소비자의 주의를 끌어 제품에 관심이 생기도록 유도하는 마케팅 캠페인을 만들어냈다.

공감 능력이 뛰어난 코끼리 유형인 데이비드는 팀의 정서적 지주 역할을 하면서 모든 사람의 필요와 우려 사항에 귀를 기울였다. 그는 특출한 정서 지능으로 개방적인 소통을 촉진하고 갈등을 조정하며 긍정적인 팀 역학을 유지한다. 그의 공감과 이해는 모두가 소중히 생각하는 포용적이고 지지적 업무 환경을 조성하는 데 도움이 되었다.

프로젝트가 진행되면서 팀원들은 각자의 독특한 강점과 기여를 인정하고 감사히 여겼다. 수전, 마크, 리사, 데이비드는 각자의 다양한 인지 능력을 활용해 성공적이고 균형 잡힌 마케팅 전략을 수립하는 법을 배웠다.

수전과 리사는 데이터에 기반한 통찰과 창의적인 아이디어를 결합해 마케팅 캠페인이 혁신적이면서도 효과적일 수 있도록 협력했다. 그리고 마크와 데이비드는 팀이 돈독한 정서적 유대와 지원 시스템을 유지하는 동시에 민첩성과 적응력을 유지할 수 있도록 협력했다.

이 가상 시나리오에서 서로 다른 뇌 유형의 상호작용은 조화로운 업무 환경을 조성할 뿐만 아니라 프로젝트의 성공적인 결과를 가져왔다. 민첩한 치타, 현명한 올빼미, 창의적인 돌고래, 공감하는 코끼리 유형의 상호보완적인 강점들이 어우러지면서 그들의 팀은 여러 각도에서 과제와 씨름하고 의사결정을 최적화하며 결과를 끌어내는 마케팅 전략을 세울 수 있었다.

프로젝트의 마지막 단계에 접어들면서 팀은 마케팅 전략을 다듬고 실행을 준비하기 시작했다. 서로 다른 뇌 유형은 프로젝트의 성공에 계속해서 중요한 역할을 했다. 민첩한 치타 유형인 마크는 마케팅 캠페인의 원활한 실행을 위해 여러 부서 및 이해관계자와의 조율을 담당했다. 그는 잠재적인 문제들을 예측하고 마케팅 캠페인 중에 발생할 수 있는 어떤 문제든 해결해줄 비상 계획을 일찍 수립했다. 마크의 수완과 적응력 덕분에 팀은 계획대로 일을 진행하고 추진력을 유지할 수 있었다.

현명한 올빼미 유형인 수전은 팀의 작업을 꼼꼼하게 검토하고 데이터와 통찰을 한 번 더 확인해서 마케팅 전략이 정확한 정보에 기반하도록 했다. 또한 마케팅 캠페인의 성과를 측정하기 위한 세부 계획을 세우고 핵심 성과 지표KPIs의 윤곽을 잡고 진행 상황을 추적하기 위한 보고 시스템을 구축했다.

창의적인 돌고래 유형인 리사는 디자인 및 콘텐츠 팀과 협력해서 마케팅 캠페인의 창의적 요소를 살렸다. 그녀는 캠페인의 메시지와 시각적 요소가 전체 전략에 부합하고 타깃 고객의 공감을 불러일으키는지 확인했다. 이런 창의적인 접근법은 기억에 남고 영향력이 큰 캠페인이 되도록 만들어준다.

공감하는 코끼리 유형인 데이비드는 압박감이 심한 실행 단계에서 서로 지지해주는 긍정적인 업무 환경을 유지하기 위해 노력했다. 그는 정기적으로 팀원들의 상태를 확인하고 그들이 어떤 장애물도 극복할 수 있도록 격려와 가이드를 제공했다. 그의 공감 능력과 정서 지능은 팀이 의욕적으로 프로젝트의 성공에 전념하게 도왔다.

이 프로젝트의 성공적인 완수는 다양한 인지 능력이 어떤 효과가 있으며 각 뇌 유형의 독특한 강점을 활용하는 것이 얼마나 중요한지 보여주는 증거다. 마크, 수전, 리사, 데이비드는 목표를 달성했을 뿐만 아니라 팀워크와 협업, 인지적 차이를 받아들이는 것이 중요하다는 소중한 교훈도 얻었다. 그들의 경험은 서로 다른 뇌 유형을 가진 개인들이 모일 때 의사결정을 더 잘하고 혁신적인 해결책을 만들 수 있음을 보여준다. 그들은 팀 내의 인지적 다양성을 이해하고 인정함으로써 무한한 잠재력을 발휘하고 놀라운 결과를 달성했다.

 실천 포인트

당신과 가장 많이 상호작용하는 사람들을 생각해보자. 뇌 유형에 대한 새로운 이해가 그들과의 상호작용에 대해 어떤 설명을 해주는가?

뇌 유형 활용법 1) 읽는 순간 똑똑해지는 독서법

뇌 유형을 알면 각자의 고유한 강점과 인지 선호도에 맞는 독서 전략을 채택할 수 있다. 다음은 뇌 유형별 독서 능력의 향상을 위한 몇 가지 제안 사항이다.

치타 유형

- **빠르게 훑어보기**: 치타 유형은 텍스트를 빠르게 훑어보면서 핵심 사항, 제목, 키워드를 식별해낼 수 있다. 이를 통해 주요 아이디어를 이해하고 어떤 부분에 초점을 맞춰 더 자세히 읽을지 결정할 수 있다.
- **독서 목표 설정**: 치타 유형은 일정 시간 안에 몇 쪽 또는 몇 장 읽기와 같이 구체적이고 달성 가능한 목표를 정해 집중력을 유지하고 동기부여를 해야 한다.
- **능동적인 읽기 연습**: 치타 유형은 질문하고 예측하고 본인의 경험과 연결 지으며 독서에 몰입할 때 더 잘 이해하고 기억할 수 있다.

올빼미 유형

- **개요 작성**: 올빼미 유형은 읽고 있는 내용의 구조나 개요를 작성하면 좋다. 이를 통해 정보 흐름을 더 잘 이해하고 요점을 더 쉽게 회상할 수 있다.
- **체계적인 메모**: 올빼미 유형은 읽으면서 체계적이고 간결한 메모를 해야 한다. 이는 정보를 더 잘 이해하고 저장하는 데 도움이 된다.

- **내용 분석**: 올빼미 유형은 내용을 비판적으로 평가하고 패턴을 파악하고 아이디어들을 연결함으로써 읽기 능력을 향상할 수 있다.

돌고래 유형

- **내용의 시각화**: 돌고래 유형은 읽고 있는 내용과 관련된 심상心像이나 장면을 잘 떠올리는 편으로, 이들은 이미지를 통해 정보를 더 잘 이해하고 기억한다.
- **연결 짓기**: 돌고래 유형은 읽고 있는 내용과 다른 아이디어나 경험을 연결해 다른 관점에서 내용을 보고 이해를 높일 수 있도록 해야 한다.
- **색연필이나 형광펜 사용**: 돌고래 형은 색연필이나 형광펜으로 핵심 사항과 아이디어에 표시해두면 나중에 정보를 더 쉽게 검토하고 회상할 수 있다.

코끼리 유형

- **내용 토론**: 코끼리 유형은 다른 사람들과 내용을 토론함으로써 읽기 능력을 높일 수 있다. 이들은 사람들과 소통함으로써 새로운 통찰을 얻고 이해를 강화한다.
- **요약과 자기 말로 표현하기**: 코끼리 유형은 읽은 내용을 요약하고 자기 말로 표현해봐야 한다. 그러면 정보를 더 잘 이해하고 기억하는 데 도움이 될 수 있다.
- **독서 일정 만들기**: 코끼리 유형은 읽고 생각할 시간을 따로 일정으로 만들어두면 좀 더 집중하면서 내용에 몰두할 수 있다.

뇌 유형 활용법 2 더 많은 것을 외우는 기억 훈련법

뇌 유형을 알면 기억력을 높이는 데 어떤 도움이 될까? 다음은 정보의 기억 향상을 위한 몇 가지 제안 사항이다.

치타 유형

- **행동을 통한 학습**: 치타 유형은 체험 활동에 참여하거나 새로운 기술을 연습함으로써 기억력을 향상할 수 있다. 이는 경험을 통한 학습을 강화하는 데 도움이 된다.
- **시각화 기법의 사용**: 치타 유형은 기억하려는 정보와 관련된 심상을 형성하거나 시나리오를 시각화하는 방법을 통해 기억을 더 잘 보존할 수 있다.
- **다른 사람에게 가르치기**: 치타 유형은 다른 사람에게 설명함으로써 주제에 대한 이해와 기억을 확고히 할 수 있으며, 이와 같은 능동적인 참여를 통해 학습을 강화할 수 있다.

올빼미 유형

- **기억술의 사용**: 올빼미 유형은 약어나 연상법 같은 기억술을 고안해 활용하면 많은 양의 복잡한 정보를 더욱 체계적이고 구조적으로 기억할 수 있다.
- **정보의 정리**: 올빼미 유형은 정보를 논리적 그룹이나 계층 구조로 분류하고 정리하면 나중에 쉽게 기억할 수 있다.
- **간격을 둔 반복**: 올빼미 유형은 점점 시간 간격을 늘려가며 플래시

카드flash card로 복습하는 등 간격을 둔 반복 기법을 사용해 점차 기억력을 강화할 수 있다.

돌고래 유형

- **마인드맵 만들기**: 돌고래 유형은 마인드맵으로 정보를 시각적으로 표현하고 다른 개념 간의 관계를 표시하면 기억과 회상에 도움이 된다.
- **스토리텔링 기술의 사용**: 돌고래 유형은 정보를 이야기나 내러티브로 엮어낼 때 그들의 창의성과 상상력을 발휘해 세부 사항을 더 효과적으로 기억할 수 있다.
- **다양한 감각의 활용**: 돌고래 유형은 음악 듣기, 그림 그리기, 아로마 요법 등 새로운 감각 경험을 학습에 통합함으로써 기억을 향상할 수 있다.

코끼리 유형

- **스터디 그룹 참여**: 코끼리 유형은 토론하고 정보를 공유하는 과정이 기억을 강화해주므로 다른 사람들과 함께 공부하면 좋다.
- **기억 궁전의 활용**: 코끼리 유형은 정보를 익숙한 환경의 특정 장소나 사물과 연결 지어 '기억 궁전'memory palace을 만들면 세부 사항을 더 쉽게 기억할 수 있다.
- **능동적인 회상 연습**: 코끼리 유형은 기억 속의 정보를 요약하거나 다른 사람에게 가르치는 등 능동적인 회상 연습을 통해 기억을 시험할 수 있으며, 이는 기억의 연결을 강화해준다.

(뇌 유형 활용법 3) 합리적인 의사결정과 문제 해결 하는 법

자신의 뇌가 지닌 강점과 선호도에 맞춘 전략에 집중하면 문제 해결 능력을 높이고 효과적으로 의사결정을 할 수 있다.

치타 유형

* **직감의 신뢰**: 치타 유형은 특히 신속한 결정이 필요한 상황이나 정보의 이용이 제한된 상황에서 직관과 직감에 의존해 빠르게 의사결정을 내릴 수 있다.

* **행동하고 경험에서 배우기**: 치타 유형은 실제로 행동하고 경험한 것을 바탕으로 결정을 내릴 수 있다. 그들은 아직 시도해보지 않은 해결책을 시도하고, 그 결과에서 배우고, 그에 따라 접근법을 조정할 것이다.

* **타인의 의견 구하기**: 치타 유형은 사람들에게 조언이나 피드백을 구해서 자신의 직관적 의사결정을 다양한 관점에 비춰 보고 균형을 맞추는 것이 도움이 될 수 있다.

올빼미 유형

* **문제의 분석**: 올빼미 유형은 우선 문제를 더 작은 요소로 나눠 근본적인 원인과 기본 원칙을 파악해야 한다. 이런 체계적인 접근 방식은 문제를 더 잘 이해하고 잠재적 해결책을 알아보는 데 도움이 될 수 있다.

* **대안의 평가**: 올빼미 유형은 분석 능력을 사용해 해결책의 장단점

을 신중하게 평가할 수 있다. 이는 객관적인 기준에 근거하고 정보에 입각한 결정을 내리는 데 도움이 된다.

- **검토와 성찰**: 올빼미 유형은 경험을 통해 배우고, 향후 의사결정 능력을 높이기 위해 결정을 내린 후 결과를 검토하고 의사결정 과정을 성찰해야 한다.

돌고래 유형

- **창의적으로 생각하기**: 돌고래 유형은 창의력과 상상력을 발휘해 문제를 해결해줄 혁신적인 방안을 만들어낼 수 있다. 그들은 틀에 얽매이지 않은 아이디어와 접근 방식을 탐색할 수 있어야 한다.
- **패턴과 연관성 찾기**: 돌고래 유형은 패턴과 추세, 연관성을 찾아냄으로써 문제 해결 능력을 높일 수 있다.
- **전체 상황의 고려**: 돌고래 유형은 더 넓은 맥락과 자신의 결정이 장기적으로 미치는 영향을 고려해 문제를 총체적인 시각으로 봐야 한다.

코끼리 유형

- **협력과 소통**: 코끼리 유형은 뛰어난 의사소통 및 협업 능력을 활용해 사람들을 문제 해결 과정에 참여시키고, 다양한 관점과 통찰을 수집해 결정에 반영할 수 있다.
- **합의의 도출**: 코끼리 유형은 팀원들이나 이해관계자들 간의 합의를 이끌며, 이는 효과적이고 지속 가능한 해결책으로 이어진다.
- **공감과 객관성의 균형 유지**: 코끼리 유형은 공감을 잘하는 본성을

이용해 의사결정에 인간이 미치는 영향을 고려하는 동시에 객관성을 유지하여 현명한 선택을 해야 한다.

뇌 유형은 바뀔 수 있는가

이 모델에서 동물로 상징되는 각 뇌 유형은 안정적인 인지 패턴과 경향을 설명하지만, 인간의 뇌는 신경가소성이라는 놀라운 변화와 적응 능력 또한 있다는 점에 유의해야 한다. 즉 개인은 의식적인 노력과 연습을 통해 새로운 인지 기술과 전략을 개발해서 다른 뇌 유형과 비슷해질 수 있다. 예를 들어 공감하는 코끼리 유형은 분석 기술을 개발하려고 노력하다 보면 나중에는 현명한 올빼미 유형처럼 보일 수 있다. 이런 변화는 연습이나 마음챙김과 성찰, 전문적인 지도, 생활 방식의 개선을 통해 나타난다.

하지만 뇌 유형을 바꾸는 것이 목표가 아니라 이를 효과적으로 이해하고 활용하는 동시에 취약한 부분을 인식하고 개선하는 것이 중요하다는 점을 기억해야 한다. 인지 능력의 다양성이야말로 우리를 독특한 존재로 만들고 다양한 방식으로 세상에 기여하도록 해준다.

소통의 시작은 나 자신을 아는 것

뇌 유형에 대한 소개를 통해 이제 당신은 잠재력을 키우고 새로운 수준에서 사람들과 상호작용할 수 있는 강력하고 새로운 도구를 얻었다. 다음 장으로 넘어가기 전에 아래의 몇 가지를 시도해보자.

- 자신의 뇌 유형이 무엇인지 알게 된 지금 주목하게 된 세 가지를 적어보라. 이를 바탕으로 실행 계획을 세워보자.
- 영화의 캐스팅 과정처럼 네 가지 뇌 유형을 '캐스팅'해보자. 치타나 코끼리 유형은 누가 맡으면 이상적일까? 이 방법은 네 가지 뇌 유형을 머릿속에 생생하게 떠올리는 데 매우 효과적이다.
- 당신과 다른 세 가지 뇌 유형을 가진 사람들 사이의 가장 큰 차이점을 생각해보자. 그리고 당신과 그들 사이에 다리를 놓아줄 두 가지 방법을 생각해보자.

제18장

더 효과적으로
두뇌 에너지 섭취하기

무엇을 언제 먹는지는 잠재력에 어떤 영향을 미치는가?
뇌 건강을 극대화하려면 식습관을 어떻게 바꿔야 하는가?
어떤 누트로픽이 인지 능력을 향상시킬 수 있는가?

안야는 활력이 넘치는 사람이었다. 그녀는 엄청난 열정으로 속독, 기억력, 학습 기술 프로그램을 빠르게 수료했다. 열정적인 마음으로 새로운 프로그램에 임하고 배운 내용을 최대한 활용하려고 노력했다. 그러나 모든 노력을 기울였음에도 불구하고 항상 자신이 생각하는 목표에 조금 못 미친다고 느꼈다. 그래서 재충전의 시간을 가지면 더 잘할 수 있으리라 믿고 몇 주 동안 휴식을 취해보기도 했다. 하지만 도움이 되지 않자 그녀는 뭔가 잘못되어 가는 게 아닌지 걱정이 되어 결국 우리 사무실에 연락을 해왔다.

우리가 보기에 안야가 잘못한 것은 하나도 없었다. 하지만 올바로 하지 않은 것 하나가 있었다. 그녀는 뇌는 물론 어느 신체 부위에도 제대로 영양을 공급하지 않고 있었다. 그녀의 식단은 설탕과 가공식품투성이였다. 마치 혼자 프라이드 치킨 샌드위치 산업 발전에 헌신하는 사람처럼 먹고 있었다. 그녀는 무한한 잠재력을 추구하려는 마인드셋과 동기가 있었고 프로처럼 모든 방법을 실천했다. 하지만 뇌의 성장에 필요한 영양을 공급하겠다고 결심하기 전까지는 한계를 뛰어넘기 위해 할 수 있는 노력을 다한 게 아니었다.

 실천 포인트

현재 뇌 상태를 평가할 시간을 잠시 가져보자. 전력을 다하는 느낌인가, 아니면 정비가 좀 필요한 느낌인가? 이제 지난 며칠 동안의 식단을 생각해보자. 무언가 상관관계가 보이는가?

뇌 영양에 관한 다섯 가지 거짓말

앞서도 언급했지만 정보의 업그레이드 속도가 빠른 뇌 영양 같은 주제는 여러 가지 LIE(마음속 제한적 신념) 또는 속설을 낳는 경향이 있다. 다음은 가장 흔한 속설과 각각의 진실이다.

속설 1. 뇌 건강은 유전적 요인에 좌우되며 식단은 중요하지 않다

이 속설은 뇌 건강과 인지 기능에서 유전자의 역할을 강조했던 초창기 과학 연구에서 비롯되었을 것이다.

- **진실**: 유전자가 뇌 건강에 일조하는 건 맞지만 어떤 식단과 생활 방식을 선택하느냐가 인지 기능과 뇌 건강에 큰 영향을 미칠 수 있다. 연구 결과들에 따르면 뇌를 강화하는 영양소가 풍부한 식단은 인지 기능 저하를 예방하고 정신 능력을 향상시키는 데 도움이 된다.

속설 2. 모든 지방은 뇌에 해롭다

이 생각은 아마도 저지방 다이어트 열풍이 불었던 20세기 후반에 모든 지방이 해롭다는 통념이 널리 퍼지면서 생겼을 것이다.

- **진실**: 건강한 지방, 특히 생선, 호두, 아마씨 같은 식품에 들어 있는 오메가3 지방산은 뇌 건강에 매우 중요하다. 이 지방은 뇌 기능과 뇌세포 유지에 필수다.

속설 3. 식사를 충분히 하면 뇌에 필요한 모든 영양소를 섭취할 수 있다

이 속설은 영양의 원리에 대한 오해에서 비롯되었을 수 있다. 양과 질이 같다는 생각은 흔히 하는 오해다.

- **진실**: 당신이 먹는 음식의 질은 양만큼, 아니 어쩌면 그보다 더 중요하다. 음식을 골고루 많이 먹는 것보다 영양소가 풍부한 음식을 건강하게 먹어야 한다. 이는 뇌가 최적의 기능을 발휘하는 데 필요한 모든 영양소의 섭취를 보장해주는 열쇠다.

속설 4. 종합비타민만 복용해도 뇌에 필요한 모든 영양분을 섭취할 수 있다

이 속설은 '만능' 해결책으로 종합비타민의 이점을 자주 강조하는 영양보충제 업계의 마케팅에서 비롯된 듯하다.

• **진실**: 종합비타민은 부족한 영양소를 보충하는 데 도움이 될 수 있지만 유일한 영양소 공급원으로 믿어서는 안 된다. 다양한 자연 식품으로 구성된 균형 잡힌 식단이 뇌에 영양을 공급하는 최상의 방법이다.

속설 5. 설탕은 뇌의 연료이므로 많이 섭취할수록 좋다

이 속설은 단당류인 포도당이 뇌의 주요 에너지원이라는 사실에서 나왔다.

• **진실**: 뇌가 포도당을 에너지로 쓰는 것은 사실이지만 모든 당분이 똑같지는 않다. 정제된 설탕을 과도하게 섭취하면 대사 장애, 인지 기능 장애, 염증 등이 발생할 수 있다. 통곡물과 채소 등에 들어 있는 복합 탄수화물을 적당량 섭취하는 식단이 뇌에 더 안정적이고 건강한 포도당 공급원을 제공한다.

이런 속설들의 진실을 알면 우리는 뇌에 더 나은 영양을 공급해주는 더 건강한 선택을 할 수 있다.

멈춰 있는 뇌를 깨우는 영양소

뇌는 복잡하고 에너지를 많이 요구하는 기관이다. 몸무게의 2퍼센트를 차지할 뿐이지만 신체 에너지의 20퍼센트를 쓴다. 새로운 뇌세포의 생성, 신경전달물질의 생성, 시냅스 형성 및 유지를 포함한 복잡한 기능을 지원하려면 적절한 뇌 영양 공급은 필수다. 안야가 알게 됐듯이 뇌가 최적의 수준에서 작동하려면 올바른 방식으로 영양이 공급되어야 한다.

영양을 잘 공급받은 뇌는 매우 효율적으로 작동한다. 새로운 정보에 빠르게 적응하고 올바른 결정을 내리고 복잡한 생각을 처리한다. 반면에 필수 영양소가 부족한 뇌는 인지 능력과 기억력이 저하되고 기분 장애와 신경퇴행성 질환에 더 잘 걸릴 수 있다. 따라서 적절한 영양소로 뇌에 영양을 공급해야 기억력, 집중력, 전반적인 정신 능력을 높일 수 있다.

2017년 학술지 《신경학》Neurology에 실린 연구에 따르면 과일, 채소, 통곡물, 저지방 단백질이 풍부한 지중해식 식단을 실천한 사람은 3년 동안 총 뇌 위축이 더 적은 것으로 나타나 두 변인 간의 연관성이 있었다고 한다.[1] 이 연구는 지금까지 우리가 알아본 바와 일치하며, 영양소가 풍부한 식단은 우수한 뇌 기능의 기초가 된다는 사실을 뒷받침한다.

생선과 아마씨에 풍부하게 들어 있는 오메가3 지방산은 특히 뇌 건강과 인지 기능을 지원하는 것으로 드러났다. 《최신임상약리학》Current Clinical Pharmacology에 발표된 연구에서는 오메가3를 많이 섭취하면 뇌의 염증을 줄이고 뇌세포의 건강을 증진해 경증 알츠하이머와 주요 우울 장애 환자의 인지 기능 개선에 도움이 되는 것으로 나타났다.[2] 이 사실은 식단에서 오메가3의 중요성을 잘 알려준다.

또한 다양한 과일과 채소에 함유된 항산화제는 인지 기능 저하로 이어질 수 있는 산화스트레스로부터 뇌를 보호하는 데 매우 중요한 역할을 한다. 2002년 《미국의학협회 저널》The Journal of the American Medical Association에 실린 한 연구에서는 비타민 C와 비타민 E를 많이 섭취하면 알츠하이머병에 걸릴 위험을 낮출 수 있다고 결론지었다.[3]

이제 집중력, 기억력, 정신 기능을 개선하는 특정 식품과 식습관을 중점적으로 살펴보자. '브레인 베리'라고도 불리는 블루베리는 플라보노이드라는 항산화 물질이 풍부하다. 《응용생리학, 영양과 신진대사》Applied Physiology, Nutrition, and Metabolism에 발표된 연구에 따르면 블루베리를 정기적으로 섭취하면 뇌의 노화를 지연시키고 작업 기억을 향상시킬 수 있다고 한다.[4]

초콜릿은 어떨까? 다크 초콜릿에는 플라보노이드, 카페인, 항산화제가 풍부하다. 과학 전문지 《애피타이트》Appetite에 발표된 한 연구에서는 초콜릿을 더 자주 섭취하는 것이 인지 능력 향상과 상당한 연관성이 있다는 결과가 나왔다.[5]

최근 간헐적 단식도 뇌 건강상의 이점으로 과학계의 주목을 받고 있다. 간헐적 단식은 식사 시간 사이에 일정한 간격을 두고 단식을 되풀이하는 것이다. 《뉴잉글랜드 의학 저널》New England Journal of Medicine에 발표된 한 연구에서는 간헐적 단식이 인지 기능을 높이고 퇴행성 질환을 예방하며 수명을 연장한다는 사실을 발견했다.[6] 이런 식습관은 대사 과정을 최적화해 뇌에 더 건강하고 효율적인 에너지원을 공급하도록 돕는다.

적당한 양의 커피는 빠르게 활력을 높여줄 뿐만 아니라 두뇌 기능을 향상시키는 데 놀라운 효과가 있는 것으로 밝혀졌다. 학술지《노화 신경과학 최신 연구》Frontiers in Aging Neuroscience에 게재된 한 연구는 장기간 커피를 마시면 알츠하이머병에 걸릴 위험을 줄일 수 있다는 사실을 발견했다.[7]

아무리 효과가 좋아도 한 가지 음식이 우리 뇌의 건강과 능력을 보장하지는 못한다. 대신 영양소의 교향곡이라고 할 수 있는 다양하고 균형 잡힌 식단으로 각 영양소가 인지 능력의 대합주에서 제 역할을 하도록 하는 게 중요하다. 따라서 당신의 식단에는 과일, 채소, 저지방 단백질, 통곡물이 적절히 포함되어야 한다.

영양과 뇌 건강과의 연관성을 이해하는 것이 중요하긴 하지만 이는 퍼즐의 한 조각에 불과하다는 사실을 기억하자. 운동, 수면, 스트레스 관리 같은 생활 방식 요인도 뇌 기능을 최적으로 유지하는 데 매우 중요하다. 인생의 모든 것이 그렇듯 균형이 중요하다.

무한한 능력을 발휘하기 위한 여정에서 뇌 영양은 길잡이별 역할을 한다. 뇌 영양은 뇌 엔진을 구동하는 연료로서 사고하고 학습하고 창조하고 세상에 의미 있는 기여를 할 수 있게 해준다. 그러니 뇌가 의존하는 음식을 먹어라. 실제로 뇌는 음식에 의존한다.

신경영양학neuronutrition은 영양소가 뇌 건강, 인지 능력, 정신 건강에 미치는 영향을 조사하는 비교적 새로운 연구 분야다. 이 분야의 수많은 연구에서 건강한 식단과 최적의 뇌 기능 사이에 강한 상관관계가 있음을 밝혀냈다. 노섬브리아대학교의 뇌 기능 및 영양 연구소Brain, Performance, and Nutrition Research Centre의 데이비드 케네디David O. Kennedy 는 미국 국립보건원에 기고한 논문에서 비타민 B에 대해 다음과 같이 썼다. "비타민 B군은 에너지 생산, DNA/RNA의 합성과 복구, 게놈과 비非 게놈의 메틸화, 수많은 신경화학물질과 신호 분자의 합성을 비롯 해 여러 측면에서 뇌 기능에 영향을 미친다."[8]

비타민 B군은 호모시스테인 수준의 조절을 돕는데, 천연 아미노산 인 호모시스테인이 고농도로 존재하면 인지 저하와 치매에 영향을 미 친다. 비타민 B는 잎채소, 통곡물, 살코기 같은 식품에 풍부하다.

미국 국립보건원의 또 다른 논문에서 본머스대학교의 보건 및 사회 과학부 교수 사이먼 다이얼Simon C. Dyall은 "다가불포화지방산인 오메 가3는 신경 보호 작용을 하며 다양한 신경퇴행성 질환과 신경 질환의 치료제가 될 수 있는 것으로 나타났다."라고 썼다.[9] 지방이 많은 생선, 호두, 아마씨에서 발견되는 이 필수지방은 뇌세포 성장을 촉진하고 염 증을 줄이며 뇌세포 간 소통을 활성화하는 것으로 밝혀졌다. 연구 결 과에 따르면 오메가3가 풍부한 식단은 기억력과 학습 능력을 높이는 동시에 인지 능력 저하와 우울증을 예방할 수 있다.

다른 연구에서는 베리 종류와 다크 초콜릿, 녹차 같은 식품에 들어 있는 비타민 C, 비타민 E, 플라보노이드 같은 항산화제가 인지 기능 저하와 신경퇴행성 질환을 유발할 수 있는 산화스트레스와 염증으로 부터 뇌세포를 보호한다는 것을 보여주었다. 한편 달걀, 콩, 닭고기에 함유된 필수 영양소인 콜린choline은 기억과 학습 과정에 매우 중요한 신경전달물질인 아세틸콜린의 생성에 결정적인 역할을 한다.

다음은 현재 식습관이 인지 건강을 얼마나 잘 지원하고 있는지 평가하는 데 도움이 되는 간단한 뇌 영양 퀴즈다. 총 15문항으로 되어 있는 질문에 답해보고, 점수를 매겨보자.

---

1. 기름기가 많은 생선(연어, 고등어, 정어리 등)을 얼마나 자주 먹는가?
   a. 거의 매일
   b. 일주일에 몇 번
   c. 거의 또는 전혀 안 먹음

2. 항산화제가 많이 함유된 식품(블루베리, 다크 초콜릿, 견과류 등)을 정기적으로 먹는가?
   a. 거의 매일
   b. 가끔
   c. 거의 또는 전혀 안 먹음

3. 비타민 B가 풍부한 음식(잎채소, 통곡물, 달걀 등)을 얼마나 자주 먹는가?
   a. 매일
   b. 가끔
   c. 거의 또는 전혀 안 먹음

4. 얼마나 자주 햇빛을 쐬거나(비타민 D 생성을 도움) 비타민 E가 풍부한 음식(지방이 많은 생선, 치즈, 달걀노른자 등)을 먹는가?
   a. 매일, 하루에도 여러 번
   b. 하루에 한 번 또는 일주일에 몇 번
   c. 거의 또는 전혀 안 함(안 먹음)

5. 뇌 건강을 위한 종합비타민이나 영양보충제를 얼마나 자주 복용하는가?

a. 매일

b. 가끔

c. 거의 또는 전혀 복용하지 않음

6. 뇌 기능과 신진대사에 영향을 미치는 콜린이 풍부한 음식(달걀, 살코기, 두부 등)을 얼마나 자주 먹는가?

a. 거의 매일

b. 일주일에 몇 번

c. 거의 또는 전혀 안 먹음

7. 녹색 잎채소(시금치, 케일, 근대 등)를 얼마나 자주 먹는가?

a. 매일

b. 가끔

c. 거의 또는 전혀 안 먹음

8. 프로바이오틱스가 풍부한 음식(요구르트, 사우어크라우트, 김치 등)을 얼마나 자주 먹는가?

a. 거의 매일

b. 가끔

c. 거의 또는 전혀 안 먹음

9. 녹차 또는 L-테아닌이 풍부한 음식이나 음료를 얼마나 자주 섭취하는가?

a. 매일, 하루에도 여러 번

b. 하루에 한 번 또는 일주일에 몇 번

c. 거의 또는 전혀 섭취하지 않음

10. 염증과 산화스트레스를 줄여주는 커큐민이 풍부한 음식(강황 등)을 자주 먹는가?

a. 매일

b. 가끔

c. 거의 또는 전혀 안 먹음

11. 마그네슘이 풍부한 식품(녹색 잎채소, 콩류, 견과류, 씨앗류 등)을 얼마나 자주 섭취하는가?

a. 거의 매일

b. 일주일에 몇 번

c. 거의 또는 전혀 안 먹음

12. 뇌와 장에 도움이 되는 프리바이오틱스가 풍부한 식품(양파, 마늘, 바나나, 귀리 등)을 얼마나 자주 섭취하는가?

a. 매일, 하루에도 여러 번

b. 하루에 한 번 또는 일주일에 몇 번

c. 거의 또는 전혀 안 먹음

13. 신경전달물질 생성에 필요한 아미노산의 공급을 위해 단백질이 풍부한 식품(살코기, 두부, 콩, 렌틸콩 등) 얼마나 자주 섭취하는가?

a. 거의 매일

b. 가끔

c. 거의 또는 전혀 안 먹음

14. 얼마나 자주 수분을 섭취하는가? 매일 권장량인 물 여덟 잔을 마시고 있는가?

    a. 거의 매일

    b. 일주일에 몇 번

    c. 거의 또는 전혀 마시지 않음

15. 플라보노이드가 풍부한 식품(감귤류, 베리류, 양파, 파슬리, 다크 초콜릿 등)을 얼마나 자주 섭취하는가?

    a. 매일

    b. 가끔

    c. 거의 또는 전혀 안 먹음

답변이 A면 3점	답변이 B면 2점	답변이 C면 1점

- 35~45점: 훌륭하다! 당신의 식습관은 뇌 건강에 매우 도움이 되는 것으로 보인다. 계속 좋은 습관을 유지하면서 뇌 기능을 최적화해줄 새로운 음식과 영양소를 찾아보라.
- 25~34점: 올바른 방향으로 가고 있지만 개선의 여지가 있다. 뇌 건강에 좋은 음식을 식단에 더 추가하고 꾸준히 섭취하라.
- 16~24점: 뇌 건강에 도움이 되도록 식단을 약간 조절할 필요가 있다. 뇌에 도움이 되는 영양소와 식품을 자주, 더 많이 섭취하는 것을 고려해보라.
- 15점: 현재 식단은 뇌 건강을 충분히 지원하지 못하고 있을 수 있다. 지금이 뇌 건강에 좋은 음식을 더 많이 섭취하고 뇌를 지원하는 영양보충제를 고려하기에 아주 적절한 시기다.

이 퀴즈는 일반적인 가이드이며 전문적이고 영양학적인 조언을 대신할 순 없다. 개인의 특성에 맞춘 식단 계획을 세우려면 건강 관리 전문가나 영양사와 상의해야 한다.

 실천 포인트

이 퀴즈를 친구와 친척들과 공유하고 결과를 놓고 토론해보라.

혀가 아닌 뇌에 좋은 것을 먹어라

안야가 알게 됐듯이 뇌에 어떻게 영양이 공급되는지 적극적으로 살펴보는 것은 무한한 잠재력을 발휘하기 위한 필수 코스다. 안야는 패스트푸드를 줄이고 영양이 풍부하고 균형 잡힌 식단으로 대체한 지 얼마 지나지 않아 최상의 컨디션을 유지하게 되었다. 신경영양학에 대해 자세히 살펴보기 전에 지금 바로 뇌에 더 나은 영양을 공급하기 위해 실천할 수 있는 몇 가지 방법은 다음과 같다.

• **수분을 충분히 섭취한다**: 최적의 뇌 기능을 위해서는 적절한 수분 섭취가 필수다. 탈수는 단기 기억력, 주의력, 의사결정 능력의 저하를 가져온다. 매일 200밀리리터 잔으로 최소 여덟 잔 물을 마시는 것을 목표로 하고 자신의 활동 수준과 개인적 필요에 따라 수분 섭취량을 조절한다.

- **다양한 색상의 식품을 섭취한다**: 다양한 색상의 과일과 채소를 먹으면 다양한 식물성 영양소를 섭취할 수 있다. 이는 뇌 건강을 지원하는 항산화 및 항염증 성분을 포함해 다양한 건강상 이점을 제공한다.

- **가공식품 및 첨가당을 제한한다**: 가공식품과 첨가당이 많은 식단은 인지 기능을 떨어뜨리고 신경퇴행성 질환을 발생시킬 위험이 있다. 뇌에 필수 영양소를 공급하는 영양소가 풍부한 자연식품 위주로 먹는다.

- **장 건강에 유의한다**: 최근 연구에 따르면 장 건강과 뇌 기능 사이에는 강력한 연관성이 있다(제3장에서 논의한 뇌-장 축에 대한 설명을 참고하라). 바나나, 채소, 양파, 마늘, 아티초크 등 프리바이오틱스가 풍부한 식품과 요구르트, 케피르Kefir(염소, 양, 소의 젖을 발효시킨 음료―옮긴이), 사우어크라우트 등 프로바이오틱스가 풍부한 식품을 식단에 넣어 장내 유익균을 늘리고 최적의 뇌 기능을 촉진한다.

- **식사에 집중한다**: 음식과 식사 경험에 온전히 집중하고 한 입 한 입 음미하면서 몸이 보내는 배고픔과 포만감 신호에 귀를 기울이는 마음챙김 식사mindful eating를 한다. 이런 식으로 식사하면 건강에 더 좋은 음식을 선택하게 되고 소화도 더 잘될 뿐 아니라 식사의 즐거움도 커진다.

자연식품에서 영양소를 섭취하는 것이 가장 좋지만 식이 제한이 있거나 특수한 건강 상태에 있는 사람들은 영양보충제를 복용하는 게 도움이 될 수 있다. 건강 관리 전문가와 상의해서 영양보충제가 당신에게 적합한지, 현재 건강 상태를 지원하려면 어떤 영양소가 필요한지 결정하라.

몰입력을 끌어올리는 누트로픽과 영양보충제

이제 누트로픽과 영양보충제에 대해 알아보자. 미국 국립보건원에 따르면 "'머리 좋아지는 약'smart drug으로도 알려진 누트로픽은 특히 뇌 관련 기능이 손상되었을 때 사고, 학습, 기억력을 개선하는 다양한 약용 물질이다."[10]

다음은 누트로픽의 이점과 이를 뒷받침하는 연구들을 정리한 것이다. 이런 보충제들은 이점도 있지만 부작용도 있을 수 있다는 점에 유의해야 한다. 누트로픽을 복용하기에 앞서 반드시 건강 관리 전문가와 상담해서 자신에게 적합한 것인지 확인하고, 복용 중인 약이나 기존 질환과 상충할 가능성이 없도록 해야 한다.

- L-테아닌: 녹차에 함유된 아미노산으로 뇌를 진정시키는 효과가 있다고 알려져 있다. 졸음을 유발하지 않고 이완을 촉진해 집중력 향상과 스트레스 감소에 탁월한 보충제다.[11]
- 바코파 몬니에리Bacopa monnieri: 브라미Brahmi라고도 알려진 바코파 몬니에리는 기억력, 학습력, 집중력의 향상을 위해 인도 전통 의학 아유르베다에서 사용했던 허브다. 인지 기능, 특히 기억력과 주의력을 높인다는 점은 현대의 연구에서도 입증되고 있다.[12]

- **로디올라 로세아**Rhodiola rosea : 강장 효과가 있는 허브로 스트레스를 받았을 때 정신적, 육체적 능력을 향상시키는 것으로 알려져 있다. 스트레스에 대한 뇌의 저항력을 높이고 정신적 피로를 해소하며 기분을 개선하는 효과가 있다.[13]

- **유리딘일인산염**Uridine monophosphate : 신경막 합성과 신경전달물질 생성에 매우 중요한 역할을 하는 뉴클레오티드(DNA와 RNA 같은 핵산을 이루는 단위체—옮긴이)다. 연구에 따르면 인지 기능, 특히 학습 및 기억 영역에 도움이 된다고 한다.[14]

- **아세틸 엘 카르니틴**Acetyl-L-carnitine : 뇌세포의 미토콘드리아 내에서 에너지 생산에 매우 중요한 역할을 하는 아미노산 유도체다. 인지 기능을 향상시키고 정신적 피로를 줄이며 노화로 인한 뇌 기능 저하를 막는 효과가 있다.[15]

- **포스파티딜세린**Phosphatidylserine : 세포막, 특히 뇌 세포막에서 필수적인 부분을 형성하는 인지질이다. 세포 기능의 유지에 관여하고 기억과 학습, 인지 기능을 향상시키는 것으로 밝혀졌다.[16]

- **N-아세틸시스테인**N-Acetyl cysteine, NAC : 강력한 항산화제 역할을 하는 아미노산 유도체로 산화스트레스로부터 뇌세포를 보호한다. 또한 뇌 건강에 가장 중요한 항산화제 중 하나인 글루타치온을 체내에 보충하는 데도 도움이 된다.[17]

- **후퍼진 A**Huperzine A : 중국산 석송인 뱀톱Huperzia serrata에서 추출한 화합물로 아세틸콜린에스테라제 효소를 억제하는 효능이 있는 것으로 알려져 있다. 기억과 학습 과정에 필수적인 신경전달물질 아세틸콜린의 수치를 높인다.[18-19]

- 알파 글리세릴포스포릴콜린Alpha GPC : 뇌에서 발견되는 천연 콜린 화합물로, 콜린 수치를 높이기 위해 보충제로 복용할 수 있다. 기억, 학습, 전반적인 인지 기능에 필수적인 신경전달물질 아세틸콜린의 합성에 관여한다.[20]

- 디메틸아미노에탄올Dimethylaminoethanol, DMAE : 뇌에서 소량으로 발견되는 화합물로, 중요한 신경전달물질인 아세틸콜린의 전구체 역할을 하는 것으로 여겨진다. 기억력, 집중력, 인지 기능 향상을 위한 보충제로 사용된다.[21]

- 설포라판Sulforaphane : 브로콜리, 방울양배추, 케일과 같은 십자화과 채소에서 발견되는 화합물로 산화스트레스와 염증을 줄여 뇌 건강을 지원하는 강력한 항산화 및 항염증 성질을 지닌다.[22]

- 코페아 아라비카Coffea arabica : 커피나무 열매 전체에서 추출한 물질이다. 이전에는 커피를 수확할 때 남는 무가치한 부산물로 여겨졌던 커피 열매 과육이 지금은 강력한 항산화 성분을 함유한 것으로 여겨지고 있다. 이 보충제는 오늘날 여러 가지 건강상 이점, 특히 인지 기능에 긍정적인 영향을 미친다.[23·24]

- 알피니아 갈랑가Alpinia galanga : 생강/강황과 식물로 그 뿌리줄기는 서기 500년부터 인도 아유르베다 의술과 중국 의학에서 사용됐다. 알피니아 갈랑가는 전통적으로 흥분제, 항균제, 항염증제로 알려졌다. 최근 발표된 연구에 따르면 에너지, 집중력, 주의력을 향상시킨다.[25]

다음 보충제는 일반적으로 뇌 기능 향상과 관련이 있다. 누트로픽과 마찬가지로 이런 보충제는 복용하기 전에 항상 건강 관리 전문가와 상의해야 한다.

- **노루궁뎅이버섯**: 인지를 향상시키는 효능이 있다고 알려진 독특한 버섯이다. 연구에 따르면 이 버섯은 신경세포의 성장과 생존, 신경가소성을 지원하는 신경성장인자NGF와 뇌유래신경영양인자 BDNF의 생성을 촉진한다. 기억력, 집중력, 전반적인 인지 기능 향상에 효과가 있다.[26]

- **오메가3 지방산**: 앞서 언급했듯이 오메가3 지방산은 뇌 건강에 필수적이다. EPA와 DHA는 더욱더 그렇다. 이것들은 신경세포 기능, 세포막 유동성, 신경전달에 필수적인 역할을 한다. 기억, 학습, 전반적인 인지 기능의 향상은 물론 염증 감소와 인지 기능 저하 방지 등의 이점이 있다.[27·28]

- **은행나무**: 기억력과 인지 기능을 개선하기 위해 전통 의학에서 오랫동안 사용되어온 고대 수종이다. 뇌로 가는 혈류를 증가시키고 항산화제 역할을 하는 것으로 알려져 있다.[29]

- **커큐민**: 강황의 활성 화합물인 커큐민은 강력한 항산화와 항염증 작용을 한다. 인지 저하를 가져올 수 있는 염증과 산화스트레스를 줄여 뇌 건강에 도움을 주는 것으로 입증됐다.[30]

- **트레온산 마그네슘**Magnesium L-threonate: 혈액뇌장벽(선택적 투과성으로 세균 등 위험 인자가 뇌로 들어가지 못하게 막는 생리학적 장벽—옮긴이)을 통과하도록 고안된, 생체 이용률이 높은 마그네슘 형태다. 뇌의 마그네슘 수치를 높이고 시냅스가소성synaptic plasticity을 지원

하며 인지 기능을 향상시키는 것으로 나타났다.[31]

- 크레아틴: 우리 몸에서 자연적으로 생성되며 주로 육류와 생선에 함유된 물질로 에너지 대사에 매우 중요한 역할을 한다. 여러 연구에 따르면 크레아틴 보충제는 특히 단기기억과 신속한 사고가 필요한 과업에서 인지 기능을 향상시킨다.[32]

- 콜린: 달걀과 통곡물을 포함한 많은 식품에 함유된 영양소다. 《미국임상영양학회 저널》The American Journal of Clinical Nutrition에 게재된 한 연구에 따르면 "한 번에 섭취하는 콜린의 양이 많을수록 인지 능력 향상과 관련이 있었다."[33]

- 비타민 B군: 티아민, 리보플라빈, 니아신 등 여덟 가지가 있다. 이 비타민들은 다양한 방식으로 뇌 기능을 향상시킨다.[34]

- 아슈와간다Ashwagandha: 강장 허브인 아슈와간다는 수 세기 동안 전통 아유르베다 의학에서 정신적, 육체적 회복력을 개선하기 위해 사용되었다. 스트레스와 불안을 줄이고 인지 기능을 향상시키는 효과가 있다.[35]

- 5-HTP: 자연적으로 발생하는 아미노산으로 기분, 수면, 식욕 조절에 중요한 역할을 하는 신경전달물질 세로토닌의 전구체다. 5-HTP를 보충하면 기분이 나아지고 스트레스가 줄어드는 효과가 있다.[36]

- 레스베라트롤Resveratrol: 레드와인, 포도, 베리류에서 발견되는 폴리페놀인 레스베라트롤은 신경을 보호해주는 효과로 주목받아 왔다. 항산화제 작용으로 산화스트레스를 줄여주고 기억력과 인지 기능 개선에도 효과가 있다.[37]

마음에 연료를 채우는 방법

한계를 뛰어넘는 힘은 외부가 아닌 당신의 내부에서 시작된다. 영양을 고려한 식단으로 몸에 연료를 공급하면서 당신의 마음을 북돋고 정신을 살펴라. 다음 장으로 넘어가기 전에 몇 가지 연습을 해보자.

- 좋아하는 음식들을 열거해보자. 그중 뇌 영양에서 배운 내용과 일치하는 음식은 몇 개인가?
- 식단에 색상을 더할 수 있는 세 가지 방법을 생각해보자.
- 다음 주에 뇌 영양 퀴즈 점수를 높일 방법 두 가지를 생각해보자 (이미 최고점을 받았다면 스스로 칭찬해주어라).

제19장

AI와 한 팀으로
원하는 것을 이뤄내라

학습 여정을 향상시키려면 AI를 어떻게 사용해야 할까?
AI는 내 기술과 재능을 발전시키는 데 어떤 도움을 줄 수 있는가?
AI는 내 지식을 어떻게 더 응용하게 해줄 수 있는가?

소설가인 리즈는 주요 문학상 후보에 올랐던 한 권을 포함해 네 권의 책을 출간했다. 다섯 번째 소설의 초고도 전처럼 안정적인 속도로 써나가고 있었다. 그런데 서사 중반쯤의 결정적 장면에서 그녀는 벽에 부딪혔다.

그녀는 이 결정적 장면에서 무엇을 전달해야 하는지 알고 있었지만, 이전 장면들에서 전개되어온 사건들과 후반부로 구상해둔 내용을 고려할 때 그것을 전달할 방법이 떠오르지 않았다. 그동안 리즈는 매일 얼마간은 소설을 쓰고 있다는 자부심이 있었지만 이제는 그저 막막하기만 했다. 이 결정적 장면을 제대로 표현할 길을 도무지 찾을 수 없었다. 과거 글이 막혔을 때 벗어나게 해줬던 다양한 기법들도 도움이 되지 않았다.

한 글자도 못 쓴 지 나흘째 되던 날, 리즈는 절대 사용하지 않겠다고 맹세했던 도구로 눈을 돌렸다. 바로 모든 사람이 이야기하던 AI 프로그램이었다. 리즈는 창작의 어떤 부분에도 기계를 관여시키고 싶지 않았다. AI는 결국 모든 창작자를 나락으로 떨어뜨리는 길이라고 믿었기 때문이다. 하지만 그녀는 절박했다. 이 중요한 장면을 해결하지 않고는 앞으로 한 발짝도 나아갈 수 없었다.

그녀는 주저하며 자신이 선택한 AI 프로그램에 지금까지 쓴 초고와 등장인물, 생각해둔 결말을 이야기했다. 그런 다음 문제의 장면에서 어떤 일이 일어나야 하는지 설명했다. 그러고는 민망해하며 AI에게 그 장면을 써달라고 요청했다.

몇 초 후 컴퓨터 화면에 한 장면이 나타났다. 문장은 어색했고 전혀 그녀의 글 같지 않았다. 장면은 너무 단순하게 전개되었으며 대화는 부자연스러웠다. 하지만 그 장면의 시작부터 끝까지 장면이 이어지는 방식에 리즈의 상상력을 일깨우는 무언가가 있었다. AI는 리즈가 절대 시도하지 않았을 방식으로 그 장면에 접근했고, 덕분에 리즈는 그동안 갇혀 있던 틀에서 벗어날 수 있었다.

리즈는 AI가 써준 장면에서 단 한 문장도 사용하지 않았다. 하지만 완전히 새로운 관점으로 그 구절들을 보면서 그녀의 뇌는 자유로이 다른 경로를 시도했다. 그리고 그 경로는 막혔던 글길을 터주어 소설의 나머지 부분을 완성할 수 있게 해주었다. 나중에 그녀는 AI에게 제목에 대한 아이디어를 달라고 요청하기까지 했다.

우리 뇌의 베스트 파트너, AI

작가들은 75년도 훨씬 전부터 지금 우리가 사는 미래를 상상해왔다. 아이작 아시모프Isaac Asimov는 지각 있는 로봇을 상상했다. 아서 클라크Arthur C. Clarke는 우리에게 HAL(〈2001 스페이스 오디세이〉에 등장한 인공지능 컴퓨터를 뜻한다―옮긴이)을 선사했다. 내가 개인적으로 가장 좋아하는 것은 마블의 캐릭터인 토니 스타크의 AI, 자비스다. 자비스는 토니가 원하는 것은 뭐든 고안하도록 도와줄 수 있다.

컴퓨터 과학자들은 수십 년 동안 기계가 학습하도록 적극적으로 가르쳐왔고, 오랫동안 다양한 형태의 AI가 커피메이커부터 진공청소기에 이르기까지 각종 기기의 형태로 우리의 생활에 보급되었다. 하지만 2022년 가을, 거대언어모델Large Language Models, LLM이 일반 대중에게 처음으로 소개되면서 AI에 대한 인식이 크게 바뀌었다.

LLM은 정보와 이해 그리고 (나는 지지하지 않지만) 기말 보고서를 빠르게 작성할 방법을 찾는 사람들에게 필수 도구가 되었다. 이때부터 일부 사람들은 AI가 우리를 어디로 데려갈지 우려의 목소리를 내기 시작했다. 전문가들은 영화 〈2001 스페이스 오디세이〉에서 HAL이 어떤 결과를 가져왔는지 상기시키며 〈터미네이터〉에서 인류를 무릎 꿇린 AI 스카이넷에 대해 떠들어댔다.

AI에 대해 배우면서 내가 분명히 알게 된 한 가지가 있다. AI가 비약적으로 성장하는 시대에도 우리 인간의 뇌는 여전히 가장 강력한 자산이라는 사실이다. 나는 인간의 뇌가 지닌 잠재력을 무한히 신뢰하며, AI는 HI(인간지능)가 지금까지 만들어낸 가장 큰 자산이라고 믿는다.

AI의 가능성을 생각할 때 나는 스카이넷이 아니라 이 장의 서두에서 만난 리즈를 떠올린다. AI는 우리가 알고 있는 세상을 재구성하는, 상상할 수 없는 잠재력을 보유한 도구다. 그리고 AI는 두려워할 대상이 아니라 더 빠르게 학습하고 한계를 뛰어넘을 방법으로 활용하고 통합할 수 있는 도구다.

AI가 한계를 뛰어넘으려는 당신의 여정에 도움을 줄 수 있는 몇 가지 방식을 살펴보자.

- **개인 맞춤형 학습**: 당신의 학습 양식과 특별한 강점을 알고 당신에게 꼭 맞는 학습 계획을 구성해주는 AI 개인 교수가 있다고 상상해보라. 개인 교수 버전의 AI는 이미 제공되고 있다.
- **지식의 관리**: 매일 우리는 뇌가 처리할 수 있는 양보다 많은 정보의 폭격을 받고 있다. AI는 정보 과부하를 관리하는 데 도움이 될 수 있다. 잡스러운 정보를 걸러내고 중요한 정보를 강조하며 복잡한 정보를 요약해서 우리가 정보에 압도당하지 않고 학습하고 적용할 수 있게 해준다. 이제 우리는 AI 애플리케이션에 주제를 요약해달라고 요청하면 방대한 데이터를 분류한 요약본을 받을 수 있다. 또한 언제든지 정보를 더 제공해달라거나 특정 주제를 더 깊이 파고들어달라고도 할 수 있다.
- **기억의 강화**: AI 애플리케이션은 정보의 회상 행위인 인출을 연습하도록 도와주어 기억을 강화한다. 심지어 기억의 작동 방식을 토대로 학습한 내용을 최적의 시점에 복습하도록 알려줄 수도 있다. 외장 하드처럼 AI를 '외부 해마'hippocampus로 사용하면 어떨까?

다음 주에 완료해야 할 과업 세 가지를 적어보자. 이 과업들을 달성하기 위해 AI를 어떻게 활용할 수 있을지 잠시 생각해보라.

AI를 최대한으로 활용하는 방법은 당신 대신 사고하게 하는 용도가 아니라 이미 뛰어난 당신의 두뇌 능력을 보완하는 용도로 쓰는 것이다. AI는 도구일 뿐 인간이 제작자라는 사실을 항상 기억하라. 스카이넷 시나리오와 달리 AI는 우리에게 서비스를 제공하기 위해 존재한다. 우리의 목표는 AI가 우리의 역할을 대신하는 것이 아니라 우리가 자신의 역할을 더 잘하도록 도와주는 것이다. 마치 계산기를 사용할 때와 비슷하다. 계산기를 쓴다고 해서 우리가 수학을 이해할 필요성이 사라지는 건 아니다. 오히려 더 복잡한 계산을 더 빠르고 정확하게 할 수 있어 효율적이다.

AI는 우리 삶의 많은 부분에서 계산기 역할을 해줄 수 있다. 우리의 능력을 높여 더 많은 시간과 정신 자원을 확보하게 해줄 수 있다. AI로 일상적인 과업을 처리하고 정보를 정리하면 우리는 창의적이고 전략적이며 인간 중심적인 작업에 집중할 수 있다.

AI라는 약어를 바꿔 인공지능 대신 '증강지능'Augmented Intelligence으로 생각해보자. 증강이란 무언가를 강화해 더 나은 것으로 만든다는 뜻이다. 그것이 바로 AI가 인간지능을 위해 하는 일이다. AI는 우리가 타고난 재능의 힘을 더 길러줄 방법을 제공한다.

한 예를 들어보자. 샘은 학습 의지가 강한 사람으로 끊임없이 시간과 싸우고 있었다. 우리 대부분과 마찬가지로 그녀는 매일 쏟아지는 정보, 전문 분야의 빠른 변화, 끊임없이 배우고 성장하려는 욕구를 따라잡기 위해 고군분투했다.

그러던 어느 날 그녀는 우연히 더 빠르고 효과적으로 학습할 수 있도록 설계된 AI 기반 학습 플랫폼을 발견했다. 회의적이었지만 호기심이 발동한 그녀는 한번 사용해보기로 했다. 먼저 플랫폼 안의 학습 목표부터 정했다. 그녀는 디지털 마케팅을 마스터하고 프랑스어 실력을 늘리고 그래픽 디자인의 기초를 익히고 싶었다.

AI는 능력적응검사adaptive testing(모든 피험자에게 똑같은 문항이 제시되는 게 아니라 먼저 제시된 문항의 정답 여부에 따라 다른 문항이 제시되는 검사 —옮긴이)와 대화형 연습 문제를 통해 샘의 기존 지식과 학습 스타일부터 평가했다. 그 결과 샘은 언어는 시각적으로 배우지만 기술적인 주제는 체험 프로젝트를 통해 배우기를 선호한다는 사실을 알아냈다. 또한 샘의 집중력은 오전에 최고조에 이르렀다가 늦은 오후에는 떨어진다는 사실까지 알아냈다.

이제 이런 이해로 무장한 AI는 샘을 위한 맞춤형 학습 계획을 세웠다. 프랑스어 수업을 위해 시각적 콘텐츠를 선별하고 수업 시간은 그녀의 집중력이 가장 높은 오전으로 잡았다. 디지털 마케팅과 그래픽 디자인 공부를 위해서는 대화형 프로젝트 기반 강의를 찾아내고 오후로 수업 일정을 잡아 그녀의 창의력이 최고조에 이를 때 실험하고 연습할 수 있도록 했다. 그런 다음 최적의 간격으로 이전 강의를 복습하도록 상기시켜 더 많은 내용을 기억하게 했다. 또한 그녀가 공부 중인 내용을 요약해주고 핵심 사항에 강조 표시를 해서 읽는 시간을 줄여주었다. 이 AI는 쉬는 시간에 소화할 수 있을 정도로 짧은 내용인 마이크로 러닝microlearning까지 포함해 샘이 부담스럽지 않게 학습 과정을 이어 갈 수 있게 했다.

시간이 지나면서 샘은 학습 속도가 빨라졌을 뿐만 아니라 학습 과정을 즐기게 됐다. 관련 없는 정보를 뒤지며 느꼈던 좌절감은 사라졌다. 배운 내용을 기억하려고 애쓰는 대신 자신감 있게 회상하게 되었다. 가장 중요한 것은 새로 알게 된 지식과 기술을 실제 상황에 적용해볼 시간이 많아졌다는 점이다.

6개월이 지나자 샘은 학습 목표를 달성했을 뿐만 아니라 훌쩍 뛰어넘었다. 그녀는 승진도 했고, 파리로 휴가를 갔을 때는 프랑스어로 대화도 가능했으며, 심지어 지역 사업체의 프리랜서 그래픽 디자이너로 일하기도 했다. 이 모두가 AI를 인간지능을 증강하는 도구로 활용한 덕분이었다.

샘의 이야기는 AI를 인간의 역량을 강화하는 데 사용할 때 어떤 효과가 있는지 보여준다. 그녀의 성공은 AI가 전부 만들어준 게 아니라 배우고 성장하려는 그녀 자신의 동기가 시너지 효과를 낸 결과다. 다시 한번 AI는 마법의 해결책이 아니라 강력한 도구라는 사실을 기억하라. 우리의 무한한 잠재력이 얼마나 발휘될지는 이 도구를 어떻게 활용하느냐에 달렸다.

지식과 추론의 차이

AI가 우리를 '더 멍청하게' 만들 가능성도 있을까? 적극적으로 멍청해지려고 하지 않는 한 그럴 가능성은 없다. 계산기 비유를 다시 떠올려보자. 이제는 누구나 휴대전화에 계산기 앱이 있어서 식당에서 팁을 얼마나 줘야 할지, 정원에 잔디 씨앗을 몇 포대나 뿌려야 할지 머릿속으로 셈할 필요가 없다. 이전 세대들은 그런 계산을 할 수 있었고, 지난 몇십 년 사이에 태어난 사람들도 대부분 머리는 아프겠지만 계산할 수 있었다. 그러나 실제 계산의 수행은 수학 문제의 가장 기본적인 부분일 뿐이다. 가장 중요한 건 문제를 어떻게 풀어야 할지 아는 것인데, 계산기는 이를 대신해줄 수 없다. 계산기는 오직 입력해준 수식을 계산해줄 수 있을 뿐이다.

이는 지식과 추론의 차이를 보여준다. 지식은 방대한 데이터를 축적하는 것이다. 추론은 이 데이터를 적용해서 새로운 개념을 만들어내고 문제를 풀고 관점을 고려하는 등 우리가 인간 공동체의 일부로 간주하는 더 높은 수준의 기능을 수행한다. 계산기는 지식을 대체할 수 있다. 계산기가 있으면 구구단을 외우거나 세 자리 숫자를 두 자리로 나누는 방법을 배울 필요가 없다. 그러나 계산기는 추론을 대체할 수는 없다. 꿈꿔왔던 기타를 사려면 저축을 어떻게 해야 할지 알아내는 것이 대수학 문제임을 모른다면 결코 계산기에 올바른 숫자를 입력할 수 없을 것이다.

마찬가지로 AI는 나노초 단위로 엄청난 양의 정보를 추출해서 당신이 원하는 정보를 제공할 수 있다. 하지만 그 정보는 처음에 그것을 요청하는 방법을 알고, 정보를 받은 후 어떻게 활용할지 알고 있을 때만 유용하다. 심리학 교수이며 베스트셀러《그릿》의 저자 앤절라 더크워스는 〈로스앤젤레스 타임스〉에 기고한 글에서 이렇게 말했다.

"AI는 아는 것과 생각하는 것이 어떻게 다른지 아름답게 보여준다. 아는 것은 사실을 기억으로 저장하는 것이고, 생각하는 것은 그 사실에 추론을 적용하는 것이다. 챗봇은 인터넷의 모든 것을 알고 있지만 사실상 아무것도 생각하지 않는다. 즉 챗봇은 100여 년 전 교육철학자 존 듀이John Dewey가 '어떤 신념이나 추정된 지식 형태를 그것을 뒷받침하는 근거에 비추어 능동적이고 지속적이며 주의 깊은 고려'로 정의한 반성적 사고reflective thinking를 할 수 없다. 꽤 오래전부터 기술의 발달로 암기해서 얻는 지식의 중요성은 감소해왔다. 주기율표의 14번째 원소가 무엇인지, 세계에서 가장 긴 강 10개가 어디인지, 아인슈타인의 생일이 언제인지 구글로 검색하면 되는데 왜 외우겠는가? 동시에 지식과는 반대로 사고의 경제적 인센티브는 증가했다. 평균적인 학생들이 100년 전의 학생들보다 생각은 더 잘하지만 아는 것은 적다는 사실은 놀라울 게 없다."[1]

몇 년 전 그래픽 디자이너인 내 친구는 진정한 디자이너라면 붙여 넣기 같은 신체적 기술 이상의 전문적 기술이 필요하다면서, 디자인을 수월하게 해주는 앱을 비난했다. 하지만 마지못해 처음으로 그런 앱 중 하나를 사용해본 그녀는 앱이 자신의 모든 작업을 대신 해주지 못하며 앱을 사용해도 여전히 자신의 모든 재능과 영감을 발휘해야 한다는 것을 알게 됐다. 하지만 그 앱이 클릭 한두 번으로 아주 사소한 작업을 대부분 처리해준 덕에 그녀는 프로젝트의 창의적인 측면에 온전히 집중할 수 있었다.

증강지능은 최적의 방식으로 사용할 때 바로 이런 기능을 한다. 우리는 여전히 우리의 고차원적인 기술을 전부 써야 하며 AI 이후의 세상에서는 그런 고차원적 기술이 그 어느 때보다 더 가치가 있을 것이다. 하지만 기계가 특히 잘하는 일들로 고차원적 기술을 보강하면 두 세계의 장점을 무한대로 누릴 수 있다.

 실천 포인트

사용 가능한 다양한 챗봇 중 하나를 열어 당신이 현재 진행 중인 작업에 대해 질문해보자. 놀라운 답변을 해주는가? 당신의 작업에 대해 다르게 생각하게 되는가?

증강지능으로 학습의 질을 높여라

AI의 세계는 매우 빠르게 변화하고 있다. 지금으로부터 6개월, 1년 또는 3년 후에는 어떤 도구를 사용할지 짐작만 할 수 있을 뿐이다. 하지만 분명한 사실은 오늘 바로 증강지능을 활용해 삶과 학습을 향상할 수 있다는 것이다.

- **목표 설정**: AI는 당신의 관심사와 능력에 기초해 달성 가능한 목표를 정하도록 도와줄 수 있다. 또한 이 목표들을 더 작게 나눠 관리하기 쉽고 덜 부담스럽게 만들 수 있다. 이런 식으로 작은 과업을 설정하고 달성함으로써 긍정적인 피드백을 순환시켜 추진력을 키울 수 있다.
- **맞춤형 학습 경로**: AI는 당신의 필요, 강점, 약점, 속도에 맞는 맞춤

형 학습 경로를 만들 수 있다. 이런 개인별 맞춤 학습 방식은 더 효과적이고 효율적으로 학습할 수 있도록 도와주어 눈에 띄는 발전을 이끌고 계속 학습하도록 동기를 부여한다.

- **학습 진행 상황 추적**: AI는 학습 성과에 대해 시기적절하고 의미 있는 피드백을 제공해 학습 진행 상황을 실시간으로 확인할 수 있도록 해준다. 자신의 성장과 개선을 목격하면 강력한 동기부여가 되면서 추진력이 유지된다.

- **책임감**: AI는 작업이나 마감일을 상기시키는 알림을 보내 계획대로 학습 목표를 달성하도록 격려하는 책임 파트너 역할을 해줄 수 있다. 이런 꾸준한 넛지nudge는 집중력과 추진력을 유지하는 데 도움이 된다.

- **다양성과 학습 참여도**: AI는 여러 형식(영상, 기사, 퀴즈, 대화형 모듈)을 도입해 학습 경험을 다양하고 흥미롭게 유지함으로써 학습 참여도를 높이고 추진력을 유지할 수 있다.

- **평생학습**: AI는 진화하는 관심사와 목표에 기반해 새로운 학습 기회를 계속 제공해서 평생학습 습관을 장려할 수 있다. 이는 개인 생활과 직장 생활 모두에서 앞으로 나아갈 추진력을 유지하도록 해줄 수 있다.

- **균형**: 일부 AI 도구들은 업무 패턴을 추적하고 필요할 때 쉬는 시간이나 휴식 활동을 제안함으로써 건강한 삶의 균형을 이루게 해준다. 이는 번아웃을 예방하고 추진력을 오랫동안 꾸준히 유지하는 데 매우 중요하다.

'인공지능'으로 '인간지능'을 확장하는 법

이 책에서 논의한 다른 기술들의 맥락에서 AI의 활용을 생각해보면 AI가 HI에 어떤 도움이 될지 알 수 있다. 가장 눈에 띄는 활용법 몇 가지는 다음과 같다.

- **능동적 학습**: 정보를 수동적으로 흡수하는 것은 효과적인 학습으로 이어지지 않는다. 학습자가 학습 내용에 직접 관여해 능동적으로 학습해야만 이해와 회상이 촉진된다. AI는 학습자가 구경꾼에서 참여자로 전환하는 것을 가능하게 해준다. 한 예로, 전문직 종사자인 리사는 스페인어를 배우고 싶었지만 일정이 너무 빡빡했다. 전통적인 외국어 수업은 벅찰 것 같았고 융통성이 없어 보였다. 그러다 그녀는 출퇴근길에 연습할 수 있고 발음과 문법에 대한 피드백을 즉시 제공하는 AI 기반 외국어 학습 앱을 발견했다. 이 앱의 대화형 접근 방식 덕분에 리사는 1년 만에 스페인어를 유창하게 구사할 수 있게 됐다.

- **집중**: 디지털 시대를 살아가는 우리의 주의 집중 시간attention span은 그야말로 포위 공격을 받고 있다. 팝업 알림, 끊임없는 이메일, 끝없는 피드는 우리의 주의력을 흩트린다. AI 기반 앱은 방해 요소를 관리해 집중할 수 있는 환경을 조성한다. 예를 들어 하워드는 다양한 알림에 너무 의존하게 되어 업무에 집중할 수 없었다. 그러던 중 지정한 시간 동안 외부 방해 요소를 전부 차단해주는 AI 기반 집중 앱을 발견했다. 이후 그는 당장 중요한 프로젝트 외

에 세상에 무슨 일이 일어나고 있는지 알아보고 싶은 마음 없이 몇 시간을 보낼 수 있었다.

- **기억**: 기억은 정보를 저장하는 것만 아니라 필요할 때 인출하는 것까지 포함한다. AI는 간격을 둔 반복과 능동적 회상 같은 검증된 기법을 사용해 이 기억력을 향상시킨다. 한 예로, 르네는 기계 학습 알고리즘으로 언제 특정 학습 카드를 복습해서 회상과 학습을 극대화할지 결정하는 AI 기반 도구를 통해 기억력을 향상시켰다. AI는 능동적 회상을 촉진해서 뇌의 신경 경로를 강화하여 기억이 더 잘 유지되게 한다. 고급 AI를 사용하면 가상의 '기억 궁전'을 만들 수도 있다. 이는 익숙한 장소의 특정 위치와 정보를 연관시키는 기술이다. 이 기법은 많은 양의 정보를 기억하는 데 특히 유용하다.

- **학습**: AI는 아마 최고의 학습 파트너일 것이다. AI 도구는 배운 내용을 실제로 '시험 구동'해 볼 수 있게 해서 학습 향상을 돕는다. 스콧은 자신이 가장 좋아하는 챗봇에 몇 가지 질문을 해서 새로운 개념을 보충했을 때 학습 중인 내용을 더 쉽게 이해할 수 있었다. 챗봇과의 대화를 통해 학습 내용을 더 명확하게 이해하고 잘 다룰 수 있게 된 것이다. AI는 학습 중인 내용을 토대로 마인드맵을 작성해줄 수도 있다. 이는 서로 다른 정보 사이의 연관성을 시각화하여 회상을 돕는다.

- **책임감**: AI는 알림과 경고를 설정해서 필기한 내용을 복습하라고 알리거나 곧 있을 시험이나 마감일을 알려줄 수 있다. 이런 알림들은 기억을 촉발하는 단서 역할을 한다.

무한 학습을 위한 10가지 AI 프롬프트

━━━

예를 들어 신경가소성과 같은 어려운 주제를 더 잘 이해하기 위해 학습의 한계를 뛰어넘는 원리와 과정을 적용하고 싶다고 해보자. 이 분야에 대한 지식을 넓히기 위해 AI를 어떻게 이용할 수 있을까? 다음은 신경가소성에 대한 이해를 심화하기 위해 내가 가장 좋아하는 학습 기법을 사용한 AI 프롬프트 10가지다.

- **단순화:** "다섯 살짜리 아이도 이해할 수 있는 쉬운 용어로 신경가소성을 설명해주세요." 때로는 기초 지식으로 쪼개는 것이 깊은 이해로 가는 첫 단계가 된다.
- **마인드맵:** "신경가소성에 대한 마인드맵을 만든다면 중심 주제와 관련 하위 주제는 무엇입니까?" 이는 개념 및 개념의 다양한 측면을 시각화하는 데 도움이 된다.
- **기억 궁전:** "신경가소성의 핵심 요소로 기억 궁전을 만들어주세요. 각 정보는 익숙한 위치 어디에 배치되나요?"
- **시각적 연상:** "신경가소성과 그 핵심 요소를 시각적으로 연상할 수 있도록 해줄 수 있나요?" 이미지와 정보를 연결하는 것은 회상을 돕는다.
- **간격을 둔 반복:** "지금 신경가소성에 대해 요약해준 다음 며칠 후에 다시 요약해줄 수 있나요?" 시간 간격을 두고 반복해서 학습하면 지식을 확고히 하는 데 도움이 된다.
- **FAST 기법:** "신경가소성 개념에 FAST 기법을 적용하고 싶어요.

신경가소성 개념을 이해하고 더 잘 기억하기 위해 이 단계들을 어떻게 적용할 수 있을까요?"

- 비유: "신경가소성을 더 잘 이해하는 데 도움이 될 수 있는 비유는 무엇입니까?" 비유는 신경가소성과 같은 복잡한 개념을 더 쉽게 이해하게 해준다.
- 신경가소성의 작용: "신경가소성을 이용한 일상 활동이나 습관 몇 가지를 설명해보세요." 원리가 실제로 작용하는 것을 보면 이해가 더 깊어질 수 있다.
- 비판적 사고: "신경가소성을 둘러싼 논란이나 논쟁에는 어떤 것들이 있나요?" 비판적 사고는 학습 내용에 대한 적극적인 참여를 장려한다.
- 가르치면서 배우기: "친구에게 신경가소성을 설명한다면 어떻게 묘사해야 할까요?" 다른 사람에게 내용을 설명하다 보면 이해가 강화된다.

이 프롬프트들은 모두 신경가소성 개념을 이해하도록 도와줄 뿐만 아니라 효과가 뛰어난 학습 기법 몇 가지를 맛볼 수 있게 해준다. 복잡한 주제를 탐구하고 이해하고 기억하는 잠재력에는 정말로 한계가 없다. AI를 활용한 강화 학습의 효과를 받아들이면 지식의 세계는 계속 무한히 확장되고, 당신은 아주 쉽게 그 세계를 손에 넣을 수 있음을 알게 될 것이다.

AI 시대, 성공의 파도를 타는 사람들

AI는 전례를 찾아보기 힘들 만큼 우리 삶을 뒤흔들며 직장, 교육, 의사소통은 물론 우리가 상호작용하는 방식까지 바꿔놓았다. 하지만 앞서 언급한 대로 AI는 계산기처럼 강력한 도구라는 사실을 기억한다면 이를 여러모로 활용하여 자신의 한계를 뛰어넘을 수 있다. AI 이후의 세계에서 성공하는 사람들은 다음과 같이 생각하고 학습하는 사람들일 것이다.

- **AI로 해결되지 않는 영역을 특화하는 사람**: AI는 과거 인간지능의 영역이었던 많은 작업과 기능을 자동화했다. 생산 라인, 콜센터, 다양한 마케팅 역할 등을 AI가 인수했다. 이로써 기계가 해낼 수 없었던 기술과 특성, 즉 창의성, 공감, 비판적 사고 등이 중요해졌다. 가장 낙관적인 기계학습 전문가들조차 AI가 이런 기술들을 고차적 수준까지 학습하는 일은 한동안 없을 것이라고 인정한다. AI가 이런 기술을 복제하려고 할 수는 있지만 우리가 상상할 수 있는 미래까지는 인간지능이 그런 기술에서 훨씬 앞설 것이다. 여섯 가지 사고 모자와 같은 도구를 숙지하고 뇌 전부를 동원해서 듣고 최대한 독서를 많이 함으로써 이런 특성을 극대화하도록 자신을 훈련해야 한다.
- **계속 '인지 능력'이라는 무기를 늘리기 위해 노력하는 사람**: AI는 점점 더 똑똑해지고 있다. 이는 이런 환경에서 성공하는 사람들도 똑같이 노력해야 한다는 의미다. 이것이 이 책의 핵심 개념이며 당신

도 이미 받아들였기를 바라지만 기억력, 생산성, 주의력을 조정하는 기술을 새롭게 개선해도 해로울 건 없다. 포모도로 기법, 장소법 그리고 이 책에서 지금까지 논의해온 다른 두뇌 계발 연습의 달인이 되어라.

- **정서 지능이 대단히 높은 사람**: 인간이 지구를 지배하는 존재인 한 (이 책에서는 스카이넷 시나리오로 가지 않는다고 가정한다) 인간성은 매우 귀중한 특성이다. 내가 만났던 기술 분야 종사자 중에서 미래에 기계가 인간 수준의 정서 지능을 획득할 수 있다고 말한 사람은 아무도 없었다. 그러므로 당신의 정서 지능을 높이는 것은 성공에 필수적이다. 제16장의 정서 지능 향상을 다룬 부분을 복습하고 이런 기술을 계속 개발하기 위해 노력하라.

- **다르게 생각하는 사람**: 이 장의 서두에서 소개했던 리즈를 기억하는가? 소설가인 그녀는 예측할 수 있는 선에서 계속 생각하다 보니 집필 도중 벽에 부딪혔다. 그러다 AI 앱에 도움을 요청했을 때 비로소 문제에 대한 새로운 접근 방식을 발견했고 새로운 경로로 해결책을 찾을 수 있었다. AI 이후의 세상에서는 민첩성과 유연성이 필수이므로 뇌를 최대한 유연한 상태로 유지하라. 신경가소성을 논의했던 앞부분을 되새기며 새로운 것을 배우고, 읽고, 읽고, 또 읽어라. 그렇게 한다면 변화하는 환경에 맞서 우뚝 설 수 있을 것이다.

- **AI와 협력하는 사람**: 계산은 아주 간단하다. 창의성, 비판적 사고, 정서 지능 같은 영역에서 AI의 역량은 제한적이다. 따라서 이 영역들에서 역량을 키우면서 AI의 장점을 이용한다면 성공할 수 있

는 확고한 위치에 서게 된다. 이 장에서는 어떻게 하면 AI를 가장 잘 활용할 수 있는지 이야기했다. 다시 한번 강조하지만 AI는 당신이 마음대로 부릴 수 있는 강력한 도구다. AI의 모든 역량을 활용해 당신의 한계를 완전히 뛰어넘어라.

기술과 인간의 잠재력이 융합하는 시대

신체 훈련과 유사하게 두뇌 훈련은 인지 능력을 강화하고 보존하는 수단이다. 몸매와 건강을 유지하기 위해 신체 운동을 하는 것처럼 뇌의 예리함과 민첩함을 유지하기 위해서도 유사한 주의를 기울여야 한다. 두뇌 훈련은 단순히 퍼즐을 풀거나 기억력 게임을 하는 것이 아니다. AI 자동화의 바다에서 살아남게 해주는 능력, 즉 인지 유연성, 학습, 탈학습, 재학습 능력을 유지하는 것이다.

AI가 진화하면서 고용 시장도 AI가 자동화할 수 없는 기술 중심으로 변화하고 있다. 현재 가장 수요가 많은 기술은 비판적 사고, 창의성, 정서 지능, 적응력 등이며 이 모두는 잘 훈련된 뇌의 산물이다. 대체로 AI는 우리의 삶을 더 편안하게 만들기도 하지만 우리의 세상을 더 복잡하게 만들고 있기도 하다. 이렇게 변화하는 환경에서 훈련된 뇌는 있으면 좋은 것이 아니라 필수다.

AI가 우리의 삶을 계속해서 변화시킬 때 우리의 뇌는 쓸모 없어진 기술이 아니라 계속 연마해야 하는 놀라운 도구라는 사실을 기억하라. 뇌는 복잡한 AI 세계의 탐색에 들어가게 해줄 입장권이며 그런 뇌를 훈련시키는 것은 자신을 위한 최고의 투자다.

기술과 인간의 잠재력이 융합하는 시대를 살고 있다는 것은 신나는 일이다. 그러니 뇌를 놓지 말자. 대신 우리의 가장 큰 자산인 잘 훈련된 정신으로 무장하고 미래로 나아가자. 한계가 있다면 우리 스스로 설정한 한계뿐이다. 지금이야말로 뇌 훈련을 시작하고 지적 잠재력을 활용하며 미래를 향해 저돌적으로 도약하기에 더없이 좋은 시기다. AI가 지배하는 세상에서 우리를 차별화해주는 것은 바로 인간이 우위를 가진 능력이다. 무한한 정신이야말로 미래를 보장하는 열쇠다. 계속 배우고, 성장하고, 도전하도록 뇌를 훈련하라.

운전대를 잡는 건 AI가 아닌 나 자신

AI의 힘을 활용하면 우리의 무한한 잠재력을 실현하고 학습 여정에서 추진력을 유지할 수 있다. 증강지능을 스카이넷이 아니라 슈퍼히어로의 유능한 조수 자비스라고 생각해보자. 그리고 당신이 이 여정의 운전자임을 절대 잊지 마라. 여기에 AI를 조수석에 앉히면 가능성이 무한대로 펼쳐진다.

AI를 활용해 학습 속도를 높이기 위해 다음 몇 가지를 시도해보자.

- kwikbrain.com/AI에서 최신 업데이트 및 AI 이니셔티브를 알아보자.
- 최근에 혼란스러움을 느꼈던 질문이나 작업을 생각해보자. 그리

고 AI 앱에 해결책을 요청해보자. AI가 제안한 해결책과 그 작업에 대해 이미 알고 있는 내용을 통합해서, AI 앱을 쓰지 않았다면 고려하지 않았을 접근법을 고안하라.

- 개발하고 싶었는데 시간이 없다고 생각했던 기술이나 재능을 생각해보자. 해당 분야에서 학습 속도를 높이기 위해 어떤 AI 도구를 쓸 수 있는지 조사하라

성공의 답은
내 안에 있다

"우리는 탐험을 멈추지 않으리니 모든 탐험의 끝은 출발했던 곳으로
되돌아와 비로소 처음으로 그곳을 알게 되는 것이리라."
_토머스 엘리엇

만약 당신이 세상의 압도적 다수에 속한다면 이 책을 읽기 시작했을 때 의식적으로든, 무의식적으로든 자신이나 다른 사람들이 부여한 한계에 지배당하고 있었을 것이다. 어쩌면 새로운 능력을 배우고 싶었지만 그럴 능력이 없다고 확신했을 수 있다. 혹은 승진 경쟁에 참여하고 싶었지만 그럴 역량이 없다고 내면의 목소리가 계속 말했을 수도 있다. 어쩌면 또다시 휴대전화를 놔두고 집을 나설 거라고, 다음 사교 모임에서도 사람들의 이름을 절대 기억하지 못할 거라고, 늘 그랬듯이 연설 원고를 보고 읽는 지루한 사람이 될 거라고 확신했을 수 있다. 이 이야기들이 어떤 식으로든 당신을 묘사하는 것 같다면 이 책의 마지막

부분에 도달한 지금 이야기 속 그 사람에게 작별을 고할 준비가 되었기를 바란다.

이제는 한계를 벗어난 새로운 당신을 만나보자. 한계를 벗어난 당신은 무한한 마인드셋을 가지고 있다. 당신은 더 이상 자신이 될 수 없거나 할 수 없는 것들이 많다고 믿지 않는다. 아직 해보지 않은 일이 많을 수도 있고 과거에 어려움을 겪었던 일이 많을 수는 있지만 한계를 벗어난 당신은 과거가 곧 미래가 아니라는 사실을 알고 있다. 그리고 당신은 뇌가 상상했던 이상으로 매우 강력한 도구여서 배우겠다는 마음만 먹으면 어떤 기술이라도 습득할 수 있음을 알고 있다.

한계를 벗어난 당신은 동기도 무한하다. 과거에는 좀 더 야심 찬 삶을 구상할 수도 있었지만 실제로 행동을 취하지는 못했다. 하지만 이제는 야망에 습관을 맞추는 방법을 알고 있다. 평생학습과 평생의 발전을 위해 노력할 수 있고 이는 아침에 옷을 입는 것만큼이나 자연스럽다.

당신은 최상의 상태로 하루를 시작하도록 음식과 수면, 운동으로 뇌에 연료를 공급하는 방법을 알고 있고 새롭고 까다로운 도전에 맞설 준비가 되어 있다. 언제든 몰입 상태에 들어갈 방법을 알고 있으므로 과업을 시작하면 완전히 거기에 빠져든다. 그리고 가장 중요하게는, 당신은 학습 방법을 학습하는 법을 터득했다. 학습 방법의 학습법을 알게 된 당신의 능력은 이전보다 기하급수적으로 증가했다. 이제 당신이 마음대로 사용할 수 있게 된 도구들은 무엇이든 빨리 배울 수 있게 해준다. 집중력, 기억력, 사고력, 독서의 한계를 뛰어넘어 획득한 기술들과 그 도구들을 결합할 때 말 그대로 한계를 벗어난 당신은 엄청난 추진력을 발휘할 것이다. 뇌 유형, 인공지능, 누트로픽, 학습 민첩성의 효력을 쉽게 파악하고 적용하고 활용해서 속도와 속력을 높이고 유지할 수 있다.

슈퍼히어로는 단순히 초능력을 발견하고 발전시킨 사람이 아니다. 모든 슈퍼히어로는 결국 자신의 세계로 돌아와 봉사해야 한다. 그들은 슈퍼히어로가 되는 과정에서 얻은 교훈과 지혜를 가져온다. 그들은 자기 삶에 초능력을 통합하고 사람들을 돕기 위해 자신의 능력을 사용하는 법을 배운다.

〈매트릭스〉의 결말에서 네오는 전투에서 승리하고 한계에서 벗어난다. 그리고 매트릭스와의 마지막 통화에서 이렇게 말한다. "전화를 끊고 나서 사람들에게 네가 그들에게 보여주고 싶지 않았던 것을 보여줄 거야. 그들에게 네가 없는 세상, 규칙이나 통제, 국경이나 경계가 없는 세상, 무엇이든 가능한 세상을 보여줄 거야." 그는 평범한 세계로 돌아가지만 다른 사람에게 영감을 주고 그들의 정신을 자유롭게 하겠다는 사명을 띠고 돌아간다.

당신도 이 책에서 배운 것들을 받아들여 당신의 삶을 더 나아지게 할 뿐 아니라 주변 사람의 삶도 더 나아지게 돕길 바란다. 그 공식은 이렇다. 배우고, 얻고, 환원하라. 영웅의 여정은 영웅만을 위한 것이 아니다. 당신도 새로 발견한 지식으로 주변 사람들이 더 잘, 더 빨리 배우고 자신의 한계를 벗어나도록 도와주어라.

영화 〈루시〉에서 미국인 학생 루시는 뇌의 잠재력이 100퍼센트 발휘되면서 초인적인 능력을 키운다. 그리고 신경학자 노먼 교수는 루시가 그녀의 정신과 몸에 일어나고 있는 놀라운 변화에 대처하도록 돕는다. 루시가 새로운 재능으로 무엇을 해야 하느냐고 묻자 노먼 교수는 이렇게 대답한다.

음…. 생명의 본성을 생각해본다면, 그러니까 첫 번째 세포가 두 개로 나뉘는 맨 처음부터 생각해본다면 생명체의 유일한 목적은 배운 것을 전수하는 거죠. 그 이상의 목적은 없어요. 그러니 지금 축적하고 있는 그 모든 지식을 어찌해야 할지 묻는 거라면 제 대답은 이겁니다. 사람들에게 전해주세요.

이제 문제는 당신이 배운 것으로 무엇을 하느냐다. 직장에서 어려운 문제를 해결해서 당신과 동료들이 해당 업계, 어쩌면 그 세계에 영향을 미칠 수 있도록 하겠는가? 문제에 대한 해결책을 브레인스토밍할 때 AI를 활용하겠는가? 탁자에 잔뜩 쌓아둔 잡지들을 조금이라도 읽고 거기서 배운 내용을 자녀들에게 가르치겠는가? 사람들과 좀 더 역동적인 관계를 맺겠는가? 뇌에 좋은 음식들만 준비한 만찬 모임을 열겠는가? 당신에게 새로운 문을 열어줄 강의에 등록하겠는가? 또는 당신이 강의를 하기 위해 등록하겠는가? 무엇을 선택하겠는가?

슈퍼히어로라면 그렇게 할 것이다. 한계를 벗어난 당신도 가능한 일이다.

이 책 중간중간 당신이 새로 습득한 기술들 중 일부를 사용해볼 기회가 있었다. 다음 페이지부터 당신이 실천에 돌입할 수 있게 해줄 프로그램을 준비해두었다. 이제까지 배운 모든 기법을 함께 사용할 시간이 왔다. 한 가지로 시작하라. 어디서부터든 시작하라. 무엇이든 괜찮다. 그럴 때 자신에 대해 놀라운 사실들을 알게 된다. 한계를 벗어난 당신이 진정한 당신이다. 당신은 시간이 흐르면서 지금은 상상할 수도 없는 존재가 될 것이다.

자기 자신을 알라. 자신을 믿어라. 자신을 사랑하라. 자기 자신이 되어라. 자신이 사는 삶이 곧 자신이 가르치는 교훈임을 기억하라.

그리고 한계를 뛰어넘어라.

사랑과 배움으로
짐 퀵

잠재력을 끌어올리는
13일 플랜

이 책을 끝까지 읽은 당신에게 박수를 보낸다! 당신은 과업을 완수한 소수 중 한 명이다.

우리는 이 책에서 많은 것을 다루었다. 나의 조언은 여기서 배운 모든 내용을 실천하라는 것이다. 어디에서 시작해야 할지 잘 모르겠다면 이 13일 플랜이 잠재력을 발견하고 펼쳐내기 위한 길을 떠나도록 도와줄 것이다.

내가 만든 이 플랜을 따를 수도 있고, 아니면 마인드셋, 동기, 방법, 세 영역에서 당신이 통합하고 싶은 최상의 조언 세 가지를 직접 고를 수도 있다. 직접 선택한다면 현재 당신에게 부족하고 더 많은 노력이 필요하다고 생각하는 영역에 집중할 수 있다. 이 책을 통해 당신의 두 뇌 코치가 될 수 있도록 허락해주어 감사하다는 말을 전한다. 당신의 발전과 결과를 들을 수 있기를 고대한다.

1일차: FASTER 배우기

첫날은 FASTER를 실행에 옮긴다.

- **F**orget(잊기): 오롯이 집중하기 위한 핵심은 주의를 산만하게 하는 것을 제거하거나 잊는 것이다. 잊어야 할 것은 다음 세 가지다.

  1. 이미 알고 있는 것

  2. 급하지 않은 것

  3. 자신의 한계

- **A**ct(적극적인 행동): 전통적인 교육은 많은 사람이 학습을 수동적인 경험으로 여기도록 훈련시켰다. 그러나 학습은 관전 스포츠가 아니다. 인간의 뇌는 정보를 소비하는 것만으로는 창작 활동을 할 때만큼 배우지 못한다. 어떻게 하면 더 적극적으로 학습할 수 있을지 스스로 질문했으면 한다. 메모하라. 이 책에 있는 연습 문제들을 해보라.

- **S**tate(상태): 현재 상태는 지금 감정의 스냅 사진으로서 생각(심리)과 신체적 상태(생리)의 영향을 크게 받는다. 자세나 호흡의 깊이를 바꿔라. 의식적으로 기쁨, 흥미, 호기심의 상태를 선택하라.

- **T**each(가르치기): 학습 시간을 극적으로 줄이고 학습 효과를 극적으로 높이고 싶다면 다른 사람에게 가르치겠다는 생각으로 배워라.

- **E**nter(일정에 넣기): 일정표에 없는 일은 완료되지 않을 가능성이 크다. 일

정표를 꺼내 하루에 10~15분이라도 자신에게 투자할 시간을 적어두도록 하라.

- Review(복습하기): 간격을 두고 여러 차례 복습하면 정보를 더 잘 기억할 수 있다. 하루를 돌아보면서 배운 것들을 매일 복습하는 습관을 들여라.

더 자세한 내용은 95쪽에서 시작되는 부분을 다시 읽어보라.

2일차: ANT 없애기

자신이 하지 못하는 일에 초점을 맞춘 머릿속의 목소리, 즉 ANT(자동적인 부정적 사고)를 파악하라. 그것들에 반박하기 시작하라.

LIE(마음속 제한적 신념)를 무시해야 한다는 것도 기억하라. 그리고 BS(신념 체계)도 계속해서 확인하라. '나는 이런 종류의 일을 항상 망쳐'라고 생각하고 있거든 '과거에 이 일을 잘 못했다고 해서 지금 잘할 수 없는 것은 아니지. 어떻게 하면 이 일을 배울 수 있을까?'라고 반박하라.

가능성을 당신의 머리에 맞추지 말고 당신의 머리를 가능성에 맞춰 확장하라. 더 자세한 내용은 200쪽에서 시작되는 부분을 다시 읽어보라.

3일차: 당신의 의구심에 의문 가지기

지배적 질문의 힘에 대해 숙고해보자. 아마 온종일 무의식적으로 자문하는 게 한 가지 있을 것이다. 그 질문을 찾아내고 어떻게 바꿀 수 있을지 생각해보라. 지식 자체는 힘이 아니다. 지식을 적용할 때만 힘이 될 수 있다. 이제부터 온종일 필요한 힘을 주는 답을 얻는 데 도움이 될 질문을 하라. 더 자세한 내용은 102쪽에서 시작되는 부분을 다시 읽어보라.

4일차: 당신이 가장 원하는 것을 상상하기

이 책에서 배운 것을 적용하지 않을 때 생길 손해를 적어보는 시간을 잠시 갖는다. 예를 들어 '계속 열심히 공부하고도 어중간한 결과에 만족해야 한다', '계속 자신에 대한 확신이 없을 것이다', '사랑하는 이들에게 좋은 모습을 보여주지 못한다', '좋은 일자리를 얻지 못할 것이다'와 같이 쓸 수 있다.

이제 이 책에서 배운 것들을 적용할 때 얻게 될 이점을 적어라. '자신감을 갖고 필요한 것들을 배우고, 원하는 좋은 직장을 구하고, 많은 돈을 벌어 세상에 환원할 수 있다', '자유 시간이 더 생겨 운동하고, 여행도 다니고, 사랑하는 사람과 더 많은 시간을 갖게 될 것이다'라고 쓸 수 있을 것이다. 또는 간단히 '드디어 밀린 일들을 처리하고 쉴 수 있는 시간을 갖게 된다!'라고 쓸 수도 있다.

구체적으로 적어라. 그것을 보고, 느끼고, 믿고, 매일 노력하라. 샴페인을 터뜨리고 축하할 순간을 머릿속으로 그려라. 더 자세한 내용은 185쪽부터 시작되는 부분을 다시 읽어보라.

5일차: 당신의 목적에 대해 숙고하기

목적은 다른 사람들과 어떻게 관계를 맺고 있는가에서 나온다. 목적은 무엇을 세상과 나누면서 살아가려 하는지다. 당신의 존재 이유는 무엇인가?

당신이 한계를 뛰어넘을 거라고 믿고 있는 사람이 누구인지 생각해보라. 당신의 가족? 연인? 친구? 동료? 이웃? 당신이 삶에 한계를 둠으로써 누구를 실망시키고 있는지 구체적으로 생각해보라. 그리고 당신이 100퍼센트를 보여줄 때 다른 사람의 삶에 어떤 영향을 미칠 수 있는지 생각해보라. 이제 당신의 목적은 분명해졌다. 더 자세한 내용은 169쪽에서 시작되는 부분을 다시 읽어보라.

6일차: 새로운 건강한 습관 시작하기

당신을 성공으로 이끌 건강한 습관 한 가지를 새로 만들기 위해 작고 간단한 변화를 시도해보라. 그것을 아침 일과의 일부로 삼아라. 매일 하는 일을 바꾸겠다는 결심 없이는 결코 인생을 바꿀 수 없다. 우리의 일상적 결정과 습관은 행복과 성공의 수준에 지대한 영향을 미친다. 끈기가 있으면 습관을 만들 수 있고, 한결같다면 습관을 유지할 수 있다. 서서히 작은 습관이 늘어날 수 있다. 모든 전문가가 한때는 초보자였음을 기억하라.

오늘 시작할 새로운 습관을 한 가지 골라보자. 이것을 매일 꾸준히 할 수 있는 작고 간단한 행동으로 어떻게 나눌 수 있을까? 더 자세한 내용은 215쪽부터 다시 읽어보라.

7일차: 뇌에 에너지 공급하기

매일 승리를 거둘 수 있도록 에너지를 사용하라. 매일 브레인 푸드를 한 가지 이상 먹어라. 당신은 어떤 브레인 푸드를 가장 좋아하며 그 이유는 무엇인가? 무엇을 먹는가는 회백질에 특히 중요하다는 사실을 기억하라. 당신이 먹는 음식은 활력을 주는가, 아니면 기운을 떨어뜨리는가? 다음의 브레인 푸드로 만들 수 있는 창의적 요리법을 몇 가지 적어보자.

아보카도

블루베리

브로콜리

다크초콜릿

달걀

녹색 잎 채소

연어

강황

호두

물

더 자세한 내용은 191쪽부터 시작되는 부분을 다시 읽어보라.

8일차: 학습을 최적화하기

공부는 학교에 다니는 사람만 하는 것이 아니다. 우리는 평생학습자다. 공부하고 배우기에 최적인 조건을 만들어라. 집중을 방해하는 것들을 없애고 HEAR(정지, 공감, 기대, 복습) 기법을 사용해 새로운 테드 강연 영상을 보면서 듣기 연습을 하라. 더 자세한 내용은 273쪽부터 시작되는 부분을 다시 읽어보라.

9일차: 항상 MOM 기억하기

어떤 과업이든 항상 MOM(동기, 관찰, 방법)을 확인하고 시작한다. 자신의 이유 역시 확인하라. 그 사람의 이름을 기억하고자 하는 동기는 무엇인가? 무엇을 관찰하고 있는가? 기억은 대부분 파지의 문제가 아니라 주의력의 문제다. 연상 기법을 사용해서 오늘 만난 모든 사람의 이름을 기억하는 연습을 해보자. 누군가의 이름을 잊는다면 그 이유가 동기에 있는지, 혹은 관찰이나 방법에 있는지 적어보라. 그런 다음 다른 사람의 이름으로 다시 시도해보라.

마트에서 장을 볼 때, 거리를 걸을 때, 텔레비전을 볼 때 언제든 이 기술을 연습할 수 있다. 눈앞에 보이는 모르는 사람에게 가상의 이름을 할당하고 몇 명이나 기억할 수 있는지 시험해보라. 더 자세한 내용은 290쪽에서 시작되는 부분을 다시 읽어보라.

10일차: 독서의 효과 느끼기

매일 10분만이라도 독서를 한다는 목표를 세워라. 독서는 효과가 있고 그 이점들은 시간이 지나면서 더욱 커진다. 중요한 것은 꾸준함이다. 당신이 읽고 싶었던 책 한 권을 골라서 타이머를 10분으로 맞추고, 주의를 산만하게 하는 것들을 치우고, 손가락을 따라 읽는 법을 연습하라. 그리고 매일 독서 시간을 일정으로 정하고 일정표에 적어두어라.

세계적인 리더들은 다독가다. 독서는 아주 좋은 정신 운동으로 단 한 권의 책을 통해 수십 년의 경험을 다운로드받을 수 있음을 기억하라. 더 자세한 내용은 317쪽부터 시작되는 부분을 다시 읽어보라.

11일차: 독서 능력의 향상을 위해 AI 활용하기

독서 능력을 향상시키는 AI의 효과를 경험하라. 읽는 속도, 이해도, 회상 능력을 높이도록 설계된 AI 도구를 탐색하고 활용해보라. 여기서 목표는 AI에 의존하는 게 아니라 뇌의 잠재력을 확장하는 증강 도구로 AI를 사용하는 것이다.

- **AI 지원 요약**: 복잡한 자료를 간결히 요약해주는 AI 기반 애플리케이션을 사용해보라. 한 가지 요령을 알려주자면 "8세 어린이도 이해할 수 있는 말로 XYZ 주제를 설명해주세요." 같은 프롬프트로 AI에 요청하는 것이 좋다.
- **AI 독서 코치**: 읽어야 할 자료의 양이 많을 때는 일일 또는 주간 독서 계획을 세워달라고 AI에 요청해보라.

- **AI 회상 도우미**: 당신이 읽은 정보를 바탕으로 주기적으로 복습하라는 알림을 보내와서 기억을 강화하도록 도와주는 AI 도구를 활용해보라. 프롬프트의 예로는 "XYZ 주제에 대한 퀴즈를 내주세요." 또는 "[저자 이름, 책 제목]에 대해 질문해주세요."가 있다.

AI는 우리의 뇌를 대체하는 것이 아니라 뇌가 새로운 차원에 도달하도록 돕는다는 점을 기억하라. 자세한 내용은 제19장을 다시 읽어보라.

12일차: 학습 민첩성 향상시키기

원한다면 동시에 여러 권의 책을 몰입해 읽음으로써 학습을 다양화할 수 있다. 이는 멀티태스킹이 아니라 풍부한 학습 환경을 만드는 것이다. 이를 달성하는 방법은 다음과 같다.

- **주제 선택**: 다양한 주제의 책을 선택해 다른 뇌 영역을 자극하고 정보 과부하를 막는다.
- **시간 관리**: 책별로 특정 시간을 배정한다. 하루에 여러 책을 조금씩 읽거나 요일별로 다른 책을 읽을 수 있다.
- **메모 작성**: 책마다 독특한 메모 전략을 취한다. 이렇게 하면 정보를 분류하고 기억하는 데 도움이 된다.
- **요약 및 복습**: 독서 시간마다 읽은 내용을 짧게 요약하며 끝내고 다음 독서 시간에 요약한 것을 잠시 살펴본 후 책을 읽는다. 이렇게 하면 기억이 강화되고 이해도가 올라간다.

뇌에 과도한 부담을 주지 않고 뇌의 민첩성을 발휘하게 하는 것이 목표임을 기억하라.

13일차: 뇌 유형에 맞춰 독서 효과 극대화하기

자신의 뇌 유형에 따른 고유한 성향을 파악하고 그에 따라 독서 전략을 조정하라.

- **치타 유형**: 치타 유형은 속도와 효율성을 갈망한다. 속독 기법을 쓰고 정확히 정해둔 시간만큼 책을 읽어라.
- **올빼미 유형**: 올빼미 유형의 강점은 세세한 사항까지 세심한 주의를 기울이는 데 있다. 깊이 있고 몰입감 있는 독서에 집중하고 메모를 많이 하라.
- **돌고래 유형**: 돌고래 유형은 직관력과 지각력이 뛰어나다. 흡수한 정보를 마인드맵으로 작성해 그 이점을 활용하라.
- **코끼리 유형**: 코끼리 유형은 다른 사람들과 협업할 때 뛰어난 기억력을 보인다. 오디오북으로 독서를 보충하고 그룹 토론에 참여해서 이해력을 높여라.

뇌 유형은 제약이 아니라 가이드라는 것을 기억하라. 뇌 유형을 고려한다는 것은 효율성을 극대화하기 위해 학습 방식을 맞춤화하는 것이다. 자세한 내용은 제17장을 다시 읽어보라.

추천 도서

바이오해킹

벤 그린필드Ben Greenfield, 《바운드리스》Boundless.

카시프 칸Kashif Khan, 《DNA 웨이》The DNA Way.

데이브 아스프리Dave Asprey, 《더 영리하게, 더 힘들지 않게》Smarter Not Harder.

수산나 쇠베르그Susanna Søberg, 《겨울 수영》Winter Swimming.

브레인 푸드

리사 모스코니, 《브레인 푸드》, 조윤경 역, 홍익출판사, 2019.

맥스 루가비어, 《천재의 식단》, 신동숙 역, 앵글북스, 2021.

우마 나이두, 《미라클 브레인 푸드》, 김지혜 역, 북라이프, 2021.

메멧 오즈 박사Dr. Mehmet Oz, 《음식으로 고칠 수 있다》Food Can Fix It.

뇌 건강

노먼 도이지, 《기적을 부르는 뇌》, 김미선 역, 지호, 2008.

다니엘 에이멘, 《그것은 뇌다: 문제는 마음이 아니다》, 안한숙 역, 한문화, 2008.

웬디 스즈키, 《체육관으로 간 뇌과학자》, 조은아 역, 북라이프, 2019.

마크 하이먼, 《울트라 마인드》, 이재석 역, 한국경제신문사, 2013.

디팩 초프라Deepak Chopr · 루돌프 탄지Rudolph Tanzi, 《슈퍼 브레인》Super Brain.

사라 맥케이Sarah McKay, 《여성의 뇌》The Women's Brain Book.

리사 모스코니Lisa Mosconi, 《XX 브레인》The XX Brain.

비즈니스와 기업가 정신

레이 달리오, 《원칙》, 고영태 역, 한빛비즈, 2018.

라다 에이그라월Radha Agrawal, 《소속》Belong.

미키 에이그라월Miki Agrawal, 《방해자》Disrupt-Her.

살림 이스마일Salim Ismail · 프란치스코 팔라오Francisco Palao · 미셸 라피에르Michelle Lapierre, 《기하급수적 변화》Exponential Transformation.

창의성

줄리아 캐머런, 《아티스트 웨이》, 임지호 역, 경당, 2012.

엘리자베스 길버트, 《빅매직》, 박소현 역, 민음사, 2017.

릭 루빈, 《창조적 행위》, 정지현 역, 코쿤북스, 2023.

스티븐 프레스필드, 《최고의 나를 꺼내라》, 류가미 역, 북북서, 2008.

트와일라 타프Twyla Tharp, 《창의적 습관》The Creative Habit.

베스 콤스톡Beth Comstock · 탈 라즈Tahl Raz, 《미래를 상상하라》Imagine It Forward.

교육

타라 웨스트오버, 《배움의 발견》, 김희정 역, 열린책들, 2020.

켄 로빈슨 · 루 애로니카, 《누가 창의력을 죽이는가》, 최윤영 역, 21세기북스, 2021.

아낫 바니엘, 《기적의 아낫 바니엘 치유법》, 김윤희 역, 센시오, 2022.

애덤 브라운, 《연필 하나로 가슴 뛰는 세계를 만나다》, 이은선 역, 북하우스, 2014.

피트니스

존 레이티 · 에릭 헤이거먼, 《운동화 신은 뇌》, 이상헌 역, 김영보 감수, 녹색지팡이, 2023.

에런 알렉산더Aaron Reynolds, 《얼라인 기법》The Align Method.

토니 로빈스Tony Robbins·피터 디아만디스Peter Diamandis·로버트 하리리Robert Hariri, 《생명력》Life Force.

톰 브래디Tom Brady, 《TB12 방법》The TB12 Method.

집중력

마이클 하얏트, 《초생산성》, 정아영 역, 로크미디어, 2021.

니르 이얄·줄리 리, 《초집중》, 김고명 역, 안드로메디안, 2020.

아미시 자, 《주의력 연습》, 안진이 역, 어크로스, 2022.

애덤 개절리Adam Gazzaley·래리 로즌Larry Rosen, 《산만한 마음》Distracted Mind.

에드워드 할로웰Edward M. Hallowell·존 레이티John J. Ratey, 《주의 산만으로 내몰리다》Driven to Distraction.

학습

샤오란, 《한자는 쉽다, 차이니지》, 박용호 역, 노마 바 그림, 넥서스, 2019.

토니 부잔·배리 부잔, 《토니 부잔의 마인드맵 북》, 권봉중 역, 비즈니스맵, 2010.

조슈아 포어, 《1년 만에 기억력 천재가 된 남자》, 류현 역, 갤리온, 2016.

에드워드 드 보노, 《생각이 솔솔~여섯 색깔 모자》, 정대서 역, 한언, 2023.

티머시 페리스Timothy Ferriss, 《더 포 아워 셰프》The 4-Hour Chef.

대니카 맥켈러Danica Mckellar, 《수학은 골칫거리가 아니다》Math Doesn't Suck.

리처드 사울 워먼Richard Saul Wurman, 《이해에 대한 이해》Understanding Understanding.

마인드 파워

조 디스펜자, 《당신도 초자연적이 될 수 있다》, 추미란 역, 샨티, 2019.

비센 락히아니, 《비범한 정신의 코드를 해킹하다》, 추미란 역, 정신세계사, 2016.

조셉 머피, 《조셉 머피 잠재의식의 힘》, 조율리 역, 다산북스, 2023.

캐럴라인 리프Caroline Leaf, 《정신적 혼란의 정리》Cleaning Up Your Mental Mess.

마음챙김

제임스 네스터, 《호흡의 기술》, 승영조 역, 북트리거, 2021.

에밀리 플레처, 《아무것도 하지 않는 하루 15분의 기적》, 이은경 역, 더퀘스트, 2020.

닉 오트너, 《태핑솔루션: 몸, 마음, 삶을 변화시키는 치유의 두드림》, 최지원 역, 니들북, 2013.

제이 셰티, 《수도자처럼 생각하라》, 이지연 역, 다산북스, 2021.

아리아나 허핑턴, 《제3의 성공》, 강주헌 역, 김영사, 2014.

조너선 필즈Jonathan Fields, 《어떻게 멋진 삶을 살 수 있을까》How to Live a Good Life.

마인드셋

토드 허먼, 《알터 에고 이펙트》, 전리오 역, 퍼블리온, 2021.

피터 디아만디스·스티븐 코틀러, 《컨버전스 2030》, 박영준 역, 비즈니스북스, 2021.

사이먼 시넥, 《인피니트 게임》, 윤혜리 역, 세계사, 2022.

루이스 하우즈, 《그레이트 마인드셋》, 정지현 역, 포레스트북스, 2023.

빅터 프랭클, 《빅터 프랭클의 죽음의 수용소에서》, 이시형 역, 청아출판사, 2020.

캐럴 드웩, 《마인드셋》, 김준수 역, 스몰빅라이프, 2023.

JJ 버진JJ Virgin, 《미라클 마인드셋》Miracle Mindset.

동기부여

멜 로빈스, 《5초의 법칙》, 정미화 역, 한빛비즈, 2017.

앤절라 더크워스, 《그릿》, 김미정 역, 비즈니스북스, 2022.

브렌든 버처드, 《두려움이 인생을 결정하게 하지 마라》, 안시열 역, 토트, 2016.

사이먼 시넥, 《스타트 위드 와이》, 윤혜리 역, 세계사, 2021.

미셸 시거Michelle Segar, 《노 스웨트》No Sweat.

생산성/습관

스티븐 코비, 《성공하는 사람들의 7가지 습관》, 김경섭 역, 김영사, 2023.

제임스 클리어, 《아주 작은 습관의 힘》, 이한이 역, 비즈니스북스, 2019.

칼 뉴포트, 《딥 워크》, 김태훈 역, 민음사, 2017.

그렉 맥커운, 《에센셜리즘》, 김원호 역, 알에이치코리아, 2014.

미하이 칙센트미하이, 《몰입, FLOW》, 최인수 역, 한울림, 2005.

데이비드 앨런, 《쏟아지는 일 완벽하게 해내는 법》, 김경섭·김선준 역, 김영사, 2016.

멜 로빈스, 《굿모닝 해빗》, 강성실 역, 쌤앤파커스, 2022.

게리 켈러·제이 파파산, 《원씽》, 구세희 역, 2013.

마이클 브레우스, 《WHEN 시간의 심리학》, 이경식 역, 세종서적, 2017.

BJ 포그, 《습관의 디테일》, 김미정 역, 흐름출판, 2020.

수면

아리아나 허핑턴, 《수면혁명》, 정준희 역, 민음사, 2016.

숀 스티븐슨, 《스마트 슬리핑》, 최명희 역, 위즈덤, 2017.

매슈 워커, 《우리는 왜 잠을 자야 할까》, 이한음 역, 열린책들, 2019.

마이클 브레우스Michael Breus, 《굿 나잇》Good Night.

셰인 크리아도Shane Creado, 《운동선수를 위한 최적의 수면》Peak Sleep Performance for Athletes.

그렉 웰스 박사Dr. Greg Wells, 《리플 효과》The Ripple Effect.

사고

제임스 앨런, 《생각의 법칙》, 주랑 역, 이상BIZ, 2021.

마이클 겔브, 《다빈치의 천재가 되는 7가지 원칙》, 공경희 역, 강이북스, 2016.

데이비드 슈워츠, 《크게 생각할수록 크게 이룬다》, 서민수 역, 나라, 2009.

애덤 그랜트, 《싱크 어게인》, 이경식 역, 한국경제신문, 2021.

나폴레온 힐, 《생각하라 그리고 부자가 되어라》, 이한이 역, 반니, 2021.

대니얼 카너먼, 《생각에 관한 생각》, 이창신 역, 김영사, 2018.

노먼 빈센트 필Norman Vincent Peale · 루스 스태퍼드 필Ruth Stafford Peale, 《긍정적 사고의 힘 발견하기》Discovering the Power of Positive Thinking.

일러두기
여기에 제시된 도서 중 국내에서 번역·출간된 단행본은 번역서의 제목을 따랐으며 미출간 단행본은 원서명을 직역하고 원어를 병기했다.

제2장

1. "Digital Overload: Your Brain On Gadgets," NPR, 2010년 8월 24일 수정, www.npr.org/templates/story/story.php?storyId=129384107.

2. 상동.

3. 상동; Matt Richtel, "Attached to Technology and Paying a Price," *New York Times*, 2010년 6월 7일 수정, www.nytimes.com/2010/06/07/technology/07brain.html.

4. Paul Waddington, "Dying for Information? A Report on the Effects of Information Overload in the UK and Worldwide," Reuters, 2019년 12월 11일 접속, www.ukoln.ac.uk/services/papers/bl/blri078/content/repor~13.htm.

5. "Digital Distraction," American Psychological Association, 2018년 8월 10일 수정, www.apa.org/news/press/releases/2018/08/digital-distraction.

6. 대니얼 레비틴,《정리하는 뇌: 디지털 시대, 정보와 선택 과부하로 뒤엉킨 머릿속과 일상을 정리하는 기술(The Organized Mind: Thinking Straight in the Age of Information Overload)》(New York: Dutton, 2016).

7. Sean Coughlan, "Digital Dependence 'Eroding Human Memory," *BBC News*, BBC, 2015년 10월 7일 수정, www.bbc.com/news/education-34454264.

8. Rony Zarom, "Why Technology Is Affecting Critical Thought in the Workplace and How to Fix It," *Entrepreneur*, September 21 2015, www.entrepreneur.com/article/248925.

9. Jim Taylor, "How Technology Is Changing the Way Children Think and Focus," *Psychology Today*, December 4, 2012, www.psychologytoday.com/us/blog/the-power-prime/201212/how-technology-is-changing-the-way-children-think-and-focus.

10. Patricia M. Greenfield, "Technology and Informal Education: What Is Taught, What Is Learned," *Science*, January 2 2009, https://science.sciencemag.org/content/323/5910/69.full.

11. Richard Foreman, "The Pancake People, or, 'The Gods Are Pounding My

Head'," *Edge*, March 8 2005, https://www.edge.org/3rd_culture/foreman05/
foreman05_index.html.

제3장

1. 타라 스와트, 《부의 원천: 꿈을 이루는 단 하나의 마스터키(The Source: Open Your
   Mind, Change Your Life)》(New York: Vermilion, 2019).

2. Suzana Herculano-Houzel, "The Human Brain in Numbers: a Linearly
   Scaledup Primate Brain," *Frontiers in Human Neuroscience*, November 9,
   2009, www.ncbi.nlm.nih.gov/pmc/articles/PMC2776484/.

3. Ferris Jabr, "Cache Cab: Taxi Drivers' Brains Grow to Navigate London's
   Streets," *Scientific American*, December 8, 2011, www.scientificamerican.
   com/article/london-taxi-memory/.

4. Courtney E. Ackerman, "What Is Neuroplasticity? A Psychologist
   Explains [+14 Exercises]," PositivePsychology.com, 2019년 9월 10일 수정,
   positivepsychology.com/neuroplasticity/.

5. Catharine Paddock, Ph.D., "Not Only Does Our Gut Have Brain Cells It
   Can Also Grow New Ones, Study," Medical News Today, 2009년 8월 5일 수정,
   https://www.medicalnewstoday.com/articles/159914.php; Jennifer Wolkin,
   "Meet Your Second Brain: The Gut," *Mindful*, 2015년 8월 14일 수정, https://
   www.mindful.org/meet-your-second-brain-the-gut/.

6. Emily Underwood, "Your Gut Is Directly Connected to Your Brain, by a
   Newly Discovered Neuron Circuit," *Science*, 2018년 9월 20일 수정, https://
   www.sciencemag.org/news/2018/09/your-gut-directly-connected-your-
   brain-newly-discovered-neuron-circuit.

7. Ken Robinson and Lou Aronica, *Creative Schools: The Grassroots Revolution
   That's Transforming Education* (New York: Penguin Books, 2016), xxvii-xxvii.

제4장

1. Sonnad, Nikhil. "A Mathematical Model of the 'Forgetting Curve' Proves
   Learning Is Hard." Quartz, February 28, 2018, qz.com/1213768/the-forgetting
   -curve-explains-why-humans-struggle-to-memorize/.

2. Francesco Cirillo, "The Pomodoro Technique," Cirillo Consulting, francesco

cirillo.com/pages/pomodoro-technique.

3. Oliver Wendell Holmes, "The Autocrat of the Breakfast-Table," *Atlantic Monthly* 2, no. 8 (June 1858): 502.

제5장

1. "Kwik Brain with Jim Kwik: Break Through Your Beliefs with Shelly Lefkoe," Jim Kwik, May 2, 2019, https://kwikbrain.libsyn.com/114-break-through-your-beliefs-with-shelly-lefkoe/.

2. Jan Bruce, et al., *Mequilibrium: 14 Days to Cooler, Calmer, and Happier* (New York: Harmony Books, 2015), 95.

3. Jennice Vilhauer, "4 Ways to Stop Beating Yourself Up, Once and For All," *Psychology Today*, March 18, 2016, www.psychologytoday.com/us/blog/living-forward/201603/4-ways-stop-beating-yourself-once-and-all.

4. "The Power of Positive Thinking," Johns Hopkins Medicine, www.hopkins medicine.org/health/wellness-and-prevention/the-power-of-positive-thinking.

5. Mayo Clinic Staff, "Positive Thinking: Stop Negative Self-Talk to Reduce Stress," Mayo Clinic, 2017년 2월 18일 수정, 2017, www.mayoclinic.org/healthy-lifestyle/stress-management/in-depth/positive-thinking/art-20043950.

6. James Clear, "How Positive Thinking Builds Your Skills, Boosts Your Health, and Improves Your Work," James Clear, 2019년 4월 22일 접속, jamesclear.com/positive-thinking.

7. 상동.

8. 상동.

9. Barbara L. Fredrickson, "The Broaden-and-Build Theory of Positive Emotions," National Center for Biotechnology Information, 2004년 8월 17일 수정, 2004, www.ncbi.nlm.nih.gov/pmc/articles/PMC1693418/pdf/15347528.pdf.

제6장

1. 캐럴 드웩, 《마인드셋: 스탠퍼드 인간 성장 프로젝트 원하는 것을 이루는 태도의 힘

(Mindset: the New Psychology of Success)》(New York: Random House, 2006).

2. Daphne Martschenko, "The IQ Test Wars: Why Screening for Intelligence Is Still so Controversial," The Conversation, 2019년 8월 16일 접속, https://theconversation.com/the-iq-test-wars-why-screening-for-intelligence-is-still-so-controversial-81428.

3. 상동.

4. 상동.

5. David Shenk, "The Truth About IQ," *The Atlantic*, 2009년 8월 4일 접속, https://www.theatlantic.com/national/archive/2009/07/the-truth-about-iq/22260/.

6. 상동.

7. Brian Roche, "Your IQ May Not Have Changed, But Are You Any Smarter?", *Psychology Today*, July 15, 2014, www.psychologytoday.com/us/blog/iq-boot-camp/201407/your-iq-may-not-have-changed-are-you-any-smarter.

8. 데이비드 셍크, 《우리 안의 천재성: 유전학, 재능 그리고 아이큐에 관한 새로운 통찰 (The Genius in All Of Us)》(New York: Anchor Books, 2011), 117.

9. Gabrielle Torre, "The Life and Times of the 10% Neuromyth," Knowing Neurons, 2018년 2월 13일 수정, https://knowingneurons.com/2018/02/13/10-neuromyth/.

10. Eric H. Chudler, "Do We Only Use 10% of Our Brains?," Neuroscience for Kids, https://faculty.washington.edu/chudler/tenper.html.

11. Gabrielle Torre, "The Life and Times of the 10% Neuromyth," Knowing Neurons, 2018년 2월 13일 수정, https://knowingneurons.com/2018/02/13/10-neuromyth/.

12. Eric Westervelt, "Sorry, Lucy: The Myth of the Misused Brain Is 100 Percent False," *NPR*, July 27, 2014, https://www.npr.org/2014/07/27/335868132/sorry-lucy-the-myth-of-the-misused-brain-is-100-percent-false.

13. Barry L. Beyerstein, "Whence Cometh the Myth that We Only Use 10% of our Brains?," in *Mind Myths: Exploring Popular Assumptions About the Mind and Brain*, ed. Sergio Della Sala (Wiley, 1999), 3-24.

14. 상동.

15. Robynne Boyd, "Do People Only Use 10 Percent of Their Brains?" *Scientific*

American, 2008년 2월 7일 수정, https://www.scientificamerican.com/article/do-people-only-use-10-percent-of-their-brains/.

16. 토머스 웨스트, 《글자로만 생각하는 사람 이미지로 창조하는 사람: 글자에 갇혀버린 창조력의 한계를 뛰어넘어라(In the Mind's Eye: Creative Visual Thinkers, Gifted Dyslexics, and the Rise of Visual Technologies)》(Amherst, NY: Prometheus Books, 2009).

17. 상동.

18. "Einstein's 23 Biggest Mistakes: A New Book Explores the Mistakes of the Legendary Genius," *Discover*, 2008년 9월 1일 수정, http://discovermagazine.com/2008/sep/01-einsteins-23-biggest-mistakes.

19. "About Page," Beth Comstock, https://www.bethcomstock.info/.

20. 99U, "Beth Comstock: Make Heroes Out of the Failures," video, 12:40, September 3, 2015, https://www.youtube.com/watch?v=0GpIlOF-UzA.

21. Thomas Hobbes, *The English Works of Thomas Hobbes of Malmesbury*, ed. William Molesworth (Aalen: Scientia, 1966).

22. "Carol W. Greider," Wikipedia, 2019년 7월 27일 접속, https://en.wikipedia.org/wiki/Carol_W._Greider.

23. "Carol Greider, Ph.D., Director of Molecular Biology & Genetics at Johns Hopkins University," *Yale Dyslexia*, http://dyslexia.yale.edu/story/carol-greider-ph-d/.

24. Mayo Clinic Staff, "Dyslexia," Mayo Clinic, 2017년 7월 22일 수정, https://www.mayoclinic.org/diseases-conditions/dyslexia/symptoms-causes/syc-20353552.

25. Claudia Dreifus, "On Winning a Nobel Prize in Science," *The New York Times*, October 12, 2009, Science section, https://www.nytimes.com/2009/10/13/science/13conv.html.

26. 짐 캐리, 마하리쉬 국제대학교 졸업식 축사, 2014년 5월 24일, www.mum.edu/graduation-2014, 2020년 1월 5일 접속.

27. Fred C. Kelly, "They Wouldn't Believe the Wrights Had Flown: A Study in Human Incredulity," Wright Brothers Aeroplane Company, http://www.wright-brothers.org/History_Wing/Aviations_Attic/They_Wouldnt_Believe/They_Wouldnt_Believe_the_Wrights_Had_Flown.htm.

28. 상동.

29. "Bruce Lee," Biography.com, 2019년 4월 16일 수정, www.biography.com/actor/bruce-lee.

30. Mouse AI, "I Am Bruce Lee," directed by Pete McCormack, video, 1:30:13, 2015년 6월 13일 수정, www.youtube.com/watch?v=2qL-WZ_ATTQ.

31. "I Am Bruce Lee," Leeway Media, 2012, www.youtube.com/watch?v=2qL-WZ_ATTQ.

32. Bruce Lee, Bruce Lee Jeet Kune Do: Bruce Lee's Commentaries on the Martial Way, ed. John Little (Tuttle Publishing, 1997).

33. 대니얼 코일,《탤런트 코드: 재능을 지배하는 세 가지 법칙(The Talent Code: Greatness Isn't Born, It's Grown)》(London:Arrow, 2010); "The Talent Code: Grow Your Own Greatness: Here's How," Daniel Coyle, http://danielcoyle.com/the-talent-code/.

제7장

1. "Kind (n.)," Index, www.etymonline.com/word/kind.

2. Christopher J. Bryan, et al., "Motivating Voter Turnout by Invoking the Self," PNAS, 2011년 8월 2일 수정, https://www.pnas.org/content/108/31/12653.

3. Adam Gorlick, "Stanford Researchers Find That a Simple Change in Phrasing Can Increase Voter Turnout," Stanford University, 2011년 7월 19일 수정, https://news.stanford.edu/news/2011/july/increasing-voter-turnout-071911.html.

제8장

1. Eva Selhub, "Nutritional Psychiatry: Your Brain on Food," Harvard Health (blog), Harvard Health Publishing, 2018년 4월 5일 수정, www.health.harvard.edu/blog/nutritional-psychiatry-your-brain-on-food-201511168626.

2. Jim Kwik, "Kwik Brain with Jim Kwik: Eating for Your Brain with Dr. Lisa Mosconi," Jim Kwik, 2019년 1월 4일 수정, https://jimkwik.com/kwik-brain-088-eating-for-your-brain-with-dr-lisa-mosconi/.

3. Jim Kwik, "Kwik Brain with Jim Kwik: When to Eat for Optimal Brain

Function with Max Lugavere," Jim Kwik, 2018년 7월 19일 수정, https://
jimkwik.com/kwik-brain-066-when-to-eat-for-optimal-brain-function-
with-max-lugavere/.

4. "Table 1: Select Nutrients that Affect Cognitive Function," National Institutes
   of Health, 2019년 6월 1일 접속, www.ncbi.nlm.nih.gov/pmc/articles/
   PMC2805706/table/T1/?report=objectonly.

5. Heidi Godman, "Regular Exercise Changes the Brain to Improve Memory,
   Thinking Skills," Harvard Health (blog), Harvard Health Publishing, April 5,
   2018, www.health.harvard.edu/blog/regular-exercise-changes-brain-
   improve-memory-thinking-skills-201404097110.

6. Daniel G. Amen, Change Your Brain, Change Your Life: the Breakthrough
   Program for Conquering Anxiety, Depression, Obsessiveness, Lack of
   Focus, Anger, and Memory Problems (New York: Harmony Books, 2015),
   109–110.

7. The Lancet Neurology, "Air Pollution and Brain Health: an Emerging Issue,"
   The Lancet 17, no. 2 (February 2018): 103, www.thelancet.com/journals/
   laneur/article/PIIS1474-4422(17)30462-3/fulltext.

8. Tara Parker-Pope, "Teenagers, Friends and Bad Decisions," Well (blog), *The
   New York Times*, February 3, 2011, well.blogs.nytimes.com/2011/02/03/
   teenagers-friends-and-bad-decisions/?scp=6&sq=tara%2Bparker%2Bpo
   pe&st=cse.

9. "Protect Your Brain from Stress," Harvard Health (blog), Harvard Health
   Publishing, 2018년 8월 수정, www.health.harvard.edu/mind-and-mood/
   protect-your-brain-from-stress.

10. "Brain Basics: Understanding Sleep," National Institute of Neurological
    Disorders and Stroke, U.S. Department of Health and Human Services,
    2019년 8월 13일 수정, www.ninds.nih.gov/Disorders/Patient-Caregiver-
    Education/Understanding-Sleep.

11. Jean Kim, "The Importance of Sleep: The Brain's Laundry Cycle," *Psychology
    Today*, June 28, 2017, www.psychologytoday.com/us/blog/culture-shrink
    /201706/the-importance-sleep-the-brains-laundry-cycle.

12. Jeff Iliff, "Transcript of 'One More Reason to Get a Good Night's Sleep',"

TED, 2014년 9월 수정, www.ted.com/talks/jeff_iliff_one_more_reason_to_get_a_good_night_s_sleep/transcript.

13. 상동.

14. Sandee LaMotte, "One in Four Americans Develop Insomnia Each Year: 75 Percent of Those with Insomnia Recover," Science Daily, June 5, 2018, https://www.sciencedaily.com/releases/2018/06/180605154114.htm.

15. Kathryn J. Reid, et al., "Aerobic Exercise Improves Self-Reported Sleep and Quality of Life in Older Adults with Insomnia," *Sleep Medicine*, U.S. National Library of Medicine, 2010년 10월 수정, www.ncbi.nlm.nih.gov/pmc/articles/PMC2992829/.

16. Michael J. Breus, "Better Sleep Found by Exercising on a Regular Basis," *Psychology Today*, September 6, 2013, www.psychologytoday.com/us/blog/sleep-newzzz/201309/better-sleep-found-exercising-regular-basis-0.

17. Sandee LaMotte, "The Healthiest Way to Improve Your Sleep: Exercise," CNN, 2017년 5월 30일 수정, www.cnn.com/2017/05/29/health/exercise-sleep-tips/index.html.

18. David S. Black, et al., "Mindfulness Meditation in Sleep-Disturbed Adults," *JAMA Internal Medicine* 5 (April 2015): 494–501, jamanetwork.com/journals/jamainternalmedicine/fullarticle/2110998.

19. Jim Kwik, "Kwik Brain with Jim Kwik: How to Make Meditation Easy with Ariel Garten," Jim Kwik, 2018년 11월 8일 수정, https://jimkwik.com/kwik-brain-080-your-brain-on-meditation-with-ariel-garten/.

20. 상동.

제9장

1. Sarah Young, "This Bizarre Phenomenon Can Stop You from Procrastinating," *The Independent*, 2018년 3월 9일 수정, www.independent.co.uk/life-style/procrastinating-how-to-stop-zeigarnik-effect-phenomenon-at-work-now-a8247076.html.

2. Art Markman, "How to Overcome Procrastination Guilt and Turn It Into Motivation," HBR Ascend, January 7, 2019, hbrascend.org/topics/turn-your-procrastination-guilt-into-motivation/.

3. B. J. Fogg, "When you learn the Tiny Habits method, you can change your life forever," Tiny Habits, 2019년 수정, www.tinyhabits.com/.

4. Deepak Agarwal, *Discover the Genius in Your Child* (Delhi: AIETS.com Pvt.Ltd., 2012), 27-28.

5. 찰스 두히그, 《습관의 힘: 반복되는 행동이 만드는 극적인 변화(The Power of Habit: Why We Do What We Do in Life and Business)》 (New York: Random House, 2012), 20-21.

6. James Clear, "The Habits Academy," The Habits Academy, habitsacademy.com/.

7. Jim Kwik, "Kwik Brain with Jim Kwik: Understanding Habit Triggers with James Clear," Jim Kwik, October 18, 2018, https://jimkwik.com/kwik-brain-075-understanding-habit-triggers-with-james-clear/.

8. 상동.

9. Phillippa Lally, et al., "How Are Habits Formed: Modelling Habit Formation in the Real World," *European Journal of Social Psychology*, vol. 40, no. 6 (July 2009): 998-1009, doi:10.1002/ejsp.674.

10. Alison Nastasi, "How Long Does It Really Take to Break a Habit?" Hopes &Fears, 2015년 11월 20일 접속, www.hopesandfears.com/hopes/now/question/216479-how-long-does-it-really-take-to-break-a-habit.

11. 상동.

12. B. J. Fogg, "A Behavior Model for Persuasive Design," Persuasive '09: *Proceedings of the 4th International Conference on Persuasive Technology*, no. 40 (April 26, 2009), doi:10.1145/1541948.1541999.

13. 상동.

14. 상동.

15. 상동.

제10장

1. 미하이 칙센트미하이, 《몰입 flow: 미치도록 행복한 나를 만난다(Flow: the Psychology of Optimal Experience)》 (New York: Harper Row, 2009).

2. Mike Oppland, "8 Ways To Create Flow According to Mihaly Csikszent-mihalyi," PositivePsychology.com, 2019년 2월 19일 접속, positivepsycholo

gyprogram.com/mihaly-csikszentmihalyi-father-of-flow/.

3. Susie Cranston and Scott Keller, "Increasing the 'Meaning Quotient' of Work," *McKinsey Quarterly*, January 2013, www.mckinsey.com/business-functions/organization/our-insights/increasing-the-meaning-quotient-of-work.

4. Entrepreneurs Institute Team, "A Genius Insight: The Four Stages of Flow," Entrepreneurs Institute, 2015년 2월 12일 접속, entrepreneursinstitute.org/updates/a-genius-insight-the-four-stages-of-flow.

5. Hara Estroff Marano, "Pitfalls of Perfectionism," *Psychology Today*, March 1, 2008, www.psychologytoday.com/us/articles/200803/pitfalls-perfectionism.

6. Travis Bradberry, "Why the Best Leaders Have Conviction," World Economic Forum, 2015년 12월 7일 수정, www.weforum.org/agenda/2015/12/why-the-best-leaders-have-conviction/.

제11장

1. Jim Kwik, "Kwik Brain with Jim Kwik: How to Concentrate with Dandapani," Jim Kwik, October 8, 2019, https://jimkwik.com/kwik-brain-149-how-to-concentrate-with-dandapani/.

2. 상동.

3. 상동.

4. "A Clean Well-Lighted Place," *BeWell*, 2020년 1월 7일 접속, https://bewell.stanford.edu/a-clean-well-lighted-place/.

5. Melanie Greenberg, "9 Ways to Calm Your Anxious Mind," *Psychology Today*, June 28, 2015, www.psychologytoday.com/us/blog/the-mindful-self-express/201506/9-ways-calm-your-anxious-mind.

6. Donald Miller, "The Brutal Cost of Overload and How to Reclaim the Rest You Need," *Building a StoryBrand*, buildingastorybrand.com/episode-40/.

7. Markham Heid, "The Brains of Highly Distracted People Look Smaller," *VICE*, October 12, 2017, tonic.vice.com/en_us/article/wjxmpx/constant-tech-distractions-are-like-feeding-your-brain-junk-food.

8. Kristin Wong, "How Long It Takes to Get Back on Track After a Distraction," *Lifehacker*, July 29, 2015, lifehacker.com/how-long-it-takes-to-get-back-on-

track-after-a-distract-1720708353.

9. "4-7-8 Breath Relaxation Exercise," Council of Residency Directors in Emergency Medicine, February 2010, www.cordem.org/globalassets/files/academic-assembly/2017-aa/handouts/day-three/biofeedback-exercises-for-stress-2—fernances-j.pdf.

제12장

1. Ralph Heibutzki, "The Effects of Cramming for a Test," *Education*, November 21, 2017, education.seattlepi.com/effects-cramming-test-2719.html.

2. Mark Wheeler, "Cramming for a Test? Don't Do It, Say UCLA Researchers," UCLA Newsroom, August 22, 2012, newsroom.ucla.edu/releases/cramming-for-a-test-don-t-do-it-237733.

3. William R. Klemm, "Strategic Studying: The Value of Forced Recall," *Psychology Today*, October 9, 2016, www.psychologytoday.com/us/blog/memory-medic/201610/strategic-studying-the-value-forced-recall.

4. 상동.

5. James Gupta, "Spaced Repetition: a Hack to Make Your Brain Store Information," *The Guardian*, January 23, 2016, www.theguardian.com/education/2016/jan/23/spaced-repetition-a-hack-to-make-your-brain-store-information.

6. Jordan Gaines Lewis, "Smells Ring Bells: How Smell Triggers Memories and Emotions," *Psychology Today*, January 12, 2015, www.psychologytoday.com/us/blog/brain-babble/201501/smells-ring-bells-how-smell-triggers-memories-and-emotions.

7. Wu-Jing He, et al., "Emotional Reactions Mediate the Effect of Music Listening on Creative Thinking: Perspective of the Arousal-and-Mood Hypothesis," *Frontiers in Psychology* 8 (September 26, 2017): 1680, www.ncbi.nlm.nih.gov/pmc/articles/PMC5622952/.

8. Claire Kirsch, "If It's Not Baroque Don't Fix It," *The Belltower*, January 25, 2017, http://belltower.mtaloy.edu/2017/01/if-its-not-baroque-dont-fix-it/.

9. Alina-Mihaela Busan, "Learning Styles of Medical Students—Implications in Education," *Current Health Sciences Journal* 40, no. 2 (April–June 2014):

104-110, www.ncbi.nlm.nih.gov/pmc/articles/PMC4340450/.

10. Bob Sullivan and Hugh Thompson, "Now Hear This! Most People Stink at Listening [Excerpt]," *Scientific American*, May 3, 2013, www.scientificameri can.com/article/plateau-effect-digital-gadget-distraction-attention/.

11. 상동.

12. Cindi May, "A Learning Secret: Don't Take Notes with a Laptop," *Scientific American*, June 3, 2014, www.scientificamerican.com/article/a-learning- secret-don-t-take-notes-with-a-laptop/.

제13장

1. Eve Marder, "The Importance of Remembering," *eLife* 6 (August 14, 2017), https://www.ncbi.nlm.nih.gov/pmc/articles/PMC5577906/.

2. William R. Klemm, "Five Reasons That Memory Matters," *Psychology Today*, January 13, 2013, www.psychologytoday.com/us/blog/memory-medic /201301/five-reasons-memory-matters.

3. Joshua Foer, "How to Train Your Mind to Remember Anything," CNN, 11 June 2012, www.cnn.com/2012/06/10/opinion/foer-ted-memory/index. html.

제14장

1. Lauren Duzbow, "Watch This. No. Read It!", Oprah.com, June 2008, www. oprah.com/health/how-reading-can-improve-your-memory#ixzz2VYP yX3uU.

2. "Keep Reading to Keep Alzheimer's at Bay," Fisher Center for Alzheimer's Research Foundation, 2014년 11월 12일 수정, www.alzinfo.org/articles/ reading-alzheimers-bay/.

제15장

1. "Six Thinking Hats," the De Bono Group, www.debonogroup.com/six_ thinking_hats.php.

2. "The Components of MI," MI Oasis, www.multipleintelligencesoasis.org/ the-components-of-mi, 2019년 4월 10일 접속.

3. 상동.

4. 상동.

5. The Mind Tools Content Team, "VAK Learning Styles: Understanding How Team Members Learn," Mind Tools, www.mindtools.com/pages/article/vak-learning-styles.htm, 2019년 4월 10일 접속.

6. Matt Callen, "The 40/70 Rule and How It Applies to You," Digital Kickstart, 2016년 5월 3일 수정, https://digitalkickstart.com/the-4070-rule-and-how-it-applies-to-you/.

7. 상동.

8. Rimm, Allison, "Taming the Epic To-Do List," Harvard Business Review, June 14, 2018, https://hbr.org/2018/03/taming-the-epic-to-do-list.

9. Peter Bevelin, *Seeking Wisdom: from Darwin to Munger* (PCA Publications LLC, 2018).

10. Ryan Holiday, *Conspiracy: The True Story of Power, Sex, and a Billionaire's Secret Plot to Destroy a Media Empire* (New York: Portfolio, 2018).

11. "Second-Order Thinking: What Smart People Use to Outperform," Farnam Street, 2019년 1월 22일 접속, https://fs.blog/2016/04/second-order-thinking/.

12. "Kwik Brain with Jim Kwik: Exponential Thinking with Naveen Jain," Jim Kwik, May 4, 2018, https://jimkwik.com/kwik-brain-059-exponential-thinking-with-naveen-jain/.

13. 바이옴 홈페이지 2020년 2월 5일 접속, www.viome.com.

14. Mark Bonchek, "How to Create an Exponential Mindset," *Harvard Business Review*, October 4, 2017, hbr.org/2016/07/how-to-create-an-exponential-mindset.

15. Evie Mackie, "Exponential Thinking," Medium, Room Y, 2018년 8월 30일 수정, medium.com/room-y/exponential-thinking-8d7cbb8aaf8a.

제16장

1. Ilias Simpson, "How Learning Agility Helps Transform Individuals into Leaders," *Forbes*, August 20, 2021, https://www.forbes.com/sites/forbes-businesscouncil/2021/08/20/how-learning-agility-helps-transform-indi-

viduals-into-leaders/?sh=7b0855e76385.

2. Robert Eichinger and Michael Lombardo (2004), "Learning Agility as a Prime Indicator of Potential." HR. Human Resource Planning. 27. 12.

3. K. Anders Ericsson, Michael J. Prietula, and Edward T. Cokely, "The Making of an Expert," *Harvard Business Review*, July – August 2007, https:// hbr.org/2007/07/the-making-of-an-expert.

제18장

1. Michelle Luciano et al., "Mediterranean-Type Diet and Brain Structural Change from 73 to 76 Years in a Scottish Cohort," *Neurology* 88, no. 5 (January 31, 2017): 449 – 55, https://doi.org/10.1212/wnl.0000000000003559.

2. Thekkuttuparambil Ananthanarayanan Ajith, "A Recent Update on the Effects of Omega-3 Fatty Acids in Alzheimer's Disease," *Current Clinical Pharmacology* 13, no. 4 (2018): 252 – 60, https://doi.org/10.2174/15748847136 66180807145648.

3. Mariam J. Engelhart, et al., Dietary intake of antioxidants and risk of Alzheimer disease. *JAMA* 287 no. 24 (June 26, 2022): 3223-3229, https:// doi.org/10.1001/jama.287.24.3223.

4. Joanna L. Bowtell et al., "Enhanced Task-Related Brain Activation and Resting Perfusion in Healthy Older Adults after Chronic Blueberry Supplementation," *Applied Physiology, Nutrition, and Metabolism* 42, no. 7 (July 2017): 773 – 79, https://doi.org/10.1139/apnm-2016-0550.

5. Georgina E. Crichton, Merrill F. Elias, and Ala'a Alkerwi, "Chocolate Intake Is Associated with Better Cognitive Function: The Maine-Syracuse Longitudinal Study," *Appetite* 100 (May 1, 2016): 126 – 32, https://doi.org/10.1016/ j.appet.2016.02.010.

6. Rafael de Cabo and Mark P. Mattson, "Effects of Intermittent Fasting on Health, Aging, and Disease," *New England Journal of Medicine* 381, no. 26 (December 26, 2019): 2541 – 51, https://doi.org/10.1056/nejmra1905136.

7. Samantha L. Gardener et al., "Higher Coffee Consumption Is Associated with Slower Cognitive Decline and Less Cerebral Aß-Amyloid Accumulation over 126 Months: Data from the Australian Imaging, Biomarkers, and

Lifestyle Study," *Frontiers in Aging Neuroscience* 13 (November 19, 2021), https://doi.org/10.3389/fnagi.2021.744872.

8. David Kennedy, "B Vitamins and the Brain: Mechanisms, Dose and Efficacy—a Review," *Nutrients* 8, no. 2 (January 27, 2016): 68, https://doi.org/10.3390/nu8020068.

9. Simon C. Dyall, "Long-Chain Omega-3 Fatty Acids and the Brain: A Review of the Independent and Shared Effects of EPA, DPA and Dha," *Frontiers in Aging Neuroscience* 7 (April 21, 2015): 52, https://doi.org/10.3389/fnagi.2015.00052.

10. Matěj Malik and Pavel Tlustoš, "Nootropics as Cognitive Enhancers: Types, Dosage and Side Effects of Smart Drugs," *Nutrients* 14, no. 16 (August 17, 2022): 3367, https://doi.org/10.3390/nu14163367.

11. David A Camfield et al., "Acute Effects of Tea Constituents L-Theanine, Caffeine, and Epigallocatechin Gallate on Cognitive Function and Mood: A Systematic Review and Meta-Analysis," *Nutrition Reviews* 72, no. 8 (June 19, 2014): 507–22, https://doi.org/10.1111/nure.12120.

12. Eric A. Walker and Mark V. Pellegrini, Bacopa monnieri. In StatPearls. StatPearls Publishing, https://www.ncbi.nlm.nih.gov/books/NBK589635/.

13. Emilija Ivanova Stojcheva and José Carlos Quintela, "The Effectiveness of Rhodiola rosea L. Preparations in Alleviating Various Aspects of Life-Stress Symptoms and Stress-Induced Conditions-Encouraging Clinical Evidence," *Molecules* 27, no. 12 (June 17, 2022): 3902, https://doi.org/10.3390/molecules27123902.

14. Arpad Dobolyi et al., "Uridine Function in the Central Nervous System," *Current Topics in Medicinal Chemistry* 11, no. 8 (2011): 1058–67, https://doi.org/10.2174/156802611795347618.

15. Mariano Malaguarnera, "Carnitine Derivatives: Clinical Usefulness," *Current Opinion in Gastroenterology* 28, no. 2 (March 2012): 166–76, https://doi.org/10.1097/mog.0b013e3283505a3b.

16. Yael Richter et al., "The Effect of Soybean-Derived Phosphatidylserine on Cognitive Performance in Elderly with Subjective Memory Complaints: A Pilot Study," *Clinical Interventions in Aging* 8 (May 21, 2013): 557–63, https://

doi.org/10.2147/cia.s40348.

17. Micaely Cristina dos Santos Tenorio et al., "N-Acetylcysteine (NAC): Impacts on Human Health," *Antioxidants* 10, no. 6 (June 16, 2021): 967, https://doi.org/10.3390/antiox10060967.

18. Dong Hang Cheng, Hua Ren, and Xi Can Tang, "Huperzine A, a Novel Promising Acetylcholinesterase Inhibitor," *NeuroReport* 8, no. 1 (December 20, 1996): 97 – 101, https://doi.org/10.1097/00001756-199612200-00020.

19. Guoyan Yang et al., "Huperzine A for Alzheimer's Disease: A Systematic Review and Meta-Analysis of Randomized Clinical Trials," *PLoS ONE* 8, no. 9 (September 23, 2013), https://doi.org/10.1371/journal.pone.0074916.

20. Qinhong Huang et al., "Acetylcholine Bidirectionally Regulates Learning and Memory," *Journal of Neurorestoratology* 10, no. 2 (June 2022): 100002, https://doi.org/10.1016/j.jnrt.2022.100002.

21. W. Dimpfel, W. Wedekind, and I. Keplinger, "Efficacy of Dimethylaminoethanol (DMAE) Containing Vitamin-Mineral Drug Combination on EEG Patterns in the Presence of Different Emotional States," *European Journal of Medical Research* 8, no. 5 (May 30, 2003): 183 – 191, https://pubmed.ncbi.nlm.nih.gov/12844472/.

22. Yuchuan Ding and EricA Klomparens, "The Neuroprotective Mechanisms and Effects of Sulforaphane," *Brain Circulation* 5, no. 2 (April–June 2019): 74 – 83, https://doi.org/10.4103/bc.bc_7_19.

23. Jennifer L. Robinson et al., "Neurophysiological Effects of Whole Coffee Cherry Extract in Older Adults with Subjective Cognitive Impairment: A Randomized, Double-Blind, Placebo-Controlled, Cross-over Pilot Study," *Antioxidants* 10, no. 2 (January 20, 2021): 144, https://doi.org/10.3390/antiox10020144.

24. Rachelle A. Reed et al., "Acute Low and Moderate Doses of a Caffeine-Free Polyphenol-Rich Coffeeberry Extract Improve Feelings of Alertness and Fatigue Resulting from the Performance of Fatiguing Cognitive Tasks," *Journal of Cognitive Enhancement* 3, no. 2 (November 7, 2018): 193 – 206, https://doi.org/10.1007/s41465-018-0118-8.

25. Shalini Srivastava, Mark Mennemeier, and Surekha Pimple, "Effect of

Alpinia Galanga on Mental Alertness and Sustained Attention with or without Caffeine: A Randomized Placebo-Controlled Study," *Journal of the American College of Nutrition* 36, no. 8 (2017): 631–39, https://doi.org/10.108 0/07315724.2017.1342576.

26. Yuusuke Saitsu et al., "Improvement of Cognitive Functions by Oral Intake of Hericium Erinaceus," *Biomedical Research* 40, no. 4 (August 1, 2019): 125–31, https://doi.org/10.2220/biomedres.40.125.

27. Karin Yurko-Mauro et al., "Beneficial Effects of Docosahexaenoic Acid on Cognition in Age-related Cognitive Decline," *Alzheimer's & Dementia* 6, no. 6 (May 3, 2010): 456–64, https://doi.org/10.1016/j.jalz.2010.01.013.

28. "Omega-3 Fatty Acids," NIH Office of Dietary Supplements, n.d., https://ods.od.nih.gov/factsheets/Omega3FattyAcids-Healthprofessional/.

29. Steven T. DeKosky et al., "Ginkgo Biloba for Prevention of Dementia: A Randomized Controlled Trial," *JAMA* 300, no. 19 (November 19, 2008): 2253–62, https://doi.org/10.1001/jama.2008.683.

30. Katherine H. Cox et al., "Further Evidence of Benefits to Mood and Working Memory from Lipidated Curcumin in Healthy Older People: A 12-Week, Double-Blind, Placebo-Controlled, Partial Replication Study," *Nutrients* 12, no. 6 (June 4, 2020): 1678, https://doi.org/10.3390/nu12061678.

31. "Magnesium," NIH Office of Dietary Supplements, n.d., https://ods.od.nih.gov/factsheets/magnesium-healthprofessional.

32. Caroline Rae et al., "Oral Creatine Monohydrate Supplementation Improves Brain Performance: A Double-Blind, Placebo-Controlled, Cross-Over Trial," *Proceedings of the Royal Society of London. Series B: Biological Sciences* 270, no. 1529 (October 22, 2003): 2147–50, https://doi.org/10.1098/rspb.2003.2492.

33. Coreyann Poly et al., "The Relation of Dietary Choline to Cognitive Performance and White-Matter Hyperintensity in the Framingham Offspring Cohort," *The American Journal of Clinical Nutrition* 94, no. 6 (December 2011): 1584–91, https://doi.org/10.3945/ajcn.110.008938.

34. David O. Kennedy, "B Vitamins and the Brain: Mechanisms, Dose and Efficacy—a Review," *Nutrients* 8, no. 2 (January 27, 2016): 68, https://doi.

org/10.3390/nu8020068.

35. Dante Xing et al., "Effects of Acute Ashwagandha Ingestion on Cognitive Function," *International Journal of Environmental Research and Public Health* 19, no. 19 (September 20, 2022): 11852, https://doi.org/10.3390/ijerph 191911852.

36. Koen Schruers et al., "Acute L-5-Hydroxytryptophan Administration Inhibits Carbon Dioxide-Induced Panic in Panic Disorder Patients," *Psychiatry Research* 113, no. 3 (December 30, 2002): 237-43, https://doi.org/10.1016/s0165-1781(02)00262-7.

37. David O Kennedy et al., "Effects of Resveratrol on Cerebral Blood Flow Variables and Cognitive Performance in Humans: A Double-Blind, Placebo-Controlled, Crossover Investigation," *The American Journal of Clinical Nutrition* 91, no. 6 (June 2010): 1590-97, https://doi.org/10.3945/ajcn.2009.28641.

제19장

1. Angela Duckworth and Lyle Ungar, "Op-Ed: Don't Ban Chatbots in Classrooms-Use Them to Change How We Teach," *Los Angeles Times*, January 19, 2023, https://www.latimes.com/opinion/story/2023-01-19/chatgpt-ai-education-testing-teaching-changes.